进出口商品
检验检疫（第三版）

Import & Export Commodity Inspection & Quarantine

洪 雷/编著

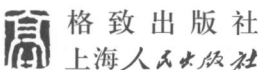

格致出版社
上海人民出版社

第三版前言

　　"进出口商品检验检疫",俗称"商检学",是我国对外贸易活动的重要组成部分。它是一门研究国际贸易有关商品检验检疫的理论课程,也是普通高等院校、成人高等院校本科和高职高专国际经济贸易专业的一门专业基础课程。其任务是:使学生通过对本课程的学习,全面了解我国加入世界贸易组织后的进出口商品检验检疫工作的变化,进一步理解和掌握进出口商品检验检疫政策和业务知识,学会在国际贸易活动中,既能切实贯彻国家的方针政策和企业的经营意图,按照我国商品检验检疫法律法规要求进行实际操作,又能符合国际贸易法规和国际贸易惯例行事。

　　本教材从我国商品检验检疫管理体制改革的角度,较系统地介绍了中国商品检验检疫法律法规、进出口商品检验检疫工作程序和基本知识,并对我国商检工作的地位作用、检验检疫、检验鉴定、检验检疫证单作用、产品认证等重要内容的变化作了理论性概括。这些新内容的融入既充实了商检学的内涵、充分体现了教材内容的及时性和有效性,又是每一个从事各种国际贸易教学工作和研究人员必须掌握的基础知识,也是对外贸易生产经营单位、"三资"企业、"三来一补"企业、进出口商品检验检疫报检机构、报检员必须掌握的商检业务知识。

　　本教材自第一版于2008年出版后,得到广大读者认可,部分高等院校的教师选择本书作为相关课程的教学用书,这无疑是对编者的一种鞭策。2012年6月,编者根据进出口商品检验检疫的政策法规变化,进行了一次修订,至今又隔了五年多。在这五年期间,我国经济发展已由高速增长阶段转向高质量发展阶段,同时对外经济贸易步入迅猛发展轨道。我国商品贸易管理部门为保障我国经济贸易健康有序发展,及时对进出口商品检验检疫相关政策、法规作了修改与调整。为此,编者对本教材再作修订是十分必要的。

　　本版修订的重点包括:检验检疫报检、检验检疫收费以及外贸合同签订所涉及的政策变化。本版延续了第一、第二版全面、实用的特点,同时更注重内容的紧凑、完整和条理清晰,结构更趋合理,语言也更精练,并着力阐释涉及进出口商品检验检疫的法律法规、行政许可、监管模式等方面的变化。本版篇幅有所精简,内容上下紧扣,层层推进,具有很强的逻辑联系,非常适合用作高等学校国际经济与贸易、国际货运、物流管理、国际商务、外贸通关等专业基础教材,亦可供欲了解我国商品检验检疫工作全貌的中外投资机构(人员)作为重要参考读本。

2018年3月5日十三届全国人大一次会议审议通过了国务院机构改革方案,明确"将国家质量监督检验检疫总局的出入境检验检疫管理职责和队伍划入海关总署"。4月14日起,国家出入境检验检疫管理职责和队伍统一划入海关总署。根据《海关总署关于企业报关报检资质合并有关事项的公告》规定,自4月20日起,检验检疫报检人员备案与海关报关人员备案同步合并为报关人员备案。相关企业、人员可通过"单一窗口"填写申请信息,通过系统查询办理结果,到所在地海关任一业务现场提交申请材料,即可取得报关报检双重资质。对改革前已在海关和原检验检疫部门办理了报关和报检注册登记或者备案的企业,原报关和报检资质继续有效。仅办理了报关或者报检注册登记或者备案的企业,6月1日起,企业可以通过"单一窗口"补录相关资料,补录信息后将同时获得报关、报检资质。

此外,在近期或几年内,本教材所涉及的进出口商品检验检疫法律法规,也必将陆续修改并重新公布。此部分内容在本次修订中均无法涉及,对此表示歉意。在编写本教材的过程中得到了上海对外贸易学院周秉成教授的关心和指导,同时在本版修订过程中得到了上海世纪出版集团格致出版社领导和有关同志的热情关心和支持,在此深表谢意!

编者

2018年6月

目 录

1 概论

学习目的

对中国进出口商品检验检疫制度的建立与发展有初步的认识,同时进一步了解我国为适应改革开放以及国际贸易发展的需要,在改革进出口商品检验检疫管理体制后所发生的变化。

知识要点

掌握进出口商品检验检疫制度及其管理机构的变化,区别商检机构与检验机构的职责,了解进出口商品的检验检疫依据以及商检约定在贸易合同中的重要性。

1.1 进出口商品检验检疫制度

1.1.1 中国进出口商品检验检疫发展简史

中国进出口商品检验检疫始于 19 世纪,迄今已有百余年历史。

1. 中华人民共和国成立前的进出口商品检验检疫

公元前 2 世纪,汉朝张骞开辟了"丝绸之路";1405—1433 年,郑和七下西洋。当时的国际贸易是当场看货成交,货物的品质和价格由买卖双方当场确定。鸦片战争后,帝国主义以武力胁迫清政府开放通商口岸,还取得了协定关税、领事裁判、内河航行、驻扎军队等许多特权。外商纷纷涌入中国,控制了中国的对外贸易及与之有关的外汇金融、航运、进出口商品检验、保险等部门。

清同治三年(1864 年),英商仁记洋行来华开办公证鉴定业务,代办 Lioyd's(劳合氏)水险和船舶检验、鉴定业务,成为中国第一个办理商检业务的机构。随后一些规模较大的外国检验机构,先后到上海及其他重要口岸设立了公证检验机构,办理洋行贸易商品的检验、鉴定工作,在对中外贸易关系中充当中间人,袒护本国商人经济利益,控制了中国的进出口商品检验主权,成为列强对中国进行经济侵略的工具之一。如 1871 年,英籍沙麦船主来华开办船舶检验;1874 年,英商鲁意斯摩洋行来华以拍卖公证行地位兼办火险公证业务。

辛亥革命后,国民政府迫于当时国内外形势压力,开始重视商品检验工作,在一些通商口岸设立了若干种商品的官方检验所,实施出口商品检验。

1928 年,国民党政府工商部颁布《商品出口检验暂行规则》,规定对生丝、棉麻、茶叶等 8

类商品实施检验。1929 年,工商部又颁布了《商品出口检验局暂行章程》。同年,工商部上海商品检验局成立,这是中国第一个由国家设立的官方商品检验局。之后又在汉口、青岛、天津、广州设立了 4 个商品检验局,并在其他指定管辖地区设立了分支机构和办事处。1930 年 12 月,工商部改为实业部,各地商检局改属实业部领导。

1932 年,国民党政府行政院通过《商品检验法》,这是中国商品检验最早的法律。该法明确规定商品检验范围包括进口和出口商品,对"有掺伪之情弊者、有毒害之危险者、应鉴定其质量等级者",依法实施检验。同时规定,"应施检验之商品,非经检验领有证书不得输入输出",对违反该法者进行罚款或进行惩处,开创了中国对进出口商品实施法定检验的先河。

抗日战争初期,天津、上海、青岛、广州商检局先后因沦陷而停办或撤销,汉口商检局西迁重庆。抗战胜利后,国民党政府恢复了上海、天津、青岛、广州、汉口等 5 个商检局,连同重庆商检局,当时全国共有 6 个商检局,属国民党政府经济部领导。

1939 年先后设立重庆商检局和昆明商检局,这是抗战时期国民党政府管辖地区仅存的商检局。

1940 年汪伪政府公布了与国民党政府商检法内容完全相同的《商品检验法》和伪工商部《商品检验局组织条例》,在沦陷区陆续成立上海、天津、青岛商品检验局,并公布应检验的进出口商品的种类表,对列入种类表内的商品实施强制性检验。抗战胜利后,国民党政府恢复了天津、上海、青岛、广州、汉口等 5 个商检局,连同重庆商检局,当时全国共有 6 个商检局,属国民党政府经济部领导。

新中国成立前的商品检验,虽然有法律和法规作依据,也设有官方的商检局实施检验工作。但由于中国当时处于半封建半殖民地的状态,中国商检局的证书得不到国际上的承认,只能作为国内通关使用,不能在国际上发挥交货、结汇、计费、计税和处理索赔的有效凭证的作用。

2. 中华人民共和国成立后的进出口商品检验检疫

随着天津、上海、青岛、汉口、重庆、广州的先后解放,人民政府接管了国民党政府的商检局。1949 年 10 月 1 日中华人民共和国成立后,中央贸易部国外贸易司设立商品检验处,统一领导和管理全国检验机构和业务,并在改造国民党政府遗留下来的商检局的基础上,在大连、新疆设立了商品检验局。除青岛、新疆两局只管辖所在省和自治区的检验业务外,其他商检局都实行按大行政区划和商品的流向跨省市自治区检验的体制。

1951 年,中央人民政府政务院财政经济委员会公布了《商品检验暂行条例》,这是中华人民共和国第一部关于进出口商品检验的行政法规。这个法规确定了输入输出商品检验的范围,并规定"凡输入输出商品的衡量、鉴定等公证事项,统由商品检验局办理",体现了商检工作集中、统一的特点。

1952 年,中央贸易部分为商业部和对外贸易部,在外贸部门设立商品检验总局,统一管理全国的进出口商品检验工作。1953 年，政务院在《商品检验暂行条例》的基础上，制定了《输出输入商品暂行条例》（以下简称《暂行条例》），并于 1954 年 1 月 3 日公布实施。这个《暂行条例》进一步明确了商检局统一办理对外公证鉴定工作的职能，并将国营企业外贸合同规定应经商检的商品和应检验的动植物及其产品有无害虫、病菌的商品列为法定检验范围，加强了对进出口商品的检验管理。

1959 年 5 月 11 日，周恩来总理在各省市财贸书记会议上，针对出口商品存在的质量问题，强调对外贸易必须"重合同、守信用、重质先于重量"，必须尽快纠正不重视出口商品质量，不严格履行合同条款的倾向，强调商检局要把好出口商品质量最后一道关。外贸部为此调整了应实施检验的商品种类表，进一步加强了对出口商品的品质管制。通过全国商检人员的共同努力，中国商检证书很快在国外树立了良好的信誉，得到世界各国的普遍承认，成为国际贸易中进出口商品交接、结算和处理索赔争议具有法律效力的重要凭证。

"文化大革命"期间，正常的工作秩序受到破坏，许多商检机构被精简甚至撤销，大批商检人员被下放，行之有效的规章制度被废弃，进出口商品质量无法保证，国家经济建设和对外贸易遭受严重损失。

1972 年，针对出口商品质量下降，国外反应强烈的情况，对外贸易部发出了《关于把好出口商品质量关的通知》，要求商检部门坚持合理的规章制度，加强检验和监督管理工作。各地商检机构和广大商检人员克服种种干扰和困难，认真履行对进出口商品质量把关的职责，使进出口商品检验、鉴定工作得以较快恢复。

1980 年，国务院将外贸部商品检验总局改为中华人民共和国进出口商品检验总局（副部级），并将各地商检局的建制收归中央，实行中央与地方双重领导，以中央领导为主的垂直领导体制，地方局改称进出口商品检验局，冠以所在省、自治区和直辖市名称。1982 年国务院机构改革，中华人民共和国进出口商品检验总局更名为中华人民共和国国家进出口商品检验局，由外经贸部归口管理。

1998 年，为了适应我国加快改革开放和对外贸易发展的需要，经国务院批准，国家进出口商品检验局、国家进出境动植物检疫局和国家进出境卫生检疫局合并成立国家出入境检验检疫局，实现了"三检合一"。

2001 年，根据我国深化经济体制改革、加入世界贸易组织（WTO）承诺及加入 WTO 后新形势的需要，国务院决定将国家质量技术监督局和国家出入境检验检疫局合并，成立国家质量监督检验检疫总局（以下简称国家质检总局），直属国务院，管理全国进出口商品检验工作。

1.1.2　中国进出口商品检验检疫法律制度的确立与发展

1. 中国进出口商品检验检疫法律制度的确立

中国现行的进出口商品检验检疫法律制度（以下简称中国商检法律制度），是在中国改革开放后20世纪80年代形成的,其标志是1989年2月21日第七届全国人大常委会第六次会议审议通过的、于同年8月1日实施的《中华人民共和国进出口商品检验法》(以下简称《商检法》)。它以法律的形式明确了国务院设立的进出口商品检验部门(以下简称国家商检部门)和国家商检部门在各地设立的商品检验机构,对进出口商品实施法定检验,办理进出口商品鉴定业务以及监督管理进出口商品检验工作等基本职责;规定了法定检验的内容、标准,以及质量认证、质量许可、认可国内外检验机构等监管制度,并规定了相应的法律责任。

1992年国家商品检验局根据《商检法》的规定,制定了《中华人民共和国进出口商品检验条例》(以下简称《商检法实施条例》)经国务院批准,于10月23日发布实施。《商检法实施条例》进一步细化了《商检法》有关进口商品检验、出口商品检验、进出口商品鉴定、监督管理、法律责任和附则规定,是与《商检法》互相配套的、规范进出境商品检验检疫的一部重要的行政法规。

中国商检法律制度的确立和实施,对我国改革开放事业的发展,对保证我国进出境商品质量、促进对外贸易健康发展,发挥了重要的作用。

2. 中国进出口商品检验检疫法律制度的完善

随着社会主义市场经济的不断发展和完善,我国对进出口商品检验管理体制进行了较大的改革和调整,从加强依法行政、方便外贸进出着手,建立并实施了新的进出口商品检验管理制度。原《商检法》是根据国家当时的经济发展水平和外贸发展水平制定的,其中对进出口商品检验的许多管理规定与目前实际情况已经明显不一致,特别是2001年底我国加入了WTO。这些发展和变化,使《商检法》中的一些规定已经不能很好地适应新形势、新情况的要求。2002年4月28日,第九届全国人大常委会第二十七次会议对中国商检法作出重要修改,审议通过了《中华人民共和国进出口商品检验法修正案》(以下简称新《商检法》),并于同年10月1日起正式施行。这是完善中国商检法制度的重要举措,也是我国加入WTO之后全国人大常委会审议通过的第一部法律修正案。

新修订后的《商检法》虽以应对加入WTO为切入点,根据WTO规则和我国加入WTO的承诺做了重要修改。修改内容多达32项,修改条文占条文数2/3以上,根据技术性贸易壁垒协定(TBT)五项规则对接了立法宗旨、调整了法定检验的目的、内容和依据,进一步开放了进出口商品检验鉴定市场,加强了商业秘密的保护,统一了认证制度,实现了与国际通行规则的一致。但由于进出境商品检验检疫涉及商品种类繁多,检验标准、检验方法、检验程序技术性很强,需要进一步的细化和规范。为了保证新《商检法》规定的基本原则、基本精神得到切实实施,2005年8月10日国务院第101次常务会通过新修订的《商品法实施条例》(以下简称新《商检法实施条例》),并于同年12月1日起施行。

修订后的《商检法》及其实施条例的实施,使中国商检法律制度更明确地发挥规范作用,有利于在法制轨道上加强中国进出口商品检验检疫工作,建立健全商检法制,增强商检立法,以达到维护社会共同利益,保护进出口贸易各方合法权益,促进对外经济贸易关系顺利发展的目的。

　　3. 中国进出口商品检验检疫制度的法律框架

　　我国现行进出境商品检验检疫法律依据包括《中华人民共和国进出口商品检验法》及其实施条例、《中华人民共和国进出境动植物检疫法》(以下简称《动植物检疫法》)及其实施条例和《中华人民共和国国境卫生检疫法》(以下简称《国境卫生检疫法》)①及其实施细则②和《中华人民共和国食品安全法》(以下简称《食品安全法》)③及其实施条例④(以下简称"四法四条例"),取代原先的"四法三条例"⑤,是进出口商品检验检疫所依据的根本法律。国家质检总局依据"四法四条例"的规定,以及《海关法》《对外贸易法》《动物防疫法》《畜牧法》《传染病防治法》等法律的规定,制定发布一系列与进出口商品检验检疫相关的法规、规章⑥、标准⑦、规范⑧、总局令、预警通报等,由此构成了我国进出口商品检验检疫的法律法规的整体框架。

1.2　进出口商品检验检疫管理体制

　　中国现行进出口商品检验检疫的管理体制是由《商检法》确定的,在这个体制中机构的设置或取得认可,以及各自的地位和职责都由法律规定。检验主体分为三个层次。这三个层次,三种检验机构的性质、地位、职责在法律上有清楚的界定,不能混淆,也不应交叉。

1.2.1　国务院设立的进出口商品检验部门

　　国家商检部门是检验主体的第一层次,即为国家商检机构和检验机构的管理层,主管全

---

① 2007 年 12 月 29 日,十届全国人大常委会第三十一次会议通过《中华人民共和国国境卫生检疫法》,对《国境卫生检疫法》做如下修改:第十四条第二款修改为:"入境、出境的尸体、骸骨的托运人或者其代理人,必须向国境卫生检疫机关申报,经卫生检查合格后,方准运进或者运出。"该法自 12 月 29 日公布之日起施行。

② 2010 年 4 月 19 日国务院第 108 次常务会议通过《国务院关于修改〈中华人民共和国国境卫生检疫法实施细则〉的决定》,对《国境卫生检疫法实施细则》做如下修改:将第九十九条修改为:"卫生检疫机关应当阻止患有严重精神病、传染性肺结核病或者有可能对公共卫生造成重大危害的其他传染病的外国人入境。"该法自 4 月 24 日公布之日起施行。

③ 2009 年 2 月 28 日,十一届全国人大常委会第七次会议通过,并自 6 月 1 日起施行。

④ 2009 年 7 月 8 日国务院第 73 次常务会议通过,并自 7 月 20 日公布之日起施行。

⑤ "四法三条例"是指《商检法》及其实施条例、《动植物检疫法》及其实施条例、《国境卫生检疫法》及其实施细则和《食品卫生法》。

⑥ 规章:商检部门制定的规范性文件。

⑦ 标准:商检部门制定的进口商品检验检疫方法的技术标准(SN)。

⑧ 规范:商部门制定的出口商品生产企业质量管理体系。

国进出境商品检验检疫工作。该层次部门及法律赋予的职能分别为：

1. 国家质量监督检验检疫总局（简称国家质检总局）

国家质检总局是国务院主管全国质量、计量、出入境商品检验、出入境卫生检疫、出入境动植物检疫和认证认可、标准化等工作，并行使行政执法职能的直属机构。

2. 中国国家认证认可监督管理委员会

即中华人民共和国国家认证认可监督管理局[以下简称国家认监委（国家认监局）、副部级]为国家质检总局管理的事业单位，是国务院组建并授权，履行行政管理职能，统一管理、监督和综合协调全国认证认可工作的主管机构。

3. 中国国家标准化管理委员会

即中华人民共和国国家标准化管理局[以下简称国家标准委（国家标准局），副部级]为国家质检总局管理的事业单位，是国务院授权的履行行政管理职能，统一管理、监督和综合协调全国标准化工作的主管机构。

1.2.2 国家依法设立的进出口商品检验机构

国家依法设立的进出口商品检验机构是指国家商检部门设立的进出口商品检验机构（以下简称商检机构），即为国家质检总局在各地设立的出入境检验检疫局（或称出入境检验检疫机构，以下简称检验检疫机构）管理各所辖地区的进出境商品检验检疫工作，以及法律、行政法规规定的其他检验机构实施法律、行政法规规定的进出口商品或者检验项目。此类检验机构是我国进出境商品检验主体的第二层次。

1. 商检机构的设立及其职能

按照出入境检验检疫机构所承担的职责，国家质检总局在全国 31 个省、自治区和直辖市设立了 35 个直属出入境检验检疫局，280 多个分支局，280 多个办事处①，统称出入境检验检疫机构。它是管理进出境商品检验检疫的行政执法机关，行使行政执法和管理监督职能。其具体工作是：

（1）贯彻执行进出境商品检验方面的法律、法规和政策规定及工作规程；

（2）负责所辖区域的进出口商品检验、鉴定和监管工作；

（3）实施进出口商品的法定检验检疫和监督管理；

（4）负责进出口商品鉴定管理工作；

（5）实施外商投资财产鉴定；

（6）办理进出口商品复验；

（7）实施进出口食品及其生产企业的卫生注册登记和对外注册管理；

---

① 资料来源：http://www.aqsiq.gov.cn。

（8）实施进出口商品认证认可工作；

（9）实施民用商品入境验证工作；

（10）管理进出口商品检验证单、标志及签证、标识、封识等；

（11）负责出口商品普惠制原产地证和一般原产地证的签证工作；

（12）依法对所辖区域检验鉴定机构实施监督管理等。

2. 其他检验机构及其职能

《商检法》第九条明确规定，进出口药品的卫生质量检验、计量器具的量值鉴定、锅炉压力容器的安全监督检验、船舶（包括海上平台、主要船用设备及材料）和集装箱的规范检验、飞机（包括飞机发动机、机载设备）的适航检验以及核承压设备的安全检验等项目，由其他法律、行政法规规定的其他机构实施检验。例如：

（1）药品检验机构。

药品检验机构由卫生部归口管理。按照国家《药政管理条例》和卫生部发布的《进口药品质量管理办法》的规定，凡进出口药品（包括原料药、制剂和药材），一律列为法定检验检疫，由各地药检机构实施检验。

（2）船舶检验局。

船舶检验局是国家船舶技术监督机构，成立于1956年，总部设在北京，负责对船舶执行法定的监督检验，同时办理船级业务。其主要任务是：制定船舶检验的规章制度和船舶规范；在全国主要港口设立办事机构，执行监督检验；对船舶、海上设施及其材料、机械设备实施监督检验和试验，使船舶和海上设施具备正常的技术条件，以保障海上船舶、设施和人身的安全以及海洋环境不受污染；根据我国参加的有关国际公约，代表政府签发公约要求的船舶证书；办理船舶入级业务；担任公证检验。

1.2.3　进出口商品检验鉴定机构

进出口商品检验鉴定机构是特定的，必须经国家质检总局许可。检验鉴定业务的内容是提供检验鉴定服务，接受申请人委托以第三方身份公正地从事进出口商品检验鉴定业务，对进出口商品进行检验鉴定，出具检验鉴定证书，并承担相应的法律责任。这些社会中介服务机构是检验主体的第三层次。外国检验机构经批准也可在我国设立分支机构，在指定范围内接受进出口商品检验和鉴定业务。

进出口商品检验鉴定机构业务范围主要包括：进出口商品的品质、规格、数量、重量、包装、价值、装运技术条件等委托的检验鉴定业务及相关的技术测试和分析服务业务。现有的进出口商品检验鉴定机构，如：

1. 香港特别行政区的商品检验机构

对商品检验管理的方式，主要有强制性检验、自愿申请标志检验、国际认证检验、委托检验和消费选择指导性检验等。检验机构包括：

（1）标准及检定中心。

标准及检定中心是香港特别行政区政府指定的检验机构。它按政府颁布的商品目录，对进口商品实施强制性检验。目录所列商品，未经检验及检定中心检验合格的，一律不得销售和使用。香港是自由港，对出口商品不实施强制性检验。

（2）其他检验机构。

除指定的检验机构外，香港还有私人公证行(如天祥公证行)和外国检验机构(如 SGS)。

2. 中国商品检验公司

中国商品检验公司，全称是中国进出口商品检验总公司（China National Import & Export Commodities Inspection Corporation, CCIC)，于 1980 年 7 月经国务院批准成立，按中国的法律注册登记，以从事进出口商品检验为主业的综合性独立的检验机构。CCIC 是原国家商品检验局指定的实施进出口商品检验和鉴定业务的检验实体，它的性质属于民间商品检验机构。公司总部在北京，在全国 31 个省、自治区、直辖市及厦门、深圳、宁波、秦皇岛、满洲里等地共设 36 家分(子)公司。

CCIC 还在美国、德国、荷兰、法国、英国、西班牙、日本、泰国、新加坡、菲律宾、澳大利亚、新西兰、俄罗斯、巴西等 20 多个国家设立了海外公司或代表处，承担着装船前检验和对外贸易鉴定业务，并与一些国外检验机构建立了委托代理关系(如 SGS)或合资检验机构(如 OMIC)。

1.3　进出口商品检验检疫依据

中国现行的进出口商品检验检疫依据是凭以对进出境商品实施检验，确定其是否符合国家技术规范的强制性要求的合格评定活动。[1]这种论述体现了科学的含义，也与世界贸易组织的有关概念、定义相一致。世界贸易组织技术性贸易壁垒协定(TBT)适用检验的用语，即为"合格评定"。[2]在具体检验工作中，商检机构可以根据国际通行的合格评定程序[3]，按照分类管理原则确定的检验监督管理模式，对进出境商品实施检验。

因此，实施商品检验的依据可归纳为：一是"四法四条例"及相关法规规定的须经出入境检验检疫机构实施检验的进出境商品范围；二是进出口商品检验的技术规范，以及检验方法的技术规范和标准；三是国际贸易单证及贸易合同的条款。

---

[1]　合格评定活动：直接或者间接地确定必须实施检验的进出口商品是否满足国家技术规范的强制性要求的活动。

[2]　合格评定：任何直接或间接用以确定是否满足技术法规或标准中的相关要求的程序。

[3]　合格评定程序包括：抽样、检验和检查；评估、验证和合格保证；注册、认可和批准以及各项的组合。

1.3.1　须经出入境检验检疫机构实施检验的进出境商品范围

须经出入境检验检疫机构实施检验的进出境商品范围,俗称法定检验检疫商品的范围。确定法定检验检疫商品范围依据是:保护人类健康和安全、保护动物或者植物的生命和健康、保护环境、防止欺诈行为,维护国家安全"五项"原则。其范围包括《出入境检验检疫机构实施检验检疫的进出境商品目录》(以下简称《法检商品目录》)和法律、行政法规规定必须经出入境检验检疫机构检验的其他进出口商品。出入境检验检疫机构对此类范围内的进出口商品实施检验包括法定检验检疫、抽查检验两种基本类型。

　　1. 法定检验检疫

法定检验检疫,又称强制性检验检疫,是指出入境检验检疫机构对列入《法检商品目录》内商品的检验。《法检商品目录》的制定、调整、公布实施目录的职责,专属国家商检部门,即国家质检总局,其他部门不行使此项职责,各级商检机构也没有这项职责。国家质检总局发布《目录》是以法律文件形式,通过对商品名称、商品编码、商品检验项目等内容的规定确定必须实施检验的进出口商品范围的法律文件。

目前,绝大部分法定检验检疫商品被列入《法检商品目录》。《法检商品目录》的编制,是以国际通行的《进出口商品名称及编码协调制度》(HS 编码制度)为基础,依照我国海关系统《商品综合分类表》的商品编码、商品名称、商品备注等内容编制。在制定、调整《法检商品目录》时,国家质检总局应当根据五项原则,征求国务院对外贸易主管部门、海关总署等方面的意见。《法检商品目录》应当至少在实施之日 30 日前公布。在紧急情况下,应当不迟于实施之日公布。

除进出口商品《法检商品目录》外,法定检验检疫商品还包括法律、行政法规规定必须经出入境检验检疫机构检验的其他进出口商品。例如:

(1)《商检法》和《认证认可条例》有关规定,国家规定实施许可制度和国家规定必须经过认证(即中国强制性认证,简称"CCC"认证)的进口商品。具体的验证商品范围和验证要求参见本教材第 6.3 节的内容。

(2) 根据《商检法》《食品安全法》《认证认可条例》《商检法实施条例》等法律、行政法规规定,对出口危险货物包装容器的性能鉴定和使用鉴定,对装运出口易腐烂变质食品、冷冻品的集装箱、船舱、飞机、车辆等运载工具的适载检验,对进口可用作原料的固体废物、成套设备、旧机电产品的检验等均属于法定检验检疫的范围。

法定检验检疫范围内的进口商品未实施检验完毕前不得销售、使用。当事人擅自销售或者使用未报检或者未经检验的法定检验检疫的进口商品,将依照《商检法》有关规定承担相应的法律责任。法定检验检疫范围内的出口商品经检验合格的,海关凭出入境检验检疫机构依法签发《出境货物通关单》验放;未经检验或者经检验不合格的,不准出口。

对不合格的法定检验商品的处理方式有以下几种：

（1）对涉及人身财产安全、健康、环境保护有关项目检验结果不合格的进口商品只能采取责令销毁和退货两种处理方法。销毁是将不合格商品通过物理或者化学方法使其改变状态或者消失，如：焚烧、破碎、深埋、融化、回炉等。退货是将不合格商品退运至境外。

（2）对涉及人身财产安全、健康、环境保护以外其他项目检验结果不合格的进口商品进行技术处理，以消除不合格因素，经重新检验合格后，方可销售或者使用。

（3）对当事人申请出证的进口商品，商检机构应当及时对不合格进口商品出具检验证书。

（4）对进口成套设备材料①检验不合格的，应当签发不准安装使用通知书。鉴于成套设备价值高，可以通过更换零部件等方式进行技术处理，并经出入境检验检疫机构重新检验合格的，方可安装使用。

2. 抽查检验

抽查检验是指出入境检验检疫机构对法定以外的进出口商品，根据国家质检总局规定，按照统一的内容、程序、方法、标准等实施抽查检验的一种形式。对法定检验检疫以外的进出口商品实施抽查检验，是国家对进出口商品实施质量监督管理的一种重要方式，是一种行政行为，是出入境检验检疫机构的一项法定职责。

抽查检验项目的合格评定依据是国家技术规范的强制性要求和国家质检总局指定的其他相关技术要求。国家质检总局每年制定抽查检验的商品名录，这些商品主要包括：

（1）可能危及人体健康、财产安全以及环境保护的进出口商品；

（2）进出口数量大、质量不稳定或者发生过较大质量事故的商品；

（3）国内外消费者投诉较多、有关用户反映质量问题较多、出口退货情况较严重的商品；

（4）国内外有新的特殊技术要求的商品。

出入境检验检疫机构应当将抽查检验结果上报国家质检总局。国家质检总局必要时根据情况，适时地通过公告的形式或者新闻媒体向社会公布抽查检验结果，发布预警通告，或者采取相应措施，或者向国务院、有关政府、部门报告和通报抽查检验情况。

通过抽查检验可以达到的主要目的：一是及时掌握进出境商品质量的总体状况，了解进出境商品信息，为国家质检总局对进出境商品实施宏观调控提供依据，有利于国家质检总局及时调整、确定必须实施检验的进出口商品目录；二是可以有效地打击进出口环节生产、经营假冒伪劣商品的行为，减少甚至避免贸易欺诈行为；三是可以有效地促进进出口商品生产、经营企业对其生产、经营的进出口商品质量负责，明确商品质量责任，强化对进出口商品的监督管理，维护国家利益和信誉。

---

① 成套设备材料：成套设备的配套器材或者专用物资。

1.3.2　进出口商品检验的技术规范以及检验方法的技术规范和标准

1. 进出口商品检验的技术规范

进出口商品检验的技术规范，又称国家技术规范的强制性要求，是法定检验检疫进出境商品的检验依据。根据《技术性贸易壁垒协定》(WTO/TBT)中采用的"技术法规"和"标准"的表述，其中技术法规是规定强制执行的产品特性或其相关的工艺和生产方法，包括适用的管理规定在内的文件；标准则是经公认机构批准的、规定非强制性执行的，供通用或重复使用的产品或相关工艺和生产方法的规则、指南或特性的文件。

上述强制性的技术法规和非强制性的标准在我国标准化法中统称为标准，被分为强制性标准和推荐性标准。根据我国的标准化法，我国合法的标准分 4 级，即国家标准①、行业标准②、地方标准和企业标准。这与《技术性贸易壁垒协定》中的表述有出入，因而我国在修订《商检法》时，采用了"国家技术规范的强制性要求"这种表述的含义，作为法定检验检疫的依据。

国家技术规范的强制性要求是一个特定用语，是指规定必须强制执行的产品特性或其相关工艺和生产方法，包括适用的管理规定在内的文件。该文件还可以包括适用于产品、工艺或生产方法的专门术语、符号、包装、标志或标签要求。其内容应限制在下列范围：

(1) 有关国家安全的技术要求；

(2) 保护人体健康和人身财产安全的要求；

(3) 产品及产品生产、储运和使用中的安全、卫生、环境保护等技术要求；

(4) 工程建设的质量、安全、卫生、环境保护要求及国家需要控制的工程建设的其他要求；

(5) 污染物排放限值和环境质量要求；

(6) 保护动植物生命安全和健康的要求；

(7) 防止欺诈、保护消费者利益的要求。

国家技术规范的强制性要求以国家法律、行政法规、部门规章形式予以明确的规定，是出入境检验检疫机构对列入《目录》的进出境商品实施检验的基本依据。检验的内容包括涉及安全、卫生、健康、环境保护的要求以及相应的数量、重量、包装等，具有强制执行力。出入

---

① 国家标准：由国家标准化主管机关批准、发布、在全国范围内统一执行的标准。我国国家标准的代号为 GB。

② 行业标准：国际或国内同一行业的标准化组织或标准化主管机构批准发布的标准。我国行业标准的代号主要有 30 类，其中出入境检验检疫标准代号为 SN。

境检验检疫机构必须严格按照国家技术规范的强制性要求实施法定检验检疫,行政机关管理相对人也必须遵守。

2. 进出口商品检验方法的技术规范和标准

进出口商品检验方法的技术规范和标准对出入境检验检疫机构具有强制执行力。同时,进出口商品检验方法标准也是判断标准的重要组成部分,是实施进出口商品检验的不可缺少的依据。进出口商品检验方法的技术规范和标准,是为了统一检验的准绳和尺度,提高检验工作质量效率,在科学技术与实践的基础上,对进出口商品检验工作的抽样、试验、分析、测定、作业、检查、统计等步骤、程序和要求的规定。其目的是为了准确测定进出口商品的质量、功能等属性,对其作出符合性评价。

目前,列入《目录》内的进出境商品,有的尚未制定国家技术规范的强制性要求,如对列入《目录》的某种商品或者某检验项目,还缺乏质量标准、技术要求和检验方法标准等。在这种情况下,应当依法及时制定,尽快明确国家技术规范的强制性要求,完善检验依据。而在国家技术规范的强制性要求公布之前:

(1) 国家质检总局可根据进出境商品检验工作的实际需要和国际标准①,制定进出境商品检验方法的技术规范和标准。

(2) 鉴于需要与实际进程之间会有一定时间上的差距,国家质检总局可根据工作实际,指定符合要求的标准,例如某一国际标准、进口国或者出口国标准等,作为进出口商品检验的依据。

1.3.3　国际贸易单证及贸易合同中的商检约定

国际贸易单证及贸易合同的检验检疫条款是国际贸易中具有法律约束力的依据。

1. 国际贸易单证及其作用

与商检机构检验检疫有关的国际贸易单证,除贸易合同外,主要还有以下几种:

(1) 信用证。

信用证所列明的支付货物的条件,其中包括交货的品名、规格、数量、包装、价格、交货期、运输、保险等,都是商检机构执行检验检疫的依据。

(2) 租船契约。

租船契约条款中关于船方对货物的装、卸、理舱费用和风险责任的规定,关于船东的责任范围、负责条款、索赔与诉讼时效、法律辖权、货物留置权等项规定,是检验鉴定、判断货损货差责任和残损货物处理的重要依据。

---

① 国际标准:国际化标准组织(ISO)和国际电工委员会(IEC)所制定的标准,以及国际化组织公布的组织和其他国际组织规定的某些标准。

（3）海运提单。

海运提单是货物的承运人及其代理人收到货物之后签发给托运人的凭证，也是货物所有权的凭证。海运提单是商检机构执行检验鉴定（数量鉴定、残损鉴定等）的重要依据。

（4）与贸易相关的其他单据。

除上述贸易单证外，还有其他贸易相关的单据也是检验中不可缺少的辅助依据。如发票、装箱单、磅码单等可作为货物的品名规格、数量检验的依据；卖方提供的品质证书、图纸或使用说明书等技术资料可作为货物品质或性能检验的依据；各种运输单据、有关事故证明等可作为货物品质残损、数量短缺鉴定的依据。

2. 贸易合同中的商检约定①

贸易合同是贸易双方共同签署具有法律责任的文本。

对外贸易合同中商品检验检疫条件，也称商品检验约定条款（以下简称商检约定），对商品是否符合质量、数（重）量等要求进行判定的依据，具有法律效力，直接关系到买卖双方承担风险的大小。商检约定是国际贸易合同中不可缺少的重要组成部分。其内容包括：检验检疫机构；检验依据如国际惯例、国家技术规范强制性要求、标准、合同规定的检验项目或凭样成交等；合格评定程序如检验规程、检验方法、检验流程等；检验对象（货物、包装等）的特性、状态，如规格、型号、包装等；商品数（重）量计算方法等以及索赔有效期的检验索赔条款等。

（1）检验检疫机构。

在具体交易中，确定检验机构时，应考虑有关国家的法律法规、商品的性质、交易条件和交易习惯。检验机构的选定还与检验时间、地点有一定的关系。一般来讲，规定在出口国检验时，应由出口国的检验机构进行检验；在进口国检验时，则由进口国的检验机构负责。但是，在某些情况下，双方也可以约定由买方派出检验人员到产地或出口地点验货，或者约定由双方派员进行联合检验。

（2）检验的时间和地点。

根据国际上的习惯做法和我国的业务实践，关于买卖合同中检验时间和地点的规定方法，主要有以下几种：

① 在出口国检验。

在出口国检验，具体又可分为产地检验和装运地（港）检验两种。产地检验一般是在货物出厂前，由合同中规定的检验机构进行检验，这种交货方式在国际贸易术语中称为 EXW（即 Ex Work … named place）工厂交货（指定地点）。卖方只承担货物出厂前的责任，而在运输途中发生的品质、数量变化的风险由买方承担。第二种方式是指货物在装运地（港）交货前，由合同中规定的检验机构对货物的品质、数量、包装等进行检验鉴定，并以其所出具的检验证书作为最后依据，只要证书合格，说明卖方已按规定质量交货，买方原则上不得以到

---

① 商检约定范例参见本书 2.1.2。

货时品质数量不符为由提出异议。如实际中常采用的 FOB、CIF 和 CFR 术语成交贸易。

在我国,对于法检商品的一般做法是产地检验检疫机构检验并出具检验证书,口岸检验检疫机构实施查验。

② 在进口国检验。

在进口国检验可分为卸货地检验和用户所在地检验两种。卸货地检验一般是指货物到达目的地(港)后,在约定的时间内,由合同规定的检验机构就地检验,并以其检验结果作为交货质量和数量的最后依据。在采用这种条件时,卖方要承担货物在运输途中品质、重量变化的风险。后一种方式是对一些需要安装调试进行检验的成套设备、机电仪产品以及在卸货口岸开件检验后难以恢复原包装的商品,双方可约定将检验时间和地点延伸和推迟至货物运抵买方营业所或最终用户的所在地后的一定时间内进行,并以该地约定的检验机构所出具的检验证书作为决定交货质量、重量或数量的依据。

③ 出口国检验、进口国复验。

采用此种做法时,卖方办理交货是以装运地检验机构出具的检验证书作为卖方以托收方式或以信用证方式收取或议付货款的一种凭证。货物运抵目的港/地后由双方约定的检验机构复验,并出具证明。如发现货物不符合同规定,并证明这种不符情况系属卖方责任,买方有权在规定的时间内凭复验证书向卖方提出异议和索赔。这一做法对买卖双方来说,比较公平合理,它既承认卖方所提供的检验证书是有效的文件,作为双方交接货物和结算货款的依据之一,并给予买方复验权。因此,我国进出口贸易中一般都采用这一做法。

(3) 检验标准和方法。

根据《商检法》规定,凡列入目录的进出口商品,按照国家技术规范的强制性要求进行检验;不属于国家技术规范的强制性要求的,可以参照国家商检部门指定的国外有关标准进行检验。法律、行政法规规定由其他检验机构实施检验的进出口商品或者检验项目,依照有关法律、行政法规的规定办理。

一般来说,签订进口商品合同时应尽量采用国际标准或国外先进标准。由于国际上检验标准每 3—5 年修订一次,所以在选订时,应注意制定标准的时间性,尽可能选用较新年份版本,防止采用已过时的版本。对于引用标准代号的,更要正确注明该代号的版本年份。对于检验标准中已有抽样、检验方法的,则应具体订明抽样方法和检验方法。

(4) 质量、数量条款。

根据国际上通用的惯例,一般采取的做法如下。

以离岸品质、数量为基准。即由卖方在装运口岸货物装运前,主动申请相关的检验机构对出口的货物的品质、数(重)量等进行检验,检验后出具的检验证书,作为商品品质、数(重)量等最后的法律依据。按照这种做法,买方对货物没有复验权,也就是以后在出现商品品质、数(重)量等相关的贸易纠纷时,买方没有就此向卖方提出相关索赔的权利。这种做法对买方而言相对不利。

以到岸品质、数量为基准。货物运抵相应目的港后,由当地的检验机构检验和出具的检验证书为最后的法律依据,如果到时商品的品质、数(重)量等与合同规定不符时,买方凭当地的检验机构出具的检验证书可以向卖方提出索赔,除非造成上述不符情况属于承运人或保险人的责任,卖方一般不得拒绝理赔。

商品交易中的数量是贸易合同中的主要内容之一。卖方必须按合同数量条款的规定如数交付货物。交货量不足时,买方有权拒收,并要求赔偿损失;交货量超过时,一般也不补给货款。目前,我国进口商品到货中"短斤缺两"的情况时有发生,要减少此种现象,合同的数量条款首先应当完整准确。其把握要点如下。

粮食、水果、矿砂等散货类,受本身的特性或包装和运输以及计量工具的限制,交货量往往难以完全符合合同所规定的数量。为了避免发生争议,可在数量条款中订明交货数量的机动幅度,且以溢短百分数为妥或者规定一个"溢短装条款",以溢交或短交货物按装船时的价格计算等。

由于各国采用计量制度的不同,在计量方法上,即使所用计量单位的名称相同或相似,其所表示的商品实际数量也会有很大差别。因此,在合同中最好采用国际计量单位,计量方法应以货物特性确定,如散装矿产品大多采用水尺计重,散装液体用容量计重,以及粮、糖等用衡器计重等。

(5)包装条款。

买卖合同中的包装条款通常也是进出口商品检验的重要依据。在法律上,商品如未按买方的指定或贸易习惯包装时,买方有权拒收货物。因此,卖方交付买方的商品,应依约定的包装条款包装。包装条款的一般内容包括:包装材料和方式,如木箱装、纸箱装、铁桶装、麻袋装等,并根据需要加注尺寸、每件重量或数量、加固条件等;运输标志,按国际惯例,一般由卖方设计确定,也可由买方决定。但在签约时,进口单位必须提出明确的要求和责任,以减少运输过程中不必要的损失。

签订包装条款应注意:一是对于有些包装术语如"适合海运包装""习惯包装"等,因可以有不同理解而引起争议,除非买卖双方事先取得一致认识,应避免使用。尤其对设备包装条件,应在合同中作出具体明确的规定,如对特别精密的设备包装必须符合运输要求外,还应规定防震措施等条件。二是包装费用一般都包括在货价内,合同条款不必列入。但如买方要求特殊包装,则可增加包装费用,如何计费及何时收费也应在条款中列明。如果包装材料由买方供应,则条款中应明确包装材料到达时间,以及逾期到达时买方应负的责任。三是运输标志如由买方决定,也应规定标志到达时间(标志内容须经卖方同意)及逾期不到时买方应负的责任等。

(6)检验检疫证书。

检验检疫证书(inspection & quarantine certificate)是商检机构对进出口商品实施检验检疫或鉴定后出具的证明文件。常用的检验证书有:品质检验证书、重量检验证书、数量检验证书、兽医检验证书、卫生检验证书、消毒检验证书、植物检疫证书、价值检验证书、产地检验证书等。在具体业务中,卖方究竟需要提供哪种证书,要根据商品的种类、性质、贸易习惯以及政府的有关法律法规而定。

(7) 复验权条款。

买方复验权就是卖方在商品装运前进行检验的检验证书,并不是最后依据,而是交货依据,货到目的地时,允许买方对相应的商品进行复验,如果发现到货的品质、数(重)量等与合同规定不符,而且确实属于卖方责任的,可凭复验的检验机构出具的检验证书向卖方提出索赔。根据平等互利原则,我国进出口贸易合同一般都规定受货人有复验权条款。

3. 签订对外贸易合同中商检约定范例

水果贸易合同中的商检约定除数量、规格、价格外,还应包括以下内容:

(1) 具有输出国家或地区政府动植物检疫机关签发的植物检疫证书及产地证书。植物检疫证书的内容与格式应当符合国际植物检疫措施标准 ISPM 第 12 号《植物检疫证书准则》的要求。

(2) 用集装箱运输进境的,植物检疫证书上应注明集装箱号码。

(3) 已与我国签订协定(含协议、议定书、备忘录等,下同)的,还应符合相关协定中有关植物检疫证书的要求。

(4) 包装箱上须用中文或英文注明水果名称、产地、包装厂名称或代码。

(5) 有毒有害物质检出量不得超过中国相关安全卫生标准的规定。

案例评析

案例1　合同签订缺陷导致无法索赔案

案情介绍

2004 年 6 月,国内某公司从印度进口 1 批镀锌钢板,重量 953 吨,货值 55.1 万美元,与外方签约的镀锌钢板厚度为负公差。经当地检验检疫机关现场抽样发现,该批镀锌钢板厚度超过了合同规定的要求+0.03 毫米,属不合格产品,出具了对外索赔证书,但被外方拒绝赔付。理由是合同中所采用的是日本 JIS[①] 标准。因为日本 JIS 标准中镀锌钢板厚度为原板即镀锌前的厚度,且又未在合同中有其他详细注明。

案例启示

外贸关系人(包括企业、公司或其代理商)可从本案中得到以下启示:

---

① JIS:日本工业标准调查会(Japanese Industrial Standard)的缩写。

（1）签订诸如金属材料等进口商品合同时，一定要对有关采用标准进行详细研究，对厚度、宽度、化学成分、机械性能等指标进行详细的约定，以避免不必要的损失；

（2）货物到达后，企业或代理机构应按规定及时报检，经检验检疫部门检验，发现问题后及时出具鉴定报告，以便对外索赔挽回经济损失。

案例2　贸易合同异议案

案情介绍

2001年12月，国外某客户就一批货物的合格判定问题向国家质检总局提出咨询，A口岸检验检疫机关根据上级指示，对客户所反映问题进行了深入细致的调查，得出了客观、公正的结论，并及时反馈给客户，消除了国外客户的疑问，化解了贸易双方的矛盾。

2000年10月，德国DST贸易公司（以下简称外方）通过互联网与洛阳某公司（以下简称中方）建立了初步的商务联系。同年11月24日，外方通过电子邮件向中方发出订单，订购一批110万粒直径和长度均为4毫米的微型圆柱滚子，货值1.43万美元，该订单中无检验、验收条款。

由于订单中未约定生产标准和检验标准，中方向外方提供了加工图纸，经外方对图纸修改并确认后，中方按照图纸要求进行生产，出厂前依据我国机械行业标准用JB/T8921-1999《滚动轴承及其商品零件检验规则》进行了检验。交货之前，中方先向外方提供了50粒滚子样品，在得到外方确认后，中方按照外方要求，从2001年1月20日开始分三批交货（滚子属于非法检商品），第一批5万粒、第二批81万粒、第三批28万粒，共114万粒，至2001年3月21日交付完毕。期间，外方对滚子质量未提出异议。时隔8个月之后的11月19日，外方向中方反映，最终用户抽查了600粒滚子，发现其中6粒的端跳（滚子检验项目之一）不合格，要求退货。但中方认为：一是外方在114万粒滚子中抽取600粒进行检验没有抽样依据；二是即使按照外方所说，600粒滚子中有6粒不合格，也不能就此认为整批货物不合格，而应该按照相关标准进行判定。在双方意见不能统一的情况下，外方向国家质检总局发出询问，该批货物究竟是否合格。

A口岸检验检疫机关调查后认为，在订单中无检验、验收条款的情况下，中方依据我国机械行业标准用JB/T8921-1999《滚动轴承及其商品零件检验规则》对货物进行检验并作出合格判定，是可以理解、可以接受的。收到A口岸检验检疫机关的答复后，外方认识到要求全部退货的理由并不充分，不再要求退货。

案例启示

外贸关系人（包括企业、公司或其代理商）可从本案中得到以下启示：

（1）在签订外贸合同时，一定要克服随意性，无论合同金额大小，均应订明检验检收条款及其验收标准，避免引起争议；

（2）在执行外销合同过程中遇到质量方面的问题时，不管所涉及的商品是不是法定检验商品，都要及时与当地检验检疫机关联系，使问题尽早尽快得到解决。

案例3　凭样成交合同纠纷案

案情介绍

某轴承厂根据国外来样，设计制造了一种双列球轴承。国外客户对轴承样品的性能等项目进行检测后，确认了该样品。随后，国外客户与北京某外贸公司、轴承厂三方共同封存了样品，签订了买卖合同。合同规定，轴承质量应与样品一致，双列轴承的钢球总数为28粒。该批产品生产完成后，轴承厂向当地检验检疫部门报检。检验人员在现场对该批轴承进行拆套检验时发现：双列轴承钢球总数为28粒，符合合同规定的要求，但轴承采用的却是可装15粒钢球的保持架（每套轴承2只保持架），也就是说，每只保持架上空缺一粒钢球。因为合同中没有对保持架作出要求，该批产品是符合合同要求的。但该批产品不符合轴承通常标准，即存在着《合同法》中所称的隐蔽瑕疵。①

在样品买卖合同中，卖方应保证其交付的标的物与原样品品质相同。但是，如果样品本身存在买方没有发现的隐蔽瑕疵，而卖方却仍按原样品品质交付，买方的利益就会受到损害。合同法第一百六十九条规定："凭样品买卖的买受人不知道样品有隐蔽瑕疵的，即使交付的标的物与样品相同，出卖人交付的标的物的质量仍然应当符合同种物的通常标准。"

据此，检验检疫人员根据现场检验结果，要求企业对该批轴承全部返工。但外贸公司鉴于交货期已近、船舱已定好，坚持立即交货，并同意对该批产品的质量予以确认和担保。本着对贸易各方利益负责的精神，检验检疫人员对外贸公司和轴承厂进行了详细的解释，提出两种解决办法：第一套方案是将本批产品存在的隐蔽瑕疵告知国外客户，经确认后出运；第二套方案是与国外客户协商，推迟交货，对全部产品返工。外贸公司和工厂接受了检验检疫人员提出的第二套方案，将保持架全部更换成14粒钢球的保持架。

案例启示

外贸关系人（包括企业、公司或其代理商）可从本案中得到以下启示：

（1）企业在履行凭样成交合同时，对样品存在的隐蔽瑕疵（或买方提供样品，或卖方提供样品）千万不能大意，不应简单认为只要与样品一致就能符合要求，而应保证产品满足同种标的物的通常标准，以免造成不必要的麻烦。根据合同法规定，如买方不知道样品有隐蔽瑕疵的，卖方负有交付具有同种物通常标准的标的物的义务，而无论交付的标的物与样品是否相同。这里包括两种情况：一是卖方按样品的质量要求交付标的物，即如果样品虽然存在

---

① 隐蔽瑕疵：当事人在交易过程中已经给予必要的注意仍没有发现的瑕疵，如机器需经运转后才能发现的瑕疵。在本案中，轴承需要拆套检查才能发现保持架内钢球是否空缺，这属于明显的隐蔽瑕疵。

隐蔽瑕疵,但并没有因此影响标的物的通常用途,能达到同种标的物的通常标准。卖方交付的标的物与样品相同。二是卖方不按样品的质量要求交付标的物,即如果样品存在的隐蔽瑕疵足以影响到标的物通常用途,达不到同种物通常标准的,卖方负有交付符合同种物通常标准的标的物的义务。在这种情况下,样品买卖合同中的质量条款实际上已被法律改变了。

(2)在本案例中,检验检疫人员在现场检验时,不仅要依据合同、样品及检验规程进行检验,同时还应依据《合同法》中相关条款对产品质量进行判定。

本章小结

为适应社会主义市场经济体系及国际贸易发展的需要,我国不仅从检验检疫组织结构上,对进出口商品检验检疫管理体制进行了重大的改革,而且从法律体系上,相继修订了《商检法》及其实施条例。《国境卫生检疫法》及其实施细则,并制定《食品安全法》及其实施条例取代《食品卫生法》,对相关的法规、规定进行了修订和制定,使中国进出口商品检验检疫法律体系更好地满足服务国家外贸发展形式的需要。

思考题

1. 进出境商品检验检疫所涉及的法律有哪些?
2. 从法律角度分析中国进出口商品检验检疫管理体制的结构变化。
3. 为什么说“商检机构”与“检验机构”是不同性质的检验机构?
4. 商检机构对进出境商品实施检验的主要依据是什么?进出境商品实施检验中“检验”的科学含义是什么?
5. 我国确定法定检验检疫商品范围的原则是什么?
6. 商检机构为什么对进出口商品目录外的商品实施抽查检验?
7. 商检机构对法定检验和抽查检验不合格的进出口商品如何处理?
8. 何谓国家技术规范的强制性要求?简述它的内容及其实施要求。
9. 进出口商品检验方法的技术规范和标准的设定条件及其目的是什么?
10. 为什么说国际贸易单证及贸易合同中的商检约定也是商检机构实施进出境商品检验检疫的依据?
11. 何谓商检约定?在国际贸易合同中,商检约定通常包括哪些内容?
12. 试分析下列中方 A 公司出口童装降价的原因。

中方 A 公司与某国 B 公司签订一份出口童装的贸易合同。在合同中只简单写明了规格、质料、颜色,并注明“货到港 30 天后外商有复验权”。在洽谈过程中,外商口头确认了 A 公司提供的样品。货到该国后 B 公司提出“颜色不正、缝制工艺粗糙”,并提交该国一家检验机构的检验证书,要求退货和赔偿。据此 A 公司答应了 B 公司提出的降价要求。

13. 2004 年年底,国内某家企业与港商签订了一份机械设备合同。合同商检约定仅列明"88 年德国制造二手加捻机,货到上海港全部付清"条款。2005 年 3 月设备到上海后,企业履行合同付清货款,并向商检机构申请价值鉴定。经商检机构鉴定发现,随机无资料,拆装设备无铭牌,其中有德国产 FS—700 零件,又有 FS600 等型号部件。为此企业提出索赔,但被外商拒绝。外商拒赔的理由是什么?① 企业又如何规避拒赔风险?

---

① 提示:理由是贸易合同中没有订明诸如零部件型号、规格及其资料等检验检疫条款细则。

2 进出口商品检验检疫的法律地位和作用

学习目的

　　了解中国进出口商品检验检疫之所以能在国际贸易活动中发挥重要作用,其基本原因是中国商检法律制度、国际惯例及各国法律法规所赋予的法律地位及其法定的目标。

知识要点

　　进出口商品检验检疫的立法宗旨、法定目标、地位及其在国际贸易活动,尤其是在中国加入 WTO 过程和加入 WTO 后的作用。

2.1　进出口商品检验检疫的法律地位

　　进出口商品检验检疫是一项很重要的工作。世界各国的法律法规和国际通行做法、有关规则、协定等,都赋予从事进出口商品检验检疫业务的检验机构以公认的法律地位。国际贸易合同中商检约定对进出口商品检验检疫一般有明确的条款规定,使进出口商品检验检疫工作受到法律保护,所签发的证件具有法律效力。

2.1.1　我国法律、法规赋予进出口商品检验检疫的法律地位

　　进出口商品检验检疫是出入境检验检疫内容的重要组成部分。出入境检验检疫,是指国家质检总局(商检部门)和出入境检验检疫机构(商检机构)依照法律、行政法规和国际惯例等要求,对出入境的货物、交通运输工具、人员等进行检验检疫、认证及签发官方检验检疫证明等监督管理工作。

　　1. 国家以法律形式,从根本上确定了中国进出口商品检验检疫的法定地位

　　(1) 我国由全国人大常委会制定的《进出口商品检验法》《进出境动植物检疫法》《国境卫生检疫法》和《食品安全法》,分别对进出口商品检验检疫的目的和任务做了相应的规定,包括责任范围、授权执法机关和管辖权限、进出口商品检验检疫的执行程序、执法监督和法律责任等重要内容,从根本上确定了进出口商品检验检疫的法律地位。

　　(2) 中国进出口商品检验检疫法律制度是与国和国之间的货物贸易密切联系的。其一,在国和国之间的商品交换表现为货物贸易关系时,进出口商品检验检疫是体现国家利益

的管理行为;其二,进出口商品检验检疫是涉及国际经济贸易的活动,需要遵守国家参加的国际条约、协定中确定的原则;其三,以法律为原则确定进出口商品检验检疫的对象、体制、标准、程序和方法等,作为进出口商品检验检疫的根据,即依法检验检疫。

2. 国家通过检验检疫的体制改革,以法律形式确立检验检疫机构实施进出口商品检验检疫的行政执法主体地位

(1)为适应我国加入WTO后融入国际经济一体化和WTO国际贸易发展的需要,并借鉴国际上通行的做法,我国政府对中国检验检疫管理体制进行了重大改革,形成以国家质检总局及其在各地设立的出入境检验检疫机构(CIQ),即"商检机构"为行政执法主体,以经国家商检部门认可的社会检验鉴定机构,即以"检验机构"为依靠和补充力量的进出口商品检验检疫新型管理体系,增强了整体行政执法实力。

(2)《商检法》对国家管理进出口商品检验检疫工作的组织形式,包括管理机构的设置、职责范围的确定和管理职权的划分,以法律形式作了原则性的规定。

3. 中国进出口商品检验检疫法律体系的形成,奠定了出入境检验检疫机构实施进出口商品检验检疫的行政执法基础

(1)依据"四法四条例"的规定,国家质检总局制定了各种配套法规,规范性程序文件,检验检测技术标准,检疫对象的消毒、灭菌、除虫等无害化处理等操作规范,是确保进出口商品检验检疫的正常开展和有序进行的法律依据。

(2)中国出入境检验检疫的法律体系,适应了有关国际条约,并与世界上20多个国家签订了双边检验检疫协定,为中国进出口商品检验检疫与国际法规标准接轨创造了条件。

4. 以中国进出境检验检疫法律制度形式,建立比较完善的法律监管程序,确保了进出口商品检验检疫的有效实施

中国进出口商品检验检疫法规的实施,借鉴国际通行惯例,已形成了一个配套体系完整、监管要素齐备的执法监督体系,确保了进出口商品检验检疫的有效实施。其主要表现为:

(1)"四法四条例"是具有强制性闭环性的监管措施,其中以"先报检后通关"的典型进出境货物监管模式,使未经检验检疫并取得有效检验证书、"入境货物通关单"或"出境货物通关单"的进出境货物,无法通关入境或出境。

(2)出入境检验检疫机关的报检与签证程序、检测技术标准、抽样查验程序等强制性工作规范也随之发挥有效监督机制。

2.1.2 国际惯例、规则及各国政府的法律、法规,赋予进出口商品检验检疫以法律地位

1. 贸易有关各方签订的贸易合同(契约)赋予商检工作以法律地位

国际货物买卖合同中的商检约定,通常是对进出口商品实施检验检疫的一个重要依据。

除双方另有约定外,对货物进行检验检疫也是买方的一项基本权利。国际贸易买卖合同中的商检约定包括下列内容:有关检验权、检验(复验)时间和地点、检验机构、检验方法、检验标准、检验证书等检验检疫条款。以下是贸易合同中最为常见两种格式化检验检疫条款:

(1) 出口合同中的检验检疫条款,以我国出入境检验检疫机关出具的证书作为向卖方提出索赔的依据。其条款为:

买卖双方同意以装运港(地)中国出入境检验检疫机关签发的品质和数(重)量检验证书作为信用证项下议付单据的一部分。买方有权在目的港对货物品质、数(重)量进行复验。复验费由买方负担。如果质量和/或重量被发现与合同不符,买方有权向卖方索赔,并提供经卖方同意的公证机构出具的检验证明。索赔期限为货物到目的港××天内。

It is mutually agreed that the inspection certificate of quality and quantity (weight) issued by the China Exit and Entry Inspection and Quarantine Bureau at the port/place of shipment shall be part of the documents to the presented for negotiation under tie relevant L/C. The Buyers shall have the right reinspect the quality and weight(quantity) of the cargo an the port of destination. The reinspect fee shall be borne by the Buyers. Should the quality and /or quantity(weight) be found not in conformity with that of the contract, the Buyers are entitled to lodge with the Sellers a claim which should be supported by a recognized surveyor approved by the Sellers. The claim, if any shall be lodged within given days after arrival of the cargo at the port/place of destination.

(2) 进口合同中的检验检疫条款,以卖方在装货港所签发的证书作为有关信用证项下付款的单据之一,同时以目的港中国出入境检验检疫机关出具的证书作为向卖方索赔的依据。如,买卖双方同意以制造厂出具的品质及数(重)量证明作为有关信用证项下付款的单据之一,但是货物的品质及数量或重量检验应按下列规定办理:

货到目的港××天内,经中国出入境检验检疫机关复验,如发现品质或数(重)量与本合同规定不符时,除属保险公司或船公司负责外,买方凭中国出入境检验检疫机关出具的检验证书,向卖方提出退货或索赔。所有因退货或索赔引起的一切费用(包括检验费)及损失,均由卖方负担。在此情况下,凡货物适于抽样者,买方可应卖方要求,将该批货物的样品寄交卖方。

It is mutually agreed that the inspection certificate of quality and quantity (weight) issued by the Manufacturer(or the named surveyor) shall be part of the documents for payment under the relevant L/C. However, the inspection of quality and quantity or weight, shall be made in accordance with the following:

In case the quality, quantity or weight of the goods are found not in conformity with the those stipulated in the contract after reinspection by the China Exit and Entry Inspection and Quarantine Bureau within ×× days after arrival of the goods at the port of destination, the Buyers shall return the goods to or lodge claims with the Sellers for compensation of losses on the strength of inspection certificate issued by the ×× CIQ①, with the exception of those claims for which the insurers or the carriers are liable. All expenses(including insurer's fees and losses arising from the return of the goods or claims) provided that the sampling is feasible.

2. 有关国际贸易惯例与规则赋予商检工作以公正的法律地位

例如,国际法协会《1932 年华沙—牛津规则》(Warsaw-Oxford Rules 1932)(CIF 买卖合同的统一规则)第十五条规定:"如果买卖合同指定卖方应提供品质证明书和质量或数量证明书,但并未指明签发此项证明的个人或机关,或者依照特殊行业惯例需提交这种单证时,那么卖方应提交由有关公证机关或具有资格的独立检查人所签发的证明书,说明在装船或交付承运人保管的时间和地点的货物品质、种类、状态和重量或数量。"只要买卖双方采用了《华沙—牛津规则》,合同当事人的权利和义务均应援用该规则的规定。如果在合同中未明确规定由商检机构进行检验鉴定和签发证书,但依据《华沙—牛津规则》,我国的商检机构已被确立有资格检验鉴定并签发证书,而且这种做法对买卖双方都具有法律的约束力。

又如:《联合国国际货物销售合同公约》规定,卖方交货后,在买方有一个合理的机会对货物加以检验以前,不能认为买方已接受了货物。如果买方经检验,发现所交货与合同不符,有权要求损害赔偿直至拒收货物。买方检验权是一种法定的检验权,而中国商检法律制度赋予了出入境检验检疫机关具有这种法定检验权。

3. 各国政府的法律、法规赋予商检机构以公正的法律地位

世界各国为了维护本国的公共利益,一般都制定检疫、安全、卫生、环保等方面的法律,由政府设立监督检验机构。比如,美国将政府主管检验、出证的 200 多种产品分为完全实施强制性检验(即法定检验)、部分实施强制性检验和非强制性检验三大类;日本根据《出口检查法》等有关法律的规定,分由政府或政府指定的民间检验机构检验的法定检验商品种类;欧盟建立监控所有技术法规的官方/私人机构联合体系,其中官方机构负责制定法规和执行审查制度,涉及测试、检验及认证、认可等法定范围的活动。私人或半官方机构负责制定强制性及非强制性标准和执行部分测试、检验和管理任务。

所列举的国家依照法律和行政法规的规定,不论是官方设立的或半官方(社团办的)或民间组织的,都必须经政府授权,或经政府注册批准开业,方能对进出口商品实施"法定检验"、"监督检验"或"执法检验"管理,并以双方约定的商检机构检验出具的品质、重量、数量和包装等检验证书作为最后依据。这就从行政上赋予商检机构以法律地位。

---

① CIQ:中华人民共和国出入境检验检疫机关的英文缩写。

2.2 进出口商品检验检疫的作用

进出口商品检验检疫对保证国民经济的顺利发展,保证农林牧渔业的生产安全和人民健康,维护对外贸易有关各方的合法权益和正常的国际经济贸易秩序,促进对外贸易的发展都起到了积极的作用。

2.2.1 国家主权与管理职能的体现

1. 进出口商品检验检疫是国家主权的体现

中国商检法律制度赋予国家质检总局及出入境检验检疫机构代表国家履行进出口商品检验检疫职能,对列入目录的进口商品实施强制性检验,海关凭商检机构签发的货物通关证明验放;对不符合安全卫生条件的进口商品,有权禁止进口,或视情况进行消毒、除害或采取其他排除安全隐患的措施等无害化处理,重验合格后方准进口;对应经出入境检验检疫机构实施注册登记向中国输出有关产品的外国生产加工企业,必须取得注册登记证后方准向中国出口其产品;有权对进入中国的外国检验机构进行核准等这些强制性制度,是国家主权的具体体现。

2. 进出口商品检验检疫是国家管理职能的体现

出入境检验检疫机构作为行政执法机构,根据"四法三条例"授权,一是依法对列入《目录》或列入《目录》外的进出口商品,按照中国的、进口国或与中国签有双边协定书的外国的或国际性的技术法规的规定,实施法定检验检疫或抽查检验,并对检验检疫发现检疫性有害生物或产品质量与安全卫生条件不符的不合格的商品,有权阻止入境或出境。二是实施检验监督管理,如对涉及安全、卫生、检疫和环保条件的进出口产品的生产企业,实施生产加工安全或卫生保证体系的注册登记;不符合安全条件的危险品包装容器,不准装运危险货物;不符合卫生条件或冷冻要求的船舱和集装箱,不准装载易腐烂易变的粮油食品或冷冻品;对未取得安全、卫生、检验检疫注册登记的涉及安全卫生的产品的生产企业、危险品包装加工企业和食品类加工企业,不得生产加工上述产品;经检验检疫合格的产品或取得加工安全卫生注册登记编号的企业,包括取得国外注册的企业,获得市场准入资格,使其产品在进口国能顺利通关入境;对涉及人类健康和安全、动植物生命和健康、环境保护和公共安全的入境产品实施强制性认证;对成套设备和废旧物品进行装船前检验等工作都具有强制性,是国家监督管理职能的具体体现。

2.2.2 国家经济建设和社会发展的保障

1. 把好进口商品的质量关,维护国家根本利益

(1) 对涉及安全、卫生、健康、环保等项目的进口产品,如允许进口的废物原料、旧机电

产品或食品化妆品等实施装船前检验或备案制度,并对相关的国外生产企业实施注册登记与监督管理;对动植物及其产品和其他检疫物品,以及装载动植物及其产品和其他检疫物品的容器、包装物和来自动植物疫区的运输工具(含集装箱)实施强制性检疫措施等,是中国商检机构采用符合国外通行的技术贸易壁垒的做法,以合理的技术规范和措施,保护国内产业和国家经济的顺利发展,保护消费者的安全健康与合法权益,建立起维护国家根本利益的可靠屏障。

(2) 在强化进出口机电产品、轻纺产品、危险品及包装的检验检疫的同时,根据外经贸发展的需要,及时把一些重要检测内容纳入法定检验范围,开拓了涉及安全、卫生、环保检验新领域。以钢材、医疗器械、废物原料、旧机电产品、羊毛和棉花、纺织品等为重点,强化了对进口商品的检验把关。以进口纺织品、燃器具和出口一次性医疗器械为重点,加大了对非法检商品的抽查力度。通过严格把关,有效维护了国家利益。

2. 提高出口产品质量,增强我国产品的国际竞争力

(1) 对涉及人身财产安全、健康的重要出口商品实施注册登记管理,有助于规范出口秩序、推进出口信用体系建设,引导企业按照国际规则和标准生产,提高产品质量、服务质量和企业管理水平,进而增强我国产品的国际竞争力,维护我国企业整体的贸易利益。目前,实施出口商品注册登记管理的商品主要包括:机电产品、电子产品、陶瓷、棉花、纺织品、畜产品、煤炭、玩具和运输包装等。

(2) 检验检疫部门努力打破国外壁垒,推动我国产品出口。一是扩大与其他 WTO 成员的交流与合作,利用熟悉国外技术法规和标准,积极向国内企业进行广泛宣传,帮助企业提高产品质量。二是在广泛收集进口国有关检验检疫法规、法令、规定、措施、标准、要求和方法的基础上,进行科学的归类分析后,建立信息数据库,及时在中国质量监督检验检疫网站①上发布,同时公布国家有关检验检疫法令、政策,使出口企业超前准确了解有关规定,避免给国家和企业带来损失。三是开拓原产地工作新领域,全面推广原产地标记保护工作,扶持名牌产品,配合有关部门修订和完善我国的原产地条例,建立规范的原产地制度,推动外贸扩大出口。

2.2.3　构筑我国科学技术贸易措施体系的重要机构

1. 在中国"复关"②和加入 WTO 过程中起到至关重要的作用

中国在"复关"和加入 WTO 过程中,WTO 成员与中国的多边或双边贸易谈判始终也是

---

①　网址:http://www.aqsiq.gov.cn。
②　恢复关贸总协定缔约国的简称。

环绕 TBT 与 SPS 原则①,提出相关商检与检疫要求,包括诸如中国检验检疫法律的制定、实施情况、检疫原则与程序是否与国际标准相一致、有害生物风险管理、检疫性病虫的允许量、非疫区界定,以及检疫处理原则等一般问题外,尤其更关心各自与中国贸易相关的检疫问题,如美国疫区小麦和水果的输华以及烟叶、肉类、牛、牛胚胎、牛精液等检疫问题;加拿大烟叶、马铃薯、猪肉产品输华检疫问题;澳大利亚要求解决向中国出口柑橘、苹果、葡萄等水果的检疫问题;欧盟关注因疯牛病对其牛肉、奶制品、火腿、奶酪、绵羊、山羊、种牛和牛胚胎、蛋等的检疫限制及马铃薯种薯、苹果树苗、植物带土及介质土等检疫问题;南美的阿根廷关注向我国出口水果的检疫处理标准、小麦中假高粱的允许量、出口牛肉等问题。中国检验检疫部门依照 WTO 对等原则商议进行双边检验检疫会谈和合作,并在开展 PRA 的基础上,对禁止进口的检疫政策作较大调整,解决双边贸易中的检疫问题。例如:

1991 年至 1992 年,中美就动植物检疫为核心内容,经历 9 轮谈判,于 1992 年 10 月 10 日达成协议,并签署了"中华人民共和国政府和美利坚合众国政府关于市场准入的谅解备忘录"(简称中美市场准入 MOU)。在此基础上,自 1993 年起,中美双方谈判就农产品检疫,涉及主题诸如烟叶烟草霜霉病(TBM)、水果地中海实蝇(MFF)、小麦矮腥黑穗病菌(TCK)、中国盆景输美的有害生物分析(PRA)、中国荔枝输美的 PRA 以及动物遗传材料检疫技术等问题会谈长达数十年之久,直到 1999 年 4 月 10 日,双方才正式签署了中国加入 WTO 一揽子协议中最重要的两份协议书:《中美农业合作协议》与《中美柑橘议定书》。

继中美贸易会谈成功之后,WTO 缔约成员纷纷效仿中美会谈方式,与中国的农产品贸易问题逐一得到解决,其中包括中国有条件地改变从发生过牛海绵状脑病(或称疯牛病,BSE)的欧盟国家进口牛皮、牛毛、奶制品的限制,并愿意同欧盟有关国家进行科研合作,探讨对相关有害生物进行检疫和处理的技术,这些充分显示了中国履行 WTO/SPS 等同性非歧视原则。与此同时,这些 WTO 缔约成员先后解除了我国出口农产品的限制,使我国的哈密瓜、荔枝、稻草垫、盆景、鸭梨、苹果、种猪、肉牛等进入国际市场。②

2. 在中国加入 WTO 后成为履行我国政府加入 WTO 承诺的重要机构

检验检疫部门严格履行 WTO 有关协议透明度、国民待遇等原则,协调组织全面实施 TBT/SPS 协议,实施统一目录,统一标准、技术法规和合格评定程序,统一标志,统一收费标准的"四个统一"的强制性产品认证认可制度,修正法律文本《商检法》,形成以国家质检总局及其在各地设立的检验检疫机构为行政执法主体,以经国家商检部门认可的社会检验鉴定

---

① 《技术性贸易壁垒协议》(TBT 协议)和《实施动植物卫生检疫措施协议》(SPS 协议)支持各成员以"保障人类健康和安全、保护动物或者植物生命和健康、保护环境、防止欺诈行为、维护国家安全"所采取的必要措施。

② 洪雷:《WTO 对有关成员商检与检疫的要求与中国的实践》,中国—欧盟法律和司法合作项目《中国外贸法制与 WTO 规则的融合》课题研究报告(未公开),2004 年 10 月。

机构为依靠和补充力量的进出口商品检验检疫新型管理体系,使用国际木质包装处理标识等工作,使中国加入 WTO 有关商检与检疫要求的各承诺如期得到实施。[1]

3. 积极应对突发性事件,严防疫病传入或传出,维护公共社会利益

国家质检总局在继应对境外 SARS[2]、疯牛病等突发性事件的基础上,又连续妥善处置了 2005 年先后发生的禽流感、鼠传疫病、苏丹红、红火蚁、猪链球菌、孔雀石绿、甲醛啤酒、PVC 保鲜膜、输韩泡菜等突如其来的事件。对此,检验检疫部门既高度重视,又冷静对待,迅速查明事件起因,预测可能造成的影响,分析解决问题的有利条件和不利因素,及时掌握事件发展的动态,知彼知己、有效应对。如甲醛啤酒事件曝光后,国家质检总局紧急部署对 19 个企业 20 个品牌的国产啤酒、10 个国家 21 个品牌的进口啤酒进行甲醛检测,澄清了事实,迅速消除了对我国啤酒出口的影响。在应对韩国泡菜事件中,有针对性地采取反制措施,加严检测,从韩国泡菜中 10 次检出寄生虫卵,掌握了对外谈判、解决问题的主动权。[3]

2.2.4　维护对对外经济贸易有关各方合法权益的保障

1. 提供国际贸易居间证明、推动国际贸易顺利进行的需要

中国商检法律制度、国际贸易惯例以及各国的法律法规赋予商检机构对外签发的各种检验鉴定证明书,是国际贸易中办理进出口商品交换、结算、计费、理算、结汇、通关、计税、索赔、仲裁等的有效凭证,在国际上起到公正的证明,维护贸易关系人的合法权益。

2. 为对外贸易处理索赔争议,提供具有公正权威的必要证件

在国际贸易中,对外贸易、运输、保险等双方往往要求由官方或权威的非当事人,对进出口商品的质量、重量、包装、装运技术条件提供检验合格证明,作为出口商品交货、结算、计费、计税或索赔的有效凭证。中国检验检疫机构对进出口商品实施检验,提供的各种检验鉴定证明,就是为对外贸易有关各方履行贸易、运输、保险契约和处理索赔争议提供具有公正权威的必要证件。

3. 积极开展原产地证业务,扩大出口创汇

原产地证明书是证明商品原产地,即货物的生产或制造地的一种证明文件,是商品进入国际贸易领域的"经济国籍",是进口国对货物确定税率待遇、进行贸易统计、实行数量限制

---

[1] 洪雷:《WTO 对有关成员商检与检疫的要求与中国的实践》,中国—欧盟法律和司法合作项目《中国外贸法制与 WTO 规则的融合》课题研究报告(未公开),2004 年 10 月。

[2] SARS(severe acute respiratory syndrome)音译为萨斯病、沙斯病或沙士病,是一种传染性非典型肺炎,又称严重急性呼吸综合征。

[3] 洪雷:《技术性贸易壁垒对中国入世和履行 WTO 承诺影响的评估》,《世界贸易组织动态与研究》2006 年第 6 期。

（如配额、许可证）和控制从特定国家进口（如反倾销税、反补贴税）的主要依据之一。商检机构就是国家授权签发各类原产地证（包括普惠制证书）的官方机构。目前商检机构所签发的原产地证，为中国的名特产品和加工制成品畅行国际市场开辟了道路，成为国际贸易中的一个重要环节。

2.3 进出口商品检验检疫的目的和任务

2.3.1 进出口商品检验检疫的目的

进出口商品检验检疫的目的，从法律角度分析具有商检立法宗旨和实施进出口商品检验检疫的法定目标两层含义。

1. 商检立法宗旨

进出口商品检验始于国际贸易的发展，是指在国际贸易中对买卖双方达成交易的进出口商品由法定商检机构依法对其品质、数量、规格、包装、安全、卫生、装运条件等进行检验的活动。国际贸易的发展使国家间人员、货物、运输工具等，往来频繁。为了保护人类健康与安全，保护动植物生命和健康，保护环境，防止欺诈行为和维护国家安全，保障国际贸易顺利进行，进出口商品检验制度应运而生，经过不断实践和总结，最终形成法律文本，即《世界贸易组织技术性贸易壁垒协定》(TBT)。目前它已成为世界大多数国家发展对外贸易，维护国际贸易秩序的重要依据。

技术性贸易壁垒协定规定，不应阻止任何国家在其认为适当的程度内采取必要措施，保证其出口产品的质量，或保护人类、动物或植物的生命或健康及保护环境，或防止欺诈行为。技术性贸易壁垒协定还规定，各国所采用的技术性贸易壁垒措施对贸易的限制不得超过为实现国家安全要求、防止欺诈行为、保护人类健康或安全、保护动物或植物的生命或健康及保护环境（简称"五项"原则）这些合法目标所必需的限度。

我国 1989 年颁布和实施的原《商检法》是根据国家当时经济发展水平和对外经济贸易发展的需要制定的。随着我国社会主义市场经济不断发展和完善，国家进出口商品检验管理体制进行了几次较大的改革和调整，从加强依法行政，方便外贸进出口着手，建立并实施了新的进出口商检制度，尤其 2001 年底我国加入了世界贸易组织。这些发展和变化促使我国最高立法机关对《商检法》作重大修改，其中立法宗旨和法定检验的目的是修改的重中之重。

我国最高立法机关①根据技术性贸易壁垒协定要求，对《商检法》立法宗旨条款作修改时，强调商检立法的规范作用，明确了"四项"法律目的，即加强进出口商品检验工作、规范进出口商品检验行为、维护社会公共利益和进出口贸易有关方的合法权益以促进对外经济贸

---

① 指全国人大常委会。

易关系顺利发展。这四项内容是一个整体，相互关联，不可分割。

其中"规范进出口商品检验行为"和"维护社会公共利益"两项是新增内容，取消了原《商检法》中带有商业性气息的"保证进出口商品的质量"条款，从法律上规范进出口商品检验的行为，在规范中体现法律所要达到的目的。这样，有利于在法制的轨道上加强中国的进出口商品检验的工作，建立健全商检法制，增强商检立法维护社会共同利益，维护进出口贸易有关各方合法权益，促进对外经济贸易关系顺利发展。

2. 实施进出口商品检验检疫的法定目标

我国最高立法机关在修改原《商检法》法定目标条款时，采用了国际通行规则，增加了"进出口商品检验应当根据保护人类健康和安全、保护动物或者植物的生命和健康、保护环境、防止欺诈行为、维护国家安全"，即技术性贸易壁垒协定的"五项"原则作为中国实施进出口商品检验的目的，即为实施进出口商品检验的法定目标。这五项商品检验的原则，比原《商检法》所规定"根据对外贸易发展需要"的商业性目的，更为全面地反映了进出口商品检验的基本目标。

2.3.2　进出口商品检验检疫的任务

进出口商品检验检疫的任务包括进出口商品检验检疫范围及其内容两层含义。

1. 进出口商品检验检疫范围的划分

依照中国商检法律制度的要求，对进出口商品应当划定一个必须进行检验的范围，对属于这个范围内的商品所实施的检验称为法定检验。参照国际通行的做法，中国最高立法机关将《商检法》所列的检验范围，即《商检机构实施检验的进出口商品种类表》（以下简称《种类表》）修改为《必须实施检验的进出口商品目录》，即《出入境检验检疫机构实施检验检疫的进出境商品目录》（以下简称《法检商品目录》）。①

凡是列入《法检商品目录》的进出口商品，属于必须实施检验的商品，由商检机构实施检验。国家制定、调整、公布实施的目录具有一定的时效性，根据国家对经济安全，对外贸易中涉及安全、卫生、健康、环保、反欺诈工作的需要，随着进出口商品品种和结构的变化，《目录》会定期或不定期地调整和公布实施。

2. 进出口商品检验检疫内容的界定

在修改的中国商检法中，对进出口商品检验的内容，从法律上作出了进一步的界定。原《商检法》对商检内容所作的规定，单纯地考虑了从贸易方面的要求，将商品的质量、规格、数量、重量、包装等列为法定检验内容，或者说是将商业性条件列为法定检验内容。

因此，中国最高立法机关在修改商检法时，考虑了 WTO 规则，也考虑了中国加入 WTO

---

① 详见本书 1.3.1 的内容。

作出的承诺,将法定检验内容规定为必须实施的进出口商品检验,是指列入《目录》的进出口商品是否符合国家技术规范的强制性要求的合格评定活动。合格评定程序包括:抽样①、检验②和检查③;评估、验证④和合格保证⑤;注册⑥、认可⑦和批准⑧,以及各项组合。

　　合格评定活动和合格评定程序是中国商检法借鉴国际通行惯例后所用的概念。合格评定程序内容中所涉及的技术措施,在实际运用中有些是单项运用,有的则是几项形成一个组合。这两个概念既有联系也有区别,合格评定程序来源于合格评定活动。

本章小结

　　为履行中国加入 WTO 的承诺和适应国际贸易发展新形势的需要,中国最高立法机关对《商检法》作了重要修订,使中国进出口商品检验检疫的法律地位、目标及其制度,既在实践基础上的内容日益充实完善,又从法律上与 WTO/TBT 原则相融合。

思考题

1. 试述进出口商品检验检疫法律地位的主要表现。
2. 进出口商品检验检疫主要作用体现在哪几个方面?
3. 进出口商品检验检疫的立法宗旨是什么? 其内容包括哪些?
4. 进出口商品检验检疫的法定目标是什么? 其内容包括哪些?
5. 国内某公司与外商签订的长毛绒玩具(plush toys)售货确认书(sale contract),试译销售确认书中有关货物品质和数量异议索赔期限的商检条款。

   Quality/Quantity Discrepancy: In case of quality of discrepancy, claim should be filed by the buyer within 30 days after the arrival of the goods at port of destination, while for quantity discrepancy claim should be filed by the buyer within 15 days after the arri-

---

① 抽样:一般是指取出部分物质、材料或者产品作为整体的代表性样品进行测试或者校正的规定过程,样品的抽取应遵循一定的规定。
② 检验:在合格评定程序中一般是指通过观察和测量、测试、度量等手段,判断某个产品、过程或者服务满足规定要求的程度。
③ 检查:在合格评定程序中一般是指对每个单项产品的评估,或者说这是一种严格的达标评估方式。
④ 验证:在合格评定程序中一般是指通过检查和提供论据来证实规定的要求已得到满足。
⑤ 合格保证:对产品过程或服务满足规定要求的置信程度采取一定的方式作出说明。
⑥ 注册:作为一种程序,包含在合格评定程序中。
⑦ 认可:由权威的团体对团体或者个人执行特定任务的胜任能力给予正式的承认的程序。
⑧ 批准:允许产品、过程或者服务按照其说明的目的或者按照其说明的条件销售、使用。

val of the goods at port of destination. It is understood that the seller shall not be liable for any discrepancy of the goods shipped due to causes for which the insurance company, shipping company and other transportation organizations or post office reliable.

6. 上海某公司与西班牙商人签订的进口"喜力"啤酒(heineken lager beer)贸易合同,试译合同中涉及检验与索赔内容的商检条款。

Inspection & Claims: Before arrival of the goods at the destination, the Seller has applied to the Entry-Exit inspection and Quarantine Bureau of The People's Republic of China for inspection of the goods in respect of their quality, specifications and quality weight. No discrepancies were found by the bureau regarding the specifications or the quality/weight or both, except those for which the insurance company or the shipping company is responsible.

The Buyer shall within 75 days after discharge of the goods at the port of destination, have the right either to reject the goods or the lodge claim against the Seller on the strength of the inspection certificate issued by the bureau.

7. 国内某大型钢铁集团与德国商人签订的进口成套设备的零部件贸易合同,试译合同中检验条款。

Inspection:

(1) The seller shall before making delivery, make a precise and comprehensive inspection of the goods as regards the quality, specifications, performance and quantity/weight.

(2) After arrival of the goods at the plant site, the Buyer shall apply to the China Commodity inspection bureau(hereinafter referred to as the bureau) for a preliminary inspection in respect of the quality, specifications and quantity/weight of the goods and survey report shall be issued therefore. If discrepancies are found by the bureau regarding specifications or the quantity or both, except when the responsibilities lie with insurance company or shipping company, the buyer shall, within 30 days after arrival of the goods at the plant site, have the right to reject the goods or to claim against the seller.

3 签订对外贸易合同前的检验检疫行政许可申请

学习目的

  对国家依法要求贸易关系人,在签订进出口商品贸易合同前或规定时间内,办妥相关的检验检疫行政许可的必要性有初步的认识。结合本章列举的行政许可申请范例,进一步阐述检验检疫行政许可的重要性。

知识要点

  国家质检总局根据《行政许可法》所确立的基本原则,在对检验检疫行政许可行为规范的基础上,制定、公布、组织实施了若干项检验检疫行政许可。本章所列举的行政许可申请范例,仅是其中涉及须在签订对外贸易合同前申请的检验检疫行政许可项目。在着重论述申请此类项目的名称、依据、许可条件、实施机关、许可期限、收费和格式文本等内容的同时,进一步阐述检验检疫行政许可的重要性。

3.1 签订对外贸易合同前必须申请的检验检疫行政许可项目

3.1.1 行政许可项目与申请方式

  1. 行政许可项目

  行政许可就是我们通常说的行政审批,它指行政机关根据公民、法人和其他组织的申请,经依法审查,准予其从事特定活动的行为。依据检验检疫法律法规的规定,国家对部分进出口商品实施相关检验检疫行政许可申请。其中下述几项检验检疫行政许可,要求贸易关系人在签订对外贸易合同前或规定时间内,向检验检疫部门办妥申请:

  (1) 进境(过境)动植物及其产品的检疫审批;

  (2) 进出口电池产品①的备案申请;

---

① 电池产品(含专用电器具配置的电池)系指《商品名称及编码协调制度》(The Harmonized Commodity Decription and Coding System)中代码 8506、8507 品目下的所有子目商品。

(3) 进口涂料①检验登记备案的申请;

(4) 进口可用作原料的固体废物②的国外供货商、国内收货人的注册登记申请;

(5) 进口旧机电产品③的收货人的备案登记申请;

(6) 进口棉花国外供货商备案登记④;

(7) 向中国境内出口食品的出口商或者代理商备案登记⑤;

(8) 向中国境内出口肉类的出口商或者代理商备案登记⑥;

(9) 向中国境内出口水产品的出口商或者代理商备案登记⑦;

(10) 向中国出口乳品的境外食品生产企业注册登记及进出口商或者代理商备案管理⑧;

(11) 向中国出口饲料的境外生产企业注册登记及饲料进口企业备案管理⑨。

2. 申请方式

申请方式可由贸易关系人持相关资料直接到所在地检验检疫机构办理,或进行间接网上咨询或办理行政许可审批。参考的网站包括:

(1) 各地检验检疫机构网址:http://www.xxciq.gov.cn。

(2) 国家质检总局网址:http://www.aqsiq.gov.cn。

(3) 检验检疫电子申报网址:http://www.itownet.cn。

(4) 中国电子检验检疫业务网址:http://www.eciq.cn。

3.1.2 行政许可项目的审批类型

依据商品及其关系人的审批管理要求,大致分为3种类型。

1. 检验检疫审批

进境(过境)动植物及其产品的检疫审批属于此种类型。其主要范围包括:

(1) 动物(包括过境动物)及动物产品:动物指输入饲养、野生的活体动物,如畜、禽、兽、蛇、龟、鱼、虾、蟹、贝、蚕、蜂等;动物产品是指来源于动物未经加工或者虽然经加工但仍可能

---

① 涂料:《商品名称及编码协调制度》中编码为3208项下和3209项下的商品。

② 固体废物:在生产、生活和其他活动中产生的丧失原有利用价值或者虽未丧失利用价值但被抛弃或者放弃的固态、半固态和置于容器中的气态的物品。

③ 旧机电产品:已经使用过(包括翻新)的机电产品。

④ 受理/批准部门为国家质检总局,并定期公布已经备案的出口商、代理商名单。备案基本要求和程序参见本书10.7,详情可咨询所在地检验检疫机构。

⑤ 详见本书10.7。

⑥⑦ 同节(6)的脚注。

⑧ 见《进出口乳品检验检疫监督管理办法》(总局令第152号)。

⑨ 见《进出口饲料和饲料添加剂检验检疫监督管理办法》(总局令第118号)。

传播疫病的产品,如生皮张、毛类、肉类、脏器、油脂、水产品、奶制品、蛋类、动物血液、精液、胚胎、骨、蹄、角等。

(2) 植物及植物产品:植物指栽培植物、野生植物及其种子、种苗木、繁殖材料,以及其他转基因生物材料、栽培介质①等;植物产品主要是指来源于植物未经加工或者经加工但仍有可能传播病虫害的产品,如水果、烟叶、粮食、棉花、油、生药材、蔬菜、木材、饲料等。

(3) 特许审批对象:动物病原体和植物病原体(包括菌种、毒种)、害虫及其他有害生物;动物或植物疫情流行国家和地区的有关动物或植物、动物产品或植物产品和其他检疫物②;动物尸体、土壤等。

自 2004 年 9 月 1 日起,国家质检总局取消以下动植物产品的进境检疫审批:

(1) 动物产品:蓝湿(干)皮、已鞣制皮毛、洗净羽绒、洗净毛、碳化毛、毛条、贝壳类、水产品、蜂产品、蛋制品(不含鲜蛋)、奶制品(鲜奶除外)、熟制肉类产品(如香肠、火腿、肉类罐头、食用高温炼制动物油脂)。

(2) 植物产品:粮食加工品(大米、面粉、米粉、淀粉等)、薯类加工品(马铃薯细粉等)、植物源性饲料添加剂、乳酸菌、酵母菌。有关企业在进口上述动植物产品前不需办理进境动植物检疫许可证。

2. 检疫备案登记

进出口电池产品的备案申请和进口涂料检验登记备案的申请属于此种类型。

(1) 进出口电池产品的备案申请。

国家对进出口电池产品实施备案和汞含量专项检测。进口电池产品的备案申请人(制造商、进口商或进口代理商等)在电池产品进口前应当向有关检验检疫机构申请备案;出口电池产品的制造商在电池产品出口前应当向所在地检验检疫机构申请备案。

电池产品(含专用电器具配置的电池),指《商品名称及编码协调制度》中编码为 8506、8507 品目下的所有子目商品,对此类产品实施备案和汞含量专项检测。

进出口电池产品汞含量专项检测申请人(制造商、进口商或进口代理商等)在办理备案申请时,应填写《进出口电池产品备案申请表》,并提交以下文件:

① 法定代表人授权经办人员办理备案的委托授权书;

② 进口电池产品的进口商或进口代理商,出口电池产品制造商的《企业法人营业执照》;

③ 进口电池产品制造商对其产品汞含量符合中国法律法规的声明;

④ 电池制造商对电池产品的结构、电化学体系、品牌、规格型号、产地、外观及标记的文字说明;

---

① 栽培介质:除土壤外的所有由一种或几种混合的具有贮存养分、保持水分、透气良好和固定植物等作用的人工或天然固体物质组成的栽培营养物。

② 其他检疫物:动物疫苗、血清、诊断液、动植物性废弃物等。

⑤ 检验检疫机构要求提供的其他资料。

汞含量专项检测由国家质检总局核准实施进出口产品汞含量检测的实验室(以下简称"汞含量检测实验室")实施检测。受理备案申请的检验检疫机构随机抽取同一品牌、规格型号、产地的样品 10 个并施封送检。样本经检测合格,由"汞含量检测实验室"出具《电池产品汞含量检测合格确认书》。受理备案申请的检验检疫机构凭"汞含量检测实验室"出具的《确认书》(正本)审核并签发含汞电池产品《进出口电池产品备案书》。

《进出口电池产品备案书》有效期为一年。《进出口电池产品备案书》有效期到期前一个月,备案申请人凭进出口电池产品制造商对其产品未曾更改结构、工艺、配方等有关制造条件和对其产品汞含量符合中国法律法规的书面声明,到原签发《进出口电池产品备案书》的检验检疫机构核发下一年度的《进出口电池产品备案书》。

(2) 进口涂料检验登记备案的申请。

国家对进口涂料的检验实行登记备案、专项检测①制度。国家质检总局指定涂料专项检测实验室(以下简称专项检测实验室)和进口涂料备案机构(以下简称备案机构)。其中专项检测实验室根据技术法规的要求,负责进口涂料的强制性控制项目的专项检测工作,出具进口涂料专项检测报告。备案机构负责受理进口涂料备案申请,确认专项检测结果等事宜。

登记备案申请应当在涂料进口至少 2 个月前向备案机构提出。

3. 贸易关系人的备案(注册)登记

进口可用作原料的固体废物的国外供货商、国内收货人的注册登记申请和进口旧机电产品的收货人的备案登记申请属于此种类型。

(1) 进口可用作原料的固体废物的国外供货商、国内收货人的注册登记申请。

进口可用作原料的固体废物的国外供货商、国内收货人在签订贸易合同前,应当取得国家质检总局的注册登记。

国外供货商、国内收货人提出注册申请时,应按规定提供出口货物环保、质量状况和相关证明等文件,经国家质检总局考核审查合格后予以批准注册。取得注册的国外供货商、国内收货人不遵守国家质检总局的有关规定,输入我国的废物原料不符合我国环境保护标准的,国家质检总局可以取消其注册资格。取得注册批准的才允许从事和经营向我国出口废物原料业务。

(2) 进口旧机电产品的收货人的备案登记申请。

对允许进口的旧机电产品实施备案管理,就是要求收货人在签订对外贸易合同前,应当

---

① 专项检测是指由专项检测实验室按照中国国家标准《室内装饰装修材料溶剂型木器涂料中有害物质限量》(GB18581-2001)、《室内装饰装修材料内墙涂料中有害物质限量》(GB18582-2001)和《民用建筑工程室内环境污染控制规范》(GB50325-2001)及相关法律法规要求对进口涂料中有害物质进行的规定项目检测工作。

向国家质检总局或者出入境检验检疫机构办理备案手续。

旧机电产品是指符合下列条件之一者：已经使用，仍具备基本功能和一定使用价值的机电产品；未经使用但存放时间过长，部件产生明显有形损耗的机电产品；未经使用但存放时间过长，已超过质量保证期的机电产品；新旧部件混装的机电产品；大型二手成套设备。其范围既包括必须实施检验的进出口商品目录内的机电产品，也包括必须实施检验的进出口商品目录外的机电产品。

3.2　如何办理进境动植物及其产品的检验检疫审批

本节以一般检疫审批手续为例进行说明。

3.2.1　进境动物及其产品检疫审批

相关申请人除填写《中华人民共和国进境动植物检疫许可证申请表》，提供申请单位法人资格证明（复印件）外，还需分别提供下述相关资料：

1．动物及其繁殖材料检疫审批

（1）进口猪、牛、羊等大中型动物，须提交国家质检总局签发的《进出境动物隔离检疫场许可证》；

（2）进口其他动物，须提交直属检验检疫局签发的《进出境动物隔离检疫场许可证》；

（3）进口动物遗传物质，须提交直属检验检疫局批准的登记备案文件。

2．进口原皮、原毛、生的骨、角、蹄、蚕茧

申请单位与生产、加工企业不一致的，申请单位还须提交与国家质检总局批准的进境动物产品生产、加工、存放企业签订的合同或协议。

3．动物源性饲料及动物源性饲料添加剂

需提交农业部颁发的饲料登记证。

4．肉类及水产品

非属国家质检总局指定的注册存放冷冻或加工单位提出申请的，还须提交经所在地检验检疫机构确认的与指定的注册存放冷库和加工单位签订的存储协议或加工合同。

5．过境动物

（1）输出国家或者地区官方检疫部门出具的动物卫生证书（复印件）；

（2）输入国家或地区官方检疫部门出具的准许动物进境的证明文件。

3.2.2　进境植物及其产品检疫审批

以办理进境水果检疫审批为例。

1. 适用范围

适用于从境外输入的新鲜水果及茄科蔬菜中的番茄、茄子、辣椒等。

2. 主管部门

国家质检总局统一管理全国进境水果的检疫审批工作。国家质检总局设在各地的出入境检验检疫机构负责所辖地区进境水果的检疫和监管工作。

3. 检疫审批申请手续条件

货主、物主或其代理人输入水果前必须事先提出申请,并应当在贸易合同或者协议签订前办理检疫审批手续。符合下列条件,方可办理进境水果检疫审批手续:

(1) 输出国家或者地区无重大疫情;

(2) 符合中国有关动植物检疫法律、法规的规定;

(3) 符合中国与输出国家或者地区签订的有关双边检疫协定(含检疫协议、备忘录等)。

4. 进境水果检疫审批的程序

(1) 货主、物主或其代理人应事先按要求填写《中华人民共和国进境动植物检疫许可证申请表》,向国家质检总局提出申请。其中供展览用的进境水果,必须经展览会所在地检验检疫机构签署意见;供直通车船、关前免税店、涉外酒店等使用、销售的进境水果,必须经过境口岸检验检疫机构签署意见。

(2) 经直属检验检疫局初审后,上报国家质检总局。经国家质检总局审核,对符合审批要求的,签发《中华人民共和国进境动植物检疫许可证》;不符合审批要求的,不予签发,并告知申请人不予签发的理由。

5. 重新办理审批手续情况

办理进境检疫审批手续后,有下列情况之一的,货主、物主或其代理人应重新办理审批手续:

(1) 变更进口水果的品种或增加数量的;

(2) 变更输出国家或地区的;

(3) 变更进境口岸的;

(4) 超过检疫许可证有效期的。

6. 检疫及监督管理

(1) 货主、物主或其代理人应当在水果进境前或进境时向入境口岸所在地检验检疫机构报检,并提交《中华人民共和国进境动植物检疫许可证》、输出国家或地区政府动植物检疫机关签发的植物检疫证书及产地证书、贸易合同、发票等证单。

(2) 进境水果无输出国家或者地区政府动植物检疫机关签发的植物检疫证书的,或者未依法办理检疫审批手续,入境口岸所在地检验检疫机构可以根据具体情况,作退回或者销毁处理。

(3) 在港澳地区采购的水果,如确实无法提供输出国家或地区官方植物检疫证书的,凭国家质检总局确认的有关港澳农产品检验机构出具的证明文件和上述有关证单报检。边境小额贸易进境水果,因贸易条件限制,无法提供植物检疫证书的,应事先征得直属出入境检验检疫机构的同意。

(4) 供展览用的疫区水果,必须事先向国家质检总局办理特许检疫审批手续。

(5) 国家质检总局对向中国输出水果的国外果园、加工、存放单位实行注册登记制度。

7. 进境(过境)动植物及其产品检疫审批工作流程

(1) 申请:申请单位通过电子方式或书面方式,向直属检验检疫局提出申请,同时,按照不同产品的要求,并向直属检验检疫局提交相关随附单证。

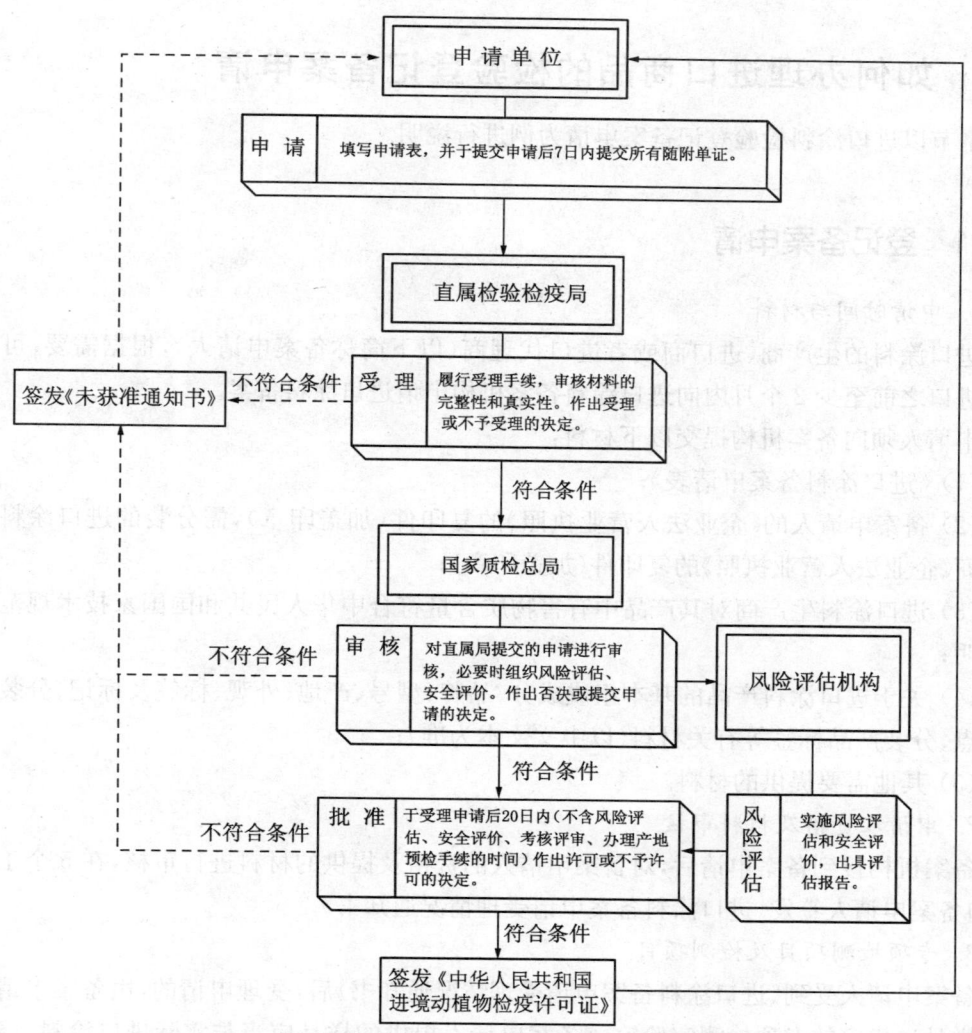

图 3.1 进境(过境)动植物及其产品检疫审批及过境转基因生物许可工作流程图

(2) 受理:直属检验检疫局根据申请单位提交的材料是否齐全、是否符合法定形式作出受理或不予受理的决定。申请材料不齐全或者不符合法定形式的,直属检验检疫局应在收到随附单证当场或 5 日内,一次告知申请单位。履行受理手续后,向国家质检总局动植司递交申请。

(3) 审核、批准:动植司根据国外动植物疫情、法律法规、公告禁令、预警通报、风险评估报告、安全评价报告等,对直属检验检疫局提交的申请进行审核,作出许可或不予许可的决定,并签发《中华人民共和国进境动植物检疫许可证》或《未获准通知书》。

(4) 审批工作自直属检验检疫局受理之日起 20 个工作日内完成。

3.3 如何办理进口商品的检验登记备案申请

本节以进口涂料检验登记备案申请为例进行说明。

3.3.1 登记备案申请

1. 申请时间与材料

进口涂料的生产商、进口商或者进口代理商(以下简称备案申请人),根据需要,可以在涂料进口之前至少 2 个月内向进口涂料备案机构申请进口涂料备案。

申请人须向备案机构提交以下材料:

(1)《进口涂料备案申请表》;

(2) 备案申请人的《企业法人营业执照》的复印件(加盖印章),需分装的进口涂料的分装厂商《企业法人营业执照》的复印件(加盖印章);

(3) 进口涂料生产商对其产品中有害物质含量符合中华人民共和国国家技术规范要求的声明;

(4) 关于进口涂料产品的基本组成成分、品牌、型号、产地、外观、标签及标记、分装厂商和地点、分装产品标签等有关材料(以中文文本为准);

(5) 其他需要提供的材料。

2. 申请人资格及材料审核

备案机构接到备案申请后,对备案申请人的资格及提供的材料进行审核,在 5 个工作日内,向备案申请人签发《进口涂料备案申请受理情况通知书》。

3. 专项检测项目及检测项目

备案申请人受到《进口涂料备案申请受理情况通知书》后,受理申请的,由备案申请人将被检样品送指定的专项检测实验室。备案申请人提供的样品应当与实际进口涂料一致,样品数量应满足专项检测和留样需要;未受理申请的,可按《进口涂料备案申请受理情况通知书》的要求进行补充和整改后,可重新提出申请。

专项检测是指由专项检测实验室按照中国国家标准《室内装饰装修材料溶剂型木器涂料中有害物质限量》(GB18581-2001)、《室内装饰装修材料内墙涂料中有害物质限量》(GB18582-2001)和《民用建筑工程室内环境污染控制规范》(GB50325-2001)及相关法律法规要求对进口涂料中有害物质进行的规定项目检测工作。

专项检测项目包括：

(1) 对于水性涂料，专项检测实验室应对下列项目进行专项检测：挥发性有机化合物(VOC)、游离甲醛和可溶性铅(Pb)、镉(Cd)、铬(Cr)、汞(Hg)。

(2) 对于溶剂型涂料，专项检测实验室应对下列项目进行专项检测：VOC、苯、甲苯和二甲苯总和、Pb、Cd、Cr、Hg；对于聚氨酯漆，还应检测游离甲苯二异氰酸酯(TDI)含量。

表 3.1　实施专项检测的进口涂料商品范围

HS 编码	商　品　名　称
32081000	溶于非水介质的聚酯油漆及清漆等(以聚酯为基本成分的,包括瓷漆及大漆)
2082010.10	溶于非水介质的光导纤维用涂料(以丙烯酸酯类化合物为主要成分)
32082010.90	其他聚丙烯酸油漆、清漆等(溶于非水介质的以丙烯酸聚合物为基本成分,包括瓷漆及大漆)
32082020	溶于非水介质的聚乙烯油漆及清漆(以乙烯聚合物为基本成分,包括瓷漆及大漆)
32089010.10	溶于非水介质的光导纤维用涂料(以聚氨酯类化合物为主要成分)
32089010.90	其他聚氨酯油漆清漆等(溶于非水介质以聚氨酯类化合物为基本成分,含瓷漆及大漆)
32089090	溶于非水介质其他油漆、清漆溶液(包括以聚合物为基本成分的漆,本章注释四所述溶液)*
32091000	溶于水介质的聚丙烯酸油漆及清漆(以聚丙烯酸或聚乙烯为基本成分的,包括瓷漆及大漆)
32099000	溶于水介质其他聚合物油漆及清漆(以合成聚合物或化学改性天然聚合物为基本成分的)

注：＊本章注释四：由品目 3901—3913 所列商品溶于挥发性有机溶剂的溶液(胶棉除外)，且溶剂重量超过溶液重量 50%，应归类品目 3208；由品目 3901—3913 所列商品溶于挥发性有机溶剂的溶液(胶棉除外)，且溶剂重量不超过溶液重量 50%，应归类第三十九章；而溶于挥发性溶剂的火胶棉，不论其溶剂比例，应归类品目 3912。

专项检测实验室收到备案申请人的样品后，应按照规定项目、方法等技术要求，进行专项检测，在 15 个工作日内出具进口涂料专项检测报告，并按照限量要求作出样品所代表涂料产品是否适用于室内装修的结论。专项检测实验室出据检测报告时，至少一式三份。一份交备案申请人，一份交备案机构，一份实验室自存。

4. 《备案登记书》及其有效期

(1) 备案机构应当在收到进口涂料专项检测报告 3 个工作日内，根据有关规定及专项检测报告进行审核，经审核合格的签发《进口涂料备案书》；经审核不合格的，书面通知备案申请人。

(2)《备案登记书》有效期为 2 年。当有重大事项发生,可能影响涂料性能时,应当对进口涂料重新申请备案。

3.3.2 检验监督管理

1. 专项检测项目抽查

同一品牌涂料的年度抽查比例不少于进口批次的 10%,每个批次抽查不少于进口规格型号种类的 10%,所抽取样品送专项检测实验室进行上述专项检测。

若出现抽查不合格,则对该品牌、型号的进口涂料实施逐批抽取样品进行专项检测,至连续 5 批抽查专项检测合格后,再按照原定比例抽查。

2. 监督管理

有下列情形之一的,由备案机构吊销《进口涂料备案书》,并且在半年内停止其备案申请资格:

(1) 涂改、伪造《进口涂料备案书》;

(2) 经检验检疫机构检验,累计两次发现报检商品与备案商品严重不符;

(3) 经检验检疫机构抽查检验,累计 3 次不合格的;

备案机构定期将备案情况报告国家质检总局。

国家质检总局通过网站(www. aqsiq. gov. cn)等公开媒体公布进口涂料备案机构、专项检测实验室、已备案涂料等信息。

3.4 如何办理贸易关系人的备案(注册)登记

本节以进口废物原料①贸易关系人的备案(注册)登记为例进行说明。

3.4.1 进口废物原料国内收货人的备案登记

无论以何种贸易方式从事废物原料进口的国内收货人②(以下简称收货人),都必须在签订对外贸易合同前,向其所在辖区域的直属检验检疫局申请登记。

---

① 进口废物原料:全称为进口可用作原料的固体废物。它是指列入《限制进口类可用作原料的固体废物目录》和《自动许可进口类可用作原料的固体废物目录》,经国家环境保护主管部门批准进口的用作原料的固体废物。

② 收货人:进口废物原料对外贸易合同的买方。

1. 收货人必须具备的条件

（1）具有合法的进出口贸易经营资质；

（2）有固定的办公场所；

（3）熟悉并遵守中国检验检疫、环境保护技术规范等强制性要求和相关环境保护控制标准；

（4）应建立并已实施相应的质量管理制度；

（5）具有相对稳定的供货来源和国内加工利用单位①。

2. 办理备案登记申请须提交的材料

收货人向直属检验检疫局提出登记申请，应提供以下书面材料：

（1）《进口可用作原料的固体废物国内收货人注册登记申请书》；

（2）工商营业执照及其加盖公章的复印件；

（3）组织机构代码证书及其加盖公章的复印件；

（4）《对外贸易经营者备案注册登记证》等进出口资质许可文件及其加盖公章的复印件；

（5）质量管理体系文件，对于已经获得 ISO9001 等质量体系认证的，还应提供质量体系认证证书及其加盖公章的彩色复印件；

（6）代理国内利用单位进口的，应提供代理进口文件、国内利用单位组织机构代码证书（复印件）和《进口可用作原料的固体废物利用单位备案书》。

3. 进口废物原料国内收货人申请登记流程

（1）申请受理。

① 直属检验检疫局对国内收货人提出的注册登记申请，根据下列情况分别作出处理：申请材料不齐全或者不符合法定形式的，应当当场或者在 5 日内一次告知申请人需要补正的全部内容，逾期不告知的，自收到申请材料之日起即为受理；

② 申请材料齐全、符合法定形式，或者申请人按照直属检验检疫局的要求提交全部补正申请材料的，应当受理。

（2）专家组评审。

① 直属检验检疫局应当自受理国内收货人注册登记申请之日起 10 日内组成专家评审组，实施书面评审和现场评审。专家评审所需时间不计算在内，但应当书面告知申请人。

② 对书面评审合格的申请人，评审组按照《进口可用作原料的固体废物国内收货人注册登记现场评审记录表》的要求进行现场评审，并在审核实施日期前 15 日通知申请人。

---

① 国内加工利用单位：实际从事废物利用加工的企业。

③ 评审组在评审工作结束后作出评审结论,向直属检验检疫局提交评审报告。

(3) 注册登记。

直属检验检疫局自收到评审报告之日起10日内作出是否准予注册登记的决定。

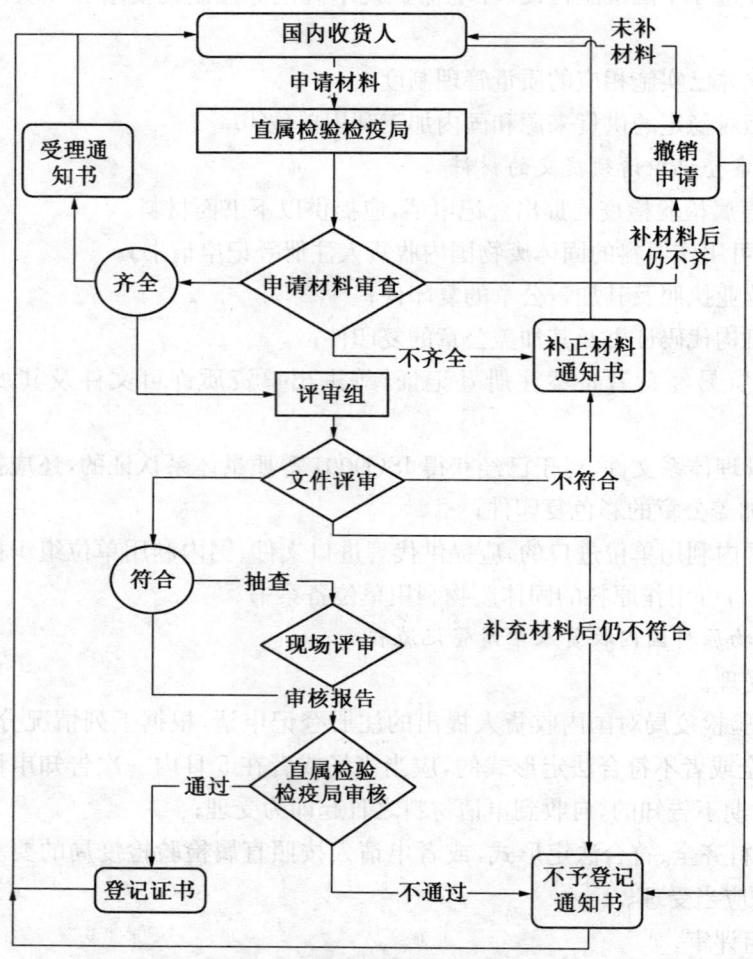

图3.2 进口废物原料国内收货人申请登记流程

① 直属检验检疫对评审合格的申请人,准予注册登记。按照《进口可用作原料的固体废物国内收货人注册登记证书编号规则》编制证书号,颁发《进口可用作原料的固体废物国内收货人注册登记证书》,并报国家质检总局备案。进口废物原料国内收货人注册登记证书有效期为3年,期满要求续延的,收货人应在有效期满前60日向直属检验检疫局提出延续申请。

② 对书面评审不合格、现场评审不合格或者新发现存在违反我国法律法规情况的,不予注册登记,签发《进口可用作原料的固体废物国内收货人不予注册登记通知书》并说明理

由,告知申请人享有依法申请行政复议或者提起行政诉讼的权利。

③ 以隐瞒有关情况或者提供虚假材料申请注册登记的国内收货人,直属检验检疫局不予受理或者不予注册登记。该国内收货人一年内不得再次申请该注册登记。

4. 监督管理

直属检验检疫局根据国内收货人货物的现场检查、验证、追踪货物环保质量状况,实施A、B、C三类预警管理。

(1) A 类预警。

已取得注册登记的国内收货人发生以下情况之一的,由直属检验检疫局撤销其登记资格,且三年内不得再次申请该注册登记。

① 变造、伪造、买卖或者使用伪造、变造的有关证件的;

② 将注册登记证书或者注册登记编号转让其他企业使用的;

③ 未按要求将进口废物原料交付相应的加工利用单位的;

④ B 类预警期间,再次发生本节(3)所列情形之一的;

⑤ 未按照检验检疫机构的要求实施退运的;

⑥ 不接受监督管理的。

被取消登记资格的收货人,由国家质检总局予以公布。被取消登记资格的收货人,自取消登记之日起两年后方可再次向国家质检总局提出登记申请。

(2) B 类预警。

已取得注册登记的国内收货人发生以下情况之一处罚 B 类预警的,检验检疫机构对其进口废物原料实施为期 90 日的全数检验[1]:

① 进口的废物原料存在严重货证不符、申报不实,经查确属国内收货人责任的;

② 国内收货人的登记内容发生变更,未在规定期限内向直属检验检疫局办理变更手续的;

③ 一年内首次发生进口废物原料环保项目检验不合格,经查确属国内收货人责任的;

④ 现场检查发现质量控制体系存在缺陷的;

⑤ 根据本节(1)撤销后重新取得注册登记的。

(3) C 类预警。

已取得注册登记的国内收货人发生以下情况之一触发 B 类预警的,检验检疫机构对其进口废物原料实施为期 180 日的全数检验:

① 一年内货证不符或者环保项目不合格累计 2 批以上(含 2 批),经查确属国内收货人责任的;

---

[1] 全数检验:对以集装箱、汽车或列车装运的废物原料每箱、车、车皮均实施掏箱或落地检验、散运的废物原料每舱均实施落地检验。

② 在 90 日加严检验期内再次发生本节(2)所列情况之一的。

3.4.2 进口废物原料国外供货商注册登记

1. 国外供货商申请注册程序

无论以何种贸易方式从事废物原料供货的境外商,都必须在签订对外贸易合同前,向国家质检总局申请注册。国外供货商注册程序主要包括:注册范围、管理部门、注册条件与申请、注册评审与批准、后续管理等环节。

由国家质检总局组织评审组,按规定对国外供货商提出的注册申请进行审核,经审核符合下列 2 和 3 注册条件的,国家质检总局予以注册登记并颁发"注册登记证书"①。注册证书有效期 3 年。审核不合格的,不予注册,签发《进口可用作原料的固体废物国外供货商不予注册登记通知书》,并书面说明理由,告知申请人享有依法申请行政复议或者提起行政诉讼的权利。未予受理或者未予注册的国外供货商 1 年内不得再次申请注册。以欺骗、贿赂等不正当手段取得注册登记的国外供货商 3 年内不得再次申请注册登记。

2. 境外供货企业注册申请应具备的条件

(1) 具有所在国家(地区)合法的经营资质;

(2) 具有固定的办公场所;

(3) 熟悉并遵守中国检验检疫、环境保护的法律和规章;

(4) 应建立质量保证或环境质量管理体系(或 ISO14000 证书)或提供相应的认证资格证书,或相应制度且形成文件并已实施;

(5) 具有相对稳定的供货来源,并对供货来源有环保质量控制措施;

(6) 近 3 年内未发现过重大的安全、卫生、环保质量问题;

(7) 企业应当保证其产品符合与其申请注册登记废物原料种类相适应的中国有关安全、卫生和环境保护的国家技术规范的强制性要求;

(8) 具有在互联网申请注册登记及申报装运前检验的能力,具备放射性检测设备及其他相应的基础设施和检验能力。

3. 国外供货商申请注册应提供的材料

国外供货商向国家质检总局提出注册申请时,应提供以下材料②:

(1) 通过"进口可用作原料的固体废物检验检疫电子监管系统"③生成并打印的《进口可用作原料的固体废物国外供货商注册登记申请书》;

---

① 注册登记证书是《进口可用作原料的固体废物国外供货商注册登记书》的简称。证书有效期为 3 年。

② 提交的文字材料,须用中文或中外文对照文本。

③ 网址:http://scrap. eciq. cn/。

（2）经公证的税务登记文件，有商业登记文件的还需提供经公证的商业登记文件；

（3）组织机构、部门和岗位职责的说明；

（4）标明尺寸的固定办公场所平面图，有加工场地的，还应提供加工场地平面图，能全面展现上述场所、场地实景的视频文件或者 3 张以上照片；

（5）ISO9001 质量管理体系或 RIOS 体系等认证证书彩色复印件及相关作业指导文件。

4. 已取得注册登记资格的国外供货商的监督管理

国家质检总局根据国外供货商货物质量状况，动态评价其诚信水平，对其实施 A、B、C 三类预警管理。

（1）A 类预警。

已取得注册登记资格的国外企业发生下列情况之一的，国家质检总局发布 A 类预警，撤销其注册登记，检验检疫机构不再受理其相关报检申请：

① 提供虚假入境证明文件的；

② 将注册登记证书或注册登记编号转让其他企业使用的；

③ 输出废物原料时存在弄虚作假等欺诈行为；

④ 输出废物原料环保项目严重不合格或存在严重疫情风险的；

⑤ B 类预警期间，再次发生触发 B 类预警情形之一的；

⑥ 不配合退运的；

⑦ 对已退运的不合格废物原料再次运抵中国大陆地区的；

⑧ 不接受监督管理或后续现场监督检查发现不符合 3.4.2 2 所列国外供货商注册须具备的条件的。

（2）B 类预警。

已取得注册登记资格的国外商发生下列情况之一的，国家质检总局发布 B 类预警，检验检疫机构对其输出的废物原料实施为期 90 天的全数检验：

① 一年内货证不符或者环保项目不合格累计 3 批以上（含 3 批）的；

② 检疫不合格并具有较大疫情风险的；

③ 触发 A 类预警被撤销后重新获得注册登记的；

④ 现场检查发现质量控制体系存在缺陷的。

（3）C 类预警。

已取得注册登记资格的国外商发生下列情况之一的，国家质检总局或者检验检疫机构发布 C 类预警，口岸检验检疫机构在 C 类预警有效期内密切关注其货物及其承载工具的动向，并实施全数检验。

① 对环保项目不合格；

② 需采取其他风险控制措施的废物原料。

5. 进口废物原料国外供货商注册程序

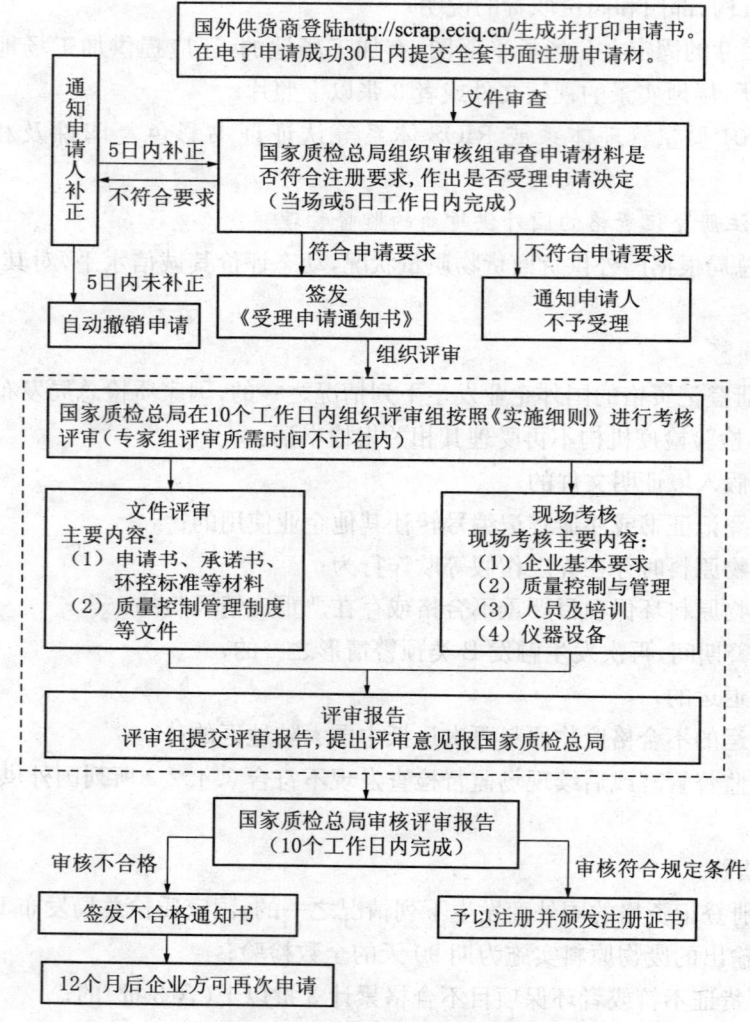

图3.3　进口废物原料国外供货商注册程序图

案例评析

案例1　未依法办理进境动植物检疫许可证案

案情介绍

2005年1月,A公司从美国进口转基因大豆55 000吨,货值1 468万美元,其《进境动植物检疫许可证》签发日期为2004年11月23日,而其合同签订日期为2004年7月15日,即许可证日期晚于合同日期。

2005 年 3 月,B 公司从美国进口大豆 55 512 吨,货值 1 783 万美元,其贸易合同中没有签订日期,而提单日期是 2005 年 2 月 21 日。在贸易关系中,合同日期必须在提单日期之前,由提单日期可推知,合同日期应在 2005 年 2 月 21 日之前,而该批货物《进境动植物检疫许可证》办理时间是 2005 年 2 月 27 日,即许可证日期晚于合同日期。

案情分析

(1) 上述案例都是在签订了外贸合同之后才办理了《中华人民共和国进境动植物检疫许可证》(以下简称《许可证》)。此行为不符合《进境动植物检疫审批管理办法》第五条"申请单位应当在签订贸易合同或者协议前,向审批机构提出申请并取得《许可证》"及《动植物检疫法实施条例》第五十九条"有下列违法行为之一的,由口岸动植物检疫机关处以 5 000 元以下罚款:(一)未报检或者为依法办理检疫审批手续或者未按检疫审批的规定执行的……"检验检疫执法人员分别给予了 A 公司、B 公司适当的罚款。

(2) 鉴于 A 公司和 B 公司出现的上述违法行为,在其他的外贸企业也时有发生。经调查发现,进境植物,如大豆,在签订合同时是期货贸易,而期货市场是一个充满高风险和高度竞争的市场,企业要完全按照《进境动植物检疫审批管理办法》办理,是有一定困难;即使按照规定办理,也时有变化,如有些外贸企业需要临时变更许可证,更改进口国、进口日期等,这期间就要耽搁一段时间,只是《许可证》晚于合同日期,所以有些违法企业虽然明白自己的行为是违法的,也明白这样做是要承担相应的法律责任的,但这些违法企业为了获取差价利润还是甘愿冒一次风险的,结果有的侥幸获利,有的损失惨重,造成不应有的损失。

案例 2 违法进口废物原料①

案情介绍

2006 年 5 月 23 日,吴江检验检疫局人员到 A 公司仓库查验从台湾地区进口的 1 批 ABS② 塑胶原料。A 公司是吴江一家知名的台资企业,该公司进口的这批塑胶原料总共 1 130 公斤,共有 2 个型号,价值 3 446.96 美元。经过现场抽样,他们发现其中型号为 ST-100 的塑胶原料颜色偏暗、颗粒大小不一、粒形不完整,有明显的粉碎痕迹,显然是使用过的回收料。查验人员当即询问企业有关人员,发现该企业和台湾地区供货商均未取得国家质检总局或出入境检验检疫机构的注册登记,也没有进行装船前检验。

据此,吴江检验检疫局执法人员对首次发现涉嫌违法进口废物原料案件,到 A 企业进行详细调查。从 A 企业法人陈述中得知,他们需要购买的是新料,事先也并不知道这批原料是

---

① 《中国检验检疫》2007 年第 2 期。

② ABS:acrylomitrile butadiene styrene 的缩写,中译名为丙烯腈-丁二烯-苯乙烯。

回收料,供货商和收货人也都没有取得国家质检总局或出入境检验检疫机构的注册登记。执法人员又在企业法人陪同下,到仓库现场进行勘察。

在现场勘察中,他们发现该批货物共分 PA757 和 ST-100 两个型号,其中型号为 PA757 的 ABS 原料是新料,型号为 ST-100 的 ABS 原料是回收料。执法人员还发现型号 ST-100 的 ABS 原料包装袋比较陈旧,有的袋表有油污,而且每包重量不等,并非全部是 25 公斤定量包装。他们在型号为 ST-100 的 ABS 原料中挑出了 1 包装量为 25 公斤纸塑复合袋,打开一看,里面装的是新料。原来,这批型号为 ST-100 的 ABS 原料并非全是回收料,而是夹带回收料。执法人员当场将所有 24 包 ST-100 型号的 ABS 原料拆开,结果发现 18 包是回收料,6 包是新料。

案情分析

(1)《商检法实施条例》第二十二条规定:国家对进口可用作原料的固体废物的国外供货商、国内收货人实行注册登记制度,国外供货商、国内收货人在签订对外贸易合同前,应当取得国家质检总局或者出入境检验检疫机构的注册登记。国家对进口可用作原料的固体废物实行装船前检验制度,进口时,收货人应当提供出入境检验检疫机构或国家质检总局指定的检验机构出具的装运前检验证书。A 企业的行为违反了《商检法实施条例》第二十二条的规定,事实确凿,证据充分。

(2)根据《商检法实施条例》第五十三条的规定:进口可用作原料的固体废物,国外供货商、国内收货人未取得注册登记,或者未进行装运前检验的,按照国家有关规定责令退货;情节严重的,由出入境检验检疫机构处 10 万元以上 100 万元以下罚款。

考虑到 A 公司法人态度诚恳,如实交代,积极配合,一再表示对进口的原料是回收料也不清楚,声称自己也是受害者,该企业又是初犯,吴江检验检疫局对于这批货物作退运处理。

案例 3 未办理检疫备案登记

(1) 532 箱进口工业"毒料"被退运。[①]

2006 年 7 月,该批进口涂料共计 532 箱,由东莞市某五金制品厂申报入境。检验检疫人员在现场查验中发现,该批涂料有 10 余种型号,而申请备案的仅有 1 种。开箱查验时发现涂料外包装铁罐锈迹斑斑,且其生产日期为 2004 年 1 月,有效期为 1 年,明显超过有效使用期。同时,该批涂料的包装情况也不符合中国强制标准 GB190-1990《危险货物包装标志》,其在运输和加工环节存在严重的安全隐患。

为此,该局根据规定对该批涂料出具《检验证书》作退港处理。

(2) 违规进口电池遭罚。[②]

---

① 广东出入境检验检疫协会网:http://219.238.236.160:7001。
② 浙江新闻网站:http://zjnews.zjol.com.cn。

　　2006年5月,浙江省检验检疫局在对浙江省某风景名胜区进口的两台游览观光车进行检验时发现进口游览车的电池没有进口备案书。

　　国家质检总局发布的《进出口电池产品汞含量检验监管办法》规定,进口电池产品的备案申请人(制造商、进口商或进口代理商等)在电池产品进口前应当向有关检验检疫机构申请备案。检验检疫机构根据电池的结构、电化学体系以及电池汞含量的检测结果,综合判定是否符合备案要求。未经备案的电池产品不准进口。

　　据此,浙江检验检疫局责令涉案景区退运该批电池。

本章小结

　　检验检疫行政许可是检验检疫机构规范进出口商品检验检疫的一项有效的管理措施。国家通过对部分重要商品采取的前置检验管理,掌握入境商品的质量情况,从而能达到控制危险性有害生物或有害物质的入境,同时也起到进口商品从源头上把关的作用。

思考题

1. 国家要求贸易关系人在对外贸易合同签订前办理的检验检疫行政许可申请有哪几项?
2. 如何办理入出境货物行政许可申请?
3. 在签订贸易合同前办理的检验检疫行政许可申请的类型有几种? 试举例说明。
4. 上海某进出口公司欲从美国进口1 000吨甜橙,请问是否必须在签订对外贸易合同前办理动植物检疫审批申请?
5. 国内某公司欲从新西兰进口500吨洗净毛,请问是否必须在签订对外贸易合同前办理动植物检疫审批申请?
6. 进口涂料的备案申请人应在何时向进口涂料备案机构申请进口涂料备案?
7. 进口涂料的备案申请人应向备案机构提供哪些材料?
8. 申请备案登记的进口废物原料国内收货人应具备什么条件?
9. 国内收货人向国家质检总局提出备案登记时,应提供哪些书面材料?
10. 某公司准备从澳大利亚进口鲜奶和奶粉,从日本进口含动物蛋白宠物颗粒饲料,试问清单中哪些产品不要在签订对外贸易合同前办理检疫审批,为什么?
11. 申请注册的进口废物原料境外供货企业应具备哪些条件?
12. 境外供货企业向国家质检总局提出注册申请时,应提供哪些书面材料?
13. 从本章的案例分析中可得到哪些启示?
14. 2006年8月镇江某机械制造企业从境外进口一批旧机电产品共计69台,价值90 700美元。其中36台、价值90 700美元的设备不能如实提供进出口商品的真实情况,也未按规定进行旧机电产品备案和装运前预检验。为此,镇江检验检疫局根据《中华人民共和国进出口商品检验法实施条例》相关法规对涉案企业处以罚款人民币 63 113 元,并责令补办备案手续。①试问涉案企业违规进口旧机电产品的主要原因是什么? 企业今后应吸取的教训有哪些?

15. 根据图 3.4,结合本书第 3.1.2 节的内容,试问:

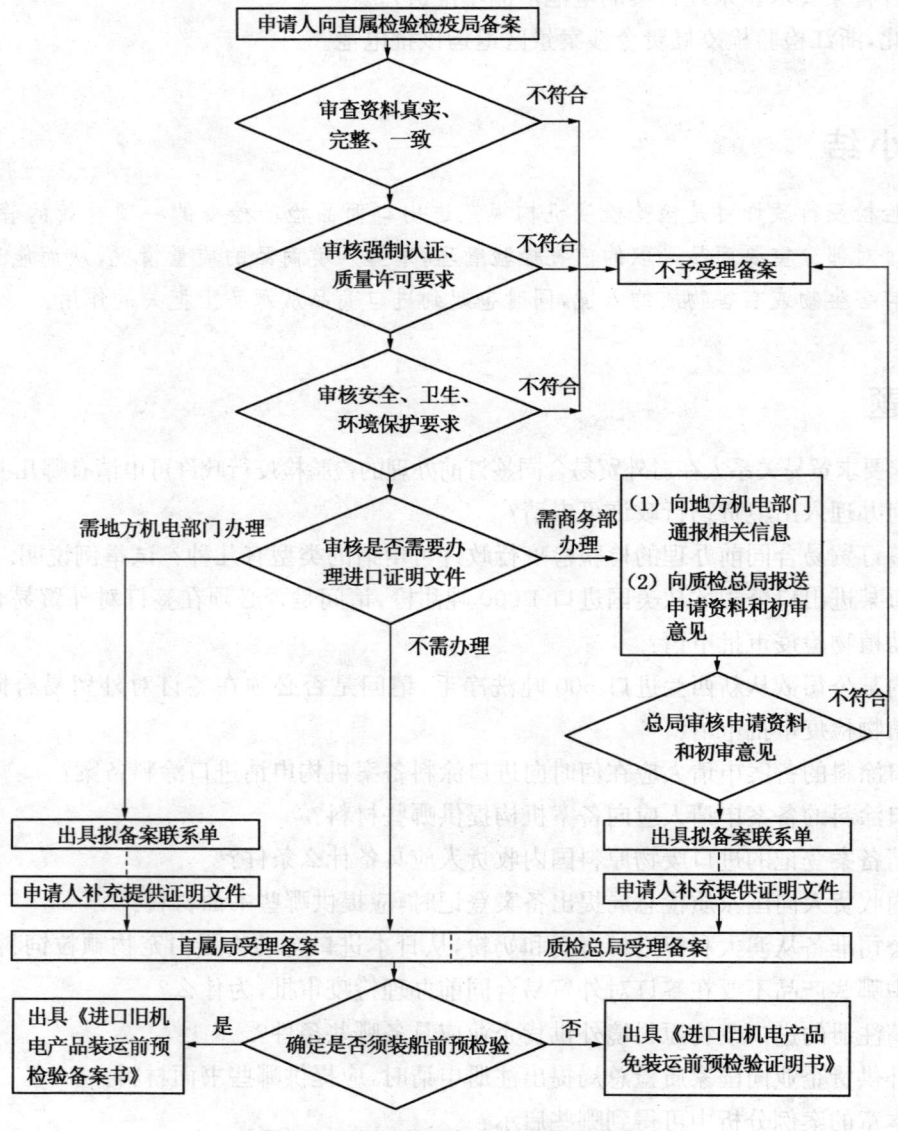

图 3.4　进口旧机电产品备案流程图

---

① 中新江苏网:http://www.js.chinanews.com.cn。

（1）流程图中的备案机构指哪个部门？

（2）在备案过程中可能涉及的部门有哪些？

（3）简述进口旧机电产品的备案流程。

4 报检单位、报检员

学习目的

对报检单位、报检员的性质、义务、职责及其作用有基本的认识,同时了解现行中国商检法律制度,从法律上首次对从事报检业务的单位、报检员作了明确的管理要求,这对于促进这一服务性市场的健康发展、规范代理报检行为将起到积极的作用。

知识要点

报检单位、报检员的性质、义务、职责及其作用。报检既是法律赋予报检单位、报检员的权利,又是一种法定义务。

4.1 报检单位的备案(注册)登记

根据《商检法》及其实施条例规定,进出口商品的收发货人或代理办理报检①手续的,应当依照规定向出入境检验检疫机构办理出入境检验检疫报检单位备案登记或注册登记手续。国家质检总局是报检单位的主管机关,各直属出入境检验检疫机构负责所辖地区报检单位的注册登记工作。报检单位分为自理报检单位和代理报检单位。

4.1.1 自理报检单位

报检义务人自行办理报检手续,履行法定义务的行为,一般称之为自理报检。以自己的名义自行办理报检手续的进出口商品收发货人即自理报检单位。自理报检单位以自己的名义办理报检手续履行报检义务,并承担相应的法律责任。

1. 自理报检单位范围

自理报检单位是指按照法律法规规定办理出入境检验检疫报检手续的进出口货物的收发货人以及进出口货物的生产、加工和经营单位等。主要包括:

(1) 有进出口经营权的国内企业;

---

① 报检:进出口商品的收发货人向出入境检验检疫机构申报,接受出入境检验检疫机构对进出口商品实施检验的行为。

（2）进口货物的收货人或其代理人；

（3）出口货物的生产企业；

（4）出口货物运输包装及出口危险货物运输包装生产企业；

（5）中外合资、中外合作、外商独资企业；

（6）国外（境外）企业、商社常驻中国代表机构；

（7）进出境动物隔离饲养、繁殖和植物栽培生产单位；

（8）进出境动植物产品的生产、加工、存储、运输单位；

（9）对进出境动植物、动植物产品进行药剂熏蒸和消毒服务的单位；

（10）从事集装箱的储存场地和中转场（库）、清洗、卫生除害处理、报检的单位；

（11）有进出境交换业务的科研单位；

（12）其他报检单位。

2. 备案登记许可条件

根据国家质检总局的有关规定，从事出入境检验检疫报检工作的自理报检单位在首次报检时须事先办理备案登记手续，取得《自理报检单位备案登记证明书》方可办理相关检验检疫报检手续。

申请人应向其工商注册所在地检验检疫机构提出自理报检单位备案登记申请，提交本节所列材料。检验检疫机构对申请人提交的材料进行审核，审核通过的予以备案登记，并颁发《自理报检单位备案登记证明书》。证明书有效期为 5 年，期满后，自理报检单位应向原备案的检验检疫机构办理延续换证手续。

3. 备案登记程序

自理报检单位备案登记实行"网上登记＋书面确认"的方式。

首先，登录中国电子检验检疫业务网：http://www.eciq.cn。①

如图 4.1 所示，在"业务在线"栏的"审批类"中点击"自理报检单位备案登记（企业用户）"项，选择注册类型，登录，点击"登记备案申请"页面链接，进入自理报检单位登记备案管理。

按提示输入各项基本信息，点击"申请"按钮提交申请数据。

进入操作结果说明，点击"打印"按钮，打印《自理报检单位登记备案申请表》。

其次，完成网上申请后，到单位工商注册地的直属出入境检验检疫机构办理交表验证手续，同时提供下列材料：

（1）申请成功后打印的《自理报检单位备案登记申请表》，并由法定代表人签名，加盖单位公章；报检时需使用"报检专用章"的同时加盖"报检专用章"。

（2）有进出口经营权的国内各类企业，交验企业工商营业执照、组织机构代码证、对外贸易有关证明文件（如资格证书，或批准证书，或对外贸易经营者备案登记表）原件，并交付加盖企业公章的有效复印件。

---

① 详见中国电子检验检疫业务网上的《"报检企业报检员管理系统"用户手册》。

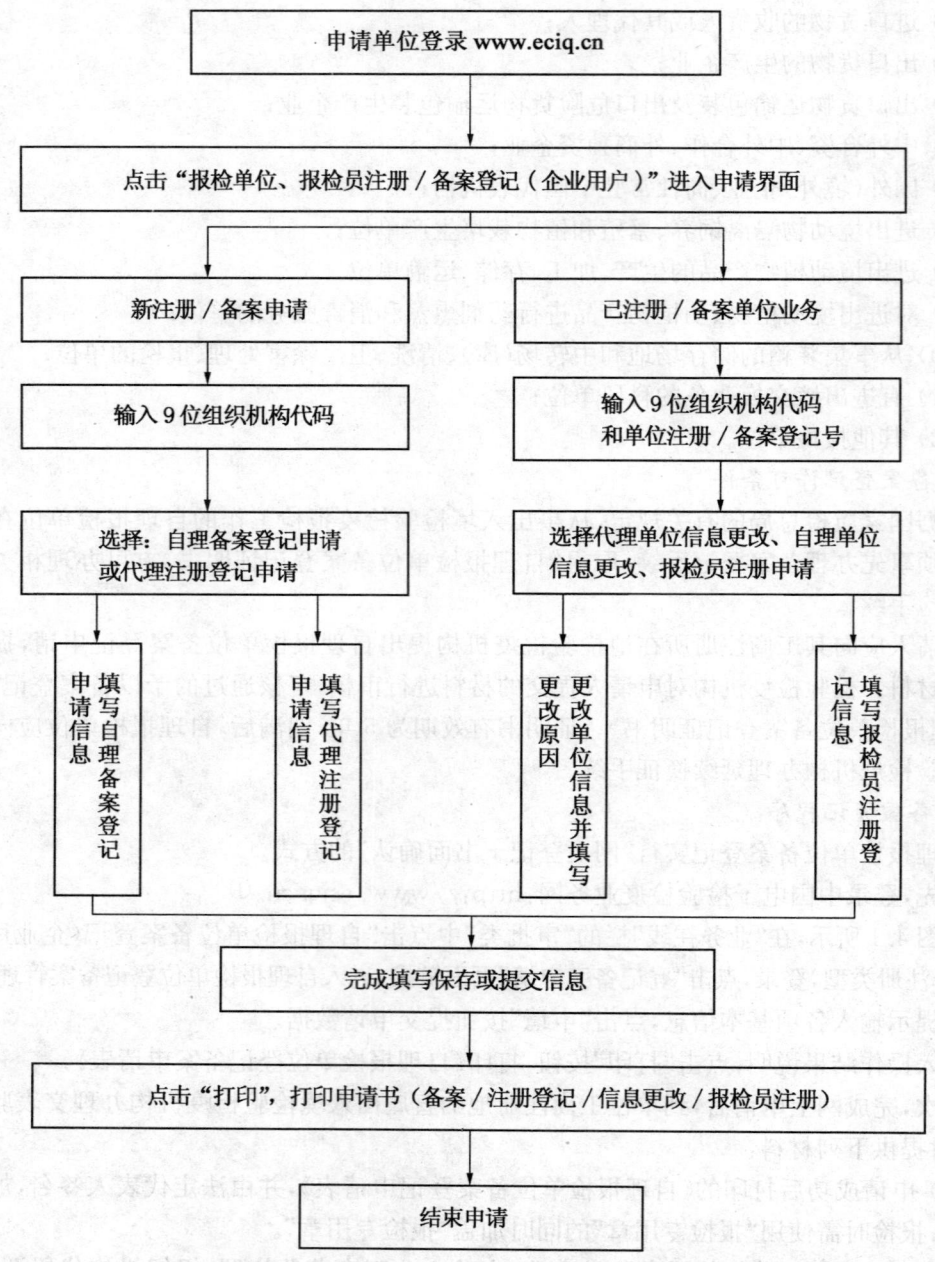

资料来源:中国电子检验检疫业务网(http://www.eciq.cn)。

图 4.1 报检单位的备案(注册)登记流程

（3）出口货物生产企业及其他企业,交验企业工商营业执照和组织机构代码证原件,并交付加盖企业公章的有效复印件。

4. 备案管理模式

国家质检总局对自理报检单位的备案管理实行属地备案、全国联网管理的模式。即，自理报检单位在获得《自理报检单位备案登记证明书》后，可在工商注册所在地以外的检验检疫机构办理本单位的报检业务，无需在异地重复办理备案登记手续。

5. 变更及终止备案申请

自理报检单位需终止报检业务的，应在"中国电子检验检疫业务网"提出申请，同时以书面形式向检验检疫机构办理注销备案登记手续。自理报检单位的备案登记内容有变动的，应在"中国电子检验检疫业务网"提出变更申请，到发证机构办理变更手续，同时提供下列材料：

（1）申请成功后打印的《自理报检单位登记备案变更申请表》，并由法定代表人签名，加盖单位公章；

（2）检验检疫机构颁发的自理登记备案证明书；

（3）变更内容的证明文件。

4.1.2　代理报检单位[①]

依据检验检疫法律法规规定，国家质检总局对代理报检单位实施注册登记是一项行政许可。代理报检单位应当经国家质检总局注册登记，未经注册登记的单位不得从事代理报检业务。代理报检单位在接受委托办理报检等相关事宜时，应当遵守有关出入境检验检疫法律法规规定，并对代理报检各项内容的真实性、合法性负责，承担相应的法律责任。

国家质检总局统一管理全国代理报检工作，负责对代理报检单位的注册登记；各直属出入境检验检疫局负责所辖地区代理报检单位的初审和年度考核工作；各地出入境检验检疫局负责代理报检单位的日常监督管理工作。

1. 代理报检单位范围

提供社会化报检服务的单位，一般包括：

（1）代理报检企业；

（2）兼营代理报检服务的经营国际货物运输、国际运输工具代理单位；

（3）从事报检业务的出入境快件运营企业。

2. 代理报检单位注册登记程序

代理报检单位注册登记实行"网上申请＋书面确认"的方式。取得外经贸经营权的单

---

① 代理报检：经国家质量监督检验检疫总局注册登记的境内企业法人（简称代理报检单位）依法接受进出口货物收发货人的委托，为进出口货物收发货人办理报检手续的行为。
　代理报检单位：对提供社会化报检服务的单位，称为代理报检单位，也称为代理人或代理企业。

位,可在中国电子检验检疫网申请备案。申请后的数据可直接进入国家质检总局中央数据库,全国各地检验检疫机构可共享数据。代理报检单位注册登记申请一般每年受理一至二次,每次的时间为一个月,具体受理申请时间由国家质检总局于申请开始前一个月对外公布。

申请单位在规定的申请时间内登录中国电子检验检疫业务网,具体操作按图 4.1 所示提交申请后,向工商注册所在地直属检验检疫局提出书面确认,同时提交下述材料加盖企业公章,同时交验原件:

(1)《出入境检验检疫企业报检企业备案表》;

(2)营业执照副本复印件;

(3)组织机构代码证书复印件;

(4)出入境快件运营企业应当提交国际快递业务经营许可复印件;

(5)企业的公司印模;

(6)使用报检专用章的,应当提交报检专用章(有多枚报检专用章的,应编号予以区别)。

对于准予注册登记的,直属检验检疫局自作出书面决定之日起 10 个工作日内向申请人颁发《代理报检企业注册登记证书》。不予注册登记的,出具不予注册登记决定书,说明理由,告知申请人享有依法申请行政复议或者提起诉讼的权利。《代理报检企业注册登记书》有效期 4 年。取得《注册登记证书》的代理报检单位在完成下列行为后,方可在规定的服务区域①内从事代理报检业务。

(1)为拟任报检员办理报检员注册;

(2)刻制报检专用章并向检验检疫机构备案。

3. 变更与注销

(1)代理报检单位名称、地址、法定代表人、非法人企业的负责人、经营范围等重大事项发生变更的,应当自变更之日起 30 日内凭营业执照等有关证明材料向直属检验检疫局申请变更。变更内容与《注册登记证书》记载事项有关的,直属检验检疫局应当予以换发新证。

(2)代理报检单位有下列情形之一的,由直属检验检疫局根据利害关系人的请求或者依据职权,撤销其代理报检企业注册登记:

① 检验检疫工作人员滥用职权、玩忽职守作出准予注册登记决定的;

② 超越法定职权作出准予注册登记决定的;

③ 违反法定程序作出准予注册登记决定的;

---

① 服务区域:检验检疫机构许可代理报检单位报检业务的区域范围。服务区域原则上根据代理报检单位工商注册地所属的检验检疫机构业务辖区进行划分。

④ 对不具备申请资格或者不符合法定条件的申请人准予注册登记的;

⑤ 依法可以撤销注册登记的其他情形①。

(3) 代理报检单位有下列情形之一的,由直属检验检疫局依法办理注册登记的注销手续②:

① 代理报检单位终止代理报检业务的;

② 代理报检单位依法终止的;

③ 代理报检单位组织机构代码发生变化的;

④ 注册登记被撤销、撤回,或者注册登记证书被吊销的;

⑤ 法律、法规规定应当注销行政许可的其他情形。

4.2 报检员的注册登记

出入境检验检疫报检员从业注册是一项行政许可。

报检员是指考取国家质检总局颁发的《报检员资格证》,按规定程序注册获得出入境检验检疫机构颁发的《报检员证》③,代表所属(单位)企业或代理报检单位办理进出口货物报检手续的人员。根据 2014 年国务院取消 67 项职业资格许可和认定事项的决定④,其中出入境检验检疫报检员资格认定许可被取消。

报检员是获得国家质量监督检验检疫总局规定的资格,在国家质检总局设在各地的出入境检验检疫机构注册,方可办理出入境检验检疫报检业务的人员。报检员受国家质检总局主管,检验检疫机构负责组织报检员资格考试、注册及日常管理、定期审核等工作。报检员在办理报检业务时,应当遵守出入境检验检疫法律法规和有关规定,并承担相应的法律责任。出入境检验检疫报检实行报检员凭证报检制度。

4.2.1 报检员注册

1. 申请条件

所在报检企业提出申请。

2. 办理材料及要求

提交下述(加盖企业公章)材料,同时交验原件:

---

① 如以欺骗、贿赂等不正当手段取得注册登记的。

② 注册登记资格被注销的代理报检企业,应当交还《注册登记证书》和《报检员证》。

③ 《报检员证》:表明报检人身份,办理报检业务的凭证。《报检员证》不得转借,涂改。

④ 《国务院关于取消和调整一批行政审批项目等事项的决定》(国发〔2014〕50 号)。

（1）《报检人员备案表》；

（2）《报检企业备案表》复印件；

（3）报检人员身份证复印件；

（4）网上申请填写报检员资格信息的，应提交《报检员资格证》复印件；

（5）大2寸免冠彩照2张。

代理报检单位聘请的报检员，注册时还需提交下列材料：

（1）代理报检单位与其拟聘报检员签订的《劳动合同》复印件（同时交验原件，且复印件须加盖公章）。

（2）《社会保险登记证》复印件以及由劳动和社会保障部门出具或确认的代理单位为每个报检人员缴纳社会保险的证明文件。

3. 注册方式

取得报检单位代码的企业登录中国电子检验检疫业务网，具体操作按图4.1所示，在报检员注册申请（企业用户）栏内，填写并提交报检员申请后，打印《报检人员备案表》，持上述材料向登记地检验检疫机构提出申请。

4. 审核与发证

材料齐全、符合要求的，备案受理机构在5个工作日内为报检人员办理备案手续，核发报检人员备案号。

4.3　报检单位、报检员的权利与义务

4.3.1　自理报检单位的权利与义务

1. 自理报检单位的权利

（1）根据检验检疫法律法规，依法办理出入境货物、人员、运输工具、动植物及其产品等及其相关的报检/申报手续。

（2）在按有关规定办理报检，并提供抽样、检验检疫的各种条件后，有权要求检验检疫机构在国家质检部门统一规定的检验检疫期限内完成检验检疫工作，并出具证明文件。如因检验检疫工作人员玩忽职守造成入境货物超过索赔期而丧失索赔权的，或出境货物耽误装船结汇的，有权追究当事人责任。

（3）对检验检疫机构的检验检疫结果有异议的，有权在规定的期限内向原检验检疫机构或其上级检验检疫机构，乃至国家质检部门申请复检。

（4）在保密情况下提供有关商业及运输单据时，有权要求检验检疫机构及其工作人员予以保密。

2. 自理报检单位的义务

(1) 遵守国家有关法律、法规和检验检疫规章,对所报检货物的质量负责。

(2) 应当按检验检疫机关要求选用若干名报检员,由报检员凭检验检疫机构核发的《报检员证》办理报检手续。应当对本单位报检员加强管理,并对其报检行为承担法律责任。

(3) 提供正确、齐全、合法、有效的证单和完整、准确、清楚地填制的报检单,并在规定的时间和地点向检验检疫机构办理报检手续。

(4) 在办理报检手续后,应当按要求及时与检验检疫机构联系验货,协助检验检疫工作人员进行现场检验检疫、抽(采)样及检验检疫处理等事宜,提供进行抽(采)样和检验检疫、鉴定等必要的工作条件,并应当落实检验检疫机构提出的检验检疫监管及有关要求。

(5) 应当对已经检验检疫合格放行的出口货物加强批次管理,不得错发、错运、漏发致使货证不符。对入境的法检货物,未经检验检疫或未经检验检疫机构的许可,不得销售、使用或拆卸、运递。

(6) 申请检验检疫、鉴定工作时,应按规定缴纳检验检疫费。

4.3.2　代理报检单位的义务与权利

1. 代理报检单位的权利

(1) 代理报检单位经国家质检总局审核准予注册登记后,有权在批准的代理报检区域内由其在检验检疫机构注册并持有《报检员证》的报检员,向检验检疫机构办理代理报检业务,但不得以出借名义供他人办理代理报检业务。

(2) 另有规定除外,代理报检单位有权代理委托人委托的出入境检验检疫报检业务。

(3) 进口货物的收货人可以在报关地和收货地委托代理报检单位报检;出口货物发货人可以在产地和报关地委托代理报检单位报检。

2. 代理报检单位的义务

(1) 代理报检单位在办理代理报检业务等事项时,必须遵守出入境检验检疫法律、法规和《出入境检验检疫报检规定》,不得以出借其名义供他人办理代理报检业务,并对其所报检货物的品名、规格、价格、数/重量以及其他应报的各项内容和提交的有关文件的真实性、合法性负责,承担相应的法律责任。

(2) 代理报检单位在办理代理报检业务等事项时,必须提交委托人的《报检委托书》。《报检委托书》应载明委托人的名称、地址、法定代表人姓名(签字)、机构性质及经营范围、代理报检单位的名称、地址、联系人、联系电话、代理事项,以及双方责任、权利和代理期限等内容,并加盖双方的公章。

（3）代理报检单位应在检验检疫规定的期限、地点办理报检手续。办理报检时应按规定填写报检申请单，并提供检验检疫机构要求的必要证单，在申请单上加盖代理报检单位的合法印章。

（4）商检部门鼓励代理报检单位，以电子邮件方式向检验检疫机构进行申报，但不得利用电子报检企业端软件，开展远程电子预录入。

（5）代理报检单位应按检验检疫机构的要求，切实履行代理报检职责，负责与委托人联系，协助检验检疫机构落实检验检疫时间、地点，配合检验检疫机构实施检验检疫，提供必要的工作条件，并负责对已完成检验检疫的货物，及时地领取检验检疫证单和通关证明。

（6）代理报检单位除积极配合检验检疫机构对其所代理报检的有关事宜的调查和处理外，并对实施代理报检中所获悉的商业秘密负有保密的义务。并按检验检疫机构的要求建立和完善代理报检业务档案①；真实完整地记录其承办的代理报检业务。

（7）代理报检单位应按规定代委托人缴纳检验检疫费，在向委托人收取相关费用时应如实地列明检验检疫机构收取的费用，并向委托人出示检验检疫机构出具的收费票据，不得借检验检疫机构名义向委托人收取额外费用。

4.3.3 报检员的权利与义务

1. 报检员的权利

报检员依法代表所属企业办理报检业务。报检员应当并有权拒绝办理所属企业交办的单证不真实、手续不齐全的报检业务。

（1）对检验检疫机构的工作人员滥用职权、徇私舞弊、伪造检验检疫结果的，有依法提出追究当事人的法律责任。

（2）对于入境货物，报检员在检验检疫机构规定的时间和地点内，办理进境货物报检，提供抽样、检验等各种条件后，有权要求检验检疫机构在对外贸易合同约定的索赔期限内检验完毕，并出具证明。如果由于检验检疫工作人员玩忽职守造成货物超过索赔期而丧失索赔权的，报检员有权追究有关当事人的责任。

（3）对于出境货物，报检员在出入境检验检疫机构规定的地点和时间，向检验检疫机构办理出境货物报检，提供必要的工作条件，交纳检验检疫费后，有权要求在不延误装运的期限内检验完毕，并出具证明。如因检验检疫工作人员玩忽职守而耽误装船结汇，报检人员有权追究当事人的责任。

---

① 代理报检业务档案保存期限为4年。

（4）对检验检疫机构的检验检疫结果有异议时，有权根据有关法律规定，向原机构或其上级机构申请复验。

（5）如有正当理由需撤销报检时，有权按有关规定办理撤销报检手续。

（6）在保密情况下提供有关商业单据和运输单据时，有权要求检验检疫机构及其工作人员给予保密。

（7）对出入境检验检疫机构的检验检疫工作人员滥用职权、徇私舞弊、伪造检验检疫结果的，报检员有权依法提出追究当事人的法律责任。

2. 报检员的义务

报检员应当对所属企业负责，接受检验检疫机构的指导和监督，并履行下列义务：

（1）遵守有关法律法规和检验检疫的规定；

（2）在办理报检业务时严格按照规定提供真实的数据和完整、有效的单证，准确、清晰地填制报检单，并在规定的时间内缴纳有关费用；

（3）参加检验检疫机构举办的有关报检业务的培训；

（4）协助所属企业完整保存各种报检单证、票据、函电等资料；

（5）承担其他与报检业务有关的工作。

4.4　报检单位、报检员的监督管理

4.4.1　自理报检单位的监督管理

1. 信息变更制

检验检疫机构对自理报检单位备案信息变动的，应及时予以更改，涉及自理报检单位名称、地址、法定代表人更改的，应重新颁发《出入境检验检疫自理报检单位备案登记证明书》，并可根据实际情况对自理报检单位的备案信息定期进行核实。

2. 属地管理制

检验检疫机构对自理报检单位实行属地管理原则，并根据实际情况对其备案信息进行核实、日常监督管理等。

4.4.2　代理报检单位的监督管理

1. 例行审核制度

（1）检验检疫机构每两年对代理报检单位实行一次例行审核制度，代理报检单位应当在审核年度3月1日至3月31日向所在地检验检疫机构申请例行审核，并提交上两个年度的《例行审核报告书》①。

（2）检验检疫机构应在当年的 5 月 31 日前完成代理报检企业的例行审核。检验检疫机构对例行审核材料的真实性及实质性内容进行包括现场核查、实地检查、座谈会、发放调查表等多种形式的审查,审查的内容包括注册资金、报检员人数、经营场所及办理检验检疫代理业务所需的条件,代理报检业务及报检差错情况,遵守代理报检单位管理规定的情况,遵守检验检疫法律法规情况,有关委托人的反映等。

2. 信息变更制度

（1）代理报检单位名称、地址、法定代表人、非法人企业的负责人、经营范围等重大事项发生变更的,应自变更之日起 30 日内凭营业执照等有关证明材料向直属检验检疫局申请变更。变更的内容与《注册登记证书》记载事项有关的,直属检验检疫局予以换发新证。

（2）代理报检单位更改信息后,条件不能满足代理报检单位资质要求的,代理报检单位须及时补充有关材料。补充有关材料后仍不能满足要求的,由直属检验检疫局依法办理注册登记的注销手续。

（3）代理报检单位随意更改注册信息,产生的法律责任和后果由代理报检单位承担。

3. 信用度等级评定与分类管理制度

代理报检单位信用度等级评定与分类管理制度是国家依法对取得《出入境检验检疫代理报检单位注册登记证书》的单位加强管理,规范其代理报检行为,促进代理报检单位诚实守信、守法经营实施管理的一项有效措施。

（1）代理报检单位信用等级评定以代理报检单位在日常代理报检业务中遵守法律法规、履行代理报检职责的情况为依据,实行评分制,并根据评分结果及附加条件确定 A、B、C、D 四个等级。

（2）根据代理报检单位的不同信用等级,直属检验检疫局采取下述不同的管理措施:对于 A 级、B 级的代理报检单位,给予不同程度的便利通关措施和宽松的管理措施;对于 C 级、D 级的代理报检单位,分别采取严加监管,列入"黑名单"等强化管理措施。

4.4.3 报检员的监督管理

1. 注册信息变更制度

（1）报检员申请变更个人注册信息的,检验检疫机构应审核《报检员注册信息变更申请表》和相关证明材料,对符合规定的予以变更。

（2）对变更后造成《报检员证》所载内容发生变化的应换发《报检员证》,《报检员证》编

---

① 《例行审核报告书》的主要内容包括:代理报检企业基本信息、遵守检验检疫法律法规规定情况、报检员信息及变更情况、代理报检业务情况及分析、报检差错及原因分析、自我评估等。

号和初次发证日期不变。

2.《报检员证》注销制度

有下列情况之一的,报检员所属企业应提交《报检员证注销申请表》和《报检员证》申请办理注销手续。检验检疫机构应按规定及时予以办理,并出具《报检员证注销证明》。但对暂停期限未满、调往当地或异地其他企业从事报检业务的,检验检疫机构不予办理变更手续,不予出具《报检员证注销证明》。

(1) 报检员不再从事报检业务的;

(2) 企业因故停止报检业务的;

(3) 企业解聘报检员的;

(4) 报检员调往其他企业的;

(5) 报检员调往其他企业、原所属企业未能提出注销申请的,可由报检员直接提交《报检员证注销申请表》和与原所属企业解除劳动关系的有效证明文件(如劳动仲裁部门的仲裁决定书、法院的判决书)或调入企业声明承担相关法律责任的文件等办理注销手续。

3. 报检员变更手续

(1) 报检员变更单位的(含变更到异地企业),须由原单位在中国电子检验检疫业务网提出注销申请,并提供网上申请成功后打印的《报检员注销申请表》等相关材料,经检验检疫机构审核后,予以注销,并出具注销证明。由新聘用单位凭注销证明在网上提出注册申请,方可变更手续。

(2) 代理报检单位报检员变更单位的,必须先在原单位办理删除手续,再办理注销;注册时需先办理代理报检单位信息变更,新增该报检员信息后,方可办理注册手续。

4. 异地报检管理

(1) 自理报检单位的报检员在注册地以外的检验检疫机构办理报检业务时,有关检验检疫机构应按规定对其进行管理。

(2) 发现报检员有差错行为的,应予以记分。对达到暂停报检资格条件的由注册地检验检疫机构按照有关规定予以处理。

(3) 发现有(2)所列行为,需吊销《报检员证》的,应按有关规定进行处理,并将处理决定及时通报注册地检验检疫机构。

5. 遗失补证制度

《报检员证》因遗失或损毁的,报检员应当在 7 日内提出申请。发证检验检疫机构应审核《报检员证补发申请表》和登报声明作废材料或损毁的证件。对审核合格的,予以补发。所补发《报检员证》编号和初次发证日期不变,原记分记录继续有效。未补发《报检员证》前,报检员不得办理报检业务。

6. 延期审核制度

《报检员证》的有效期为 2 年。报检员应当在其《报检员证》有效期满之日前 60 日起至有效期满之日 30 日之间,向发证检验检疫机构提出延期申请。被暂停报检员资格的报检员,也应按规定提出延期申请。

报检单位用户从中国电子检验检疫业务网提交延期审核申请。符合有关规定的将自动审核通过。《报检员证》有效期延长 2 年;如果延期审核未自动通过,申请人应打印"《报检员证》延期申请表",到发证机构办理延期审核手续。

报检员在有效期届满前 30 日到有效期届满之日提出延期审核申请的,延期审核不合格。有效期届满仍未提交延期申请的,《报检员证》及《报检员资格证书》同时失效。有下列情况之一的,延期审核不合格:

(1) 在本次审核周期内被暂停过报检资格的;

(2) 在本次审核周期内未被暂停过报检资格,但累计记分达到 18 分或以上的;

(3) 未在规定期限前提出延期申请的;

(4) 其他违反有关规定的情况,情节严重的。

7. 差错管理记分制度

检验检疫机构对报检员在办理报检业务过程中出现的差错或违规行为实行记分管理。记分原则为:

(1) 一次记分的分值,依据差错或违规行为的严重程度,分为 12 分、4 分、2 分和 1 分四种(见表 4.1)。

表 4.1 记分事项与分值表

代码	事　　项	分值	备注
0101	因报检员的责任造成报检单中所列项目申报错误的	1	按报检批次计,累计不超过2分
0102	因报检员的责任造成提交的报检单与所发送的电子数据内容不一致的	1	
0103	报检所附单据之间或所附单据与报检单内容不相符合的	1	
0104	未按规定签名或加盖公章的	1	
0105	报检随附单据模糊不清或为传真纸的	1	
0106	报检随附单据超过有效期的	1	
0107	未提供代理委托书或所提供的不符合要求的	1	
0108	对同一批货物重复报检的	1	
0109	经通知或督促仍不按时领取单证的	1	
0110	已领取的检验检疫单证、证书或证件遗失或损毁的	1	
0111	对已报检的出境货物在一个月内不联系检验检疫也不办理撤销报检手续的	1	按报检批次计
0112	未在要求时间内上交应由检验检疫机构收回的《报检员证》或《报检员资格证》的	1	
0113	错误宣传检验检疫法律、法规及有关政策或散布谣言的	1	
0199	其他应记1分的行为或差错	1	

续表

代码	事 项	分值	备注
0201	对已报检的入境货物,经检验检疫机构督促仍不及时联系检验检疫事宜,尚未造成严重后果的	2	
0202	对未受理报检的单据不按检验检疫机构的要求进行更改或补充而再次申报的	2	
0203	未按规定时间及时缴纳检验检疫费用的	2	
0204	扰乱检验检疫工作秩序,情节严重的	2	
0299	其他应记 2 分的行为或差错	2	
0401	代理报检单位报检员假借检验检疫机构名义刁难委托人、被投诉且经查属实的	4	
0402	办理不属于所属企业报检业务的	4	
0403	经通知拒不上交应由检验检疫机构收回的《报检员证》或《报检员资格证》的	4	
0404	提供虚假材料申请办理《报检员证》的注册、变更、补发和注销手续的	4	
0405	未经同意不参加检验检疫机构举办的有关报检业务培训的	4	
0406	入境流向货物申报时未提供最终收货人的有关信息或所提供的信息有误,尚未造成严重后果的	4	
0407	被检验检疫机构发现漏报、瞒报法定检验检疫的货物或木质包装,尚未造成严重后果的	4	
0408	擅自取走报检单据或证单的	4	
0409	擅自涂改已受理报检的报检单上的内容或撤换有关随附单据的	4	
0499	其他应记 4 分的行为或差错	4	
1201	转借或涂改《报检员证》的	12	
1202	被暂停报检资格期间持其他人《报检员证》办理报检及相关业务的	12	
1203	涂改、伪造检验检疫收费收据的	12	
1204	对入境货物不及时联系检验检疫或所提供的信息有误,致使检验检疫工作延误或无法实施检验检疫,造成严重后果的	12	
1205	不如实报检,未造成严重后果,尚未达到吊销《报检员证》条件的	12	
1299	其他应记 12 分的行为或差错	12	

（2）记分周期为一个年度,满分 12 分,从《报检员证》初次发证之日起计算。一个记分周期期满后,记分分值累计未达到 12 分的,该周期内的记分分值予以消除,不转入下一个记分周期。

（3）报检员在同一批次报检业务中出现两处或以上记分事项的,应分别计算、累加分值。

（4）报检员经注销后重新注册或变更个人注册信息换发《报检员证》的,原记分分值继续有效。

4.5 报检单位、报检员的法律责任

4.5.1 报检单位的法律责任

1. 自理报检单位法律责任

（1）自理报检单位应按检验检疫机构的要求选用报检员，按照有关规定规范报检员的报检行为，并对其报检员的报检行为承担法律责任。一旦报检员不再从事报检工作或被解聘、或离开本单位的，报检单位应当以书面形式通知检验检疫机构，办理收回和注销《报检员证》手续，否则因此产生的法律责任由报检单位承担。

（2）其他法律责任参照代理报检单位。

2. 代理报检单位的法律责任

（1）代理报检单位应按检验检疫机构的要求选用报检员，按照有关规定规范报检员的报检行为，并对其报检员的报检行为承担法律责任。一旦报检员不再从事报检工作或被解聘，或离开本单位的，代理报检单位应当以书面形式通知检验检疫机构，办理收回和注销《报检员证》手续，否则因此产生的法律责任由代理报检单位承担。

（2）代理报检单位及其报检员在从事报检业务中有违反代理报检规定的，由出入境检验检疫机构视情况给予通报批评、警告、暂停其代理报检资格，直至上报国家质检总局取消其代理报检资格；违反有关法律、法规的，按有关法律、法规的规定处理；涉嫌触犯刑律的，移交司法部门按照刑法的有关规定追究其刑事责任。

（3）代理报检单位与被代理人之间的法律关系适用于《中华人民共和国民法通则》的有关规定，并共同遵守出入境检验检疫法律、法规；代理报检单位的代理报检，不免除被代理人或其他人根据合同和法律所承担的产品质量责任和其他责任。

（4）有伪造、变造、买卖或者盗窃出入境检验检疫证单、印章、标志、封识和质量认证标志行为的，除取消其代理报检注册登记及代理报检资格外，还应按检验检疫相关法律法规的规定予以行政处罚；对情节严重，涉嫌构成犯罪的，移交司法部门对直接责任人依法追究刑事责任。

（5）代理报检单位及其报检员多人，或多次违反法律、法规及检验检疫有关规定的，暂停或取消其代理报检资格。

（6）代理报检单位因违反规定被出入境检验检疫机构暂停或取消其代理报检资格所发生的与委托人等关系人之间的财务纠纷，由代理报检单位自行负责。

4.5.2 报检员的法律责任

报检员在从事出入境报检活动中有逃避检验检疫或违反检验检疫有关规定行为的，检验检疫机构依法追究报检单位及其相关报检员的法律责任。法律责任内容包括：

(1) 代理（自理）报检单位指派的报检员，只允许办理本代理（自理）报检单位所承揽的代理（自理）报检业务，不允许办理其他法人或组织代理的代理报检业务。

(2) 代理（自理）报检单位指派的报检员，在检验检疫机构从事报检事项，属该代理（自理）报检单位的公务活动，并负有一切法律责任。

(3) 注册（备案）登记的代理（自理）报检单位，如需撤销本报检单位已注册的报检员，应向原注册登记的检验检疫机构办理书面注销手续，并交回被撤换人员的《报检员证》。

(4) 对于代理（自理）报检单位的报检员，如有以下行为取消其代理（自理）报检资格，并注销其企业登记。

① 违反国家质检总局有关代理报检规定的；

② 不向企业如实反映检验检疫收费标准，借代理报检名义向企业收取高额费用的；

③ 不能按照有关规定认真履行代理报检职责，被企业投诉经查实的；

④ 其他欺诈行为。

4.6　报检单位、报检员的违规处理

4.6.1　自理报检单位的违规处理

自理报检单位提供虚假材料申请并取得备案登记的，由检验检疫机构撤销其备案登记；自理报检单位提供的材料失实，或不按规定办理更改手续，造成无法落实检验检疫等严重后果的，按相关法律法规规定处理。

4.6.2　代理报检单位的违规处理

代理报检单位在从事报检业务中有违规报检行为的，由检验检疫机构依据《商检法实施条例》有关规定给予下述处罚；涉嫌触犯刑律的，移交司法部门按照刑法的有关规定追究其刑事责任。

1. 代理报检单位有以下行为之一的，由检验检疫机构按《商检法实施条例》第四十八条的规定没收违法所得，并处以商品货值金额 5％以上 20％以下罚款：

(1) 不如实提供进出口商品的真实情况，取得检验检疫机构的有关证单；

(2) 对法定检验的进出口商品不予报检，逃避进出口商品检验的。

2. 代理报检单位违反规定扰乱报检秩序，有下列行为之一的，由检验检疫机构按《商检法实施条例》第五十八条的规定责令改正，没收违法所得，可以并处 10 万元以上罚款，暂停其 6 个月以内的代理报检业务；情节严重的，撤销其代理报检企业注册登记：

（1）1年内报检员3人次以上被撤销报检从业注册的；

（2）未按照规定代委托人缴纳检验检疫费、未如实向委托人告知检验检疫收费情况或者借检验检疫机构名义向委托人乱收取费用的；

（3）对检验检疫机构的调查和处理不予配合的，或者威胁、贿赂检验检疫工作人员的；

（4）出让其名义供他人办理代理报检业务的；

（5）例行审核不合格的。

3. 代理报检单位有以下违规行为之一的，有违法所得的，由检验检疫机构责令改正，处以违法所得3倍以下罚款，最高不超过3万元；没有违法所得的，处以1万元以下罚款：

（1）未按照规定建立、完善代理报检业务档案，或者不能真实完整地记录其承办的代理报检业务；

（2）拒绝接受检验检疫机构监督检查；

（3）未按期申请例行审核的。

4.6.3 报检员的违规处理

1. 暂停报检资格

报检员出现下列情况之一的，检验检疫机构暂停其报检资格：

（1）对在一个记分周期内记分满12分的报检员，检验检疫机构应暂停其3个月报检资格。

（2）在同一记分周期内，被检验检疫机构暂停报检资格期间，或期限届满后被再次记满12分的，检验检疫机构应暂停其6个月报检资格。

（3）报检员被暂停报检资格期限届满后，原记分分值予以清除，重新记分至该记分周期终止。

（4）报检员在被暂停报检资格期间，不得办理报检业务。检验检疫机构应暂时收回有关《报检员证》，无法收回的应予以公告。

2. 取消报检资格

报检员出现下列情况之一的，检验检疫机构应取消其报检资格，吊销《报检员证》。

（1）不如实报检，造成严重后果的；

（2）提供虚假合同、发票、提单等单据的；

（3）伪造、变造、买卖或者盗窃、涂改检验检疫通关证明、检验检疫证单、印章、标志、封识和质量认证标志的；

（4）其他违反检验检疫法律法规规定，情节严重的。

被取消报检资格的，检验检疫机构应当将有关处理决定上报国家质检总局取消其《报检员资格证》，且3年内不允许参加报检员资格考试。检验检疫机构应收缴有关《报检员证》和

《报检员资格证》，无法收缴的应予以公告。

案例评析

案例1　伪造《报检员证》

案情介绍

2003年2月11日，A口岸某货运公司的业务员郑某在A口岸检验检疫机构代理报检一批价值850万美元的线束。当A检验检疫机构工作人员审核其名为钱某《报检员证》时，发现此证与一般《报检员证》有些不同，有"假"证的可能，当即按规定暂扣了此证。通过查对报检员钱某的报名资料，核对照片，确认此证系伪造的假证，随即立案调查。

经查核实，郑某因没有通过报检员资格考试而未获得《报检员证》。为能继续从事报检业务，郑某擅自利用其公司钱某的《报检员证》剪贴上自己照片，通过电脑彩印技术复印，伪造成"本人照片，他人资料"的假证，并多次持假证从事非法报检活动。为此，A检验检疫机构根据《商检法》第三十六条的规定，对制假证的当事人郑某罚款人民币5 000元。

案情分析

在调查取证过程中，A检验检疫机构发现该货运代理公司在报检业务中存在违规行为。其一，该公司虽未授意郑某制作假《报检员证》，但在明知其无报检资格的情况下，仍让其代表公司进行报检业务；其二，该公司还多次让无证人员以报检员身份在A检验检疫机构下属几个分支机构检务窗口从事报检业务，严重违反了报检有关规定。

因此，A检验检疫机构根据国家质检总局34号令《出入境检验检疫代理报检管理规定》第二十四条第一项的规定，暂停该公司代理报检资格3个月，并根据34号令第二十二条第三项的规定，对该公司报检员钱某因转借《报检员证》造成严重后果的行为，给予暂停其报检资格6个月的处罚。

案例2　违法责任应由谁来承担

案情介绍

2004年1月，B地科马公司委托广东A地新骏进出口有限公司（以下简称新骏公司）进口46台按摩浴缸，并签订了代理进口协议。随后，新骏公司根据科马公司的指定与香港的东国科马（中国）有限公司签订了成交合同，合同列明卖方是东国科马（中国）有限公司，买方是新骏公司；货物出口地是广东A地。

2004年1月5日，货物到达广东A地后，新骏公司持成交合同、发票、装箱单到广东A地检验检疫局（以下简称A局）报检，A局给新骏公司出具了异地检验检疫通关单，该通关单上的收货人为新骏公司,目的地是 B 地。1 月 6 日,新骏公司把该批货物发运到 B 地交给了科马公司;科马公司于 1 月 6 日晚就把其中的 39 台按摩浴缸销往了外地。1 月 7 日上午,新骏公司打电话告知科马公司,该批按摩浴缸需由 B 地检验检疫局落实检验,同时科马公司收到了新骏公司邮寄的异地检验检疫通关单。1 月 8 日,科马公司到 B 地检验检疫局报检。但此时,货物已销售了 39 台,造成了未经检验就已销售的违法事实。

案情分析

本案涉及两个当事人,即新骏公司和科马公司。从违法行为发生的表面来看,似乎起因是科马公司销售了未经检验的按摩浴缸,应当追究科马公司的法律责任,到底应由谁来承担法律责任呢?

A 局认为,货物到达 B 地后,新骏公司既未按 A 局要求,与 B 地检验检疫局联系落实检验,又没有委托代理人办理,导致了货物未经检验就流到外地,理应受到相应的罚款处理。其理由有以下两点:

(1)《商检法》规定,履行必须经商检机构检验的进口商品的报检和接受检验的义务人是收货人或其代理人。就本案而言,谁是销售主体不是主要的,主要的是要明确真正的收货人或其代理人。本案中,科马公司是销售 39 台按摩浴缸的主体,但不是收货人。首先,从签订的成交合同来看,买方是新骏公司,不是科马公司。其次,在 A 局报检时申报的报检单位和收货人是新骏公司,不是科马公司。再次,科马公司和新骏公司没有签订委托报检协议。所以,本案的收货人是新骏公司,从代理进口而言,新骏公司又是代理人。

(2)《商检法》规定,进口商品的收货人或其代理人应当在商检机构规定的地点和期限内,接受商检机构对进口商品的检验。由此可见,进口商品检验的义务主体始终是新骏公司。

案例 3 不如实申报逃避法定检验案

案情介绍

2004 年 7 月底,A 口岸检验检疫局在受理 B 报关有限公司关于代理报检 A 地某电子有限公司(简称 C 公司)出境法检货物——变压器的业务咨询时,了解到该公司以往委托上海 B 报关有限公司报检的同类出境货物均直接出具通关单的情况后,立即调阅相关 49 份相关的历史单证。同时,A 检验检疫局随即派员对生产现场及产品进行了查验,确认 B 公司在代理 C 公司产品出口时涉嫌不如实申报的违法行为。由于此案涉及批次多、涉案金额大、违法情节较为复杂等问题,A 检验检疫决定进一步予以立案查处。

C 公司是位于 A 地保税区内,以进料对口加工贸易方式,对国外进口部件生产加工为成品复出口的进料加工型企业。经查实,B 公司自 2004 年 5 月 19 日至 7 月 26 日在代理报检 C 公司共 17 批出口变压器(HS 编码 85043190/N,商品总值 151 618.10 美元)的过程中,将贸易方式为"进料加工"伪报成"保税区仓储转口"方式向检验检疫机构申报,从而逃避商品检验,骗取出境货物通关单,随后以"进料对口"的真实贸易方式向海关报关出境。

通过调阅存档单证,向海关发函调阅存档单证,向当事人及与案情相关的单位、人员调查询问,A检验检疫局查实了B公司不如实报检,骗取商检机构有关单证的违法行为,在事实面前,B公司也对此供认不讳。据此,A检验检疫局依法对B公司作出共计12万元人民币罚款的处罚决定,使不法代理报检单位得到了应有的惩处。

案情分析

鉴于C公司已以检验检疫报检委托书形式将出口货物的报检全权委托B公司办理,因此,认定本案B公司代理C公司报检实施的具体违法行为,依据《商检法》及其实施条例对其进行处罚,是准确无误的。

涉案B代理公司的违法行为发生在A地保税区。保税区的检验检疫模式有其特殊性:即,国内市场商品进入保税区时视同出口,已完成对法定商品的检验检疫;而国外商品进入保税区停留,期间不进行任何加工。这两种类型的商品在离开保税区到国外的报检报关过程中,海关定其贸易方式为"保税区仓储转口",而检验检疫机构归其为"其他贸易",不需检验,直接出具通关单放行。涉案当事人正是利用这一模式的快速通关,将贸易方式为"进料加工"(保税区内为进料对口)的法检商品伪报为"保税区仓储转口",从而达到骗取通关单、逃避检验检疫的目的。

涉案B代理报检企业并未从不如实申报行为中获取经济上的直接利益,但其真正目的是以其"快速"的报检通关速度来吸引客户。由此可见,在目前代理报检企业众多、竞争激烈的情况下,检验检疫机构更需要加强对代理报检企业的监督管理,对这种采取不正常手段来达到提高竞争力目的的代理报检企业,应予以严厉处理,净化代理报检环境。与此同时,企业可查询检验检疫机构网站上公布的代理机构名单,从中选择合适的代理机构,保证商品顺利出口通关。

本章小结

报检员是报检(企业)单位与检验检疫部门联系的桥梁,报检员素质的高低、报检单位的规范与否,会直接影响检验检疫工作的效率和质量。因此,国家质检总局对报检单位、报检员实施备案管理,并对报检人员实施差错记分管理,按照"出入境检验检疫企业信用信息采集条目"进行计分,列入报检企业的信用记录。鼓励报检人员参加报检人员能力水平认定和报检业务培训,提高报检工作效率。这不仅有利于检验检疫业务制度改革,提高出入境货物通关速度,而且使我国报检行业逐步走向专业化。

中国检验检疫法律赋予报检单位、报检员在报检和配合商检机构检验检疫工作范围内,既享有一定的权利,又必须承担相应的义务,如果报检单位、报检员违反检验检疫法律法规规定的义务,同样要承担相应的行政或刑事责任。

思考题

1. 什么是报检?
2. 什么是自理报检单位?
3. 什么是代理报检和代理报检单位?
4. 自理报检单位如何办理备案登记的行政许可申请?
5. 代理报检单位须具备哪些资格条件? 如何办理注册登记行政许可的申请?
6. 申请代理报检单位需提交哪些书面材料?
7. 报检单位有哪些义务与权利?
8. 国家质检总局对代理报检单位的管理主要有哪些规定?
9. 国家质检总局对报检员的管理主要有哪些规定?
10. 为什么出入境检验检疫报检要实行报检员凭证报检制度?
11. 报检员注册登记需提交哪些书面材料?
12. 报检员有哪些权利和义务?
13. 什么是差错管理记分制度? 记分管理原则主要有哪些?
14. 报检员在从事报检活动中有以下行为:
    (1) 不如实报检,造成严重后果;
    (2) 提供虚假合同、发票、提单等单据;
    (3) 伪造、买卖或者盗窃检验检疫通关单证明、证单、印章、标志和封识;
    (4) 涂改检验检疫通关证明、证单、印章、标志和封识的行为。
    试问在列举中哪几种行为会被检验检疫机构取消其报检资格,吊销《报检员证》。
15. 某公司报检员领取《出境货物通关单》后,由于推迟发货而对通关单上"发货日期"进行了涂改。对其行为表述为:
    (1) 无论何种原因,报检人均不应涂改通关单;
    (2) 检验检疫机构可取消该报检员报检资格,吊销其《报检员证》;
    (3) 该报检员所修改内容不属于检验检疫结果等实质性内容,无须承受处罚;
    (4) 修改通关单内容行为属于报检员个人行为,报检员所属公司不承担任何责任。
    试问表述正确的是哪几种?

5 进出口商品检验检疫报检

学习目的

本章内容包括报检概念、范围、要求、分类，以及《报检单》的填制、电子化报检、报检相关的重要环节、特殊区域报检、案例等，首先掌握如何办理进出口商品检验检疫报检，其次对如何填制进出境货物的《报检单》，同时对报检人在进出口商品检验检疫报检方面所起的作用，能有理论到实践的实质性认识。

知识要点

进出口商品检验检疫报检的基本内容，《入/出境货物报检单》的填制，进出口商品检验检疫工作程序。

5.1 进出口商品检验检疫报检的一般规定

5.1.1 进出口商品检验检疫报检的含义

进出口商品检验检疫程序一般包括：报检、受理报检、计/收费、检验检疫、卫生除害处理及签证放行六个环节。报检是商品检验检疫工作程序中的第一个环节。进出口商品检验检疫报检，从法律上具有"通关"和"施检"两层含义。

1. "通关"的含义

"通关"，通俗来说是报检人①向出入境检验检疫机构申领进出口商品的《入/出境货物通关单》，供海关验证放行。具体的含义是：

（1）入境货物自 2000 年 1 月 1 日起，根据国家商检部门和海关总署的规定实施"先报检，后报关"的新通关模式。②对法定检验的进口商品，海关统一凭出入境检验检疫机构签发的《入境货物通关单》验放。即，出入境检验检疫机构受理报检后，经审核相关凭证，对不属于国家禁止入/出境的商品同意入境，签发《入境货物通关单》，并注明"上述货物业已报检/申报，请海关予以放行"的字样，供海关验放。

---

① 报检人：报检单位、报检员的统称。
② 详见本书 6.1。

（2）法定检疫的出境货物实施"先报检，后报关"管理模式，即出境货物先报检，经检验检疫合格的，出具《出境货物通关单》，海关凭单验放。产地和报关地不一致的，报关地凭产地的《出境货物换证凭单》换发《出境货物通关单》。

2. "施检"的含义

"施检"是指出入境检验检疫机构根据通行的合格评定程序确定检验监督方式，对进出口商品实施检验检疫的简称。

由于口岸检验条件、检验时间的限制和通关体制的因素，出入境检验检疫机构对许多进口商品在受理报检后，有些仅做抽样工作，有些仅做外观检验，或者直接签发《入境货物通关单》供海关验放，抽样、检验工作必须在货物通关以后才能实施，或在使用地检验；有的进口商品检验还要结合调试、安装过程实施检验，进口报关地与使用地不一致的，还要运输至指运地由所在地出入境检验检疫机构实施检验，即俗称为"异地检验"。

因此，虽然进口商品报检后，出入境检验检疫机构已签发了《入境货物通关单》且海关已放行入境，但并不是已检验完毕，进口商品仍处于检验过程和监督管理之下，收货人或者其代理人仍然应当配合出入境检验检疫机构实施检验，接受管理，对异地检验的进口商品，收货人或者其代理人还应当在 20 天期限内向到达地出入境检验检疫机构申请检验。

5.1.2 进出口商品检验检疫报检的范围

1. 法律、行政法规规定必须由检验检疫机构实施检验检疫的应检物

依据"四法四条例"等有关法律、行政法规规定的应检物①，其中贸易商品相关的应检物主要包括：

（1）列入《出入境检验检疫机构实施检验检疫的进出口商品目录》内的货物；入境废物、进口旧机电产品。

（2）出口危险货物包装容器的性能检验和使用鉴定。

（3）进出境集装箱。

（4）进境，出境，过境的动植物、动植物产品及其他检疫物。

（5）装载植物、动植物产品和其他检疫物的装载容器、包装物、铺垫材料。

（6）装载植物、动植物产品和其他检疫物的运输工具。

（7）进境拆解的废旧船舶。

（8）国际邮寄物，包括动植物、动植物产品和其他需要实施检疫的国际邮寄物。

---

① 应检物：进出保税区法律法规规定应当实施检验检疫的货物及其包装物、铺垫材料、运输工具、集装箱的简称。

（9）其他法律、行政法规规定必须经检验检疫机构实施检验检疫的其他应检物。

2. 有关国际公约规定须经出入境检验检疫机构检验检疫的应检物

随着加入 WTO 和其他一些区域性经济组织，我国已成为一些国际条约、公约和协定的成员。此外，我国还与世界几十个国家缔结了有关商品检验或动植物检疫的双边协定、协议，认真履行国际条约、公约、协定和协议中的检验检疫条款是商检部门的义务。因此，凡国际条约、公约或协定规定须经我国商检部门实施检验的出入境货物，报检人须向出入境检验检疫机构报检，由检验检疫机构实施检验检疫。

3. 输入国有规定或与我国有协议/协定，必须凭检验检疫机构出具有关证书（明）方准入境的商品

有的国家发布法令或政府规定要求，对某些来自中国的入境货物须凭检验检疫机构签发的证书方可入境。因此，凡出口货物输入国家和地区有此类要求的，报检人须报经检验检疫机构实施检验检疫或进行除害处理，取得相关证书或标识。如：

（1）对来自中国的动植物、动植物产品、食品须凭检验检疫机构签发的动植物检疫证书以及有关证书方可入境；

（2）从中国输入的木质包装，装运前要进行热处理、熏蒸或防腐等除害处理，并由检验检疫机构加施 IPPC 标识①，或出具《熏蒸/消毒证书》，货物到时凭 IPPC 标识或《熏蒸/消毒证书》验放货物。

4. 对外贸易合同、信用证规定由检验检疫机构出证的出入境商品

对外贸易合同、信用证是买卖双方通过协商，确定权利和义务的书面协议，一经签署即发生法律效力。因此，凡对外贸易合同、信用证中规定以我国检验检疫机构签发的检验检疫证书作为凭证的进出口货物，报检人须向检验检疫机构报检，由检验检疫机构按照合同、信用证的要求实施检验检疫或鉴定，并签发检验检疫证书。

5. 对外贸易关系人申请的鉴定业务

进出口商品鉴定业务原来称对外贸易公证鉴定业务。依据《商检法》及其实施条例，对外贸易关系人②，根据合同或自身的需要，申请或委托检验检疫机构办理进出口商品鉴定业务，签发鉴定证书。出入境检验检疫机构受理鉴定业务的范围主要有：

（1）进出口商品的品质、规格、包装、数量、重量等鉴定和货载衡量；

（2）进出口商品的监视装载和监视卸载；

（3）进出口商品积载鉴定、残损鉴定、载损鉴定和海损鉴定；

（4）装载出口商品的船舶、车辆、飞机、集装箱等运输工具的适载鉴定；

（5）装载进出口商品的船舶封舱、舱口检视、空距测量；

---

① IPPC 标识：表示木质包装已经除害处理。
② 对外贸易关系人：对外贸易、运输、保险合同有关各方、外商投资企业有关各方当事人的统称。

（6）集装箱及集装箱货物鉴定；

（7）与进出口商品有关的外商投资财产的价值、品种、质量、数量和损失鉴定；

（8）抽取并签封各类样品；

（9）签发价值证书及其他鉴定证书；

（10）其他进出口商品鉴定业务。

6．一般原产地证和普惠制产地证的签证业务①

5.1.3　进出口商品检验检疫报检要求

1．报检原则

（1）一批货物（包括货物、入境集装箱、植物性包装材料检疫等），报检人应填写《入境货物报检单》或《出境货物报检单》，实行一单报检。

（2）出境集装箱适载检验和出境货物运输包装检验鉴定，申报人应分别填写《出境货物报检单》、《出境货物运输包装检验申请单》，与货物分单报检。

2．报检人要求

（1）报检人员报检前，应认真审核预录入报检单，其申报内容必须与报检随附单证一致，并在"报检人声明"栏签名。报检员对申报内容的真实性、准确性负责。

（2）报检人对所需检验检疫证书的内容如有特殊要求的，应预先在报检单上申明。

（3）报检人申请报检应按规定预缴检验检疫费。

（4）报检人应预先约定抽样检验检疫、鉴定的时间，并提供进行抽样和检验检疫鉴定等必要的工作条件。

（5）报检人如因特殊原因需撤销报检时，经书面申明原因后，可办理撤销手续。

3．报检方式

报检方式分电子报检②和书面报检③。一般情况下，报检当事人应采用电子报检方式向检验检疫机构报检，并且确保电子报检信息真实、准确、与纸质报检单及随附单据内容保持一致。

---

① 详见本书第 11 章的内容。

② 电子报检：报检当事人使用电子报检软件，通过检验检疫电子业务服务平台，将报检数据以电子方式传输给检验检疫机构，主要通过"企业电子软件"或"网上申报系统"（浏览器方式）两种方式来实现电子报检。详见本书 5.5 的内容。

③ 书面报检：报检当事人按照检验检疫机构的规定，填制纸质出/入境货物报检单，备齐随附单证，向检验检疫机构当面递交的报检方式。

5.1.4 入出货物检验检疫报检分类

1. 入境货物

入境货物报检分为以下三种：

（1）进境一般报检。

进境一般报检是指法定检验检疫入境货物的货主或其代理人，持有关单证向卸货口岸检验检疫机构申请取得《入境货物通关单》，并对货物进行检验检疫的报检。对进境一般报检业务而言，签发《入境货物通关单》和对货物的检验检疫都由口岸检验检疫机构完成，货主或其代理人在办理完通关手续后，应主动与检验检疫机构联系落实施检工作。

（2）进境流向报检。

进境流向报检，亦称口岸清关转异地，进行检验检疫的报检，指法定入境检验检疫货物的收货人或其代理人持有关证单在卸货口岸向口岸检验检疫机构报检，获取《入境货物通关单》并通关后由进境口岸检验检疫机构进行必要的检疫处理，货物调往目的地后再由目的地检验检疫机构进行检验检疫监管。申请进境流向报检货物的通关地与目的地属于不同辖区。

（3）异地施检报检。

异地施检报检是指已在口岸完成进境流向报检，货物到达目的地后，该批进境货物的货主或其代理在规定的时间内，向目的地检验检疫机构申请进行检验检疫的报检。因进境流向报检只在口岸对装运货物的运输工具和外包装进行了必要的检疫处理，并未对整批货物进行检验检疫，只有当检验检疫机构对货物实施了具体的检验、检疫，确认其符合有关检验检疫要求及合同、信用证的规定，货主才能获得相应的准许进口货物销售使用的合法凭证，完成进境货物的检验检疫工作。异地施检报检时，应提供口岸局签发的《入境货物调离通知单》。

2. 出境货物

出境货物报检分为以下三种：

（1）出境一般报检。

出境一般报检是指法定检验检疫出境货物的货主或其代理人，持有关产地检验检疫机构申请检验检疫以取得出境放行证明及其他证单的报检。对于出境一般报检的货物，检验检疫合格后，在当地海关报关的，由报关地检验检疫机构签发《出境货物通关单》，货主或其代理人持《出境货物通关单》向当地海关报关；在异地海关报关的，由产地检验检疫机构签发《出境货物通关单》或"换证凭条"，货主或其代理人持《出境货物通关单》或"换证凭条"向报关地的检验检疫机构申请换发《出境货物通关单》。

（2）出境换证报检。

出境换证报检是指经产地检验检疫机构检验检疫合格的法定检验检疫出境货物的货主

或其代理人,持产地检验检疫机构签发的《出境货物换证凭单》或"换证凭条"向报关地检验检疫机构申请换发《出境货物通关单》的报检。对于出境换证报检的货物,报关地检验检疫机构按照国家质检总局规定的抽查比例进行查验。

（3）出境预检报检。

出境货物预检报检是指货主或者其代理人持有关单证向产地检验检疫机构申请暂时还不能出口的货物预先实施检验检疫的报检。预报检货物经检验检疫合格的,检验检疫机构签发《出境货物换证凭单》;正式出口时,货主或其代理人可在检验检疫有效期内持此单向检验检疫机构申请办理放行手续。申请预检的货物须是经常出口的、非易腐烂变质、非易燃易爆的商品。

申请预报检的货物,一般应具备下述某种情况:

（1）对外尚未签订贸易合同的,报检当事人需预先进行报检,以解决货物的品质情况;

（2）对外已签订贸易合同,但尚未出具信用证或尚未确定"装运期限";

（3）由内地发运至口岸需分批或并批出口的货物,应在产地办理预检,货物到达口岸后办理查验换证;

（4）货物已生产完毕,但尚未确定具体发运数量及装运日期,为便于报检当事人及时办理放行手续,可申请预先检验,待确定具体发运数量及日期后,及时办理查验放行手续;

（5）实行质量许可证、食品卫生厂(库)注册的货物。

5.1.5　入出境货物检验检疫报检时限

1. 入境货物

入境货物由于货物种类、性质、索赔有效期和品质保证期的不同,通常按下述时限报检:

（1）入境货物需对外索赔出证的,一般以到货后不少于索赔有效期满前 20 天报检。

（2）输入动植物、动植物产品和其他检疫物的,应当在检疫物进境前或者进境时报检。

（3）输入微生物、人体组织、生物制品、血液及其制品或种畜、禽及其精液、胚胎、受精卵的,应当在入境前 30 天报检。

（4）输入其他动物的应当在进境前 15 天报检。

（5）输入植物种子、种苗及其他繁殖材料的,应当在进境前 7 天报检。

（6）动植物性包装物、铺垫材料进境时应当及时报检。

（7）运输动植物、动植物产品和其他检疫物过境的应当在进境时报检。

根据《商检法实施条例》规定,法定检验的进口商品的收货人应向海关报关地的出入境检验检疫机构报检;海关放行后 20 日内,收货人应当向出入境检验检疫机构申请检验。进口实行验证管理的商品,收货人应当向海关报关地的出入境检验检疫机构申请验证。

　　2. **出境货物**

　　(1) 出境货物最迟应于报关或装运前 7 天报检,对于个别检验检疫周期较长的货物,应留有相应的检验检疫时间;

　　(2) 需隔离检疫的出境动物在出境前 60 天预报,隔离前 7 天报检。

5.1.6　入出境货物检验检疫报检地点

　　1. **入境货物**

　　除按下列地点办理入境货物报检外,国家质检总局可以根据便利对外贸易和进出口商品检验工作的需要,指定在其他地点检验。

　　(1) 审批、许可证等有关政府批文中规定检验检疫地点的,在规定的地点报检;

　　(2) 大宗散装商品、易腐烂变质商品、废旧物品及在卸货时发现包装破损、重数量短缺的商品,必须在卸货口岸检验检疫机构报检;

　　(3) 须结合安装调试进行检验的成套设备、机电仪产品以及在入境口岸开件后难以恢复包装的商品,应在收货人所在地检验检疫机构报检,并进行检验;

　　(4) 其他入境货物,应在入境前或入境时向报关地检验检疫机构办理报检手续;

　　(5) 入境的运输工具及人员应在入境前或入境时向入境口岸检验检疫机构申报。

　　2. **出境货物**

　　除活动物需由口岸检验检疫机构实施检验检疫外,法定检验检疫货物原则上实施“产地检验检疫＋出境口岸查验或换证”管理模式。

　　(1) 出境货物应在货物所在地办理检验检疫报检。对有内地运往口岸分批、并批的货物,应在产地办理预检。经检验检疫合格后,方可运往口岸办理出境货物的查验换证手续。

　　(2) 对由内地运往口岸后,由于改变国别或地区有不同检疫要求的、超过检验检疫有效期的、批次混乱货物不符的或经口岸查验不合格的,须在口岸重新报检。

5.2　进出口商品检验检疫报检时需提供的材料

5.2.1　入/出境货物报检单

　　入出境货物报检单是国家商检部门根据检验检疫、鉴定工作的需要,为保证检验检疫工作规范化和程序化而制定的,同时也是检验检疫机构对出入境货物实施检验检疫启动工作程序的依据。

入出境货物报检单分为《入境货物报检单》①和《出境货物报检单》②两种格式。报检单的填制质量是衡量一个合格报检员的重要准则,也是全国统一报检员资格考试的必考内容之一。《入/出境货物报检单》所列各项内必须填写完整、准确、清晰,不得涂改。具体填制要求如下所述。

1.《入/出境货物报检单》填制的基本要求

(1)编号:由检验检疫机构报检受理人员填写,前6位为检验检疫机关代码,第7位为报检类代码,第8、9位为年代码,第10至15位为流水号。实行电子化报检后,该编号可在受理电子化报检的回执中自动生成,实行全国唯一号码。

(2)报检单位:按有效工商营业执照核准的单位全称填写,加盖报检单位印章。

(3)报检单位登记号:报检单位在检验检疫机构备案或注册登记的代码,实行全国唯一号码。

(4)联系人:填写报检人员姓名。电话:填写报检人员的联系电话。

(5)报检日期:检验检疫机构实际受理报检的日期,由检验检疫机构受理人员填写。

(6)发货人③:根据不同情况填写。进口报检的,填写外贸合同中的发货人;出口报检的,应填写外贸合同中的卖方或信用证受益人;出口预报检的,可填写生产单位。

(7)收货人④:按外贸合同、信用证上所列收货人名称填写。应中英文对照填写。

(8)货物名称(中/外文):进出口货物的品名,应与进出口外贸合同、信用证书上所列名称及规格一致(如进口废旧货物则应注明)。

(9)HS编码:《商品名称及编码协调制度》(HS)。使用海关编制的《商品名称及编码协调制度》代码,以当年海关公布的商品税则编码分类为准。一般为8位数或10位数编码。

(10)货物总值:填写本批货物的总值及币种,应与合同、发票或报关单上所列的货物总值一致。

(11)包装种类及数量:填写本批货物(实际)运输包装的种类和数量。其中包装种类使用国家质检总局编制的包装容器名称代码,代码由代表包装种类、材料和类型的数字与字母混合编码组成;由运输工具直接载运的散货、挂件、裸装货物等视为无包装。申报检验检疫数量单位使用海关计量单位代码。

(12)运输工具名称号码:填写本批货物的运输工具的名称和号码。其中运输工具种类指载运检验检疫货物的交通工具种类,不含集装箱等无自动力的运输设备,使用国家质检总

---

① 见本章附件。
② 见本章思考题15。
③ 发货人:出境指在检验检疫机构已办理登记备案的境内发货单位或自然人;入境指境外发货单位或自然人。
④ 收货人:出境指境外收货单位或自然人;入境指在检验检疫机构已办理登记备案的境内收货单位或自然人。

局编制的运输工具种类代码;运输工具名称指运输工具的冠名或标牌名称,中籍运输工具使用中文名称,外籍运输工具使用英文名称;运输工具编码指运输工具的航班、班次、车次或(车)牌号。

(13)贸易方式:根据实际情况填写本批货物进/出口贸易方式。贸易方式使用海关的贸易方式分类代码。

(14)集装箱规格、数量及号码:货物若以集装箱运输应填写集装箱的规格、数量及号码。其中集装箱规格使用国家质检总局编制的集装箱规格代码。

(15)合同订立的特殊条款以及其他要求:填写在合同中特别订立的有关质量、卫生等条款或报检单位对本批货物检验检疫的特别要求。

(16)用途:本批货物的用途。根据实际填选种用或繁殖、食用、奶用、观赏或演艺、伴侣动物、试验、药用、饲用、其他。

(17)随附单据:按实际向检验检疫机构提供的单据,在对应的"□"上打"√"或补填。

(18)标记及号码:填写货物的标记号码,应与合同、发票等有关外贸单据保持一致。若没有标记号码则填"N/M"。

(19)签名:由持有报检员证的报检人员亲笔签名。

(20)检验检疫费:由检验检疫机构计费人员核定费用后填写。

(21)领取证单:报检人在领取检验检疫机构出具的有关检验检疫证单时填写领证日期及领证人姓名。

2.《入境货物报检单》填制的专项要求

(1)原产国(地区):填写本批货物生产/加工国家或地区。

(2)数量/重量:填写本批货物的数/重量,应与合同、发票或报关单上所列的货物数/重量一致,并应注明数/重量单位。

(3)合同号:填写对外贸易合同、订单或形式发票的号码。

(4)贸易国别(地区):填写本批进口货物的贸易国别(地区)。

(5)提单/运单号:货物海运提单号或空运单号,有两程提单的应同时填写。

(6)到货日期:填写本批货物到达口岸的日期。

(7)启运国家(地区):填写装运本批货物的交通工具的启运国家或地区。

(8)许可证/审批号:需办理进境许可证或审批的货物应填写有关许可证号或审批号。

(9)卸毕日期:填写货物在口岸卸毕的实际日期。日期的格式为"××××年××月××日"。

(10)启运口岸:填写装运本批货物的交通工具的启运口岸。

(11)入境口岸:填写装运本批货物的交通工具进境时首次停靠的口岸。

(12)索赔有效期至:按外贸合同规定的日期填写,特别要注明截止日期。

(13)经停口岸:填写本批货物启运后,到达目的地前中途停靠的口岸名称。

（14）目的地：填写本批货物预定最后到达的交货地。

（15）货物存放地点：填写本批货物存放的地点。

（16）外商投资财产：由检验检疫机构报检受理人员填写。

3.《出境货物报检单》填制的专项要求

（1）产地：指货物的生产（加工）地，填写省、市、县名。

（2）数/重量：按实际申请检验检疫数/重量填写。重量还应填写毛/净重及皮重。

（3）合同号：填写根据对外贸易合同、订单或形式发票的号码。

（4）信用证号：填写本批货物对应的信用证编号。

（5）货物存放地点：填写本批货物存放的具体地点、厂库。

（6）输往国家和地区：指外贸合同中买方（进口方）所在国家和地区，或合同注明的最终输往国家和地区。

（7）许可证/审批号：对已实施许可证或审批制度管理的货物，报检时应填写质量许可证编号或审批单编号。

（8）生产单位注册号：指生产、加工本批货物的单位在检验检疫机构注册登记编号，如卫生注册证书号、质量许可证号或加工厂库注册号码等。

（9）启运地：填写装运本批货物离境的交通工具的启运口岸/城市地区名称。

（10）到达口岸：指本批货物最终抵达目的地停靠口岸名称。

5.2.2　进出口商品报检时须提供的其他材料

办理入出境货物报检时，报检人除填写《入境货物报检单》或《出境货物报检单》外，还应提供进出口商品相应的其他材料原件，或提供复印件的同时出示原件供检验检疫机构核对。以下仅对进出口商品必须提供的部分重要材料进行了归类，对相关商品具体要求将会在以后各章中作详细介绍。

1. 入境货物报检时应提供的材料

（1）外贸合同、发票、提（运）单装箱单等有关单证。

（2）凡进口实施安全质量许可、卫生注册、强制性产品认证、民用商品验证或其他需经审批审核的货物，应提供有关审批文件。

（3）报检品质检验的，应提供国外品质证书或质量保证书、产品使用说明书及有关标准和技术资料；凭样成交的，需加附成交样品；以品级或公量计价结算的，应同时申请重量鉴定。

（4）报检国家允许进口可用作原料的固体废物，应提供国家质检总局或检验检疫机构签发的国外供货商注册登记书和国内收货人备案登记证书、国家环保总局签发的《进口废物批准证书》、废物利用风险报告和经国家质检总局认可的检验机构签发的装运前检验证书等。

（5）进口旧机电产品的，应提供检验检疫机构或者经国家质检总局的备案证书及其指定的检验机构出具的装运前检验证书。

(6) 申请残损鉴定的,应提供理货残损单、铁路商务记录、空运事故记录或海事报告等证明货损情况的有关证单。

(7) 申请重(数)量鉴定的,应提供重量明细单、理货清单等。

(8) 进口商品木质包装应按国际标准在输出国家或地区进行检疫除害处理,并加施IPPC专用标识。

(9) 进口动植物及其产品的,需提供输出国家或地区官方的检疫证书和国家质检总局审批的《动植物检疫许可证》。

(10) 进口食品或化妆品的,应按规定提供标签样张(附中文说明)。

(11) 因科研等特殊需要进口禁止入境物的,必须提供国家质检总局签发的特许审批证明。

(12) 进口特殊物品的,应提供有关的批件或规定的文件。

(13) 申请残损鉴定的还应提供理货残损单、铁路商务记录、空运事故记录或海事报告等证明货损情况的有关证单。

属进口加工贸易方式的,应提供《海关加工贸易备案手册》。

2. 出境货物报检需提供的材料

(1) 对外贸易合同、销售确认书或订单、信用证、发票及装箱单、厂检报告或合格证。

(2) 使用木质包装的应按规定的检疫处理方法进行处理,并加施专用标识。

(3) 出口中成药、经济和药用野生动植物及其产品等须出具有关主管部门核发的出口批准证书或许可证等。

(4) 产地与报关地不一致的出境货物,在向报关地检验检疫机构申请《出境货物通关单》时,应提交产地检验检疫机构签发的《出境货物换证凭单》正本。

(5) 凭样品成交的,需提供样品。

(6) 出口危险货物时,需提供《出境货物运输包装性能检验结果单》和《出境危险货物运输包装使用鉴定结果单》(正本)。

(7) 法定检验检疫的出境货物,外包装如:纸箱、木箱、麻袋、集装箱、塑编袋等报检时应提供"出境货物运输包装容器性能检验结果单"正本。

(8) 实施卫生注册及质量许可证管理的货物,应提供检验检疫机构签发的卫生注册/质量许可证副本、厂检结果单、检验检疫机构签发的《出境货物运输包装性能检验结果单》正本。

(9) 出境特殊物品的,根据法律法规规定提供有关审批文件。

(10) 出口实行验证的商品,发货人应当向出入境检验检疫机构申请验证。

(11) 对装运出口的易腐烂变质食品、冷冻品的集装箱、船舱、飞机、车辆等运载工具,应提供检验检疫机构签发的有关运输工具清洁、卫生、冷藏、密固检验合格的适载检验证书。

(12) 出口纺织品,对出口到设限国家(不包括美国)使用中性包装的配额纺织品,需提供《纺织品出口许可证》原件;对出口到非设限国家使用中性包装的、受设限国家配额数量限制的,需提供有关出口企业所签合同或加工单据上已注明"该货物不转口到与中国签订双边纺织品贸易协议国家"字样的文件。

3. 以进出口化妆品报检要求为范例

(1) 进口化妆品的报检要求。

首次进口的化妆品应当提供以下文件,同时交验正本:

① 符合国家相关规定要求,正常使用不会对人体健康产生危害的声明;

② 产品配方;

③ 国家实施卫生许可或者备案的化妆品,应当提交国家相关主管部门批准的进口化妆品卫生许可批件或者备案凭证;

④ 国家没有实施卫生许可或者备案的化妆品,应当提供下列材料:

具有相关资质的机构出具的可能存在安全性风险物质的有关安全性评估资料;

在生产国家(地区)允许生产、销售的证明文件或者原产地证明;

⑤ 销售包装化妆品成品除前四项外,还应当提交中文标签样张和外文标签及翻译件;

⑥ 非销售包装的化妆品成品还应当提供包括产品的名称、数/重量、规格、产地、生产批号和限期使用日期(生产日期和保质期)、加施包装的目的地名称、加施包装的工厂名称、地址、联系方式;

⑦ 国家质检总局要求的其他文件。

(2) 出口化妆品的报检要求。

首次出口的化妆品应当提供以下文件,同时交验正本:

① 出口化妆品企业营业执照、卫生许可证、生产许可证、生产企业备案材料及法律、行政法规要求的其他证明;

② 自我声明。声明化妆品符合进口国家(地区)相关法规和标准的要求,正常使用不会对人体健康产生危害等内容;

③ 产品配方;

④ 销售包装化妆品成品应当提交外文标签样张和中文翻译件;

⑤ 特殊用途销售包装化妆品成品应当提供相应的卫生许可批件或者具有相关资质的机构出具的是否存在安全性风险物质的有关安全性评估资料。

5.3　进出口商品检验检疫报检相关的重要环节

更改、撤销、重新报检和复议是与进出口商品检验检疫报检息息相关的重要环节。

5.3.1　更改

1. 更改一般要求

（1）已报检的出入境货物，检验检疫机构尚未实施检验检疫或已实施检验检疫但尚未出具体证单的，由于某种原因报检人需要更改报检信息的，可以向受理报检的检验检疫机构申请，经审核后按规定进行更改。

（2）检验检疫机构尚未实施检验检疫，品名更改后与原报检不是同一种商品的，不能更改。

（3）检验检疫机构已实施检验检疫但尚未出具证单，品名、数/重量、检验检疫要求、包装等重要项目更改后与原报检不一致的，或者更改后与输出、输入国家地区法律法规的规定不符的，均不能更改。

（4）超过有效期的检验检疫证单，不予更改、补充或重发。

2. 办理更改应提供的单据

（1）填写《更改申请书》，说明更改的理由和更改的事项；

（2）提供有关函电等证明文件，并提交原证单（含副本）①；

（3）变更合同或信用证的，需提供新的合同或信用证。

5.3.2　撤销

1. 撤销的一般要求

（1）报检人向检验检疫机构报检后，因故需撤销报检的，可提出申请，并书面说明理由，经检验检疫机构批准后，按规定办理撤销手续。

（2）报检后 30 天内未联系检验检疫事宜的，作自动撤销报检处理。

2. 撤销应提供的单据

（1）填写《更改申请书》，说明撤销的理由；

（2）提供有关证明材料。

5.3.3　重新报检

1. 重新报检范围

报检人在向检验检疫机构办理报检手续并领取检验检疫证单后，有下列情况之一的应

---

① 如果申请人确有特殊情况不能交还的，应书面说明理由，经法定代表签字、加盖公章，在指定的报纸上申明作废，并经检验检疫机构审批后，方可重新签发。

重新报检:

(1) 超过检验检疫有效期限或逾期报运出境的;

(2) 变更输入国或地区,并有不同检疫要求的;

(3) 改换包装或重新拼装的;

(4) 已撤销报检的;

(5) 其他不符合更改条件,需重新报检的。

2. 重新报检的要求

(1) 按规定填写《出境货物报检单》,交附有关函电等证明单据;

(2) 交还原签发的证书或证单,不能交还的应按有关规定办理;

(3) 按规定交纳检验检疫费。

5.3.4 复验

复验是确保进出口商品检验检疫工作质量的一项有效监督措施。

报检人对检验检疫机构的检验结果有异议的,可以向作出检验结果的检验检疫机构或者其上级检验检疫机构申请复验,也可以向国家质检总局申请复验。受理复验的检验检疫机构或者国家质检总局负责组织实施复验。

检验检疫机构或者国家质检总局对同一检验结果只进行一次复验。

报检人对检验检疫机构、国家质检总局作出的复验结论不服的,可以依法申请行政复议,也可以向人民法院提起行政诉讼。

有关复议的详细内容将在本书有关进出口商品检验监督管理章节中作介绍。

5.4 进出特殊监管区商品的检验检疫报检

经国务院批准设立的保税区、出口加工区、边境经济技术合作区、边境自由贸易区和边境特别管理区等享受特殊的优惠政策,区内检验检疫管理与通常的进出口商品检验检疫管理不尽相同。

5.4.1 保税区内出入境货物的报检

1. 定义

保税区(bonded area)又称保税仓库区,是经国务院批准,由海关所设置的或经海关批准注册并监管的特定综合性对外开发经济区域。保税区是受海关监督管理的特定地区和仓库,外国商品存入保税区内,可以暂时不缴纳进口关税;如再出口,不缴纳进口关税;如要运进所在国的国内市场,则需办理报关手续,缴纳进口关税。运入区内的商品可进行储存、改装、分类、混合、展览、加工和制造等。保税区主要发展出口贸易、转口贸易、加工贸易、仓储物流、高科技和技术先进工业,相应发展货物运输、商品展示和销售以及金融等业务。保税区内出入境货物及运输工具、集装箱的报检要求与一般的报检要求类似。

2. 报检范围

(1) 保税区内列入《目录》的进出境货物;

(2) 虽未列入《目录》,但国家有关法律法规明确由检验检疫机构负责检验检疫的进出境货物;

(3) 运输工具和集装箱;

(4) 应实施检验检疫的包装物及铺垫材料。

3. 报检程序

(1) 保税区内企业的备案注册。

保税区内从事进出口加工、国际贸易、国际物流以及进出口商品展示的企业办理报检手续前,应在检验检疫机构办理备案或注册登记手续;从事加工、储存出境食品的企业还应办理出口食品生产企业卫生注册登记手续。

(2) 进出保税区货物的报检。

保税区内企业之间进行销售、转移的货物及其包装物、铺垫材料、运输工具、集装箱(以下简称应检物),检验检疫机构免于实施检验检疫;进出保税区的法定检验检疫的物品,货主或其代理人须向检验检疫机构申报或报检,海关凭检验检疫机构出具的《入境货物通关单》或《出境货物通关单》验放。

4. 报检应提供的单据

(1) 保税区货物出境报检时,报检人应填写《出境货物报检单》,并提供:外贸合同、信用证、发票、厂检单等单据;申请重量鉴定的应提供磅码单;属商品检验和食品卫生检验范围内的应检货物,应提供《出境货物运输包装性能检验结果单》(正本);出境货物使用木质包装的,应在相关贸易单证(如提货单、装箱单等)上注明或单独声明木质包装IPPC标识加施情况;未使用木质包装的,应提供无木声明或在相关贸易单证上予以注明。

(2) 保税区内货物入境报检时,报检人应填写《入境货物报检单》并提供:外贸合同、发票、提(运)单等有关证单;使用木质包装的,应在相关贸易单证(如提货单、装箱单等)上注明或单独声明木质包装 IPPC 标识加施情况;未使用木质包装的,应提供无木声明或在相关贸易单证上予以注明;按有关规定提交与包装有关的证书或声明;保税区内进出口货物为旧机电产品的应按旧机电产品备案手续办理相关证明。

5. 检验检疫

(1) 输入保税区的应检物的检验检疫。

从境外进入保税区的应检物,属于卫生和动植物检疫范围的,由检验检疫机构实施卫生检验和动植物检疫;应当实施卫生和动物检疫除害处理的,由检验检疫机构进行卫生除害处理;检验检疫机构对从境外进入保税区的可以用作原料的固体废物、旧机电产品、成套设备实施检验和监督,对外商投资财产按照有关规定进行价值鉴定,对未办理通关手续的货物不实施检验检疫;保税区内企业从境外进入保税区的仓储物流货物以及自用的办公用品,出口加工所需原材料、零部件,免于实施强制性产品认证;应检物从中华人民共和国境内非保税区(不含港澳台地区)进入保税区时,不需要办理海关通关手续的,检验检疫机构不实施检验检疫;需要办理海关通关手续的,检验检疫机构按规定实施检验检疫。

(2) 输出保税区的应检物的检验检疫。

从保税区输往境外的应检物,检验检疫机构依法实施检验检疫;入境时已经实施检验的保税区内的货物输往非保税区的,以及从非保税区进入保税区的货物又输往保税区的,不实施检验检疫;从保税区输往非保税区的应检物,除法律法规另有规定的,不实施检疫;属于实施食品卫生监督检验和商品检验范围的,检验检疫机构实施检验;对于集中入境分批出区的货物,可以分批报检,分批检验;符合条件的,可以于入境时集中报检,集中检验,经检验合格的出区时分批核销;从保税区输往非保税区的应检物,列入强制性产品认证目录的,应当提供相应的认证证书,其产品上应当加贴强制性产品认证标志;预包装食品和化妆品,应当向检验检疫机构申请办理标签审核手续;从非保税区进入保税区后不经加工直接出境的,保税区检验检疫机构凭产地检验检疫机构签发的《出境货物换证凭单》或"换证凭条"换证放行,不再实施检验检疫;如需要重新报检的,应按规定重新报检。

保税区内企业加工出境产品,符合有关规定的,可以向检验检疫机构申请签发普惠制原产地证书或者一般原产地证书、区域性优惠原产地证书、专用原产地证书等。

(3) 经保税区转口的应检物的检验检疫。

经保税区转口的动植物、动植物产品和其他检疫物,入境报检时应当提供输出国家或地区政府部门出具的官方检疫证书;转口动物应同时提供国家质检总局签发的《动物过境许可证》和输入国家或地区政府部门签发的允许进境的证明;转口转基因产品应同时提供国家质检总局签发的《转基因产品过境转移许可证》;经保税区转口的应检物,在保税区短暂仓储,原包装转口出境并且包装密封状况良好,无破损、撒漏的,入境时仅实施外包装检疫,必要时进行防疫消毒处理;如果由于包装不良以及在保税区内经分级、挑选、刷贴标签、改换包装形式等简单加工的原因,转口出境的,检验检疫机构实施卫生检疫、动植物检疫以及食品卫生检疫;经保税区转口的应检物出境时,除法律法规另有规定和输入国家或地区政府要求入境时出具我国检验检疫机构签发的检疫证书或检疫处理证书的以外,一般不再实施检疫和检疫处理。

5.4.2　出口加工区

1. 定义

出口加工区(export processing zone)是一个国家或地区在其港口、国际机场等地方,划出一定的范围,新建和扩建码头、车站、道路、仓库和厂房等基础设施以及提供免税等优惠待遇,鼓励外国企业在区内投资设厂,生产以出口为主的制成品的加工区域。

2．报检范围

(1) 出口加工区列入《目录》的进出口货物;

(2) 虽未列入《目录》,但国家有关法律法规明确由检验检疫机构负责检验检疫的进出口货物;

(3) 运输工具和集装箱;

(4) 应实施检验检疫的包装物及铺垫材料。

3．报检程序

(1) 出口加工区内企业的备案注册。

出口加工区内的企业办理报检手续前,应向检验检疫机构办理备案或注册登记手续。

(2) 进出口加工区货物的报检。

货主或其代理人需向检验检疫机构申报或报检,海关凭出入境检验检疫机构出具的《入境货物通关单》或《出境货物通关单》验放。

4．报检应提供的单据

(1) 加工区内货物出境报检时,应填写《出境货物报检单》,并提供:外贸合同、信用证、发票、厂检单等单据;申请重量鉴定的应提供磅码单;属商品检验和食品卫生检验范围内的应检货物,应提供《出境货物运输包装性能检验结果单》(正本);出境货物使用木质包装的,应在相关贸易单证(如提货单、装箱单等)上注明或单独声明木质包装IPPC标识加施情况;未使用木质包装的,应提供无木质包装声明或在相关贸易单证上予以注明。

(2) 加工区内货物入境报检时,报检人应填写《入境货物报检单》并提供:外贸合同、发票、提(运)单等有关证单;属强制性产品认证目录内的产品,需按照规定提供强制性产品认证证书或相关的免办证明;使用木质包装的,应在相关贸易单证(如提货单、装箱单等)上注明或单独声明木质包装 IPPC 标识加施情况;未使用木质包装的,应提供无木质包装声明或在相关贸易单证上予以注明;加工区内进出口货物为旧机电产品的应按旧机电产品备案手续办理相关证明。

5．检验检疫

(1) 加工区内的企业为加工出口产品所需的货物以及其在加工区内自用的办公和生活消费用品,免于实施品质检验。但以废物作为原料的,按有关规定实施环保项目检验。

(2) 法定检验检疫货物、集装箱以及运输工具,应当接受卫生检疫;来自检疫传染病疫区的、如若被检疫传染病的以及可能传播检疫传染病或者发现与人类健康有关的啮齿类动物和病媒昆虫的集装箱、货物、废旧物品等以及运输工具应实施卫生处理。

(3) 动植物及其产品和其他检疫物,转载动植物、动植物产品和其他检疫物的转载容器、集装箱、包装物、铺垫材料,以及来自动植物疫区的运输工具,应实施动植物检疫及检疫监督处理。

(4)加工区内的中外合资、合作企业及各种对外补偿贸易方式中,境外(包括港、台地区)投资者以实物作价投资的或企业委托境外投资者用投资资金从境外购买的财产,应向检验检疫机构申报实施财产价值鉴定。

(5)从加工区出境的属商品检验和食品卫生检验范围的货物,有下列情况之一的,应实施品质检验或食品卫生检验:表明中国制造的;使用中国注册商标的;申领中国原产地证明书的;需检验检疫机构出具品质证书的。

(6)装运出境易腐烂变质食品、冷冻品的集装箱应实施适载检验。

(7)区外①运入加工区的任何货物,检验检疫机构不予检验检疫。加工区运往区外的法定检验检疫的货物,视同进口,按如下要求办理报检手续:属商品检验范围的,需实施品质检验;属食品卫生检验范围的,需实施食品卫生检验;属《中华人民共和国实施强制性产品认证的产品目录》内的,需按照规定办理强制性产品认证证书或相关的免办证明;属动植物检疫范围的,不再实施动植物检疫;属卫生检疫范围的,不再实施卫生检疫;从加工区运往区外的废料和旧机电产品,检验检疫机构按有关规定实施环保项目检验。

(8)要实施卫生注册登记和出口质量许可制度管理的企业,应按规定申请办理有关手续。从事食品、动植物产品的加工、存放场所应当符合食品卫生和动植物检疫的有关规定。

5.4.3 边境贸易

边境经济技术合作区、边境自由贸易区和边境特别管理区等区域有一定的特殊性,其检验检疫管理有一定特点。

1. 报检范围

边境贸易管理区内的边境贸易进出口货物及其包装材料、运输工具和集装箱均应实施检验检疫。

2. 报检程序

边境小额贸易中货物的报检手续与一般贸易进出口货物的报检手续基本相同。由于边民互市贸易的形式比较灵活、批量小、批次多,一般没有正规的贸易合同和单据,因此报检手续较为简化。

3. 报检应提供的单据

(1)报检时,应填写适用于边贸的《出境货物报检单》或《入境货物报检单》并提供有关

---

① 区外:加工区以外的中华人民共和国境内其他地区。

证单；

（2）属于实行检疫许可证制度或卫生注册登记制度管理的货物报检时，应提供检疫许可证明或卫生注册登记证明；

（3）按有关规定提交与包装有关的证书或声明；

（4）入境展览物为旧机电产品的应按旧机电产品备案手续办理相关证明。

5.4.4 自由贸易区[①]

1. 概述

自由贸易试验区（Free Trade Zone，简称FTZ）是指在贸易和投资等方面比世界贸易组织有关规定更加优惠的贸易安排，在主权国家或地区的关境以外，划出特定的区域，准许外国商品豁免关税自由进出。自由贸易试验区实质上是采取自由港政策的关税隔离区。自由贸易试验区狭义上仅指提供区内加工出口所需原料等货物的进口豁免关税的地区，类似出口加工区；广义来说还包括自由港和转口贸易区。

2013年9月至2017年3月，国务院先后批复成立中国（上海）自由贸易试验区；中国（广东）自由贸易试验区、中国（天津）自由贸易试验区、中国（福建）自由贸易试验区；中国（辽宁）自由贸易试验区、中国（浙江）自由贸易试验区、中国（河南）自由贸易试验区、中国（湖北）自由贸易试验区、中国（重庆）自由贸易试验区、中国（四川）自由贸易试验区、中国（陕西）自由贸易试验区。至此，中国形成"1＋3＋7"共计11个自贸区的格局。

2. 检验检疫政策支持

2013年9月27日，国家质检总局发布《关于支持中国（上海）自由贸易试验区建设的意见》[②]提出了"进境检疫，适当放宽进出口检疫；方便进出，严密防范质量安全风险"的总体监管原则以及"制度创新""监管模式创新""提升贸易便利化水平"等10个方面的指导意见，为试验区检验检疫工作的制度创新提供了政策支持。

5.5 进出口商品检验检疫的电子化报检

电子化报检是电子申报的一个重要组成部分。

---

① 根据国际海关理事会1973年签订的《京都公约》中提出的概念："自由贸易区"（Free Trade Zone 或 Free Trade Area），是指一国部分领土，在这部分领土内运入的任何货物就进口关税及其他各税而言，被认为在关境之外，并免于实施惯常的海关监管制度，在这个区域可进行存储和贸易，也可进行制造、加工和装配业务活动，货物进入自由贸易区可不缴纳关税或受配额的限制，并可无限期储存。

② 《质检总局关于支持中国（上海）自由贸易试验区建设的意见》（国质检通〔2013〕503号）。

5.5.1　定义

(1) 电子申报是指企业与检验检疫机构间的网络运行机制,即通过网络,企业足不出户就可以进行申报。电子申报包括电子化报检和原产地证书电子签证两大部分。目前检验检疫部门已开展电子申报的业务有:出入境货物申报、产地证申报、检疫许可证申报、旧机电产品备案申报和金伯利证书[①]申报等。

(2) 电子化报检是指企业通过网络实行远程办理出入境检验检疫报检的行为,即企业与检验检疫机构电子业务平台联网后,通过电子化报检企业端软件,以电子方式将出入境货物的报检数据发送给检验检疫机构,检验检疫机构的电子预审系统对接收的报检电子数据进行自动审核并将审核回执发送给企业端,审核结果正确的,由企业端打印出书面报检单,到检验检疫机构报检窗口正式办理报检手续。

5.5.2　电子化报检申请

检验检疫机构在收到需开通电子化报检业务的单位申请后,及时地对其具备的条件和提交的相关资料进行审查。经审查合格的单位及其报检员可以开展电子化报检业务。

1. 申请电子化报检的报检单位应具备的条件

(1) 遵守报检的有关管理规定;

(2) 已在检验检疫机构办理报检人登记备案或注册登记手续;

(3) 具有经检验检疫机构培训考核合格的报检员;

(4) 具备开展电子化报检的软硬件条件;

(5) 在国家质检总局指定的机构办理电子业务开户手续。

2. 申请电子化报检应提供的资料

(1) 在检验检疫机构取得的报检人登记备案或注册登记证明复印件;

(2)《电子化报检登记申请表》;

(3)《电子业务开户登记表》。

3. 电子软件

开展电子化报检业务应使用经国家质检总局评测合格并认可的电子化报检软件,不得使用未经国家质检总局测试认可的软件进行电子化报检。安装企业端软件的电子化报检分为专门平台或浏览器两种方式,企业可根据具体情况自愿选择。

---

① 金伯利证书:属检验检疫部门签发的一种优惠原产地证书。

5.5.3　电子化报检员的义务与管理

1. 电子化报检员的义务

（1）确保电子化报检信息真实、准确，不得发送无效报检信息；

（2）报检信息应与提供的报检单及随附单据有关内容保持一致；

（3）需在规定的报检时限内将入出境货物的报检数据发送至报检地检验检疫机构；

（4）对于合同或信用证中涉及检验检疫特殊条款和特殊要求的，应在电子化报检时同时提出；

（5）电子化报检员的名称、法定代表人、经营范围、经营地址等变更时，应及时向当地检验检疫机构办理变更登记手续。

2. 电子化报检员的监督管理

有下列情况之一的，检验检疫机构可暂停或取消报检人电子化报检资格：

（1）逾期未参加年度审核的；

（2）有违反检验检疫有关规定行为的；

（3）被撤销、解散的。

5.5.4　实施电子化报检后的工作流程

1. 报检环节

（1）对报检数据的审核采取"先机审，后人审"的程序进行。企业发送电子化报检数据，电子审单中已按计算机系统数据规范和有关要求对数据进行自动审核，对不符合要求的，反馈错误信息；符合要求的，将报检信息传输给受理报检人员，受理报检人员人工进行再次审核，符合规定的将成功受理报检信息同时反馈报检单位和施检部门，并提示报检企业与相应的施检部门联系检验检疫事宜。

（2）出境货物受理电子化报检后，报检人应按接受到的报检信息要求，在检验检疫机构施检时，提交报检单，并附单据。

（3）入境货物受理电子化报检后，报检人应按接受到的报检信息要求，在领取《入境货物通关单》时，提交报检单，并附单据。

（4）电子化报检人对已发送的报检申请需更改或撤销报检时，应发送更改或撤销报检申请，检验检疫机构按有关规定办理。

2. 施检环节

报检企业接到报检成功信息后，按信息中的提示与施检部门联系检验检疫。在现场检验检疫时,将报检软件打印的报检单和全套单据交施检人员审核,不符合要求的,施检人员通知报检企业立即更改,并将不符合情况反馈受理报检部门。

3. 计收费

计费由电子审单系统自动完成,接到施检部门转来的全套单据后,对照单据进行计费复核。报检单位应逐票或按月缴纳检验检疫等有关费用。

4. 签证放行

签证部门按规定办理。

5.5.5 电子申报企业的开户要求

申请使用"网上申报系统"的企业应仔细阅读《出入境检验检疫电子化报检管理办法》、《信城通用户注册管理办法》、《信城通用户服务条款》、《企业数字证书申请责任书》和《个人数字证书申请责任书》等,了解并接受所规定的内容。

企业可以向各地信城通、当地检验检疫机构或国家质检总局评测合格的企业端软件商索取上述表格及条款,也可以登录信城通网站(www.itownet.cn)或国家质检总局网站(www.aqsiq.gov.cn)下载。

5.5.6 电子转单

1. 出境电子转单

(1)产地检验检疫机构检验检疫合格后,应及时通过网络将相关信息传输到电子转单中心。出境货物电子转单传输的内容包括报检信息、签证信息及其他相关信息。

(2)由产地检验检疫机构向出境检验检疫关系人以书面方式提供报检单号、转单号及密码等。

(3)出境检验检疫关系人凭报检单号、转单号及密码等到出境口岸检验检疫机构申请《出境货物通关单》。

(4)出境口岸检验检疫机构应出境检验检疫关系人的申请,提取电子转单信息,签发《出境货物通关单》,并将处理信息反馈给电子转单中心。

(5)按《口岸查验管理规定》需核查货证的,出境检验检疫关系人应配合出境口岸检验检疫机构实施检验检疫工作。

2. 入境电子转单

(1)对经入境口岸办理通关手续,需到目的地实施检验检疫的货物,口岸检验检疫机构通过网络相关信息传输到电子转单中心。入境货物电子转单传输的内容包括报检信息、签证信息及其他相关信息。

（2）由入境口岸检验检疫机构以书面方式向入境检验检疫关系人提供报检单号、转单号及密码等。

（3）目的地检验检疫机构应按时接收国家质检总局电子转单中心转发的相关电子信息，并反馈情况信息。

（4）入境检验检疫关系人应凭报检单号、转单号及密码等，向目的地检验检疫机构申请实施检验检疫。

（5）目的地检验检疫机构根据电子转单信息，对入境检验检疫关系人未在规定期限内办理报检的，将有关信息通过国家质检总局电子转单中心反馈给入境口岸检验检疫机构。入境口岸检验检疫机构应按时接收电子转单中心转发的上述信息，并采取相关处理措施。

3. 有下列情况之一的暂不实施电子转单

（1）出境货物在产地预检的；

（2）出境货物出境口岸不明确的；

（3）出境货物需到口岸审批的；

（4）出境货物按规定需在口岸检验检疫并出证的；

（5）其他按有关规定不适用电子转单的。

4. 实施电子转单后查验

按《口岸查验管理规定》需核查货证的，报检单位应配合出境口岸检验检疫机构完成检疫工作。除出口活动物、重点检查有关名单内企业申报的货物，以及国家质检总局确定的货物等必须逐批核查货证外，其他货物的口岸查验核查货证的比例为申报查验批次的1%—3%。

5. 实施电子转单后的更改

产地检验检疫机构签发"转单凭条"后需进行更改的，按《出入境检验检疫报检规定》的有关规定办理。按报检人和产地检验检疫机构要求，在不违反有关法律法规及规章的情况下，口岸检验检疫机构可以根据下列情况对电子转单有关信息予以更改。

（1）对运输造成包装破损或短装等原因需要减少数量重量的；

（2）需要在出境口岸更改运输工具名称、发货日期、集装箱规格及数量等有关内容的；

（3）申报总值按有关比重换算或变更申报总值幅度不超过10%的；

（4）经口岸检验检疫机构和产地检验检疫机构协商同意更改有关内容的；

（5）因产地检验检疫机构操作等原因造成电子转单信息错误的，由产地检验检疫机构书面通知出境口岸检验检疫机构对错误信息进行更改。

5.6 进出口商品的鉴定检验报检

5.6.1 进口商品的残损检验鉴定报检

1. 残损检验鉴定与申报

（1）什么是残损检验鉴定？

残损检验鉴定是依据对外贸易、运输、保险等贸易关系人和国内外有关单位的委托申请，对残损进行鉴定。主要鉴定遭损商品的残①、短②、渍③、毁等情况。对商品遭受的残破、短缺、生锈、发霉④、油渍、污染、串味感染、虫蛀、受潮、腐败、变质⑤、损毁、灭失等，确定残损商品的受损程度，判断致损原因，分析对使用和销售的影响，估定残损贬值率，以及证明有关修理、加工、改装等补救费用，出具残损鉴定证书，作为申请人、承运人或保险人索赔、退货、补货或换货的依据。

（2）申报要求。

进口商品的残损检验鉴定报检，收货人或者其他贸易关系人可以自行向检验检疫机构申请办理残损鉴定检验业务，也可以委托经检验检疫机构注册登记的代理报检单位办理申请手续。有关报检范围、受理申报机构、实施残损检验鉴定地点和实施残损检验鉴定的其他要求等内容详见本书6.7节。

2. 申报残损检验鉴定应提供的单据

申请人应提供的单据包括：

（1）合同、发票、装箱单、提（运）单、说明书、重量明细单、国外品质证书等资料；

（2）根据具体情况，提供理货残损单、铁路商务记录、空运事故记录或海事报告等证明货损情况的有关单证，如申请舱口检视、载损鉴定和监视卸载的，应提供舱单、积载图、航海日志及海事声明等资料；申请海损鉴定的，应提供舱单、积载图、提单、海事报告、事故报告等资料。

（3）货损情况说明，对已与外商签署退换货赔偿协议的应附赔偿协议复印件。

---

① 残(损)：由于包装不良、不适应长途运输；装卸、搬运不慎；积载不当、绑扎加固不牢、衬垫及隔离不良；恶劣天气，引起坍垛等原因所致的货物残破损。
② 短(缺)：商品的重量、数量、面积、长度、容量、体积等的不足。
③ 渍(损)：被其他物质，尤其是液体沾污浸渍造成的渍损，包括水渍、油渍、化学品渍及污渍等。
④ 霉烂：货物发生霉烂的原因，既要从货物本身的水分去分析，又要从外来水渍增加水分去考虑，既作现场查勘，又要扦样化验分析，查清真实原因。
⑤ 变质：货物在运输过程中发生变质，有物理上的原因，也有化学上的原因，有内因也有外因。检验货物变质，着重分析商品的特性，结合运输来考虑。

5.6.2　进出口商品的数(重)量检验鉴定报检

1. 报检范围的界定

依据《进出口商品数量、重量检验鉴定管理办法》①规定,检验检疫机构实施的进出口商品数量、重量检验鉴定范围包括:

(1) 列入检验检疫机构实施检验检疫的进出境商品目录内的进出口商品;

(2) 法律、行政法规规定必须经检验检疫机构检验的其他进出口商品;

(3) 进出口危险品和废旧物品;

(4) 实行验证管理、配额管理,并需由检验检疫机构检验的进出口商品;

(5) 涉嫌有欺诈行为的进出口商品;

(6) 双边、多边协议协定、国际条约规定,或者国际组织委托、指定的进出口商品;

(7) 国际政府间协定规定,或者国内外司法机构、仲裁机构和国际组织委托、指定的进出口商品。

(8) 检验检疫机构根据国家规定对上述规定以外的进出口商品的数量、重量实施抽查检验。

2. 商品数量、重量检验的报检要求

(1) 进口报检地点与期限。

① 进口商品数量、重量检验的报检手续,应当在卸货前向海关报关地的检验检疫机构办理。

② 大宗散装商品、易腐烂变质商品、可用作原料的固体废物以及已发生残损、短缺的进口商品,应向卸货口岸检验检疫机构报检并实施数量、重量检验。

(2) 出口报检地点与期限。

① 散装出口商品数量、重量检验的报检手续,应当在规定的期限内向装货口岸检验检疫机构办理。

② 包(件)装出口商品数量、重量检验的报检手续,应当在规定的期限内向商品生产地检验检疫机构办理。

③ 需要在口岸换证出口的,由商品生产地的检验检疫机构按照规定签发包括数量、重量在内的出境货物换证凭单,发货人应当在规定的期限内持换证凭单和必要的凭证向出口口岸检验检疫机构申请查验,经查验合格的,由口岸检验检疫机构签发包括数量、重量在内的货物通关单或者证书。

---

① 国家质检总局根据《商检法》及其实施条例有关规定于 2007 年 8 月 27 日制定颁布,自同年 10 月 1 日起实施。

④ 对于批次或者标记不清、包装不良,或者在到达出口口岸前的运输中数量、重量发生变化的商品,收发货人应当在出口口岸重新申报数量、重量检验。

3. 申报检验项目

(1) 以数量交接计价的进出口商品,收发货人应当申报数量检验项目。对数量有明确要求或者需以件数推算全批重量的进出口商品,在申报重量检验项目的同时,收发货人应当申报数量检验项目。

(2) 以重量交接计价的进出口商品,收发货人应当申报重量检验项目。对按照公量①或者干量②计价交接或者含水率有明确规定的进出口商品,在申报数量、重量检验时,收发货人应当同时申报水分检测项目。

(3) 进出口商品数量、重量检验中需要使用密度(比重)进行计重的,收发货人应当同时申报密度(比重)检测项目。

(4) 船运进口散装液体商品在申报船舱计重时,收发货人应当同时申报干舱鉴定项目。

(5) 收发货人在办理进出口商品数量、重量检验报检手续时,应当根据实际情况并结合国际通行做法向检验检疫机构申请的检验项目包括:衡器鉴重;水尺计重;容器计重③;流量计重和其他相关的检验项目。

(6) 遇到海运或陆运进口的散装商品需要运离口岸进行岸罐计重④或衡器鉴重⑤,并依据其结果出证的或海运或陆运出口的散装商品进行岸罐计重或衡器鉴重后需要运离检验地装运出口,并以岸罐计重或衡器鉴重结果出证的情况,报检人应当同时申报船舱计重、水尺计重、封识、监装监卸等项目。

4. 检验标准

检验检疫机构按照国家技术规范的强制性要求实施数量、重量检验。尚未制定技术规

---

① 公量:商品在衡重和化验水分含量后,折算到规定回潮率(标准回潮率)或者规定含水率时的净重(以公量结算的商品主要有棉花、羊毛、生丝和化纤等,这些商品容易吸潮,价格高)。

② 干量:商品的干态重量,商品实际计得的湿态重量扣去按照实测含水率计得的水分后得到的即商品的干态重量(以干量结算的商品主要有贵重的矿产品等)。

③ 容器计重:分别有船舱计重、岸罐计重、槽罐计重三种方式。

④ 岸罐计重:以经过国家合法的计量检定部门检定合格的罐式容器(船舱除外)为工具,对其盛装的散装液体商品或者液化气体商品进行的数、重量检验鉴定,包括测量、计算。其中,罐式容器包括了立式罐、卧式罐、槽罐(可拆卸或者不可拆卸的槽罐)。

⑤ 衡器鉴重:检验检疫机构实施衡器鉴重的方式包括全部衡重、抽样衡重、监督衡重和抽查复衡。其中,抽查复衡,是衡器鉴重合格评定程序中的一个环节。指针对合格评定对象(主要是经常进出口大宗定重包装的商品的收货人或者发货人),由检验检疫机构从中随机抽取部分有代表性的商品在同一衡器上进行复衡,检查两次衡重的差值是否在允许范围内,以评定其程序是否处于合格状态的检验方法。

范、标准的,检验检疫机构可以参照国家质检总局指定的有关标准检验。

案例评析

案例 1　"偷梁换柱"骗取通关单证

案情介绍

2002 年 9 月 28 日,A 口岸检验检疫机构收到江西 B 检验检疫机构要求协查一批出口瓷器及木质包装材料的函件。经 A 口岸检验检疫机构周密调查,查明这是一起某货运代理公司的报检员,利用检验检疫机构个别工作人员业务水平低、工作责任心不强的漏洞,采用"偷梁换柱"手法,骗取《出境货物通关单》的案件。

该作案人在日常报检中发现检验检疫机构窗口个别工作人员业务水平低、审单不严的漏洞,随即产生骗取《出境货物通关单》的违法念头并付诸实施。其具体做法是将未经检验的商品,利用复印的(或毫无相干的)物理换证凭单,伪造一整套换证报检单证,通过该货运代理公司的电子化报检系统输入,在检验检疫机构报检窗口骗得正式报检号后,再将事先伪造好的电子转单凭条,仿冒检验检疫机构工作人员签字,在缴付签证费时"偷梁换柱"替换原先报检时的所有单证,并将其销毁。

尤其恶劣的是该作案人在短短两个半月时间,采用相同手法骗取《出境货物通关单》135 份,涉案金额 380 多万美元,出口商品 93 个品种,涉及外贸进出口企业达 98 家,输往国家及地区 41 个。作案人按每批收取委托人 200 元至 400 元不等的"手续费",使大量法定检验的商品及包装材料未经检验检疫流出境外,给国家造成不良影响。其行为已经严重地违反了检验检疫法律法规,为此,该货运有限公司上海分公司被处以 25 万元人民币罚款的处罚。

案情分析

类似智力型违法案件多发生在货运代理公司、报关报检公司及其员工身上。这足以反映出,该行业的从业人员来源复杂,流动性大,其行为对检验检疫工作和进出口生产企业双方都将产生重大的不利影响。因此,检验检疫机关首先提高自身业务素质外,应加大对报检有关公司或人员的有效管理,规范代理报检的行为,使其真正成为检验检疫机构与生产企业的桥梁,才能有效地防止或杜绝漏、逃检等违法行为的发生。

案例 2　擅自更改贸易单证

案情介绍

2003 年,A 口岸检验检疫局在接受中成国际运输丹东公司报检的一批从韩国退运到朝鲜的水产品时发现,报检公司提供的单证的收货人与海运提单上的收货人不符,疑点很多,遂对此进行立案调查。

案情分析

经查,该批水产品是丹东鸿样实业发展有限公司代理由朝鲜转口韩国的。由于交货期的原因遭到韩方退运。因当时出口韩国时的发货人为丹东鸿样实业发展有限公司,退运时的收货人也应为该公司。但韩方力争取得海运费及提单换单费,将提单上的收货人改为沈阳国际货运代理有限公司。丹东鸿样实业发展有限公司擅自将提单、发票上的收货人改为丹东鸿样实业发展有限公司,委托中成国际运输丹东公司代理提货。为便于通关提货,中成国际运输丹东公司又擅自将提单、发票、装箱单上的收货人改为朝鲜会社,通知方改为中成国际运输丹东公司。

上述情况,证据确凿。丹东鸿样实业发展公司和中成国际运输丹东公司的行为严重违反了《进出口动植物检疫法》第十二条及其《实施条例》第十八条、第十九条的规定。根据《动植物检疫法实施条例》第五十九条(二)款之规定,A口岸检验检疫局分别给予上述两家公司罚款人民币 1 000 元的行政处罚,同时进行法制教育。

案例 3　伪造《出境货物换证凭单》

案情介绍

2003 年 1 月 27 日,广西丰润进出口贸易有限责任公司(以下简称丰润公司)罐头部业务员温某,明知故犯,私自用广西陆川天友罐头食品有限公司于 1 月 27 日在 A 口岸检验检疫局报检时得到的报检号,用一份旧的出境货物换证凭单作底,以剪拼、覆盖、再复印等手法,为丰润公司出口法国的青刀豆罐头伪造了一份编号:4510002030010115,货物重量63 360 千克,总值 39 600 美元的换证凭单复印件,然后传真给防城港外运公司为其代理报检。防城港外运公司收到该证单后,没有认真审核,即到防城港检验检疫局报检,被该局及时查获。

案情分析

丰润公司业务员温某,故意伪造检验检疫单证,其行为已违反了《商品检验法》第三十六条的规定。防城港外运公司及其报检员,没有认真审核单证,造成以伪造换证兑单传真复印件报检的事实,违反了《出入境检验检疫代理报检员管理规定》第五、第十四条和《出入境检验检疫报检员管理规定》第四条、第十六条、第十七条的规定。为此,检验检疫局按规定分别对涉案公司及人员给予相应的处罚。

本章小结

　　报检是进入进出口商品检验检疫工作程序的第一个环节,也是全国报检员统一考试的重要内容。报检形式分为窗口报检和电子(远程)报检两种。检验检疫局在受理入境货物报检后,经审核相关凭证,签发《入境货物通关单》,供海关验放。

　　本章对此项工作的内容,仅作为进出口商品检验检疫工作的一个环节作简要介绍。以填制入出境报检单为引线,展开报检工作内容的介绍,使读者在了解报检范围、报检方式、电子化报检内容的基础上,基本掌握如何正确填制《入出境报检单》的技能。

思考题

1. 为什么说进出口商品检验检疫报检具双层含义? 试概述各层次含义。

2. 根据检验检疫法律法规规定,进出境商品报检范围包括哪些?

3. 进出境货物检验检疫报检的原则是什么?

4. 入境货物检验检疫报检分哪几类,试举例说明。

5. 出境货物检验检疫报检分哪几类,试举例说明。

6. 如何办理进出口商品的数(重)量检验鉴定报检,试举例说明。

7. 入出境货物检验检疫报检应提供哪些材料,试举例说明。

8. 什么是电子化报检?

9. 申请电子化报检单位应具备哪些条件?

10. 电子化报检手续如何办理?

11. 电子化报检包括哪些工作流程?

12. 厦门某公司出口一批货物(检验检疫类别为 M/N),产地为安徽,出境口岸为上海。试问公司的自理报检单位备案登记应向何地检验检疫机构办理,公司的出口货物又应向何地检验检疫机构申请换发《出境货物通关单》?

13. 石家庄某企业出口一批货物,由汽车运到北京通关后空运出境。试问《出境货物报检单》的"运输工具名称"和"启运地"应如何分别填写?

14. 新疆某外贸公司从韩国进口一批聚乙烯,拟从青岛口岸入境后转关至北京,最终运至陕西使用。试问公司或其代理人应向何地检验检疫机构申请领取《入境货物通关单》?

15. 请根据所提供的单据,判断填制《出境货物报检单》各项内容的正误,完成判断题136—

150 题(见后面报检单上标注的题号)。①

SALES CONTRACT

No. : QJ760×××

Date: Oct. 10, 2005

The Buyer: ×× Import & Export Corporation, Busan, Korea

The Seller: JiangSu ×× Industrial & Trade Corporation

This contract is made by and between the Seller and the Buyer, whereby the Seller agrees to sell and the Buyer agrees to buy the under-mentioned goods according to the terms and conditions stipulated below:

(1)

Name of Commodity	Quantity	Unit Price	Total Price
TV SET 52CM (Dragon Brand)	1000SETS 1000CTNS	USD80/SET	USD80 000

(2) Packing: in Cartons

(3) Port of Loading: LIANYUNGANG PORT, JiangSu, China

(4) Port of Destination: BUSAN PORT, Korea

(5) Shipping Mark: N/M

(6) Date of Shipment: Apr. 2006/By Vessel

(7) Terms of Payment: Letter of Credit (No: WE570346)

(8) Documents Required: Certificate of Quality issued by CIQ indicating

The Buyer   The Seller

136. (   )   137. (   )   138. (   )   139. (   )   140. (   )
141. (   )   142. (   )   143. (   )   144. (   )   145. (   )
146. (   )   147. (   )   148. (   )   149. (   )   150. (   )

---

① 资料来源:2006 年第一次全国报检员资格考试试题。

中华人民共和国出入境检验检疫
出境货物报检单

报检单位(加盖公章):江苏××工贸公司   *编　　　号

报检单位登记号:32006000××   联系人:李×   电话:66×××××××

报检日期:2006 年 04 月 02 日

发货人	(136)(中文)江苏××工贸公司				
	(外文)JiangSu ×× Industrial & Trade Corporation				
收货人	(中文)韩国××进出口公司				
	(137)(外文)MoonRiver Import & Export Corporation,Busan,Korea				
(138)货物名称(中/外文)	H. S. 编码	产地	(139)数/重量	(140)货物总值	(141)包装种类及数量
电视机	8415101000 LM/N	南京	1 000 纸箱	80 美元	1 000 台/1 000 箱

运输工具名称号码		船舶	贸易方式	一般贸易	货物存放地点	本公司仓库
(142)合同号		QJ7601125	(143)信用证号	WES70346	用途	其他
发货日期	2006.04.09	(144)输往国家(地区)	韩国	许可证/审批号	＊＊＊	
(145)启运地	连云港	(146)到达口岸	韩国	生产单位注册号	＊＊＊	
集装箱规格、数量及号码	＊＊＊					

(147)合同、信用证订立的检验检疫条款或特殊要求	(148)标记及号码	(149)随附单据(划"√"或补填)	
＊＊＊	＊＊＊	☑合同 ☐信用证 ☑发票 ☐换证凭单 ☑装箱单 ☑厂检单	☐包装性能结果单 ☐许可/审批文件 ☐ ☐ ☐ ☐

(150)需要证单名称(划"√"或补填)			*检验检疫费	
☐品质证书 　正 　副	☐植物检疫证书 　正 　副		总金额	
☐重量证书 　正 　副	☐熏蒸/消毒证书 　正 　副		(人民币元)	
☐数量证书 　正 　副	☑出境货物换证凭单			
☐兽医卫生证书 　正 　副	☐出境货物通关单		计费人	
☐健康证书 　正 　副	☐			
☐卫生证书 　正 　副	☐		收费人	
☐动物卫生证书 　正 　副	☐			

报检人郑重声明: 　1. 本人被授权报检。 　2. 上列填写内容正确属实,货物无伪造或冒用他人的厂名、标志、认证标志,并承担货物质量责任。 　　　　　　　　　　签名:　李×	领　取　证　单	
	日期	
	签名	

注:有"＊"号栏由出入境检验检疫机关填写　　　　　　◆国家出入境检验检疫局制

附件

中华人民共和国出入境检验检疫
入境货物报检单

报检单位(加盖公章)：　　　　　　　　　　　　　　*编　号＿＿＿＿＿＿＿

报检单位登记号：　　　联系人：　　　电话：　　　报检日期：　年　月　日

收货人	（中文）		企业性质(划"✓")		□合资□合作□外资
	（外文）				
发货人	（中文）				
	（外文）				

货物名称(中/外文)	HS编码	原产国(地区)	数/重量	货物总值	包装种类及数量

运输工具名称号码		合 同 号	
贸易方式		贸易国别(地区)		提单/运单号	
到货日期		启运国家(地区)		许可证/审批号	
卸毕日期		启运口岸		入境口岸	
索赔有效期至		经停口岸		目 的 地	

集装箱规格、数量及号码	

合同订立的特殊条款 以及其他要求		货物存放地点	
		用　途	

随附单据(划"✓"或补填)		标记及号码	*外商投资财产(划"✓")	□是□否
□合同	□到货通知		*检验检疫费	
□发票	□装箱单		总金额 （人民币元）	
□提/运单	□质保书			
□兽医卫生证书	□理货清单		计费人	
□植物检疫证书	□磅码单			
□动物检疫证书	□验收报告			
□卫生证书	□		收费人	
□原产地证	□			
□许可/审批文件	□			

报检人郑重声明： 　1. 本人被授权报检。 　2. 上列填写内容正确属实。 　　　　　　　　　签名：＿＿＿＿＿＿	领 取 证 单	
	日期	
	签名	

注:有"＊"号栏由出入境检验检疫机构填写　　　　　　　◆国家出入境检验检疫局制

6 进口商品的检验检疫

学习目的

在了解进口商品检验检疫概况的基础上,熟悉进口商品检验检疫的通关作业模式,掌握进口商品的强制性产品认证、实施许可证的民用商品入境验证和进口重点商品的装船前检验等工作程序,对我国进口商品检验检疫的目的,从原先以检验进口商品数(质)量的商业性目的,转向"五项"原则的"四项"法律目的①有更深刻的理解和认识。

知识要点

进口商品检验检疫的通关作业模式、验证管理、装船前检验。

6.1 进口商品检验检疫的通关作业模式

6.1.1 入境货物通关作业模式的法律地位

自 2000 年 1 月 1 日起,根据国家质检总局和海关总署的规定,在中国口岸②全面实施进口商品检验检疫的通关作业模式,即俗称为"先报检、后报关"的口岸管理模式。这种口岸通关作业模式在中国最高立法机关 2002 年修订的《商检法》中,不仅从实质性内容上得到充实,而且从法律上真正确立其在中国商检法律制度中的地位。

《商检法》规定,必须经商检机构检验的进口商品的收货人或者其代理人,应当向报关地商检机构报检,海关凭商检机构签发的发货通关证明验放。其实质性内容包括:出入境检验检疫机构受理进境货物报检后,严格审核入境货物的相关凭证,对不属于国家禁止入境的货物同意入境,签发《入境货物通关》,供海关验放。这种入境货物检验检疫的通关作业模式既符合国际通行规则,又完全符合国务院提出的"依法把关、监管有效、方便进出、管理科学"的检验检疫管理体制的目标。

进口商品检验检疫的新通关作业模式是为提高口岸通关速度而实施的。出入境检验检

---

① 见本书 2.3。
② 口岸:按照国家有关规定批准对外开放的供人员、货物以及交通运输工具出入国境的港口、机场、车站、通道及相关区域。

疫机构根据这种入境货物通关作业模式,往往对许多进口商品在受理检验检疫报检后,其中有的商品仅做抽样工作,有的商品仅做外观检验,或者直接签发《入境货物通关单》供海关验放。

签发《入境货物通关单》的主要作用是:证明出入境检验检疫机构已经受理所载明商品报检;为海关验放货物提供凭证;对需要实施异地检验的进口商品,告知收货人向目的地出入境检验检疫机构申请检验,并通知目的地检验检疫机构实施检验。

因此,进口商品收货人或者其代理人,虽取得检验检疫机构签发的《入境货物通关单》且海关已放行入境,仍然应当根据《商检法》的规定,配合商检机构实施检验,接受管理。对运至异地检验的进口商品,收货人或者其代理人还应在海关放行后 20 日内,向到达地出入境检验检疫机构申请检验。

6.1.2　入境货物通关作业模式的完善与调整

为适应我国对外贸易迅猛发展的势头,实施国家提出的"政府牵头协调、统一信息平台、手续前推后移、加快实货验放"目标要求,国家质检总局积极创新检验检疫通关查验机制,进一步完善入境货物通关作业模式。其内容就是建立进出口货物直通放行制度,实施电子监管,加强出口货物源头管理,进一步推动"大通关"[1]制度建设,提高口岸通关效率。

1. 进出口货物直通放行制度

(1) 定义。

进出口货物直通放行制度,也称为"直通式"通关模式,是以企业诚信管理和货物风险分析为基础,以信息化和电子监管为手段,对可直通放行的出口货物,由产地检验检疫机构检验检疫合格后直接签发通关单,口岸检验检疫机构不再实施查验,变两次申报为一次申报,实现直通放行。它是国家自 2008 年 7 月 18 日起,对符合 6.1.2 所规定条件的进出口货物实施的一种便捷高效检验检疫放行方式。

"直通放行"分为进口直通放行和出口直通放行。进口直通放行是指对符合条件的进口货物,口岸检验检疫机构不实施检验检疫,货物直运至目的地,由目的地检验检疫机构实施检验检疫的放行方式。出口直通放行[2]是指对符合条件的出口货物,经产地检验检疫机构检验检疫合格后,企业可凭产地检验检疫机构签发的通关单在报关地海关直接办理通关手

---

① "大通关"是国家实施"提高口岸工作效率工程"的简称,即在货物的进出口通关过程中,通过运用现代管理、信息化和高科技手段,对单证流、货物流和信息流进行整合,使之合理、规范、畅通,以最短的时间、最低的成本为企业提供最好的服务,体现政府行政监管的能力和效率,提高我国的综合竞争能力。

② 详见本书 7.1.1。

续的放行方式。

（2）申请实施进出口货物直通放行的企业条件。

申请直通放行的企业应填写《直通放行申请书》，并提交符合以下所有条件的相关证明性材料，向所在地检验检疫机构提出申请，审核批准后报国家质检总局备案，并统一公布。

①　严格遵守国家出入境检验检疫法律法规，2 年内无行政处罚记录；

②　检验检疫诚信管理（分类管理）中的 A 类企业（一类企业）；

③　企业年进出口额在 150 万美元以上；

④　企业已实施 HACCP 或 ISO9000 质量管理体系，并获得相关机构颁发的质量体系评审合格证书；

⑤　出口企业同时应具备对产品质量安全进行有效控制的能力，产品质量稳定，检验检疫机构实施检验检疫的年批次检验检疫合格率不低于 99％，1 年内未发生由于产品质量原因引起的退货、理赔或其他事故。

（3）申请实施进口直通放行的货物条件。

①　未列入《不实施进口直通放行货物目录》[①]；

②　来自非疫区（含动植物疫区和传染病疫区）；

③　用原集装箱（含罐、货柜车，下同）直接运输至目的地；

④　不属于国家质检总局规定须在口岸进行查验或处理的范围。

（4）进口货物直通放行报检要求。

①　口岸报关的进口货物。

对在口岸报关的进口货物，报检人选择直通放行的，在口岸检验检疫机构申领《入境货物通关单》（四联单），货物通关后直运至目的地，由目的地检验检疫机构实施检验检疫。口岸检验检疫机构经总局电子通关单数据交换平台向海关发送通关单电子数据，同时通过"入境货物口岸内地联合执法系统"将通关单电子数据以及报检及放行等信息发送至目的地检验检疫机构。通关单备注栏应加注"直通放行货物"字样并注明集装箱号。

②　目的地报关的进口货物。

对在目的地报关的进口货物，报检人选择直通放行的，直接向目的地检验检疫机构报检。目的地检验检疫机构在受理报检后，签发《入境货物通关单》（三联单）。目的地检验检疫机构经总局电子通关单数据交换平台向海关发送通关单电子数据的同时，通过"入境货物

---

①　列入《不实施进口直通放行货物目录》的入境法定检验检疫货物共有 1 894 种，这 1 894 种货物以外的进口货物的进口货物，均可实施进口直通放行。见 www.aqsiq.gov.cn 国家质检总局 2008 年第 82 号《关于实施进出口货物检验检疫直通放行制度的公告》。

口岸内地联合执法系统"将通关单电子数据、报检及放行等信息发送至入境口岸检验检疫机构。通关单备注栏应加注"直通放行货物"字样并注明集装箱号。

2."提前报检、提前报关、实货放行"的通关模式

"提前报检、提前报关、实货放行"的通关模式就是入境货物在检验检疫机构所需单证(副本或传真)齐全的前提下,随时可向入境口岸检验检疫机构提前办理检验检疫申报手续,对于信誉良好、诚信度高的大型企业还可采取先办手续,后补交有关单证的做法。该种模式的特点是使企业在货物实际到港之前,就可以办结除口岸查验以外的检验检疫通关手续,可提前报关。待货物到港后,便可快速办理通关和提货物手续。

这种通关模式不仅彻底改变了以往货物到港后凭检验检疫证书、装船前证书、产地证书等有关单证正本,到检验检疫机构办理报检手续,然后再办理通关提货手续,将"先报检、后报关"中的业务环节前移,避免了通关过程中的"瓶颈"现象,也对加快物流速度、减少货物滞留港区的时间和降低贸易成本起到了很大的作用。

该种入境货物通关模式已在部分口岸试点,并通过"三电工程"[1]、"直通式电子报检"和"电子通"在保税区(或经济特区)企业中推广应用,实现"空运直通式"和"快速通关"的入境货物通关模式,使其在通关提货中,办理检验检疫报检手续的时间几乎是零,从而大大提高了物流速度,满足了区内企业的需求。

其中,"快速通关"模式的含义是借鉴国际多式联运的理念,实现"两区一线"全封闭的物流监控。所谓"两区"是指出口加工区和口岸的仓储监管区,"一线"是指"两区"之间的物流运输线。其特点是机场直递、快速通关,并采取"提前报检、提前报关,卡口核放,舱单后放,签单后置",报关数据和物流并联式处理。空运货物从飞机抵港到货物运至加工区通常仅4小时左右。这一作业模式使货物以最快的速度,直接提取并送达或出运出口加工区。

3. 检验检疫"大通关"制度

"大通关"制度是一项全面推进信息化进程,加速建设以电子申报、电子监管[2]、电子放行为核心的"中国电子检验检疫"系统工程,以进一步提高检验检疫工作效率。"大通关"实施的范围包括进出口货物自货主委托报检报关起,至提取货物或将货物运抵监管区域的全过程。

国家质检总局根据实施"大通关"实现高效率的最直接的目的要求,采取多项有效措施。这些有效措施既包括国家质检总局事实检验检疫监管模式、推行电子检验检疫、建立健

---

[1] "三电工程":国家质检总局实施的企业与检验检疫机构间的电子申报(包括出入境货物电子报检、产地电子签证),检验检疫机构内地与口岸的电子转单和检验检疫机构与海关间的电子通关。

[2] 电子监管:在改革原有检验检疫监管模式的基础上建立企业电子档案,实行企业产品质量分类管理制度和风险评估机制,应用信息化管理检验检疫全过程,以提高工作效率。

全覆盖全国口岸的业务应用与信息网络,如金关工程、电子口岸系统等,减少审批程序和办事环节,构建检验检疫工作质量管理长效机制的措施,又包括出入境检验检疫机构根据各地对外贸易的具体情况推行的预约报检、提前报检、急事急办、特事特办、24小时值班制度。国家质检总局、出入境检验检疫机构通过采取这些措施,简化了检验检疫手续,缩短了检验检疫周期,提高了工作效率,减轻了企业负担,真正实现"提速、减负、增效、严密监管"的目的,进一步推进了口岸"大通关"制度的实施。

6.1.3　实施新通关作业模式的作用

实施"大通关制度,提高通关效率"是国务院重要部署中的一项具体工作。国家质检总局实施的"新通关作业模式"是贯彻执行党中央重要策略的具体体现。这在加快通关速度、减轻企业负担、改善外商投资环境、完善检验监督管理方面起到了积极有效的作用。

1. 有利于中国口岸进一步与国际接轨

随着我国外贸经济高速增长和加入WTO后新形势的发展,检验检疫业务量也随之增加,在坚持依法行政,严把国门的同时,加快通关速度,方便进出口,促进外贸发展,已经成为进出口商品检验检疫新形势的必然要求。国家质检总局实行大通关制度恰恰是进一步提高口岸工作效率的重要举措,同时,大通关还是推进贸易便利,发展大物流,改善投资环境,提升城市综合竞争力的需要,也是提高企业国际竞争力的重要举措。

2. 有利于进一步改善贸易投资环境

中国加入WTO后,继续进一步扩大对外开放领域,提高口岸工作效率作为改善贸易投资环境的重要组成部分,可以降低企业的通关成本,节约货物流转时间,增强企业的市场投资竞争力,为中外企业创造更多的贸易投资机会。许多跨国公司在进行投资决策时,已把口岸工作效率作为一个重要的评判指标,是真正的国家"形象工程"[1]。

3. 有利于行政部门的职能转变

检验检疫部门是大通关中的重要一环,在建立起的"先报检、后报关"通关模式的基础上,加强与海关的协调配合,逐步建立与海关协同查验制度。在实施进程中,做到既转变工作重点,又转变工作方法,把检验检疫监管的注意力集中到涉及安全、卫生、健康、环保和反欺诈上来,不断推动检验检疫的制度创新、科技创新,提高监管效率,为企业提供优质服务,以适应现代物流信息化和社会化的需要。

---

[1]　"形象工程":原国务院总理朱镕基2002年6月视察海关总署时说,2002年我国吸收外国直接投资增长很多,很重要的一点,是外商对中国有信心,还有国内各方面的制度改革,包括通关效率的提高,改善了我们的投资环境,这才是真正的国家"形象工程"。

6.2 进口商品检验检疫的一般工作程序

6.2.1 法定检验的进口商品检验检疫工作程序

1. 受理报检

《商检法》规定,必须经商检机构检验的进口商品一律在报关地检验检疫机构报检。

检验检疫机构在受理报检时,首先对报检人、报检单位资格进行审查。从事报检业务的人员,必须按国家质检总局有关规定取得《报检员证》,方可办理出入境货物报检/申报、签证、放行、领取证书等手续。对未按规定取得报检资格的不予受理报检。其次,审核进口商品检验检疫报检须提供的材料是否齐全,填制的《入境货物报检单》是否符合要求。①

2. 检验

《商检法》规定,法定检验的进口商品应当在商检机构规定的地点进行检验。一般来说,大宗散装商品、易腐烂变质商品,以及卸货时发现残损的商品,必须在卸货口岸或者到达口岸进行检验。需要结合安装调试进行检验的成套设备、机电产品以及在口岸开箱检验后,难以实施转关运输的进口商品,可以在收货人所在地或者安装使用地进行检验。对实施转关运输的进口商品,应当在最终报关地实施检验。

3. 出证

《商检法》规定:商检机构对法定检验的进口商品,应当"在国家商检部门统一规定的期限内②检验完毕,并出具检验证单"。

4. 检验方法与内容

检验检疫机构运用各种有效的手段,按照规定的检验方法和程序,确定法定检验进口商品质量是否符合国家技术规范的强制性要求,包括感官检验、物理测试、化学分析、仪器分析、微生物检验等方法。从检验内容上分为外观质量检验和内在质量检验两大类。

5. 检验结果处理

(1) 除法律、行政法规另有规定外,法定检验的进口商品经检验,涉及人身财产安全、健康、环境保护项目不合格的,由出入境检验检疫机构责令当事人销毁,或者出具退货处理通知单并书面告知海关,海关凭退货处理通知单办理退货手续。

---

① 参见第 5 章中的相关内容。

② 国家商检部门统一规定的期限:国家商检部门根据不同商品检验所需的时间所规定的统一的检验期限,并对外公布。

（2）项目不合格的，可以在出入境检验检疫机构的监督下进行技术处理，经重新检验合格的，方可销售使用。当事人申请出入境检验检疫机构出证的，出入境检验检疫应及时出证。

（3）出入境检验检疫机构对检验不合格的进口成套设备及其材料，签发不准安装使用通知书。经技术处理，并经出入境检验检疫机构重新检验合格的，方可安装使用。

6.2.2　法定检验以外的进口商品检验检疫工作程序

非法定检验的进口商品是指法定检验进出口商品《目录》之外的商品。《商检法》规定，检验检疫机构对进出口商品《目录》之外商品实施抽查检验。其工作程序与本书 6.2.1 所述的大致相同。

1. 受理报检

见本书 6.2.1 的内容。

2. 检验

实施抽查检验的重点商品，一般是指涉及安全、卫生、环境保护、国内消费者投诉较多、发生过较大质量事故以及国内外有新的技术要求的进口商品。

3. 检验结果处理

（1）对经出入境检验检疫抽查检验不合格的法定检验以外的进口商品的处理方式与 6.2.1 的法定检验进口商品不合格处理方式相同。

（2）收货人发现进口商品质量不合格或者残损、短缺并申请出证的，可以自行选择检验机构申请出证：

如果向出入境检验检疫机构申请检验出证。此类商品的质量不合格不局限于国家技术规范的强制性要求，还可以包括其他品质内容，可分为外观质量、内在质量和特定质量，如规定成分的含量、性能、包装方式等。当事人申请出证的，出入境检验检疫机构应当在检验后及时根据结果出具检验证书。

如果向经国家质检总局许可的检验鉴定机构申请检验出证，接受申请的检验机构应当及时检验出证。此类检验机构名称可在国家质检总局网站上查询。

6.2.3　入境货物检验检疫工作流程

入境货物检验检疫的一般工作内容包括：报检、审单、计费、签单、检验检疫、卫生处理、抽（采）样、实验室检验检疫（或检验鉴定）、签单证等。由于入境货物检验检疫法定检验或非法定检验性质不同，它的工作程序也有所不同，如图 6.1 所示。

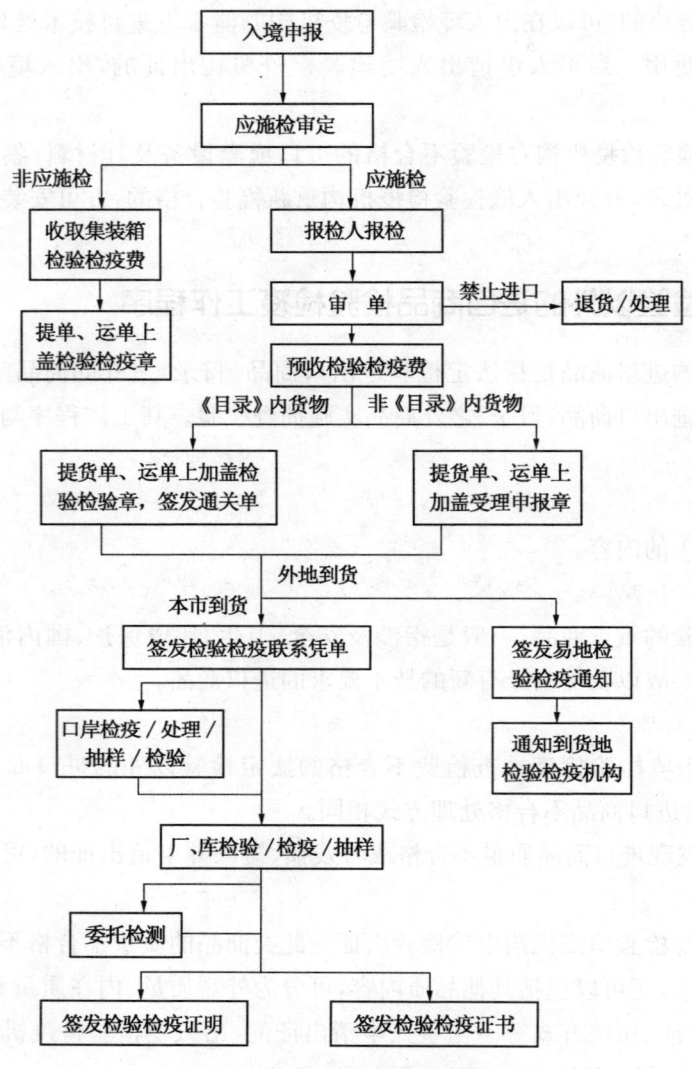

图 6.1　入境货物检验检疫流程

6.3　进出口商品的验证管理

6.3.1　验证管理

1. 定义

验证管理是指出入境检验检疫机构对国家实行许可制度和国家规定必须经过认证的进出口商品,在进出口时,核查其是否取得必需的证明文件、标志等,核对证货是否相符,并对获证的进出口商品进行抽查检验,以证实商品是否符合有关质量许可或者强制性认证规定的技术要求。2002 年 4 月 28 日第九届全国人大常委会第二十七次会议通过的《商检法》修正案中增加了验证管理的内容,从法律上明确了商检机构的验证管理职能。

2. 范围

实施验证管理的商品范围:

(1) 国家实施许可制度的进出口商品,包括国家质检总局签发或者由其他部门签发许可证的商品,例如,进口许可制的民用商品入境验证、进口能源效率标识产品入境验证等。

(2) 必须经过认证的进口商品,是指根据《商检法》和《认证认可条例》有关规定,国家规定实施强制性产品认证(简称 CCC 认证)的进口商品。2003 年 8 月 1 日起,我国对涉及人类健康和安全、动植物生命和健康以及环境保护和公共安全的产品实施强制性认证。

以上实施验证管理商品范围内商品目录,由国家质检总局商有关部门制定、调整并公布。

3. 验证结果处理

(1) 对进口实行验证管理的商品,收货人应当向海关报关地的出入境检验检疫机构申请验证。海关凭检验检疫机构对经查实证明文件符合规定的,按规定检验合格后签发的《出/入境货物通关单》验放。

(2) 经验证不合格的,检验检疫机构根据其情形分两种方式处理:一种是对许可证是由国家质检总局或者出入境检验检疫机构签发的进口商品,经验证不合格的,由出入境检验检疫机构参照《商检法实施条例》第十九条规定,视情况责令当事人销毁、出具退货处理通知单并告知海关,海关凭退货处理通知单办理退运手续,或者在出入境检验检疫机构的监督下进行技术处理。另一种是对许可证由其他部门签发的进口商品,经验证不合格的,应当移交许可证的签发部门进行处理。

6.3.2 进出口商品的强制性认证产品验证程序

1. 强制性产品认证制度

强制性产品认证制度,是各国政府为保护广大消费者人身安全、保护动植物生命安全、保护环境、保护国家安全,依照法律法规实施的一种产品合格评定制度。强制性产品认证,通过强制性产品认证的产品目录和实施强制性产品认证程序,对列入目录中的产品实施强制性的检测和审核。凡列入强制性产品认证目录内的产品,没有获得指定机构的认证证书,没有按规定加施认证标志,一律不得进口、不得出厂销售和在经营服务机构使用。

产品认证作为质量管理和贯彻标准的有效手段,早已被我国所采用。早在 20 世纪 80 年代初,我国政府就依照国际认证的有关规则的要求,建立了产品质量认证制度。但在计划经济条件下,国内产品认证和进出口商品认证分别由两个部门主管,即原国家商检部门和原国家质量技术监督局,客观上形成了两种标准和两种认证制度。由于缺乏统一管理导致重复认证、重复收费,同一种商品加贴两种认证标志①。

我国在加入 WTO 以后,建立和完善了强制性产品认证制度,对涉及人类健康和安全、动植物生命和健康,以及环境保护和公共安全的产品实行强制性认证制度。强制性产品质量认证是指国家以法律法规的形式公布的需要强制性认证的产品,按照规定产品标准和相应的技术要求,经过认证机构对申请认证企业的质量管理体系进行检查和对产品质量进行检验,通过颁发强制性产品质量认证证书和产品质量认证标志的形式,证明申请认证的产品符合相应标准和技术要求的活动。

我国实行的强制性产品认证,称为"中国强制认证",英文名称为"China Compulsory Certification",即"CCC"认证,分为产品质量认证和产品安全认证两类。它们是由国家认监委委托国家认可的实验室,依据合格评定程序和标准,对国家制定的强制性产品认证目录内产品所进行的抽样、检测、检验、试验、实验和评价或评定等一系列活动,以保证进入市场的商品必须符合国家规定的标准。

"CCC"认证的基本图案如图 6.2 所示。认证种类的标注是在 CCC 基本图案的右部印制认证种类标注字母(如图 6.3 所示),以证明产品获得的认证种类。认证种类由代表认证种类的英文字母组成,S 代表安全、S&E 代表安全和电磁兼容、EMC 代表电磁兼容、F 代表消防等。

图 6.2　认证标志图案

图 6.3　认证标志图案

根据国务院赋予国家质检总局和国家认监委的职能,国家质检总局负责制定国家强制性产品认证的规章和制度,批准、发布《实施强制性产品认证的产品目录》(以下简称《目录》)。国家认监委主管全国认证认可工作,并对强制性产品认证公布统一的《目录》,确定统一适用的国家标准、技术规则和实施程序,制定和发布统一的标志,规定统一的收费标准。各地质检机构行政部门负责对所辖地区《目录》中产品实施监督,对强制性产品认证违法行为进行查处。

---

① 两种认证标志:原出入境检验检疫安全标志 CCIB 和原长城认证标志 CCEE。

　　国家认监委会定期发布强制性产品认证目录产品与 HS 编码对应参考表。值得注意的是,HS 编码的归类规则与强制性产品认证目录的界定条件是不一致的,《强制性产品认证目录描述与界定表》还包括产品描述、适用范围、适用标准等条件,这些条件都符合的商品才属于强制性产品认证目录内。在进口商品检验监管实践中,需要实施 CCC 产品入境验证的 HS 编码范围远大于强制性产品认证目录的范围。①凡列入强制性产品认证目录内的产品,未获得强制性产品认证证书和未加施中国强制性认证标志的,不得出厂、销售、进口或在其他经营活动中使用。

　　国家认监委规定,对可免于办理"CCC"认证的产品,生产厂商或代理人需在进口前向检验检疫部门提出申请,并提交符合免办条件的证明材料、责任担保书、产品符合性声明(包括形式试验报告)等,经批准获得《免办强制性产品认证证明》,在货物入境通关时予以验放。有关申请不办或免办"CCC"认证进口商品的咨询或受理,可查阅当地检验检疫机构网站。

　　2. 强制性产品《目录》内可不办"CCC"认证的进口商品范围

　　符合以下条件的《目录》中的产品,无需申请强制性产品认证证书,也不需加施中国强制性产品认证标志:

　　(1)外国驻华使、领馆,办事机构,入境人员从境外带入境内的自用物品。其中国际组织指的是国际官方机构,如联合国(UN)、世界贸易组织等,并不是指跨国公司或跨国公司组成的某种利益集团(如跨国公司组成的协会、标准组织等)。贸易关系人在报检时应提供外国驻华使馆、领事馆和国际组织驻华机构的正式公函或证明材料。

　　(2)香港、澳门特区政府驻内地官方机构及其工作人员自用的物品。贸易关系人在报检时应提供香港、澳门特区政府驻内地官方机构的正式公函或证明材料。

　　(3)入境人员随身从境外带入境内的自用物品。其中"随身携带"和"自用物品",这两个条件需同时具备。这并不包含在国外采购后在中国有关商店(如出国人员服务总公司)取货的情况。

　　(4)政府间援助、赠送的物品。此类物品是指外国政府用物品对我国进行的援助和赠送时的情况,并不包括外国政府资金援助后我国用该资金购买的物品。贸易关系人在报检时应提供县级以上政府机构的正式公函或证明材料。

　　3. 强制性产品《目录》内免办"CCC"认证商品范围

　　符合以下条件的,可免于办理强制性产品认证:

　　(1)为科研、测试需要进口和生产的产品。其中科研是对该产品进行研究、开发,已开

---

①　进口商品 HS 涉及"CCC 产品入境验证",实际又不在强制性产品认证目录内,只要能确认"目录外",即可顺利进口。

发、生产出相关产品所需的产品,并不是指进行研究工作所需的科研器材;测试是对该产品进行测试以获得测试数据或测试某一产品的部分性能所必需的该产品(如开发测试某一型号的打印机软件所需进口的少量该型号打印机)。以上产品均不得在境内再次销售或提供给普通消费者使用。此类产品的免办申请人必须是对这些产品进行研究、开发、测试的机构,申请人应证明其有相应的研究、开发、测试能力并提供本次研究、开发、测试计划书/项目书。鉴于此类产品的特殊性,在厂家自我声明对其安全性负责后,可免于提供相应的检测报告或符合性证明。

(2)为考核技术引进生产线所需的零部件。零部件指的是从国外引进生产线后,需试运行或考核该生产线所需的最终成品的零部件。此类产品的免办申请人必须是使用引进生产线的工厂,申请时应提供引进生产线的有关证明材料。

(3)直接为最终用户维修目的所需的零部件/产品。此类零部件/产品的免办申请人必须是维修单位(需提供最终用户向其申请维修的相关资料)或最终用户。这些零部件/产品的数量应控制在合理范围内,也包括少量在用产品出口维修后复进关的情况,但不适用于产品召回改进后复进关的产品。出口维修后复进关免办的申请人应是使用这些产品的公司,申请人在申请材料中应提供当时出口时的有关单证。

(4)工厂生产线/成套生产线配套所需的设备/零部件(不包含办公用品)。需要重点说明的是:不是工厂生产线/成套生产线配套用的物品一律不得免办(如工厂/公司所需要的办公用品,如计算机、打印机等,即使这些办公用品是海关监管的)。此类设备/零部件的免办申请人必须是使用这些设备/零部件的工厂。

(5)仅用于商业展示,但不销售的产品。此类产品的免办申请人必须是负责商业展示的公司,申请人应在申请材料中表明展示的时间及展示后该产品的处理方式(不得销售或提供给普通消费者使用),并保证其不改变产品的用途。

(6)暂时进口后需退运出关的产品(含展览品)。此类产品的免办申请人必须是使用这些产品的公司,申请人应在申请材料中表明暂时进口的时间。申请人应在申请材料中承诺产品退运出关后两周内到签发《免办证明》的直属检验检疫局办理核销手续。

(7)以整机全数出口为目的而用一般贸易方式进口的零部件。此类零部件/产品的免办申请人必须是使用这些零部件/产品的工厂,申请人应在申请材料中承诺成品出口后两周内到签发《免办证明》的直属检验检疫局办理核销手续。

(8)以整机全数出口为目的而用进料或来料加工方式进口的零部件。此类零部件/产品的免办申请人必须是海关《登记手册》/电子账册中的工厂,为便利企业,对于此类商品,在厂家自我声明对其安全性负责后,可免于提供相应的检测报告或符合性证明。为便利企业,在监管有效的前提下,对于工厂所在地及进出口报检均在某一直属局管辖地内的企业,各直属检验检疫局根据本地区的实际情况,采取便利的管理方式。

4. 强制性产品认证实施的基本程序

如图 6.4 所示,强制性产品认证的基本程序主要由申请、企业检查、产品检验和审批四个环节组成。

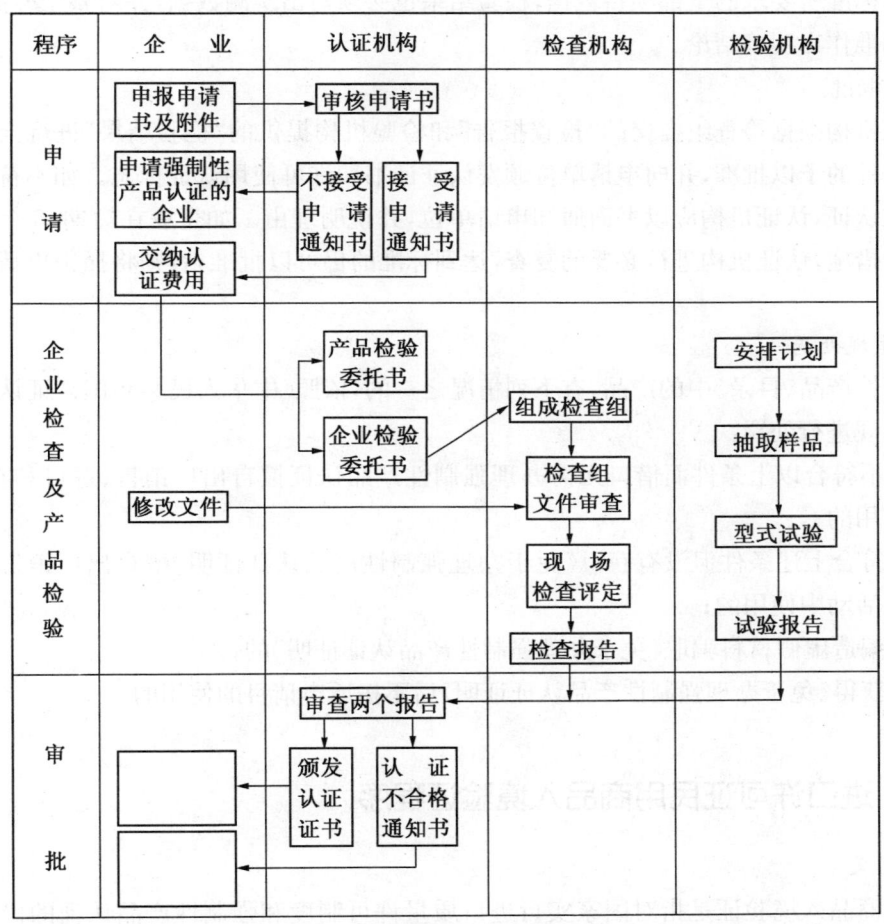

图 6.4　强制性产品认证基本程序

（1）申请。

申请应包括企业的一般情况,如全称、地址、电话、产品名称、规格型号、执行标准、企业声明、申请日期、法人签字和加盖公章等。其中企业情况应包括:企业性质、占地面积、建筑面积、主要产品、主要车间等。

（2）企业检查。

企业检查的唯一目的是检查、评定申请认证产品生产企业质量保证能力是否满足认证机构规定的要求,以证实生产企业确实具备持续稳定地生产符合标准要求的产品能力。

（3）产品检验。

产品检验由认证机构下达"产品检验委托书"，交予经过认可的检验机构，这些机构根据认证机构指定的标准对产品的样品进行型式试验。检验机构出具的型式试验检验报告必须列出指定标准所要求的全部项目数据，检验结果也必须写出实测数据，并对整个样品是否符合指定标准作出明确结论。

（4）审批。

认证机构根据检查组提交的"检查报告"和检验机构提供的"检验结果"进行全面审查，对符合条件的予以批准，并向申请单位颁发认证证书和许可使用认证标志。如不符合条件，不能批准认证，认证机构应以书面通知申请单位，并说明理由。如企业在短期（6 个月之内）采取整改措施，认证机构进行必要的复查，达到标准的仍可以批准，否则将撤销申请，以后重新申请。

5. 违规处罚

强制性产品《目录》中的产品，有下列情况之一的，依照《中华人民共和国认证认可条例》及配套法规进行处罚：

（1）不符合以上条件而借口无需办理强制性产品认证擅自出厂销售、进口和在经营性活动中使用的；

（2）符合上述条件但没有获得《免于办理强制性产品认证证明》擅自出厂销售、进口和在经营性活动中使用的；

（3）编造虚假材料骗取《免于办理强制性产品认证证明》的；

（4）获得《免于办理强制性产品认证证明》后不按原申请目的使用的。

6.3.3　进口许可证民用商品入境验证程序

1. 定义

民用商品入境验证是指对国家实行进口质量许可制度和强制性产品认证的民用商品。对列入《出入境检验检疫机构实施入境验证的进口许可制度民用商品目录》（以下简称《入境验证商品目录》）[①]的进口商品，在通关入境时，由出入境检验检疫机构核查其是否取得必需的证明文件，抽取一定比例批次的商品进行标志核查，并按照进口许可制度规定的技术要求进行检测。

2. 验证程序

（1）进口许可制度民用商品的贸易关系人、代理人，在办理进口报检时，应当向口岸检

---

① 　《入境验证商品目录》:《出入境检验检疫机构实施检验检疫的进出口商品目录》中"检验检疫类别"为 L 的进口商品。

验检疫机构提供进口许可制度规定的相关证明文件,并配合检验检疫机构实施入境验证工作。

(2)口岸检验检疫机构受理报检时,审核进口许可制度民用商品的贸易关系人、代理人提供的进口许可制度规定的相关证明文件。对经查实证明文件符合规定的,签发《入境货物通关单》,并在备注栏注明"入境验证产品"字样;不符合规定的,不予签发《入境货物通关单》。

3. 验证结果处理

(1)属于法定检验检疫的进口质量许可制度民用商品,检验检疫机构应当按照有关规定实施检验检疫,同时应当核查产品的相关标志是否真实有效。

(2)不属于法定检验检疫的进口许可制度民用商品,检验检疫机构可以根据需要,进行抽查检测。抽查检测的范围、具体实施程序,由国家质检总局另行规定。

(3)进口许可制度民用商品经检验标志不符合规定或者抽查检测项目不合格的,由检验检疫机构依照《商检法》及其实施条例的有关规定进行处理。

4. 需提交的文件

合同、发票、提(运)单、装箱单、进口许可制度的许可证明文件等。

6.3.4 进口商品安全质量许可制度

1. 进口商品安全质量许可制度

进口商品安全质量许可制度是我国为了维护各国消费者利益、社会公共利益以及国家利益,而对涉及安全、卫生、环境保护、劳动保护和检疫(以下简称"安全")的商品实施的一项监督管理制度。该制度属于法定强制性安全认证制度,也是国际上广泛采用的保护消费者利益、维护人身财产安全和环境保护的基本做法,欧盟、日本、美国等许多发达国家都普遍采用,部分发展中国家也有类似政策、措施。

根据《商检法》《商检法实施条例》和《进口商品质量监督管理办法》,我国于 1989 年 8 月开始实施进口商品安全质量许可制度,并颁布第一批《实施安全质量许可制度的进口商品目录》(以下简称《目录》)。列入首批《目录》的商品有汽车、摩托车、摩托车发动机、电冰箱、电冰箱压缩机、空调器、空调器压缩机、电视机和显像管 9 类别 20 种进口商品。

1993 年 8 月 1 日和 1997 年 8 月 1 日商检部门又分别实施了《进口商品安全质量许可制度实施办法》和《进口商品安全质量许可制度实施细则》,对进口商品安全质量许可制度的申请、考核等程序以及日常检验和监督管理等作出了明确、具体的规定。

1995 年 9 月 4 日商检部门和对外贸易经济合作部又联合发布了第二批《目录》。该批《目录》中共有 38 类 119 种进口商品。此《目录》中的家用电动洗衣机、真空吸尘器、皮肤及毛发护理器具、电热水器、电烤箱类、微波炉、电饭锅、电熨斗、电灶类、电动食品加工机、液体加热器类、录像机、音响设备、个人计算机、显示器、开关电源、打印机、电动工具、低压电器、电焊机等20类76种进口商品。

1999年1月1日起,对列入商检部门和对外贸易经济合作部1998年12月18日发布的《实施安全质量许可证的进口商品目录》中个人计算机、显示器、打印机、开关电源、电视机、音响设备等6种进口商品实施电磁兼容强制检测。产品的电磁兼容检测项目为GB9254《信息技术设备的无线电骚扰限值和测量方法》中规定的电源端子传导骚扰和辐射骚扰。检测合格产品,选用标准规格标志、模压式或铭牌印刷任何一种方式,在产品本体明显位置上加施图6.5所示的认证标志。

图6.5　认证标志图案

凡属《目录》内的进口商品,必须获得国家质检总局签发的"进口商品安全质量许可证书"并加贴国家质检总局批准使用的"CCC"安全标志,方准进口。

国外厂商首次向我国出口列入《目录》的商品时,应当直接或者通过代理人向国家质检总局指定机构申请,接受审查,并按规定缴纳有关费用。对《目录》内商品的送审样品及生产厂生产与检测条件的审查,由出入境检验检疫机构和有关监督、检验机构按照国家"安全"法规和标准进行检验和考核;经检验和考核合格的,由国家质检总局签发"进口商品安全质量许可证书",并准予使用安全标志。

国家质检总局对《目录》内的商品、生产厂生产和检测条件及安全标志的使用情况实行日常检查和监督。对不符合规定者,由国家质检总局吊销"进口商品安全质量许可证书",收回安全标志,并按有关规定处理。

国家质检总局指定中国进出口商品质量认证中心(以下简称"认证中心")负责进口商品安全质量许可制度审查工作,并组织国家质检总局设在各地的进口商品质量许可制度审查部(以下简称"审查部")负责国家质检总局指定商品的安全质量许可制度的实施工作。国家质检总局指定的商检机构或商检实验室(以下简称"检验机构")负责国家质检总局指定商品的安全性能检测工作。

2. 申请程序

(1) 申请。

根据国家质检总局公布的《目录》,国外厂商或其代理人(以下简称"申请人")即可向认证中心提出书面意向申请书并缴纳申请费。意向申请书内容应包括申请商品的名称、型号、规格及有关资料、生产厂和申请人的名称、地址、电话、传真等有关信息。

《目录》内商品原则上按型号提出申请。不同生产厂生产的同型号商品或同一生产厂在不同生产地点生产的同型号商品,应分别申请。

申请人提交的一切资料及申请书均应用中文或英文书写。

(2) 审核。

接到申请人的意向申请书后,认证中心向有关审查部寄送任务书,有关审查部会同检验机构审查申请资料后按申请商品划分成申请单元由审查部向申请人寄发正式《申请书》。

申请人须在接到《申请书》四十天内办完申请手续，否则申请自行作废。申请手续包括：申请人按照《申请书》所列要求向指定审查部寄送填写好的《申请书》，提交有关资料，寄送样品，声明样品处理意见并支付样品检验费、资料审查费等项费用。

（3）样品检验。

有关检验机构收到样品和有关资料后，按照相应商品的安全检验项目和标准（见认证中心规定）对样品进行检测。检测结束后，检验机构应将检验报告及有关资料送交有关审查部。

对已申请并通过检测的基本型产品的系列产品或变型产品，只检测与基本型不同部分的有关项目。

国家质检总局可委托其认可的国外检验机构进行部分检测工作，或者由出入境检验检疫机构指定认证中心派出专家组监督生产厂进行检测。

（4）样品处理。

样品检验后，有关审查部向需要领回样品的申请人寄送"领取样品通知书"。申请人收到"领取样品通知书"1个月内到指定地点办理样品领取手续。逾期不取的样品交中国海关处理。

若样品检测合格，由有关审查部通知申请人缴纳生产厂生产与检测条件审查费并向申请人寄送工厂调查表。

若样品检测不合格，由有关审查部向申请人寄送"样品检验不合格通知书"并说明样品与标准不符合的项目及检验结果，或者寄送"样品补充检验通知书"，并通知申请人缴纳补充检验所需费用。对收到"样品检验不合格通知书"的产品，申请人自通知书签署之日起6个月后，方可再次提出申请。

（5）签证与标志加施。

样品检测和生产厂生产与检测条件审查合格后，由有关审查部核实审查组的生产厂审查确认书和工厂调查表等文件，并连同样品型式试验报告和进口商品安全质量许可证报批表送认证中心，由国家质检总局签发"进口商品安全质量许可证书"并定期公告获证情况。

申请人收到"进口商品安全质量许可证书"后，即可向认证中心及国家质检总局指定的机构购买"CCC"安全标志。"CCC"安全标志应在产品出厂前，贴在产品的规定部位。

（6）日常检查和监督。

认证中心和国家质检总局认可的国外检验机构按照规定，对已获得"进口商品安全质量许可证书"和允许使用"CCC"安全标志商品的生产厂，进行不定期的日常检查。检查每年不少于一次。

生产厂生产与检测条件或现场抽测的产品安全项目的检验不合格，认证中心报请国家质检总局同意后，通知申请人暂停使用并封存未使用的"CCC"安全标志。请求恢复使用"CCC"安全标志时，申请人应向认证中心提出书面申请，经对生产厂或样品重新检查或检验合格后认证中心通知申请人恢复使用"CCC"安全标志并报国家质检总局备案。

已"进口商品安全质量许可证书"的商品,当生产厂的生产与检测条件、产品安全关键件、产品结构等发生变更时,申请人应将变更情况及时通知有关审查部并经认证中心确认后,方可继续使用"CCC"安全标志。对涉及商品安全性能的上述变更,原则上需要重新进行样品或有关部件的检验。

商品进入市场后由国家质检总局会同国家工商行政管理局组织地方出入境检验检疫机构和工商行政管理局进行联合监督检查,检查中发现应贴而未贴"CCC"安全标志的商品,由出入境检验检疫局和工商行政管理局联合封存其商品,按有关规定处罚后,现场抽取样品进行安全项目检测,合格者加贴商检绿色验讫标志,不合格者按(7)进行处罚。

(7) 处罚。

有下列情况之一者:已获得"进口商品安全质量许可证书"的商品进口时,发现有两批安全性能不合格或安全关键件与获证商品不符;在生产厂抽封的样品,经检验(包括扩大抽样复查)不合格;申请人擅自在未经批准的商品上使用"CCC"安全标志;在市场监督抽查中,发现安全性能不合格或安全关键件与获证商品不符等,由国家质检总局吊销"进口商品安全质量许可证书",并收回"CCC"安全标志。

擅自进口和销售未获得"进口商品安全质量许可证书"和没有"CCC"安全标志的《目录》内商品,或者伪造、变造、盗用"进口商品安全质量许可证书"或"CCC"安全标志的,按照我国有关法律、法规处罚。

6.3.5　进口能源效率标识产品入境验证

1. 能效标识制度

能效标识是一个市场准入概念,它直观地明示了家电等产品的能源效率等级,从而给消费者提供判断家电产品是否节能的重要指标。目前,世界上已有 37 个国家和地区实施了能效标识制度,成功地减缓了电器、设备等能源消耗的增长势头,在鼓励技术开发、市场竞争、高效产品的销售以及市场转换等方面也非常有效,取得了显著的节能、环保和经济效益。有关资料显示,世界各国因实施能效标识计划每年节能价值达 8 亿美元。

2004 年 8 月,国家发展改革委、国家质检总局、国家认监委发布《能源效率标识管理办法》,标志着能效标识制度在我国正式建立。该办法按能效比将节能分为 5 级,1 级最为节能、5 级能效最低。我国能效标识制度采用的是"企业自我申明＋备案＋社会监督"这一国际通行实施模式。凡列入《目录》的产品,应当在产品或者产品最小包装的明显部位标注统一的能源效率标识,并在产品说明书中说明。能源效率标识的名称为"中国能效标识"(China energy label),能源效率标识的基本内容应包括:(1)生产者名称或者简称;(2)产品规格型号;(3)能源效率等级;(4)能源消耗量;(5)执行的能源效率国家标准编号。

作为我国能效标识制度建设的第一步,家用电冰箱和房间空调器能效标识制度已于2005年3月1日起正式实施,凡中国生产、销售、进口的家用空调和冰箱必须贴"中国能效标识"标签,没有标识的产品一律不准上市销售。

2006年国家发展改革委、国家质检总局和国家认监委制定并发布了第65号公告,发布第二批《中华人民共和国实行能源效率标识的产品目录》《电动洗衣机能源效率标识实施规则》和《单元式空气调节机能源效率标识实施规则》,自2007年3月1日起对电动洗衣机和单元式空气调节机这两个产品开始实施能源效率标识制度。

列入《目录》的产品的生产者或进口商应当在使用能源效率标识后,向国家质检总局和国家发展和改革委员会(以下简称国家发展改革委)授权的机构(以下简称授权机构)备案能源效率标识及相关信息。

2. 能源效率标识的实施机构

(1)国家发展改革委、国家质检总局和国家认监委负责能源效率标识制度的建立并组织实施。

(2)地方各级人民政府节能管理部门(以下简称地方节能管理部门)、地方质量技术监督部门和各级出入境检验检疫机构(以下简称地方质检部门),在各自的职责范围内对所辖区域内能源效率标识的使用实施监督检查。

3. 能源效率标识的实施

(1)列入《目录》的产品的生产者或进口商,可以利用自身的检测能力,也可以委托国家确定的认可机构认可的检测机构进行检测,并依据能源效率国家标准,确定产品能源效率等级。

(2)利用自身检测能力确定能源效率等级的生产者或进口商,其检测资源应当具备按照能源效率国家标准进行检测的基本能力,国家鼓励其实验室取得认可机构的国家认可。

4. 能源效率标识的备案申请

生产者或进口商应当自使用能源效率标识之日起30日内,向授权机构备案,可以通过信函、电报、电传、传真、电子邮件等方式提交以下材料(外文应附有中文译本,并以中文文本为准):

(1)生产者营业执照或者登记注册证明复印件;进口商与境外生产者订立的相关合同副本;

(2)产品能源效率检测报告;

(3)能源效率标识样本;

(4)初始使用日期等其他有关材料;

(5)由代理人提交备案材料时,应有生产者或进口商的委托代理文件等。

5. 监督管理

国家质检总局和国家发展改革委依据各自职责,对列入《目录》的产品进行检查,核实能源效率标识信息。列入《目录》的产品的生产者、销售者和进口商应当接受监督检查。

6. 罚则

有下列情形之一的,由地方节能管理部门或者地方质检部门责令限期改正和停止使用能源效率标识;情节严重的,由地方质检部门处 1 万元以下罚款。

(1) 未办理能源效率标识备案的,或者应当办理变更手续而未办理的。

(2) 使用的能源效率标识的样式和规格不符合规定要求的。

(3) 伪造、冒用、隐匿能源效率标识以及利用能源效率标识做虚假宣传、误导消费者的,由地方质检部门依照《中华人民共和国节约能源法》和《中华人民共和国产品质量法》以及其他法律法规的规定予以处罚。

6.4　进口机电产品的检验检疫

对进口机电产品的检验检疫,根据产品特性及检验检疫要求归属,一般分为 5 个类型:强制性产品认证;进口安全质量民用商品入境验证;进口许可证民用商品入境验证;旧机电产品;进口电池产品验证。

6.4.1　强制性产品认证范围内的机电产品

国家对涉及人类健康和动植物生命和健康,以及环境保护和公共安全的产品实行强制性认证制度。自 2002 年 5 月 1 日起,列入《中华人民共和国实施强制性产品认证的产品目录》内的商品,必须经过指定的认证机构认证合格、取得指定认证机构颁发的认证证书、并加施认证标志("CCC"标志)后,方可进口。有关具体检验检疫要求见本书 6.3.2 的内容。

6.4.2　进口安全质量民用商品入境管理范围内的机电产品

国家根据需要,对涉及安全、卫生、环境保护、劳动保护等重要的进口商品及其生产企业实施进口安全质量许可制度。对符合中国的有关法律、行政法规及强制性标准要求的进口商品发给安全质量许可证书,并加施检验检疫安全标志或卫生标志。列入《进口商品安全质量许可制度目录》内的进口商品,必须取得国家质检总局的进口安全质量许可,方可进口。报检时除填写《入境报检单》随附有关外贸单据外,还应提供进口安全质量许可证复印件。有关具体检验检疫要求见本书 6.3.4 的内容。

6.4.3　进口许可证民用商品入境验证范围内的机电产品

有关具体检验检疫要求见本书 6.3.3 的内容。

6.4.4　旧机电产品

有关具体检验检疫要求见本书 6.5.4 的内容。

6.4.5　进口电池产品

自 2001 年 1 月 1 日起,检验检疫机构对进出口电池产品汞含量实施强制检验,实行备案和汞含量年度专项检测制度。国家质检总局主管全国进出口电池产品汞含量的检验监管工作,国家质检总局设在各地的检验检疫机构负责所辖地区进出口电池产品的备案及日常检验监管工作。国家质检总局核准实施进出口电池产品汞含量检测的实验室负责汞含量专项检测,并出具《电池产品汞含量检测合格确认书》。

6.5　进口重要商品的检验检疫工作程序

根据《商检法》规定,国家对重要进口商品和大型成套设备,收货人应当遵守在出口装运前预检验、监造。

6.5.1　重要进境商品的种类及其装运前检验

1．重要进境商品的种类

重要进境商品主要分以下两类:

(1) 关系国计民生、价值较高、技术复杂、风险较大等的进口商品,如旧机电产品或可用作原料的废旧物品等。

(2) 大型成套设备,如各类建设、工程所需的生产线、反应堆、大型机械等。

2．重要进境商品检验协议中的签订要求

(1) 装运前检验条款。

根据我国对上述两类进口商品实施装运前检验的规定,收货人应当在进口商品协议(或合同)中遵守我国的规定,订明实施装运前检验的条款。协议(或合同)应明确装运前预检验的范围、内容、项目、方法、实施检验的时间、地点费用支付,以及检验检疫人员组成,并把装运前检验作为交货和结汇的依据。

(2) 进口后的最终检验和验收。

装运前检验不能代替按照规定对商品进口后进行的最终检验和验收,也不能免除双方所应当承担的风险和责任,收货人仍拥有对外索赔的权利,协议(或合同)中也必须对此加以明确。其原因是由于客观条件限制,有的质量问题可能在实施监造、装运前检验或者监装时难以发现,或者在运输途中容易发生残损,导致到货后才发现。

6.5.2 装运前检验制度

对进口商品实施装运前检验(亦称发货前检验),是国际贸易中普遍采用的质量保证措施。装运前检验根据各进口地或进口商品的要求,对产品品质、性能、规格等进行检验。进口商品在进口地进行货物发运前的检验,以保证进口商品的质量、规格、安全等能符合要求。因此,《商检法》对重要进口商品规定了装运前检验制度。

1. 检验方式

装运前检验的主要方式有:预检验、监装、监造等。其中,预检验是在产品生产完成后、发运前,在生产厂家内部对其品质、性能进行检验。监装是对商品的包装、运输过程进行跟踪和监督检查。监造是对生产厂家从原料验收、产品生产到出厂的全过程进行跟踪和监督检查。

2. 实施检验机构

收货人是实施监造、装运前检验或者监装的责任主体。出入境检验检疫机构,可以根据工作需要,也可根据收货人的申请,派员参加收货人实施监造、装运前检验或者监装,或者组织收货人实施监造、装运前检验或者监装。在这种情况下,出入境检验检疫机构主要发挥检验机构、信息等方面的优势,协助收货人及时发现、处理在制造、装运过程中存在安全、质量方面的问题,以尽可能减少损失。

收货人实施的监造、装运前检验或者监装也可委托获国家质检总局认可的装运前检验机构实施。为防止境外有害生物和不符合国家环境保护控制标准的废物通过贸易欺诈的方式进入我国,我国还对进口可用作原料的大固体废物实行装运前检验。进口可用作原料的固体废物的装运前检验由出入境检验检疫机构或者由以下经国家质检总局指定的检验机构实施,对经检验合格的,出具装船前检验证书。

(1) 中国检验认证(集团)有限公司[China Certification & Inspection(Group) Co., Ltd]

(2) 中国检验认证集团五洲检验(泰国)有限公司[CCIC(THAILAND) CO. LTD.]

(3) 中国检验认证集团欧洲有限公司(荷兰)[CCIC EUROPE B. V.]

(4) 中国检验认证集团澳大利亚有限公司[CCIC AUSTRALIA PTY. LTD.]

(5) 中国检验认证集团新加坡有限公司[CCIC SINGAPORE PTE LTD.]

(6) 中国检验认证集团南美有限公司[CCIC SOUTH AMERICA INC., LTDA.]

(7) 中国检验认证集团北美有限公司[CCIC NORTH AMERICA INC.]

(8) 中国检验认证集团纽约有限公司[CCIC NEW YORK INC.]

(9) 中国检验认证集团伦敦有限公司(英国)[CCIC LONDON CO., LTD. (UK)]

(10) 中国检验认证集团阿拉木图有限公司[CCIC ALMATY CO., LTD.]

(11) 中国检验认证集团加拿大有限公司[CCIC CANADA INC.]

(12) 中国检验认证集团马来西亚有限公司[CCIC MALAYSIA COMMODITIES IN-SPECTION SDN. BHD.]

(13) 中国检验认证集团不莱梅有限公司(德国)[CCIC BREMEN GMBH(GERMANY)]

(14) 中国检验认证集团马赛有限公司(法国)[CCIC MARSELLE SARL(FRANCE)]

(15) 中国检验认证集团新西兰有限公司[CCIC NEW ZEALAND CO. LTD.]

(16) 中国检验认证集团菲律宾有限公司[CCIC PHIL IPPINES INC.]

(17) 日中商品检查株式会社[JAPAN-CHINA COMMODITIES INSPECTION CO., LTD.]

(18) 中国检验认证集团芝加哥有限公司[CCIC CHICAGO INC.]

(19) 中国检验认证集团西班牙有限公司[CCIC SUCURSAL EN ESPANA]

(20) 中国检验认证集团驻俄罗斯代表处[CCIC OFFICE IN THE RUSSIAN FEDER-ATION]

(21) 中国检验认证集团澳门有限公司[CCIC MACAU CO., LTD.]

(22) 中国检验认证集团迪拜有限公司[CCIC DUBAI]

(23) 中国检验认证集团日本有限公司[CCIC. JAPAN Co., Ltd.]

3. 装运前检验证书

装运前检验证书应真实、准确、完整,并符合如下要求:

(1) 注明供货人名称、装运货物名称、进口废物原料环保批准证书编号和集装箱装货地点;

(2) 实施检验的时间、地点及气候情况;

(3) 注明所验货物符合进口废物原料环保控制标准的具体要求;

(4) 以集装箱装运的,注明报检重量、集装箱编号和封识特征及编号;

(5) 以散装船舶运输的,注明报检重量、船名、装运舱位特征;

(6) 装运前检验证书编号、日期、签发人和公章等应齐全、完整。

有关装船前检验机构可查询国家质检总局网站,或向各地检验检疫机构咨询。

6.5.3 进口可用作原料的固体废物的工作程序

1. 国外供货商与国内收货人的注册登记

进口可用作原料的固体废物①的国外供货商、国内收货人在签订贸易合同前,应当取得

---

① 固体废物:在生产、生活和其他活动中产生的丧失原有利用价值或者虽未丧失利用价值但被抛弃的固态、半固态和置于容器中的气态的物品、物质以及法律法规纳入固体废物管理的物品、物质。

国家质检总局或直属检验检疫局的注册登记。有关内容参见本书第 3 章的内容。

2．申请进口废物必须符合的条件

(1) 符合国家进口废物分类管理要求。

国家将进口废物分两类进行管理：一类是禁止进口的废物；一类是可作为原料但必须严格限制进口的废物。对国家禁止进口的废物，任何单位和个人都不准从事此类废物的进口贸易以及其他经营活动。列入《限制进口类可用作原料的废物目录》和《自动进口许可管理类可用作原料的废物目录》的进口废物须由国家环保局统一审批，并由检验检疫机构实行强制性检验检疫。

(2) 申请进口废物作原料利用的企业必须是依法成立的企业法人，并具有利用进口废物的能力和相应的污染防止设备。

(3) 申请进口的废物已被列入《限制进口类可用作原料的废物目录》和《自动进口管理类可用作原料的废物目录》。

(4) 进口废物前，废物进口单位应事先取得国家环境保护局签发的《进口废物批准证书》。

(5) 收货人申请进口报检前需取得出入境检验检疫机构或者国家质检总局指定的检验机构出具的《装运前检验证书》。

3．装运前检验的内容

(1) 进口可用作原料的固体废物贸易双方必须在合同中订立装运前检验的范围、内容、项目、方法、实施检验时间、地点、费用支付方式及检验人员组成等。品质条款应注明所进口可用作原料的固体废物必须符合中国环境保护控制标准的要求，注明严禁夹带生活垃圾和《控制危险废物越境转移及其处置巴塞尔公约》控制的危险物和其他废物。

(2) 装运前检验必须由检验检疫机构或者国家质检总局认可的检验机构实施。

4．进口废物原料检验检疫流程图说明

如图 6.6 所示，进口废物原料检验检疫流程分为受理报检审核和检验检疫两大部分。其具体操作说明如下：

(1) 第一部分：受理报检审核。

① 贸易关系人在进口废物原料运抵口岸时，向口岸检验检疫部门报检，除填写入境货物报检单，提供贸易相关的必要单证外，还需提供国家环保总局签发的《进口废物批准证书》(见图 6.7)、装运前检验机构出具的《装运前检验合格证书》(见图 6.8)以及进口废物原料利用单位的《进口废物作原料利用环境风险报告书》或《进口废物作原料利用环境风险报告表》、《进口废物原料境外供货企业注册证书》复印件。

② 重点审核废物原料供货商是否已获得国家质检总局的废物原料境外供货企业注册资格、报检的品名及 HS 编码是否与《进口废物批准证书》一致、是否与《进口废物原料境外供货企业注册证书》批准注册产品种类一致、进口口岸是否属于《进口废物批准证书》指定的口岸、《进口废物批准证书》是否在有效期内，对于首次出现的废物利用单位，还应要求申请

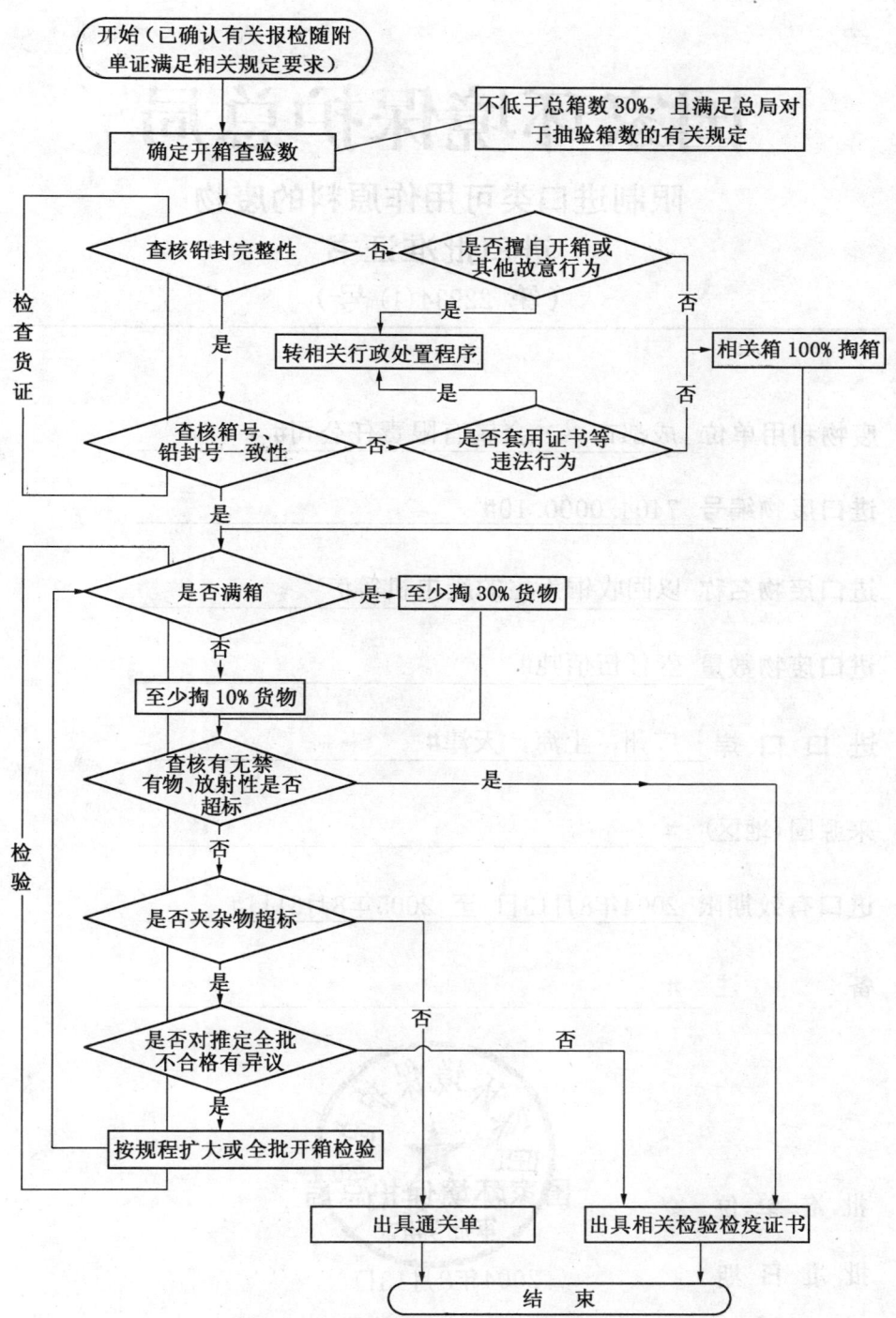

图 6.6　进口废物原料检验检疫流程图

国家环境保护总局

限制进口类可用作原料的废物
进口批准证书

（第 22934(1) 号）

废物利用单位　成都市××金属有限责任公司#

进口废物编号　7404.0000.10#

进口废物名称　以回收铜为主的废电机等#

进口废物数量　壹仟伍佰吨#

进　口　口　岸　广州，上海，天津#

来源国（地区）　#

进口有效期限　2004年8月13日　至　2005年8月31日#

备　　　注　#

批　准　单　位

国家环境保护总局
审批专用章

批　准　日　期　　　　2004年8月13日

图6.7　国家环境保护总局签发的《进口批准书》

CCIC EUROPE B.V.
中国检验认证集团欧洲有限公司

正本
ORIGINAL

Add: Noordeinde 35, 3061 EN Rotterdam, the Netherlands
Tel: 0031-10-4129861
Fax: 0031-10-4114003
E-mail: ccic-europe@planet.nl

证书编号（No.）: EI05040319EI

签证日期（Date）: APR.08, 2005

CERTIFICATE

Pre-shipment inspection

发货人/Shipper	: EUROPE METALS BV
注册编号/Registration No.	: A528042655
货物申报名称/Commodities Declared	: MIXED METAL SCRAP
申报数量/Qty/Wt. Declared	: 1X20' CONTAINER(S) 27.080 KG
申报装货港/Port of Loading Declared	: FOS SUR MER
申报卸货港/Port of Discharge Declared	: SHANGHAI
检验日期/Date of Inspection	: 12 MARCH 2005
检验地点/Place of Inspection	: HEEZE

上述货物存放于供货人仓库/堆场。根据发货人所提供的提单，货物在检验后装入带有如下标识符号的集装箱内运输：
The above-mentioned cargo was stored in the supplier's warehouse/yard. According to the B/L provided by the shipper, the goods were loaded into the container(s) with the identification numbers listed below for transportation:

序 号 SEQUENCE NO.	集装箱号 CONTAINER NO.	封识号 SEAL NO.
01	MSCU 644076/5	0631853

根据中国国家标准GB 16487-1996对上述货物进行外观检验，在现场检验过程中未发现禁止物或有害物质超过标准规定。
The cargo above mentioned was visually inspected according to the Chinese Standard GB 16487-1996, no excess prohibited materials or harmful substances were found during on-the-spot inspection.

根据上述检验结果，本批货物符合中国国家标准GB 16487-1996《进口废物环境保护控制标准》要求。
Based on the said inspection, the above mentioned cargo was in conformity with the Specification of the Chinese Standard GB 16487-1996, 《Environmental Protection Control Standard for Imported Scrap Material》.

*********************The End*****************

检验员（Inspector）:

For and on behalf of
CCIC EUROPE B.V.
中国检验认证集团欧洲有限公司

Authorized Signature(s)

本证书仅供证明申报货物在依据GB 16487-1996标准进行检验识的环保状况。该检验不包含对申报货物状况的其他鉴定（如申报货物的名称、分类、规格、品质、重量等）。因此，本证书不可作为对申报货物出环保状况以外其他任何状况的证明和鉴定。
This Certificate issued by CCIC Europe B.V. can only be used for the sole purpose of certifying the conformity of the commodity being inspected with the Chinese Standard No. GB 16487-1996. Other aspects of the commodity (including but not limited to the name, type, specifications, quality, quantity and weight etc.) were not part of the inspection.

本证书自鉴发之日起90天有效。
This Certificate is valid within 90 days from the date of issuing.

B 0016276

图6.8 中国检验认证集团欧洲有限公司出具的证书

人提供《进口废物利用环境风险报告书》或《进口废物利用环境风险报告表》并复印副本另行存档。核查《装运前检验合格证书》的真伪,是否是国家质检总局授权或认可的装运前检验机构,证书格式是否与范本一致,证书上项目是否齐全,签字是否为授权签字人手签(已取消手签章)等。

(2)第二部分:检验检疫。

① 现场检验检疫。

现场检验检疫项目包括卫生检疫、动植物检疫、环保项目检验、品质检验和数重量检验。其中卫生检疫查验内容包括:来自检疫传染病疫区的情况,遭受病原微生物污染的情况,存活的医学动物及病媒生物,夹杂生活垃圾情况,放射性污染情况。动植物检疫重点检查货物中是否夹带土壤、动植物产品、动植物性废弃物及其他有害生物,特别是来自动植物疫区的货物;环保项目检验按照《进口废物环境保护控制标准》和相应的进口可利用废物原料(商检行业)检验规程实施,对进口废物中的夹带物进行控制基本上分为禁止混有放射性废物、废弃炸弹、炮弹等爆炸性武器弹药等夹带废物、严格控制石棉废物或含石棉的废物、废感光材料,密闭容器等夹杂物和一般控制的夹杂废物①等三个层次。

以集装箱装载的进口废物原料,在集装箱进入检验检疫部门指定监管堆场后进行开箱或掏箱检验,首先核对集装箱的封识、箱号等装运特征是否与原始单证及《装运前检验合格证书》相符;对于散装船运输的进口废物原料,其查验比例根据货物的批量确定,小批量(10 吨以下)为 0.1%—1%,大批量(10 吨以上)为 0.01%—0.1%;

现场检验检疫人员检验检疫工作完毕后,必须认真将检验检疫中的情况(包括照相情况)均真实、完整、准确和及时地作好记录。详细填写货物实际情况、执行检验标准、集装箱号和相应的新老封识号、封识通知单、检验场地、天气等内容,并按照有关的规定转单。

② 检验检疫结果判断及处理。

进口废物原料经检验检疫未发现不符合环保要求的,出具《入境货物通关单》,并在《入境货物通关单》备注栏内注明"上述货物经初步检验,未发现不符合环境保护要求的物质"。

经环保项目检验检疫不符合进口废物原料国家环境保护控制标准的,判为环保项目不合格,出具环保项目不合格的《检验检疫证书》,货物移交海关、环保部门处理。

经品质、重量等项目检验不符合合同或标准要求的,出具品质证书或鉴定报告。

---

① 一般控制的夹杂废物:某种废物在加工利用过程中无法直接利用的其他夹杂废物,如废纸中夹带的木废料、废金属、废玻璃、废塑料、废橡胶、废吸附剂、墙(壁)纸、涂蜡纸、浸蜡纸、复写纸等废物等;废钢铁中夹带的木废料、废纸、废玻璃、废塑料、废橡胶、剥离铁锈等;废塑料中夹带的废木片、废金属、废玻璃、热固性塑料、废橡胶、涂有金属层的塑料薄膜或塑料制品等。

经卫生或动植物检疫不合格的,按有关规定进行卫生处理。发现木质包装,必要时现场扦取样品,交检验室进行线虫和其他有害生物的检验。

对集装箱装载的废物原料在集装箱封识检验中发现无封识或实际到货的封识特征与申请人所持装运前检验证书不相符的,应加严检验。发现到货环保项目与附装运前检验证结果不一致时,以口岸检验检疫机构检验结果为准出证。同时向国家质检总局检验监管司汇报并抄报认监委。

6.5.4 进口旧机电产品的检验检疫工作程序

2003 年 10 月 1 日起,我国对进口涉及人身健康安全、卫生环境保护的大型二手设备或取得商务部批准的、国家特殊需要的进口旧机电产品①的收货人或者其代理人应当申请实施装运前预检验。如第 3 章思考题中附图所示进口旧机电产品的检验检疫工作程序包括:进口旧机电产品备案、装运前预检验、到货检验②和监督管理③等制度。

1. 进口旧机电产品备案④

进口旧机电产品的收货人或者其代理人(简称备案申请人)应当自合同或者协议生效之日起,到货 90 天前,向国家质检总局或所在地直属检验检疫局(统称备案机构)申请备案。备案所需提供的文件[其中(1)(2)(3)从网址:www.aqsiq.gov.cn 下载填写]如下:

(1)《进口旧机电产品备案申请书》;

(2)《进口旧机电产品装运前预检验申请书》;

(3)《进口旧机电产品清单》;

(4)申请人、收货人、发货人营业执照(复印件);

(5)合同或有约束力的协议;

(6)国家允许进口证明文件(复印件)。

2. 装运前检验

对于价值较高、涉及人身财产安全、健康、环境保护项目的高风险进口旧机电产品,除应办理备案手续外,还应当按照国家有关规定,由出入境检验检疫机构或者经国家质检总局指定的检验机构实施。

3. 备案实施范围

需要进行装运前检验的旧机电产品备案范围由国家质检总局公布。

---

① 旧机电产品:8 年以前(含 8 年)制造的机电产品。
② 到货检验:进口旧机电产品入境后由检验检疫机构按照国家技术规范的强制性要求进行的合格评定活动。
③ 监督管理:检验检疫机构对进口旧机电产品的收用货单位销售、使用旧机电产品活动全过程的管理。
④ 进口旧机电产品备案:备案操作流程图见本书第 3 章中的内容。

（1）列入备案范围的旧机电产品条件。

适用于国家允许进口的、在中国境内销售、使用的旧机电产品，包括：

① 已经使用，仍具备基本功能和一定使用价值的机电产品；

② 未经使用但存放时间过长，超过质量保证期的机电产品；

③ 未经使用但存放时间过长，部件发生明显变形；

④ 新旧部件混装的机电产品；

⑤ 大型二手成套设备①。

（2）备案范围的调整。

自 2009 年 12 月 30 日起，国家质检总局本着"便民、高效、优质服务"的原则和"执政为民、服务发展"的宗旨，进一步简化了旧机电产品进口备案及检验监管手续，并对备案范围进行了调整。

① 对于不具有机械安全和电器安全风险的 599 个 H.S. 编码的旧机电产品，调出旧机电产品备案范围；

② 对于出口退货、暂时出口复进口、出口维修复进口、国内结转四种特殊贸易方式进口的旧机电产品，经检验检疫机构核准后，无需办理备案手续；

③ 对于国家禁止进口以及涉及安全、卫生、健康、环境保护的部分旧机电产品，不予办理备案手续。

4. 到货检验

到货检验如图 6.9 所示分为：

（1）报检。

进口时，收货人应当提供出入境检验检疫机构或者经国家质检总局指定的检验机构出具的《进口旧机电产品免装运前检验证明书》或者《旧机电产品装运前检验证书》。

（2）口岸检验。

检验检疫机构接受报检后，核查单证，签发《入境货物通关单》，并在《入境货物通关单》上注明为旧品，必要时实施查验。进口旧机电产品货物使用地检验检疫机构负责对进口旧机电产品实施到货检验。未明确使用地的进口旧机电产品，由进境口岸检验检疫机构负责实施到货检验和监督管理。

（3）异地检验。

入境口岸检验检疫机构签发《入境货物通关单》后，应当及时将《进口旧机电产品免装运前检验证明书》或者《旧机电产品装运前检验证书》、其他报检资料及《入境货物通关单》第三

---

① 大型二手成套设备主要指食品加工机械设备；石油化工设备；纺织设备；能源、核设备；电子、仪器及其加工设备；建筑施工设备；冶金、矿山设备；农用、印刷机械设备；金属及非金属加工设备、林业、纸浆造纸设备、发电机组，包括柴油机、汽油机、发电机及其附件等；其他机械设备。

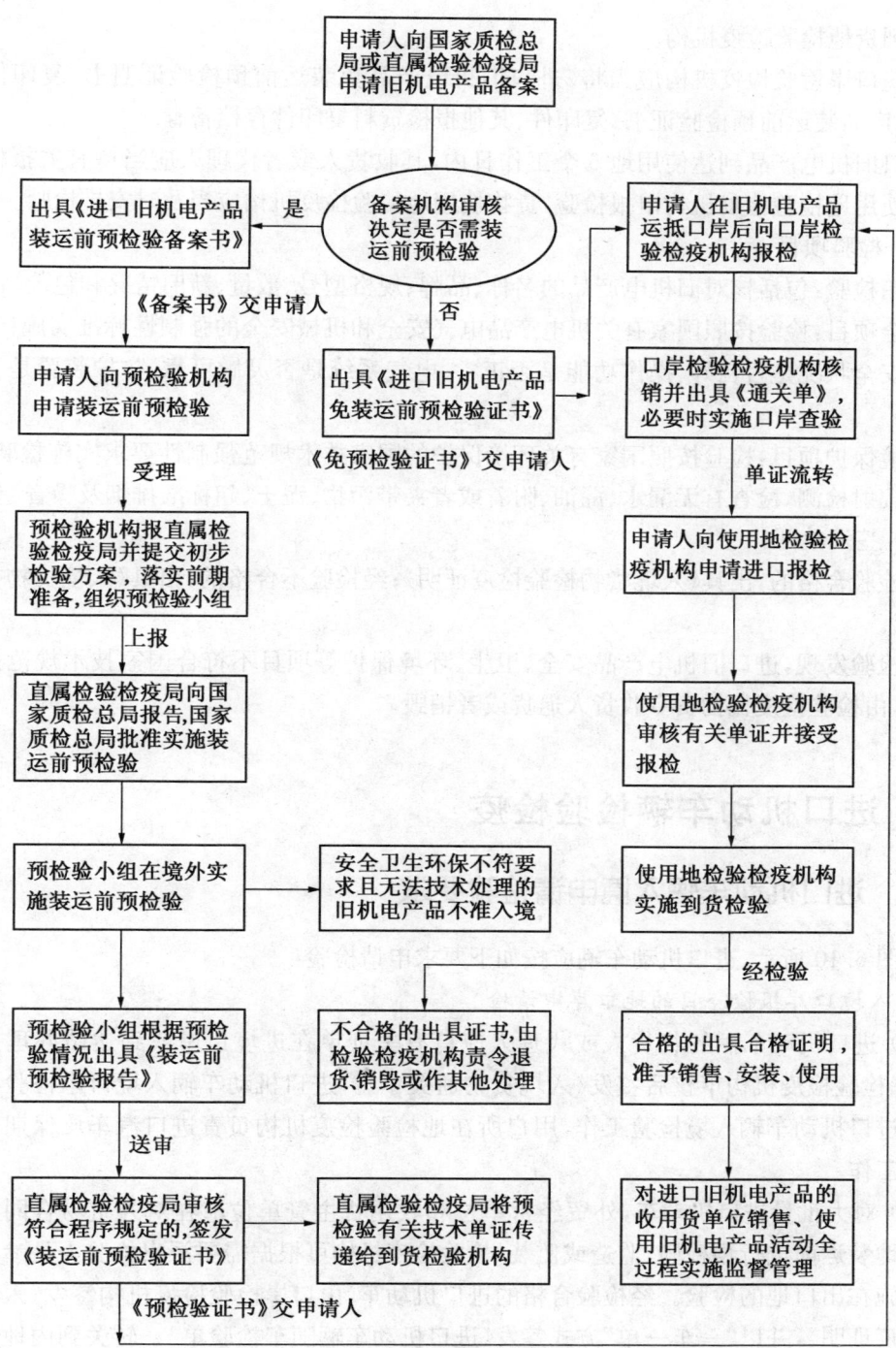

图6.9 进口旧机电产品检验监督管理工作流程图

联寄送到货地检验检疫机构。

入境口岸检验检疫机构应当将《进口旧机电产品免装运前预检验证明书》复印件或者《旧机电产品装运前预检验证书》复印件、其他报检资料复印件存档备查。

进口旧机电产品到达使用地6个工作日内,其收货人或者代理人应当持有关报检资料向货物使用地检验检疫机构申报检验,货物使用地检验检疫机构应当及时安排检验。

(4)检验项目。

开箱检验:包括核对旧机电产品的名称、品牌、规格型号、数量、新旧情况和包装情况;

安全项目:检验按照国家有关机电产品电气安全和机械安全的强制性标准实施检验,检查机件安全状况是否良好、操作功能是否正常、电气系统是否灵敏可靠、防护装置是否安全可靠等;

环境保护项目:检验按照国家有关环境保护的国家技术规范强制性要求实施检验,对货物进行辐射检测,检查有无漏水、漏油、附着或者夹带污物、泥土、超标准排烟及噪音超标等。

(5)签发单证。

经检验合格的,出具《入境货物检验检疫证明》;经检验不合格的,出具《入境货物检验检疫证书》。

经检验发现,进口旧机电产品安全、卫生、环境保护等项目不符合国家技术规范强制性要求的,由检验检疫机构责令收货人退货或者销毁。

6.6　进口机动车辆检验检疫

6.6.1　进口机动车辆入境申请检验要求

如图6.10所示,进口机动车辆应按如下要求申请检验:

1. 入境口岸报检→目的地口岸申请检

(1)进口机动车辆的收货人或代理人应持有关证单在进境口岸或到达站办理报检手续,口岸检验检疫机构审核后签发《入境货物通关单》。进口机动车辆入境口岸检验检疫机构负责进口机动车辆入境检验工作,用户所在地检验检疫机构负责进口汽车质保期内的检验管理工作。

(2)对大批量进口机动车,外贸经营单位和收用货主管单位应在对外贸易合同中约定在出口地装运前进行预检验、监造或监装,检验检疫机构可根据需要派出检验人员参加或者组织实施在出口地的检验。经检验合格的进口机动车,由口岸检验检疫机构签发《入境货物检验检疫证明》,并以"一车一单"方式签发《进口机动车辆随车检验单》。转关到内地的进口机动车辆,视通关所在地为口岸,由通关所在地检验检疫机构负责检验。

(3)用户在国内购买进口汽车时必须取得检验检疫机构签发的《进口机动车辆随车检

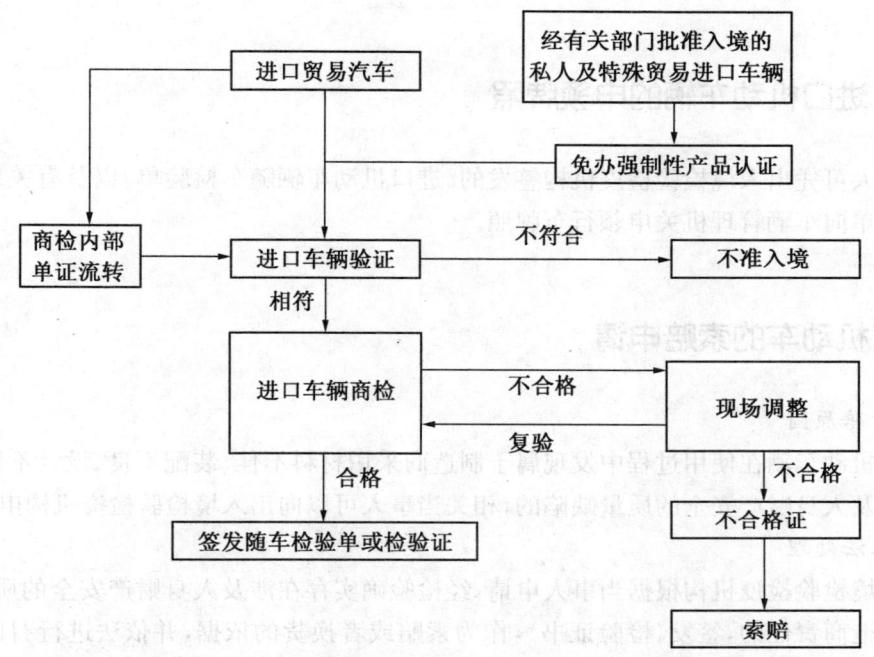

图 6.10　进口车辆报检流程图

验单》和购车发票。在办理正式牌证前,到所在地检验检疫机构申请检验、换发《进口机动车辆检验证明》,作为到车辆管理机关办理正式牌证的依据。

2. 申请检验应提供的单据

申请检验应提供的单据包括:《入境货物报检单》、合同、发票、提(运)单、装箱单、进口安全质量许可证复印件、非 CFC—12 为制冷工质的汽车空调器压缩机的证明以及海关出具的《进口货物证明》。具体对象报检要求如下:

(1) 国外直接进口的汽车报检还应提供的单据包括:进口安全质量许可证复印件;非 CFC—12 为制冷工质的汽车空调器压缩机的证明;海关出具的《货物进口证明书》正本和有关技术资料。

(2) 国内渠道购买的进口汽车报检还应提供的单据包括:口岸检验检疫机构签发的《进口机动车辆随车检验单》;海关出具的《货物进口证明书》的正本及复印件商业发票;单位用车需提供企业代码或营业执照复印件和个人用车需提供使用人的身份证、户口簿复印件。

(3) 限定特定对象使用的进口汽车属海关监管车辆,报检时应提供口岸海关签发的《中华人民共和国海关监管车辆领销牌照通知书》复印件。限定特定对象主要包括:外国驻华使领馆;国际组织驻华机构及其人员;外商常驻机构及其常驻人员和其他长期居住旅客。

6.6.2 进口机动车辆的申领牌照

收货人可凭出入境检验检疫机构签发的《进口机动车辆随车检验单》以及有关部门签发的其他证单向车辆管理机关申领行车牌照。

6.6.3 机动车的索赔申请

1. 索赔原因

进口机动车辆在使用过程中发现属于制造商采用材料不佳、装配不良、设计不合理等原因导致危及人身财产安全的质量缺陷的,相关当事人可以向出入境检验检疫机构申请检验。

2. 依法处理

出入境检验检疫机构根据当事人申请,经检验确实存在涉及人身财产安全的质量缺陷,且确属制造商责任的,签发《检验证书》,作为索赔或者换货的依据,并依法进行召回或暂停进口同类机动车辆等相应的处理。

6.7 进口商品的残损检验鉴定

6.7.1 进口商品残损检验鉴定的实施及其范围

1. 实施进口商品残损检验鉴定的机构

(1) 国家质检总局主管全国进口商品残损检验鉴定工作,国家质检总局设在各地检验检疫机构负责所辖地区的进口商品残损检验鉴定及其监督管理工作。

(2) 检验检疫机构负责对法定检验进口商品的残损检验鉴定工作。法检商品以外的其他进口商品发生残损需要进行残损检验鉴定的,对外贸易关系人可以向检验检疫机构申请残损检验鉴定,也可以向经国家质检总局许可的检验机构申请残损检验鉴定。①

(3) 国家质检总局和各地检验检疫机构对检验机构的残损检验鉴定行为进行监督管理。②

2. 进口商品实施残损检验鉴定范围

检验检疫机构根据需要对有残损的下列进口商品实施残损检验鉴定:

---

① 详见第9章进出口商品的检验鉴定业务。

② 详见本书9.4的内容。

（1）列入检验检疫机构必须实施检验检疫的进出境商品目录内的进口商品；

（2）法定检验以外的进口商品的收货人或者其他贸易关系人，发现进口商品质量不合格或者残损、短缺，申请出证的；

（3）进口的危险品、废旧物品；

（4）实行验证管理、配额管理，并需由检验检疫机构检验的进口商品；

（5）涉嫌有欺诈行为的进口商品；

（6）收货人或者其他贸易关系人需要检验检疫机构出证索赔的进口商品；

（7）双边、多边协议协定、国际条约规定，或国际组织委托、指定的进口商品；

（8）相关法律、行政法规规定须经检验检疫机构检验的其他进口商品。

6.7.2　进口商品残损检验鉴定的申报

1. 受理申报机构

（1）法定检验进口商品发生残损需要实施残损检验鉴定的，收货人应当向检验检疫机构申请残损检验鉴定；法定检验以外的进口商品发生残损需要实施残损检验鉴定的，收货人或者其他贸易关系人可以向检验检疫机构或者经国家质检总局许可的检验机构申请残损检验鉴定。

（2）进口商品的收货人或者其他贸易关系人可以自行向检验检疫机构申请残损检验鉴定，也可以委托经检验检疫机构注册登记的代理报检企业办理申请手续。

2. 申报时间

（1）进口商品发生残损或者可能发生残损需要进行残损检验鉴定的，进口商品的收货人或者其他贸易关系人应当向进口商品卸货口岸所在地检验检疫机构申请残损检验鉴定。

（2）进口商品在运抵进口卸货口岸前已发现残损或者其运载工具在装运期间存在、遭遇或者出现不良因素而可能使商品残损、灭失的，进口商品收货人或者其他贸易关系人应当在进口商品抵达进口卸货口岸前申请，最迟应当于船舱或者集装箱的拆封、开舱、开箱前申请。

（3）进口商品在卸货中发现或者发生残损的，应当停止卸货并立即申请。

（4）进口商品发生残损需要对外索赔出证的，进口商品的收货人或者其他贸易关系人应当在索赔有效期届满 20 日前申请。

3. 申报其他要求

（1）需由检验检疫机构实施残损检验鉴定的进口商品，收货人或者其他贸易关系人应当保护商品及其包装物料的残损现场现状，将残损商品合理分卸分放、收集地脚，妥善保管；对易扩大损失的残损商品或者正在发生的残损事故，应当及时采取有效施救措施，中止事故和防止残损扩大。

（2）收货人或者其他贸易关系人在办理进口商品残损检验鉴定申请手续时，还应当根据实际情况并结合国际通行做法向检验检疫机构申请检验的项目包括：监装监卸；船舱或集装箱检验；集装箱拆箱过程检验和其他相关的检验项目。

6.7.3 进口商品残损检验鉴定方法

检验检疫机构按国家技术规范的强制性要求实施残损检验鉴定。尚未制定规范、标准的可以参照国外有关技术规范、标准检验。

6.7.4 进口商品残损检验鉴定地点

1. 卸货口岸

进口商品有下列情形的，应当在卸货口岸实施检验鉴定：

（1）散装进口的商品有残损的；

（2）商品包装或商品外表有残损的；

（3）承载进口商品的集装箱有破损的。

2. 商品到达地

进口商品有下列情形的，应当转单至商品到达地实施检验鉴定：

（1）国家规定必须迅速运离口岸的；

（2）打开包装检验后难以恢复原状或难以装卸运输的；

（3）需在安装调试或使用中确定其致损原因、损失程度、损失数量和损失价值的；

（4）商品包装和商品外表无明显残损，需在安装调试或使用中进一步检验的。

6.7.5 进口商品残损检验鉴定的其他要求

（1）检验检疫机构在实施残损检验鉴定时，发现申请项目的实际状况与检验技术规范、标准的要求不符，影响检验正常进行或者检验结果的准确性，应当及时通知收货人或者其他贸易关系人；收货人或者其他贸易关系人应当配合检验检疫工作。

（2）检验检疫机构在实施残损检验鉴定过程中，收货人或者其他贸易关系人应当采取有效措施保证现场条件和状况，符合检验技术规范、标准的要求。检验检疫机构未依法作出处理意见之前，任何单位和个人不得擅自处理。如果现场条件和状况不符合本办法规定或检验技术标准、规范要求，检验检疫机构可以暂停检验鉴定，责成收货人或者其他贸易关系人及时采取有效措施，确保检验顺利进行。

（3）涉及人身财产安全、卫生、健康、环境保护的残损的进口商品申请残损检验鉴定后，申请人和有关各方应当按检验检疫机构的要求，分卸分放、封存保管和妥善处置。

（4）对涉及人身财产安全、卫生、健康、环境保护等项目不合格的发生残损的进口商品，检验检疫机构责令退货或者销毁的，收货人或者其他贸易关系人应当按照规定向海关办理退运手续，或者实施销毁，并将处理情况报作出决定的检验检疫机构。

（5）检验检疫机构实施残损检验鉴定应当实施现场勘查，并进行记录、拍照或录音、录像。有关单位和个人应当予以配合，并在记录上签字确认，如有意见分歧，应当备注。

案例评析

案例1　进口化妆品原料不如实申报

案情介绍

2005年2月下旬，上海某化妆品有限公司向上海检验检疫局通报该公司在自行检查中发现近2年时间内存在进口含动物源性成分的化妆品原料不如实报检的情况，现已对尚未使用的原料停止使用，并等待检验检疫机构的进一步调查处理。

经查发现，自2002年底起，国家质检总局对从日本进口的含动物源性成分的化妆原料报检时，要求出具日本农林水产省签发的兽医卫生证书，并实施严格的检验监管。2003年3月，上海某公司首次进口1批含动物源性成分的化妆品原料，也提供了日方的兽医卫生证书。但在后来委托某家货运公司办理报检通关过程中，货运公司认为申报此种原料需要提供证书和风险评估报告等资料，手续相对比较复杂，故在征求某公司同意后，将其申报为一般的化妆品原料，骗取检验检疫机构《入境货物通关单》通关入境。

其次，在进口原料的工厂检验过程中，某公司明知进口原料属于含动物源性成分的原料，却未向实施现场检验的检验检疫机构说明实情，仍按一般化妆品原料出具验收报告，继续隐瞒货物的真实品名。至2005年1月，某公司不如实申报进口含动物源性成分的化妆品原料，计7 000余公斤，价值4 700多万日元；其中大部分原料已投入了生产。

案情分析

某公司不如实申报的违法行为时间跨度长，涉及批次多、金额高，性质也较为严重，应按检验检疫法律法规予以严肃查处。但此事系某公司自查发现并封存了剩余原料，且主动与检验检疫机关联系调查处理。初期进口原料也确实有兽医卫生证书，符合受理报检要求。其次，在调查过程中，该公司也非常配合，认识比较深刻，具有一定的从轻情节，故上海检验检疫局在最终确定处罚幅度时，从轻给予该公司罚款20万元的处罚。

案例2 擅自销售进口商品受罚

案情介绍

2004年10月至12月间,某化妆品国际贸易(上海)有限公司(以下简称A公司)向C检验检疫局报检9批进口化妆品。由于单证未齐,C检验检疫局责令A公司不得销售使用相应货物。2005年2月25日,C局检验检疫人员赴A公司仓库对该9批货物进行检查,发现A公司已将这9批化妆品全部销售出运。经调查确认,A公司于2004年9月至12月共计16批进口化妆品,在未完成法定检验的情况下,擅自销售给其分销商或直接销往全国各地百货公司。据此,C检验检疫局依法对A公司进口法检商品未经检验擅自销售的违法行为,予以人民币56.335万元罚款的行政处罚。

案情分析

本案处罚的法律依据是《商检法》第三十三条,即"进口法检商品未经检验擅自销售使用"的违法行为。A公司作为外贸经营者和直接收货人,其进口的化妆品未经检验就销售给其分销商和国内其他商业企业,所以A公司应当承担此次漏逃检的法律责任。

在本案的调查及处罚中,C检验检疫局充分考虑了A公司案发后能及时进行自查、主动配合查处、认真落实整改、切实加强对进口商品管理的有关情节,对其违法行为依法从轻处罚,体现了过罚相当、惩处和教育相结合的处罚原则。

案例3 进口旧机电产品违规①

案情介绍

(1)违禁进口旧设备。

2004年11月底,清远某外资公司从清远口岸进口熔解炉一套,申报为全新设备,经清远检验检疫局派员检验,认定该炉为翻新旧设备。根据有关规定,该熔解炉属于国家禁止进口旧机电产品目录内商品,同时,专家认为,该设备报价明显偏离同类设备的市场价。据此,清远检验检疫局对查出的国家禁止进口旧机电产品监督退运,并依法对违规企业进行了相应的处罚。

(2)以旧充新。

2004年4月,山东某韩国独资电子有限公司从国外进口一批继电器生产和检测设备,向A检验检疫局办理报检手续。A检验检疫局在受理中发现,该企业提供的报检单上未注明

---

① 资料来源:国家质检总局《进口废物原料检验业务培训教材》V4.0。

该批货物中有旧设备,也没提供有关进口旧机电备案手续。其次在检验过程中,该局检验检疫人员发现在报检的设备中,有两台热处理炉、4 台绕线机和 1 台装配机外观陈旧,并贴有 2001 年和 2002 年制造的标贴。经检验确定,该批进口设备为新旧部件混装,系旧机电产品。据此,A 检验检疫局依据《商检法》及其实施条例,对该企业以旧充新行为处以 56 038 元的罚款,并通报批评。

（3）不实申报。

2005 年 9 月,E 地检验检疫局在对 E 地某企业进口的三台旧机电设备进行检验时发现,虽然该设备及时进行了备案,但实际情况与备案资料不符。有两台设备铭牌标注的制造日期为 1988 年、一台标注的制造日期为 1991 年,但备案材料上却均申报为 1995 年制造。进口旧机电备案不实属于严重的违法行为。据此,E 地检验检疫局依法对该企业给予了罚款处罚。

案情分析

为逃避国家强制检验和监管,以旧充新、违禁进口旧设备等案例屡屡出现,据 2004 年以来至 2005 年 10 月底统计,仅浙江检验检疫部门对全省涉及违法行为的进口旧机电企业立案处罚 22 起,涉及进口货值近 600 万美元,累计处罚金额 70 万元。从检查中发现,企业违法行为主要包括:一是以旧充新,违规进口国家禁止进口的旧机电产品,逃避旧机电产品的检验监管。二是伪造铭牌,变更制造日期,骗取免装运前预检验证明书。三是进口安全环保卫生项目不合格的旧机电产品。

据分析,违规进口旧机电产品的原因,有的是在招商引资过程中,中方单位更多关注的是招商项目的数量和引进的资金额,忽视了检验检疫部门的作用,以致在引进洽谈时很难把好设备进口关;有的是个别发达国家的外商为获取不法收益,故意转移处理淘汰报废的设备;有的则是个别企业法制观念淡薄,经济利益至上,没有按规定及时主动报检或者怕麻烦逃避进口检验把关。因此,加强检验检疫法律法规的学习,按规定办理合同签订前的备案手续,如实申报,配合检验检疫机关检验监管,是企业避免遭受经济损失和承担法律责任的唯一途径。

案例 4　进口废物原料违规①

案情介绍

（1）进口废塑料环保不合格退运

2004 年 3 月 1 日上午,A 检验检疫机构接到授权装运前检验公司的通报:B 有限公司

---

①　资料来源:国家质检总局《进口废物原料检验业务培训教材》V4.0。

将一批未实施装运前检验的废 PE 膜，擅自运到了我国境内，柜号为 TRIU9280055、PONU7775700、PONU7451296、KNLU5028090，环保批文号为 19201，国内收货公司为 C 贸易发展有限公司，拟请检验检疫机构配合重点查验。

经 A 检验检疫机构人员对上述通报的 4 个货柜查验发现，其中柜号为 TRIU9280055、PONU7775700、PONU7451296 的货柜所装载的是未经破碎、清洗、曾使用过的已压扁废饮料瓶，有异味；柜号为 KNLU5028090 的货柜所装载的废塑料膜均未清洗干净，夹有未经破碎、曾使用过的已压扁废饮料瓶，有异味和水渍。

据此，A 检验检疫机构判定该批货物不符合 GB16487.12—1996 环保要求；同时移交海关、环保等有关部门，并上报国家质检总局。该批货物于 2004 年 3 月 9 日，由海关退运出境。国家质检总局据此发布了警示通报，要求各检验检疫机构停止对 B 有限公司供货的进口废塑料报检，彻底避免了不合格的废物原料再次变换口岸入境。

案情分析

本案得以圆满解决，主要基于以下因素：首先，口岸检验检疫机构与授权装运前检验机构及时沟通情况，口岸查验有的放矢，及时发现问题。其次，口岸检验检疫机构反应迅速，及时通知海关将不合格废物退运。第三，国家质检总局发出警示通报，彻底避免了不合格废物再次入境。

案情介绍

（2）伪装夹带进口国家禁止进口的货物

2004 年 5 月 27 日，台州某金属有限公司进口 1 只 20 尺集装箱的废电机，向 B 检验检疫机构申报。B 检验检疫机构审核随附单证发现，货物的集装箱号 MSCU2403526，由境外发货商美国某公司，自美国 LOS ANGELES 发运，目的港为浙江海门港。

检验检疫人员开箱查验发现，箱内货物采用纸箱包装，纸箱表层货物为各种小型的废电机。由于箱门附近的纸箱堆放较高，无法判断集装箱深处货物状况，据此检验检疫人员决定将集装箱内的货物全部卸出后进行进一步的检验。箱内纸箱被卸出后清点，箱内共装运了 15 只纸箱。现场人员随机抽取 2 只纸箱，进行拆箱检验，结果发现纸箱内的上层货物为正常的废电机，而纸箱下层却是空调和冰箱的主要部件——废压缩机。根据规定，废空调和废冰箱的部件均属国家《旧机电产品禁止进口目录》内货物。同时，箱内废压缩机占全批货物重量的比例达到了 50％左右，已远远超出了进口废电机环控标准对夹带废物的规定限值。为此，检验检疫机构判定该批货物为环保项目不合格。

案情分析

本案显然是一起境外供应商企图采用蒙骗手段夹带进口国家禁止进口货物的事件。同时，本案也表明检验检疫机构对集装箱运输的废物原料实施掏箱检验、对有包装的废物原料（如纸箱装、捆装，等等）实施拆包检验的必要性。

本章小结

根据《商检法》规定,我国的进口商品检验重点已从数(重)等商业性目的,转向依据国际通行的"五项"原则制定的"四项"法定检验检疫目标。本章介绍国家所实施的新通关作业模式、强制性认证产品验证、实施许可证民用商品的入境验证、国家重点进口商品的备案(注册)登记制度、装船前检验制度、到货查验制度等检验检疫制度,都是为实施商品检验检疫法定目标所采取的检验监管措施。其次,本章列举的案例充分证明了国家在进口商品检验检疫方面实施新检验监管措施的必要性。

思考题

1. 什么是进口商品检验检疫的通关作业模式? 其内容包括哪些?

2. 试述入境货物检验检疫的一般工作程序。

3. 什么是验证管理?

4. 什么是强制性产品认证制度?

5. 强制性产品认证实施的基本程序包括哪些内容?

6. 强制性产品《目录》内,哪些进口商品可不办或免办"CCC"认证?

7. 什么是进口许可证民用商品的入境验证?

8. 如何办理进口许可证民用商品入境验证?

9. 什么是进口能源效率标识产品入境验证?

10. 如何办理进口能源效率标识产品入境验证?

11. 重要进境商品分几大类,主要有哪些商品?

12. 什么是装运前检验制度?

13. 装运前检验制度如何实施? 实施机构包括哪些?

14. 申请进口废物原料必须符合哪些条件?

15. 进口废物原料报检应提供哪些单证?

16. 进口废物原料现场检验检疫项目主要是什么?

17. 进口废物原料的环保项目检验要求有哪些?

18. 哪些进口商品的残损必须由检验检疫机构实施检验鉴定,为什么?

19. 检验检疫机构对进口商品残损实施检验鉴定有哪些具体要求?

20. 试问在以下进口商品中:废机电、旧钢制石油管道、旧铁制家具和翻新过的印刷机,哪些商品属于旧机电产品?

21. 试问在以下单据中:特殊物品卫生检疫审批单、企业废旧物品利用风险报告书、进口废物批准证书、装运前预检验或免预检验的证书,哪些单据是办理进口旧机电产品报检时必须提供的?

22. 某公司申报一批进口废五金,经检验检疫机构现场查验发现,货物主要是废印刷电路板,或经简单拆解的废录像机、废显示器、废电脑机箱、连接电缆和废电脑电源等国家禁止进口的废电器。试问该批货物应如何处理? 其理由是什么?

7 | 出口商品的检验检疫

学习目的

  在掌握出口商品实施产地检验检疫制度的基础上,熟悉出口商品检验检疫的通关作业模式、强制性产品认证、实施许可证的民用出口商品验证等工作程序。同时对国家质检总局实施出口商品就地检验的重要性有所了解。

知识要点

  出口商品检验检疫的通关作业模式、验证管理、产地检验检疫制度。

7.1　出口商品检验检疫的通关作业模式

7.1.1　出境商品检验检疫的绿色通道制度

  绿色通道是检验检疫绿色通道制度的简称,它是检验检疫部门加快口岸通关速度,规范口岸通关秩序实施检验检疫"大通关"的重要举措之一。该项制度是按照分类管理原则,对安全质量风险小、诚信度高的企业的出口货物,产地机构检验检疫合格后,口岸机构免于查验,直接向海关发送电子通关单,形成绿色通道。

  自 2002 年 8 月起,绿色通道制度在京、津、沪等地实施试点。根据试点经验,国家质检总局在 2003 年 7 月 18 日公布施行的《出口货物实施检验检疫绿色通道制度管理规定》中对绿色通道制度从定义、内容、企业资格、主管机构、监督管理等方面做了明确的规定。绿色通道制度指的是:对于诚信度高、产品质量保障体系健全、质量稳定、具有较大出口规模的生产、经营企业,经国家质检总局审查核准,对其符合条件的出口货物实行产地检验检疫合格后,通关的口岸检验检疫机构不再查验,直接签发《出境货物通关单》的优惠通关制度。

  国家质检总局主管全国出口货物绿色通道制度的监督管理和实施绿色通道制度企业的核准工作,并根据出口货物检验检疫的实际情况以及绿色通道制度的实施情况确定、调整实施绿色通道制度出口货物的范围。①各地的出入境检验检疫机构负责所辖地区实施绿色通

---

① 出口货物的范围:散装货物、品质波动大、易变质和需在口岸换发检验检疫证书的货物,不实施绿色通道制度。

道制度企业的申请受理、初审和日常管理工作。

1．实施绿色通道制度企业资格

绿色通道制度实行企业自愿申请原则，并具备以下条件：

（1）具有良好信誉，诚信度高，年出口额 500 万美元以上。

（2）已实施 ISO9000 质量管理体系，获得相关机构颁发的生产企业质量体系评审合格证书。

（3）出口货物质量长期稳定，2 年内未发生过进口国质量索赔和争议。

（4）1 年内无违规报检行为；2 年内未受过检验检疫机构行政处罚。

（5）根据国家质检总局有关规定实施生产企业分类管理的，应当属于一类或者二类企业。

（6）法律法规及双边协议规定必须使用原产地标记的，应当获得原产地标记注册。

（7）国家质检总局规定的其他条件。

2．实施绿色通道制度企业的承诺

申请企业应当对以下内容作出承诺：

（1）遵守出入境检验检疫法律法规和《出入境检验检疫报检规定》；

（2）采用电子方式进行申报；

（3）对货证相符、批次清楚、标记齐全的出口货物加施封识，且封识完整；

（4）产地检验检疫机构检验检疫合格的出口货物在运往口岸过程中，不发生换货、调包等不法行为；

（5）自觉接受检验检疫机构的监督管理。

3．实施绿色通道制度的申请程序

（1）申请实施绿色通道制度的企业，应当到所在地检验检疫机构索取并填写《实施绿色通道制度申请书》，同时提交申请企业的 ISO9000 质量管理体系认证证书（复印件）及其他有关文件。

（2）受理申请的检验检疫机构应当按照规定完成初审工作。初审的内容包括：申请文件的审查；企业的质量保障体系情况、出口货物质量情况、有无违规报检行为或者其他违反检验检疫法律法规行为等情况的核实和调查。

（3）受理申请的检验检疫机构提出初审意见并提交所属直属检验检疫局审查。

（4）直属检验检疫局对检验检疫机构提交的初审意见及相关材料进行审查，并将审查合格的企业名单及相关材料报国家质检总局。

（5）国家质检总局对符合绿色通道制度相关要求的企业予以核准，并对外公布核准的实施绿色通道制度的企业名单。

4．实施"绿色通道"制度的工作程序

（1）产地检验检疫。

产地检验检疫机构对符合下列规定的,按照实施绿色通道制度受理报检:

① 实施绿色通道制度的自营出口企业,报检单位、发货人、生产企业必须一致。

② 实施绿色通道制度的经营性企业,报检单位、发货人必须一致,其经营的出口货物必须由获准实施绿色通道制度生产企业生产。

③ 对于获准实施绿色通道制度的出口企业,由所在地检验检疫机构在 CIQ2000 系统①报检子系统对其绿色通道资格予以确认。

④ 检验检疫机构工作人员在受理实施绿色通道制度企业电子报检时,严格按照实施绿色通道制度的要求进行审核。对不符合有关要求的,在给企业的报检回执中予以说明。

⑤ 检验检疫机构工作人员在施检过程中发现有不符合实施绿色通道制度要求的,在"检验检疫工作流程"或者相关的检验检疫工作记录的检验检疫评定意见一栏加注"不符合实施绿色通道制度要求"字样。

⑥ 产地检验检疫机构对实施绿色通道制度出口货物的报检单据和检验检疫单据加强审核,对符合条件的必须以电子转单方式向口岸检验检疫机构发送通关数据,在实施转单时,输入确定的报关口岸代码并出具《出境货物转单凭条》。

(2) 口岸审查放行。

口岸检验检疫机构为实施绿色通道制度的企业设立服务窗口。

对于实施绿色通道制度企业的出口货物,口岸检验检疫机构进入 CIQ2000 系统报检子系统启动绿色通道功能。

对于实施绿色通道制度的企业,口岸检验检疫机构严格审查电子转单数据中实施绿色通道制度的相关信息;对于审查无误的,不需查验,直接签发《出境货物通关单》。

实施绿色通道制度的企业在口岸对有关申报内容进行更改的,口岸检验检疫机构不得按照绿色通道制度的规定予以放行。

(3) 监督管理。

产地检验检疫机构建立实施绿色通道制度企业的管理档案,加强对实施绿色通道制度企业的监督。

口岸检验检疫机构发现实施绿色通道制度企业不履行自律承诺的或者有其他违规行为的,及时报口岸所在地直属检验检疫局。

口岸所在地直属检验检疫局核实无误的,通报产地直属检验检疫局;产地直属检验检疫局暂停对该企业实施绿色通道制度,并向国家质检总局报送取消该企业实施绿色通道制度资格的意见;国家质检总局核实后,取消该企业实施绿色通道制度的资格。

口岸和产地检验检疫机构应当定期对绿色通道制度实施情况进行统计,并建立相互通报制度。

---

① CIQ2000 系统:国家质检总局开发的检验检疫综合业务管理系统的简称。

7.1.2 "特事特办,急事急办"的便捷检验检疫制度

根据国务院有关规定,为支持高新技术产业的发展,促进外贸扩大出口,经国家质检总局研究决定,对大型高新技术生产企业的货物进出口可按"特事特办,急事急办"的原则优先办理检验检疫,并适用便捷的检验检疫程序。

1. 便捷办理检验检疫的企业条件

在有效监管的前提下,要优先方便快捷办理检验检疫的货物主要是指符合"三大一高"企业生产的产品。这些企业具备的条件是:

(1)"一高"是指高新尖技术产品,即在中国境内从事高新技术生产,其生产产品已列入科学技术部、对外贸易经济合作部、财政部、国家税务总局、海关总署编制的《中国高新技术产品出口目录》;

(2)"三大"是指年出口额超过500万美元的软件公司和年出口额超过5 000万美元的大型集成电路企业的进出口货物。

2. 便捷检验检疫工作程序

凡符合"三大一高"条件的企业,实施便捷检验检疫工作程序。其内容包括:

(1)进口货物启运后抵港前,出口货物完成生产未包装前,在能够确定其进出口货物品名、规格、数量的条件下,企业凭《大型高新技术企业适用便捷通关程序备案审批表》向当地检验检疫机构报检。

(2)对进口高新技术产品有木质包装的采取指定区域集中检疫,除国家质检总局有规定的,必要时对可以拆卸且不影响运输的货物实行拆除木质包装后,先将货物放行,再对木质包装进行处理。

(3)对大型高新技术出口产品优先派员进行过程检验和监管,协助企业建立质量保证体系,企业办理正式出口时不再实施已检项目的检验。对出口的大型高新技术产品,属地局检验后,口岸检验检疫局凭属地检验检疫局转发的有关检验检疫信息签发有关单证,直接验放,不再查验。

7.1.3 出口货物直通放行制度

1. 直通放行定义及要求

参见本书6.1.2。

2. 申请实施进出口货物直通放行的条件

(1)企业条件。

参见本书6.1.2。

(2)货物条件。

申请实施出口直通放行的货物应在《实施出口直通放行货物目录》①内,但下列情况不实施出口直通放行:

① 散装货物;

② 出口援外物资和市场采购货物;

③ 在口岸需更换包装、分批出运或重新拼装的;

④ 双边协定、进口国或地区要求等须在口岸出具检验检疫证书的;

⑤ 国家质检总局规定的其他不适宜实施直通放行的情况。

3. 出口货物直通放行报检要求

企业选择出口直通放行方式的,办理报检手续时,应直接向产地检验检疫机构申请出境货物通关单,并在报检单上注明"直通放行"字样。

(1)放行。

① 产地检验检疫机构检验检疫合格并对货物集装箱加施封识后,直接签发通关单,在通关单备注栏注明出境口岸、集装箱号、封识号,经总局电子通关单数据交换平台向海关发送通关单电子数据。产地检验检疫机构要逐步实现 GPS 监控系统对直通放行出口货物运输过程的监控。

② 口岸检验检疫机构通过"通关单联网核查系统"②及时掌握经本口岸出境的出口直通放行货物信息,在不需要企业申报、不增加企业负担的情况下,对到达口岸的直通放行货物实施随机查验。

(2)更改。

实施出口直通放行的货物需更改通关的:

① 由产地检验检疫机构办理更改手续并出具新的通关单,同时收回原通关单。

② 因特殊情况无法在产地领取更改后的通关单的,发货人或其代理人可向口岸检验检疫机构提出书面申请,口岸检验检疫机构根据产地检验检疫机构更改后的电子放行信息,通过"通关单联网核查系统"③打印通关单,同时收回原通关单。

7.2 出口商品检验检疫的一般工作程序

7.2.1 法定检验的出口商品检验工作程序

1. 报检

(1)根据《商检法》规定,出口商品的报检义务人规定为发货人或其代理人,按本书第5

---

① 列入《实施出口直通放行货物目录》的出境法定检验检疫货物共有 2 623 种。见 www. aqsiq. gov. cn 国家质检总局 2008 年第 82 号《关于实施进出口货物检验检疫直通放行制度的公告》。

②③ 参见本书 14.7。

章"进出口商品的检验检疫报检"要求办理。

(2) 报检提供的证单除与出口商品有关的外贸合同、发票、装箱单、信用证外，遇到特殊情况时，还需提交出口商品相应的其他证单，如强制性产品认证证书、卫生注册登记证明、厂检报告、危险货物包装性能鉴定和使用鉴定证书等。

(3) 出口商品的报检时间，应当在规定的期限内报检，其中检验周期较长的出口商品，应留有相应的检验时间。

2. 检验检疫

(1) 为便于监管、方便企业，国家质检总局规定出口商品原则上应在出口商品的生产地出入境检验检疫机构就近报检，即实行产地检验制度。出口商品应当向生产企业所在地检验检疫机构报检，由当地商检机构实施检验。

出口法定检验商品种类繁多，情况千变万化，考虑到部分出口商品不易在产地实施检验，根据《商检法实施条例》第二十四条规定，国家质检总局可以根据便利对外贸易和进出口商品检验工作的需要，指定在其他地点检验。

(2) 当产地与出境口岸不一致时，产地检验检疫机构对出口商品检验合格后，按照规定出具检验换证凭单，并应确保货证相符。

(3) 发货人或者其代理人应当在规定的期限内持检验换证凭单和必要的凭证向口岸检验检疫机构申请检验，口岸检验检疫机构经查验对符合有关规定的，换发《出境货物通关单》。

3. 出证

检验检疫机构对出口商品检验合格之后，按下述规定签发货物通关证明或者检验证单：

(1) 出境货物通关单：检验检疫机构与报关地一致时，海关凭此单受理报关和验放货物。

(2) 出境货物换证凭单：出口商品产地检验检疫机构与出境报关地不一致时，产地检验检疫机构签发出境换证凭单，供发货人或其代理人向出口报关地检验检疫机构申请口岸查验，查验合格，报关地检验检疫机构签发出境货物通关单供海关验放。

(3) 检验证书：证明出口商品品质状况的法律文书，供贸易当事人交货、理赔、付款以及办理其他贸易手续之用。

4. 检验或者抽查结果处理

法定检验的出口商品经出入境检验检疫机构检验不合格的，或者口岸查验不合格，实施检验的检验检疫机构应当允许当事人对其商品进行技术处理，以消除不合格因素，经重新检验合格后，方准出口；对于不能进行技术处理的商品或者经技术处理仍不合格的商品，不准出口。

7.2.2 法定检验以外的出口商品检验工作程序

根据《商检法》规定，出入境检验检疫机构对法定检验以外的出口商品实施抽查检验，其工作基本程序与本书 7.2.1 所述相同。

经抽查检验合格的，签发《抽查情况通知单》；不合格的，签发《抽查不合格通知单》。法定检验以外的出口商品抽查不合格，可以在检验检疫机构的监督下进行技术处理，经重新检验仍不合格的，不准出口，或者移交给有关部门进行处理。

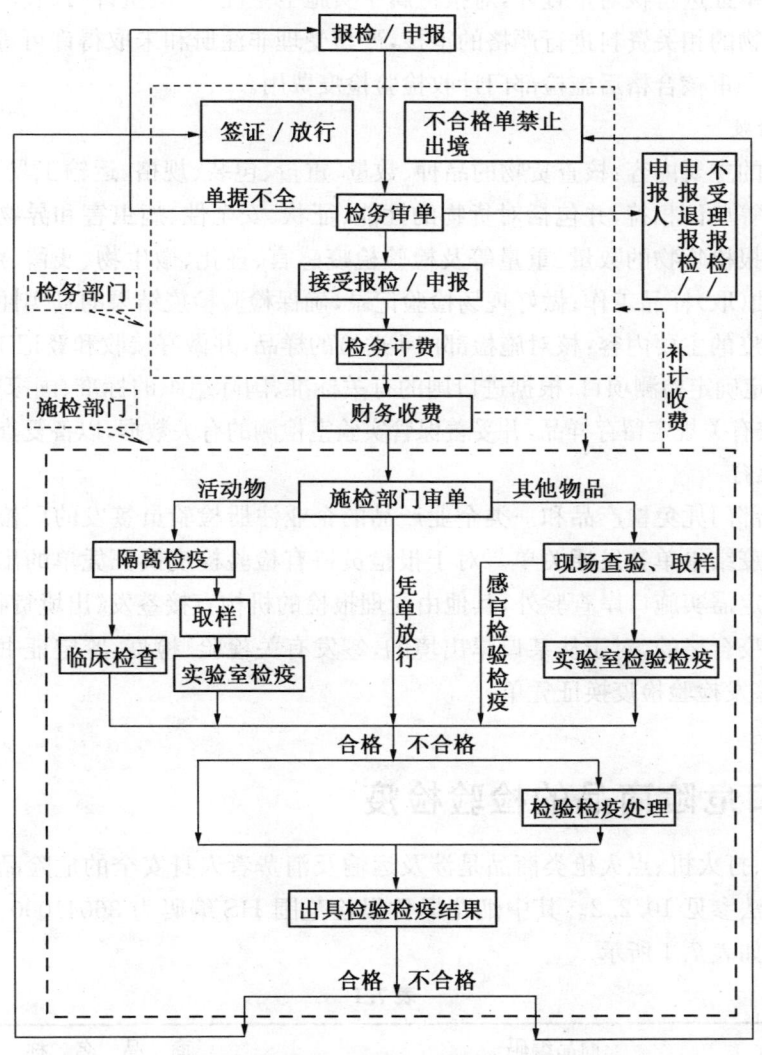

图 7.1 出境货物检验检疫工作流程

7.2.3 出境货物检验检疫工作流程图解

1. 报检
从某口岸出境的法定检验检疫的货物，其发货人或其代理人需在货物出境前逐批向该出境口岸检验检疫局指定的分支机构办理报检手续。报检时应填写《出境货物报检单》,提供有关单证。

检验检疫机构除对其所提供的合同、信用证、发票、装箱单、厂检单等与检验检疫工作质量密切相关的单证进行核对审查外,对报检属于实施卫生注册/质量许可、食品标签、化妆品标签等管理货物的相关资料进行严格的审核,严禁受理非注册和未取得许可等相关证书、证明的货物报检。审核合格后施检部门计收检验检疫费用。

2. 检验检疫

现场查验的主要内容:核查货物的品种、数量、重量、包装、规格、运输工具、标记、封识等是否与报检单等单证相符,并包括对货物的性能、征状、安全性、病虫害和异物等的查验;根据抽样标准和报检货物的数量、重量等及检验检疫感官、理化、微生物、残留、病虫害对样品的要求,做好抽(取)样品工作;做好现场检验记录,确保检验检疫结果的真实性和可追溯性。

实验室检疫的主要内容:核对施检部门①送检的样品,并做好接收和登记工作;根据合同要求或有关规定确定检测项目;根据进口国的有关标准、国际组织的标准、国家标准或行业标准进行检测;按有关规定留存样品,并妥善保管实验室检测的有关数据,以备复查与核查。

3. 签证放行

检验检疫部门凭免检产品和一类企业产品的企业注册检验员签发的厂检单,或货物检验检疫人员检疫结果单签发通关单。对于报检员持有检验检疫换证凭单的出口货物,除国家质检总局规定需实施口岸查验外,其他由受理报检的机构直接签发《出境货物通关单》。

经检验检疫合格的,对于从某口岸出境的,签发有关检验、检疫、鉴定证书,对于从其他口岸出境的,签发检验检疫换证凭单。

7.3 出口危险商品的检验检疫

烟花爆竹、打火机、点火枪类商品是涉及运输及消费者人身安全的危险品,此类出口商品检验检疫做法参见 10.2.2。其中烟花爆竹报检范围 HS 编码为 36041000;打火机、点火枪类报检范围如表 7.1 所示。

表 7.1

序号	商品编码	商 品 名 称
1	96131000	一次性袖珍气体打火机
2	96132000	可充气袖珍气体打火机
3	96133000	台式打火机
4	96138000	其他类型打火机(包括点火枪)

---

① 施检部门:检验检疫机构内设的从事现场检验检疫、抽样、送样品的业务部门。

7.4 出口商品的验证管理

7.4.1 出口商品验证是法定检验程序

有关进出口商品验证管理的定义、范围及验证结果处理已在第 6 章"进口商品的检验检疫"中作了阐述,在此不再赘述。

根据《商检法实施条例》规定,法定检验的出口商品、实行验证管理的出口商品,发货人应当向出入境检验检疫机构申请验证。出入境检验检疫机构按照国家质检总局的规定实施验证。海关凭检验检疫机构签发的货物通关单验放。

实行验证管理的出口商品,经检验检疫机构验证不合格的,可以在检验检疫机构的监督下进行技术处理,技术处理合格后方可出口,技术处理后仍不合格的,不准出口。同时根据《商检法实施条例》规定,对验证不合格的商品,检验检疫机构也可以移交有关部门进行处理。

7.4.2 出口商品的强制性产品认证

参见本书 6.3.2。

7.4.3 出口商品的质量许可制度

国家对涉及人身安全、健康的重要出口商品生产加工单位的产品和质量保证能力进行考核,经考核并获得出口商品质量许可证的商品,经贸主管部门予以签发出口许可证,外贸经营单位方准收购和出口,检验检疫机构凭出口商品质量许可证接受报检和检验放行。对实施强制性产品认证制度的产品,不再实施出口质量许可证制度。

出口商品质量许可制度采用国际通行的第五种认证形式,包括产品抽样测试、工厂审查和日常跟踪检查等环节。产品测试的具体要求包括安全、卫生、环保等方面标准的要求以及商品使用性能、质量等方面标准的要求,产品测试合格后要对工厂的质量保证体系进行审查,审查合格获证后还要进行定期的日常监督检查。通过一套完整的申请程序,保证出口商品安全、性能方面的质量。

目前,列入质量许可证的出口商品主要有:机械产品,电子产品,纺织机械产品,玩具,医疗器械产品,煤炭,焦炭,冶金轧辊等(商品种类以国家质检总局调整公布的为准)[1]。

---

① 为避免重复管理,对实施强制性产品认证制度的产品,不再实施出口质量许可证制度。

1．申请单位条件

（1）申请单位需具备独立的法人资格；

（2）申请单位具备有效的质量保证体系；

（3）申请单位许可证的产品符合国家技术规范的强制性要求，尚未制定国家技术规范的强制性要求的，参照出口商品质量许可制度管理部门指定的相关标准。

2．申请需提交的材料

申请单位向所在地直属检验检疫局提出申请，并提交有关材料：

（1）《出口商品质量许可申请书》三份；

（2）企业工商营业执照及其复印件；

（3）质量管理文件；

（4）生产主要用设备、工艺、装备、仪器明细表、关键零部件、主要原材料明细表、检验试验用仪器设备明细表。

3．许可证申请流程

申请流程如图 7.2 所示：

（1）直属检验检疫局根据申请单位提交的材料是否齐全，是否符合法定形式，作出受理或不受理的决定，并按规定出具书面凭证。

（2）受理申请后，直属检验检疫局按规定对申请材料内容进行具体审查，由实验室对产品进行型式试验，评审组对工厂质量保证体系进行现场评审。

（3）直属检验检疫局根据规定，对申请材料、型式试验报告和评审结果，作出准予许可或不准许可的决定。准予许可的，于 10 个工作日内颁发《出口商品质量许可证》；不予许可的，书面说明理由。不予许可的申请单位，应根据书面的理由整顿改进，一般半年后方可重新提出申请。

4．监督管理

质量许可证的有效期按不同商品一般为 3 年至 5 年。在有效期内，检验检疫机构对获证单位实行日常的检查监督。对不符合要求的予以吊销质量许可证。质量许可证被吊销半年后，方可重新办理申请手续。在质量许可证的有效期满前半年内，获证单位应申请办理下一有效期的接转手续。考核工作中所需的费用，由申请单位负担。

7.4.4　出口玩具质量许可证管理

玩具是促进儿童增长知识，发展智力的益智产品，一般是为特定年龄组的儿童设计和制造的。由于儿童受智力发育的自然限制，不能识别玩具在正常使用中或滥用后的潜在危险，不懂得如何保护自己免受伤害。因此，国际上对玩具的安全、卫生性能要求很高，许多国家制定了严格的玩具安全标准，并实施严格的检验管制。

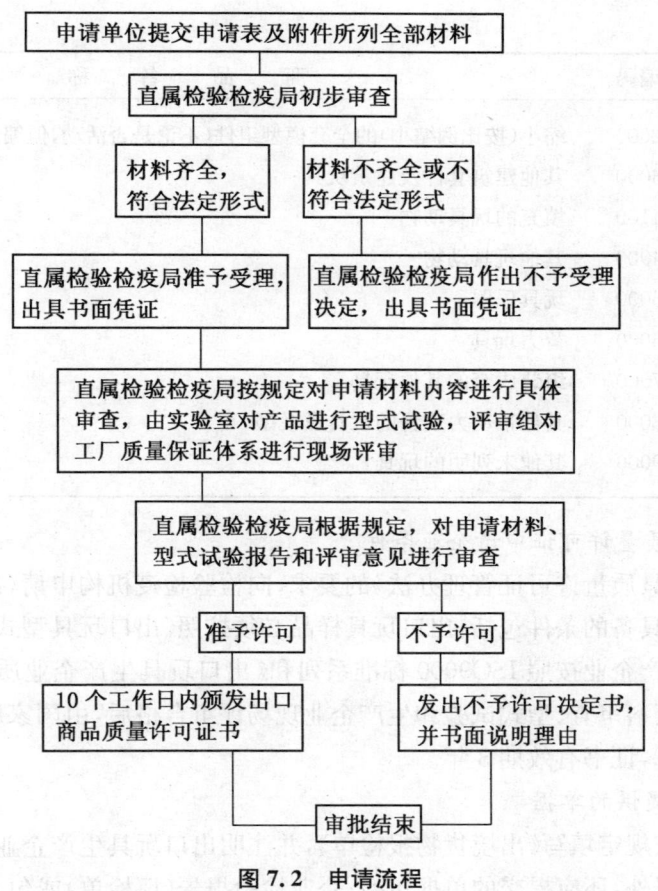

图 7.2　申请流程

我国对出口玩具及其生产企业实行质量许可制度,生产出口玩具的企业必须按《出口玩具质量许可证管理办法》建立质量保证体系,并取得《出口玩具质量许可证》,检验检疫机构凭《出口玩具质量许可证》接受报检。

出口玩具的发货人应在货物装运前 7 天向检验检疫机构报检,出口玩具必须逐批实施检验,检验不合格的不准出口。检验检疫机构凭《出口玩具质量许可证》受理报检。

1. 实行出口玩具质量许可证管理的范围

表 7.2

序号	商品编码	商　品　名　称
1	95010000	带轮玩具及玩偶车(例如:三轮车、踏板车、踏板汽车)
2	95021000	玩偶(无论是否着装)
3	95031000	玩具电动火车(包括轨道、信号灯及其他附件)

序号	商品编码	商品名称
4	95032000	缩小(按比例缩小)的全套模型组件(不论是否活动,但编号950310货品除外)
5	95033000	其他建筑套件及建筑玩具
6	95034100	填充的玩具动物
7	95034900	其他玩具动物
8	95035000	玩具乐器
9	95036000	智力玩具
10	95037000	组装成套的其他玩具
11	95038000	其他带动力装置的玩具及模型
12	95039000	其他未列明的玩具

2. 出口玩具质量许可证申请企业条件

根据《出口玩具质量许可证管理办法》的要求,向检验检疫机构申请《出口玩具质量许可证》的生产企业须具备的条件包括:出口玩具样品必须按照《出口玩具型式试验规则》检验合格;出口玩具的生产企业按照 ISO9000 标准系列和《出口玩具生产企业质量体系评审表》建立质量体系。在资料审查、型式试验和生产企业现场评审合格后,由国家质检总局统一颁发《出口质量许可证》,证书有效期3年。

3. 报检时应提供的单据

报检单位除按规定填写《出境货物报检单》,并注明出口玩具生产企业质量许可证编号,提交相关外贸单据外,还应提交的单据包括:企业检验报告(厂检单)或包含了一般检验项目和安全检验项目的月度检验汇总表;《出口玩具质量许可证》复印件或原件。

4. 检验结果处理

对于一次检验不合格的出口玩具产品,检验检疫机构签发不合格通知单,允许报检人(生产单位)对不合格部分进行返工整理。经整理后,报检人重新办理报检须提供的证单包括:返工记录单、不合格通知单、出口货物报检单、厂检结果单等。

重新检验申请应在不合格通知单签发后14日内提出,重新检验合格准予出口。重新检验原则上不超过一次,经重新检验不合格的玩具,判为最终不合格,不准出口。

7.4.5 汽车整车产品的出口许可证管理

1. 汽车整车产品的出口许可证管理要求

为规范出口汽车秩序,转变出口增长方式,提高出口增长质量和效益,促进汽车产业健康发展,商务部、国家发改委、海关总署、国家质检总局和国家认监委联合发出通知,从 2007

年3月1日起对汽车整车产品(包括乘用车、商用车,底盘及成套散件)实行出口许可证管理,对汽车出口经营企业实行生产企业授权经营管理。出口许可证适用于一般贸易、加工贸易、边境贸易、捐赠贸易方式出口整车产品。

根据汽车生产企业的申报,商务部、国家发展改革委、海关总署、国家质检总局和国家认监委五部委于每年11月发布本年度"符合申领出口许可证调价企业名单",从每年1月1日起,商务部授权的各地许可证发证机构凭"名单"发放整车产品出口许可证。

检验检疫机构凭出口许可证接受报检,海关凭出口许可证和检验检疫机构签发的《出境货物通关单》办理汽车出口验放。

2. 汽车生产企业申领条件

(1)列入国家发改委《车辆生产企业及产品公告》;

(2)通过国家强制性产品认证("CCC"认证)且持续有效;

(3)具备与出口汽车保有量相适应的销售服务体系。

3. 出口汽车经营企业(汽车企业集团所属的进出口公司)条件

(1)应获得出口符合条件的汽车生产企业的出口授权,并根据授权出口该企业产品;

(2)出口经营企业与汽车生产企业应在授权中约定共同承担出口产品的质量保证、售后服务等连带法律责任。

4. 出口汽车实施检验要求

(1)汽车整车产品属《出入境检验检疫机构实施检验检疫的进出境商品目录》内商品,出口汽车整车产品应当在产地检验,检验检疫机构凭商务部签发的起程整车产品许可证受理报检。

(2)对汽车整车产品如进口国有准入的法律法规要求,必须提供进口国准入法律法规的证明。进口国法律法规不明确的检验检疫部门依据《进出口商品检验法》及其实施条例的有关规定和相关标准要求,进行检验检疫并办理相关手续。

7.4.6　出口纺织品的标识查验

1. 出口纺织品的标识查验制度

列入《需经商检机构进行查验的出口纺织品目录》(以下简称目录)内出境纺织品,必须经检验检疫机构对纺织品的标签、挂牌和包装产地标识进行查验,其发货人或其代理人须向检验检疫机构办理报检手续。

经检验检疫合格的目录内出境纺织品,签发《出境货物通关单》,并在备注栏加注"标识查验"。海关凭出入境检验检疫机构签发的《出境货物通关单》验放。

2. 纺织品的标识查验报检

办理纺织品标识查验报检时,应同时进行品质检验的报检,报检人填写《出境货物报检单》,并提交以下单证:

(1) 对外贸易合同。

(2) 有关商品的全套标签、挂牌等实物及包装唛头内容。

(3) 在制成品上标示他国(或地区)制造产地标识的,出口企业提供国外有关当局出具的半成品有效原产地证明,半成品的进口报关单,详细的国内外加工工序和加工合同等文件。

(4) 从中国销美国的,出口企业除提供上述证明文件外,还需提供美国海关的确认书。

(5) 对于出口到美国的纺织品不得使用中性包装。[①]

(6) 对出口到设限国家(不包括美国)使用中性包装的配额纺织品,凭纺织品出口许可证原件放行,并复印存档,不再要求在合同或加工单位上加注"该货物不转口与中国签订双边纺织品贸易协议的国家"的字样。

(7) 对出口到非设限国家使用中性包装的、受设限国家配额数量限制的纺织品,按《出口纺织品查验管理规定》的要求执行,即有关出口企业须在所签合同或有关加工单据上注明,"该货物不转口到与中国签订双边纺织品贸易协议的国家"的字样。

3. 出口纺织品标识查验的放行

检验检疫机构以同一出口合同、信用证和同一品种的一次发运量为一查验批。抽查比例应按抽箱数 $=\sqrt{\text{总箱数}} \times 0.6$(取整数)。查验时,在总箱数内随机抽取应抽箱数。每箱随机抽取 2 件以上,所抽样品应包括所有货款号。查验的内容包括全套标签、挂牌和包装唛头内容。

7.4.7 市场采购出口货物及援外物资的查验

1. 市场采购出口货物

市场采购出口货物是指贸易关系人直接从市场、商店等批发或零售部门购买的货物。市场采购出口货物的报检和检验检疫工作均在货物采购地实施。

市场采购出口货物报检与其他贸易货物报检相同。报检时除填写《出境货物报检单》,还需提交下述证单:

(1) 报检时如不具备《厂检单》的,可由出口单位提供经该单位检验合格的品质证明;

(2) 市场采购出口货物应取得检验检疫机构签发的《出境货物运输包装性能检验结果单》,否则对货物的包装需进行包装性能检验检疫[②];

(3) 凡实施出口质量许可制度(如机电产品、化工品)和卫生注册登记制度的产品(如食品、畜产品),必须向获证企业采购,禁止在市场上采购。

2. 援外物资的报检

援外物资是指在我国政府提供的无息贷款、低息贷款和无偿援助项下购置并用于援外

---

① 中性包装:是指商品和内外包装上均无生产国别和生产商名称的包装。

② 见本书 8.5 的内容。

项目建设或交付给受援国政府的一切生产和生活物资。根据现行的《对外援助物资检验管理办法》(试行)的规定,援外物资未经检验检疫机构产地检验、口岸查验合格的,不准启运出境。

援外物资报检市场采购的出口货物报检与其他贸易货物相同。报检时应填写《出境货物报检单》,并提供以下证单:

(1) 援外承包总合同或项目总承包企业与生产企业签订的内部购销合同,内部购销合同中必须有"援×国×项目的内部购销合同"字样;

(2) 产地检验检疫机构出具的《出境货物换证凭单》;

(3) 厂检合格单、总承包企业验收合格证明;

(4) 商务部和国家质检总局的批文;

(5)《出境货物运输包装容器性能检验结果单》;

(6) 货物清单。

3. 查验与出证要求

(1) 口岸检验检疫机构对货物进行查验;

(2) 查验合格的货物出具检验检疫证书,不合格的出具《出境货物不合格通知单》;

(3) 援外物资项目的总承包企业凭口岸检验检疫机构出具的检验证书,向外经贸部办理结算。

4. **市场采购出口货物及援外物资的特殊规定**

(1) 供货厂资质的审定的内容包括:凡实施出口质量许可制度(如机电产品、化工品)和卫生注册登记制度的产品(如食品、畜产品)必须向获证企业采购,禁止在市场上采购;未实施出口质量许可制度的产品,必须优先选用获得中国国家进出口企业认证机构认可委员会(CNAB)认证企业的产品,其次可选用获得国际质量体系认证企业的产品。

(2) 对于小批量、品种繁杂的援外物资,凡符合下列规定之一的允许总承包企业在市场采购:由商务部委托总承包企业向已经建成成套项目提供的零配件;或某一品种采购总价不超过 10 万元人民币的物资[招(议)标书规定的特殊情况除外]。

(3) 对于法律、行政法规规定由其他检验机构实施检验的援外物资(西药、飞机、船舶等),报检单位应持其他检验机构签发的有效合格证单到口岸检验检疫机构申请查验,经查验无误后换发检验证书。

7.4.8　出口至塞拉利昂、埃塞俄比亚和埃及货物的装运前检验

1. **实施装运前检验的目的**

为保证出口商品质量、数量和价格的真实性,制止欺诈行为,打击假冒伪劣产品出口,方

便进出口贸易,促进中非贸易的顺利发展,国家质检总局分别与塞拉利昂贸易工业和国有企业部、埃塞俄比亚贸易工业部签署质检合作协议,决定于 2004 年 2 月和 2006 年 10 月分别对中国出口至塞拉利昂、埃塞俄比亚的出口产品实施装运前检验工作。另外,根据中国和埃及签署的《中埃质检谅解备忘录》,国家质检总局决定自 2009 年 5 月 1 日起对出口埃及工业产品实施装运前检验。

2. 报检

(1) 范围。

每批次价值在 2 000 美元以上的所有贸易性出口产品。不仅包括列入《法检目录》范围内的商品,也包括《法检目录》范围外的商品。

(2) 报检义务人。

出口商或其代理人。

(3) 报检时间和地点。

买卖双方签订合同后,在规定的时间内,报检义务人到当地检验检疫机构报检。

(4) 报检应提供的单据

按本书第 5 章所述,报检义务人在报检时应提交报检单、合同、信用证以及相应的文件和商业单证。

3. 装运前检验的内容

出口货物备妥后,出口商应及时通知当地检验检疫机构的检验人员实施检验。装运前检验工作包括以下三项内容:

(1) 产品检验。

产品检验活动是对出口产品的品名、质量、数量、安全、卫生和环保等项目的检验。

(2) 价格核实。

价格核实是对该批货物在进出口贸易活动中公平合理价值的确定,目的是为对方海关征收关税提供依据。

(3) 监督装载。

监督装载或装箱是对出口货物装载过程的监督,以保证出口货物批次的相符性。

7.5　出口机电产品的检验检疫

出口机电产品检验检疫做法参见 6.4。

7.5.1　出口小家电产品

小家电产品是人们日常生活中经常使用的产品。近年来,我国生产的小家电产品出口量越来越大,并已进入欧美等世界各地市场。

小家电产品是指需要外接电源的家庭日常生活使用或类似用途、具有独立功能的并与人身有直接或间接的接触,将电能转化为功能或热能,涉及人身安全、卫生、健康的小型电器产品。由于小家电直接涉及使用者的人身安全,各国政府都对此类商品给予最大的关注。我国自 2000 年起,对小家电产品实施法定检验。

国家质检总局根据《商检法》及其实施条例,对其实施法定检验的范围做了多次调整①,并自 2007 年 9 月 1 日起,国家禁止进出口以氯氟烃(CFC₃)物质为制冷剂、发泡剂的家用电器产品和以氯氟烃为制冷工质的家用电器产品用压缩机②。国家质检总局对此类商品实行生产企业登记制度,并对产品实施型式试验③管理。

7.5.2 出口小家电产品的重要环节

1. 国家对出口小家电产品的管理制度

(1) 生产企业登记制度。

国家对出口小家电产品实行生产企业登记制度。生产企业登记所需提交的资料包括:《出口小家电生产企业登记表》、相应的出口产品质量技术文件,如产品企业标准、国内外认证证书、出口质量许可证书、型式试验报告及其他有关产品获证文件。

(2) 产品的型式试验。

国家对出口小家电产品实施产品型式试验管理。首次报检或登记的企业,应由当地检验检疫机构派员从生产批中随机抽取并封存样品,由企业送至国家质检总局指定的实验室进行型式试验。凡型式试验不合格的产品,一律不准出口。合格产品的型式试验报告有效期为一年,逾期须重新进行型式试验。

2. 报检

(1) 报检范围。

出口小家电产品的报检范围的变化,可及时咨询当地检验检疫机构或上网查询。

(2) 报检应提供的单证。

除按规定填写《出口货物报检单》,并提供外贸合同或销售确认书或信用证④、发票、装箱单等有关外贸单证外,还应提供如下相应的单证:

---

① 见本书 15.3。

② 国家环境保护总局、国家发展和改革委员会、商务部、海关总署和国家质检总局 2007 年 5 月 28 日发布的《关于禁止生产、销售、进出口以氯氟烃(CFC₃)物质为制冷剂、发泡剂的家用电器产品的公告》。

③ 型式试验是指按照规定试验方法对产品样品进行的、判断该产品的结构性是否符合有关标准或技术规范的一种全面(全项目)评价试验。

④ 以信用证方式结汇提供。

① 国家质检总局指定的实验室①出具的产品合格有效的型式试验报告(正本);

② 列入强制产品认证的还应提供强制认证证书和认证标志;

③ 以非氯氟烃为制冷剂、发泡剂的家用电器产品和以氯氟烃为制冷工质的家用电器产品用压缩机出口时,应提供为非氯氟烃为制冷剂、发泡剂的证明,包括产品说明书、技术文件以及供货商的证明。

7.5.3　出口电池产品

1. 国家对出口电池产品的管理制度

(1) 产品的备案制度

国家对进出口电池产品实行备案制度。出口电池产品的制造商在电池产品出口前,应其所在地检验检疫机构申请备案,并提交相关材料②。经审核,对于不含汞的电池产品,直接签发《进出口电池产品备案书》;对含汞的以及必须通过检测才能确定其是否含汞的电池产品,须进行汞含量专项检测。受理备案申请的检验检疫机构凭"汞含量检测实验室"出具的《电池产品汞含量检测合格确认书》(正本)审核换发《进出口电池产品备案书》。《进出口电池产品备案书》的有效期为一年。

(2) 产品的汞含量专项检测制度。

国家对出口电池产品实行汞含量检测专项检测制度。对含汞的以及必须通过检测才能确定其是否含汞的电池产品,须进行汞含量和其他项目的检验。③

(3) 出口非洲等低端市场的原电池产品的单项备案制度。

对出口非洲等低端市场的原电池产品,出口商应作为单独单元进行备案。放电性能等主要性能指标将纳入备案范围。按照国标 GB/T8897.2—2008《原电池——第 2 部分,外形尺寸和电性能要求》的要求对放电性能项目进行测试,该项目测试不合格,不得进行备案。从 2007 年 10 月 1 日起,未获得单独备案的出口非洲等低端市场的电池产品,检验检疫机构不受理报检,并不得出口。

2. 报检

(1) 报检范围。

对含汞的电池产品必须取得《进出口电池产品备案书》后方可报检,未经备案的电池产品不准出口。其报检范围为:H. S. 编码为 8506、8507 品目下所有子目的商品(含专用电器具配置的电池)。

(2) 报检应提供的单证。

---

① 指定实验室:可通过国家质检总局网站 www. aqsiq. gov. cn 查询。
②③ 详见本书 3. 1. 2"检疫备案登记"。

除按规定填写《出口货物报检单》，并提供外贸合同或销售确认书或信用证①、发票、装箱单等有关外贸单证外，还应提供如下相应的单证：

①《进出口电池产品备案书》②；

②《出境货物运输包装性能检验结果单》（正本）。

7.6　出口商品检验检疫中涉及的重要工作环节

7.6.1　出境货物的预检

出口预检是检验检疫机构为方便对外贸易，视情况对某些经常出口的商品同意接受预先检验，简称出口预检。预检就是检验检疫机构对申请出口预检的商品，已成交的可先按合同检验，未成交的只能按标准检验，由于尚未收到信用证或合同，所以经检验合格的商品，不能最后评定为合格。同时，因装运条件尚未明确，故不能发给证书和放行单，只能发给预检合格的证单。

1. 签发单证的种类

检验检疫机构签发的出口预检合格单证有以下两种：

（1）供出口时向出口口岸检验检疫机构换证用的出口商品检验换证凭单；

（2）供出口时向原检验检疫机构换证用，或转运其他口岸出口时，可申请换发出口商品检验换证凭单用的预检结果单。

2. 预报检范围

申请办理预报检包括以下两种货物：

（1）整批出口的货物。

对于已生产的整批出口货物，生产厂已检验合格及经营单位已验收合格，货已全部备齐，堆存于仓库，但尚未签订外贸合同或虽已签订合同，但信用证尚未到达，不能确定出运数量、运输工具、唛头的，为了使货物在信用证到达后及时出运，可以办理预报检。

（2）分批出口的货物。

需要分批装运出口的货物，整批货物可办理预先报检。出口货物经检验检疫合格后，检验检疫机构签发《出境货物换证凭单》。正式装运出口时，可在检验检疫有效期内逐批向检验检疫机构申请办理放行手续。放行时，检验检疫机构查验合格后，在《出境货物换证单》的登记栏内对货物的数量予以登记核销。

---

① 以信用证方式结汇提供。

② 对未列入《法检目录》的不含汞的电池产品，出口商可凭《出口电池产品备案书》（正本）或其复印件申报放行。

3. 申请办理出境货物预报检的程序

(1) 申请人报检时,按规定填写《出境货物报检单》,向检验检疫机构申请办理出口货物检验检疫预报检,并提供相关的随附单据包括:生产、经营部门的厂检结果单原件;《出境货物运输包装性能检验结果单》(正本);出口货物生产企业与外贸经营单位签订的购销合同等。若外贸经营单位已经与外商签订了外贸合同的,还应提供外贸合同。

(2) 检验检疫机构对预报检的出境货物实施检验检疫,合格的签发《出境货物换证凭单》,不合格的签发《出境货物不合格通知单》。

(3) 正式对外出口时,报检单位到报关地检验检疫机构,凭《出境货物换证凭单》办理查验放行手续。

7.6.2 预检合格出口商品的换证

1. 预检合格出口商品的换证报检要求

(1) 出口单位或报检人在出境口岸检验检疫机构办理出口商品换证凭单报检时,除填报检单外,还应附产地检验检疫机构签发的换证凭单正本和有关外贸单据复印件。受理换证的口岸检验检疫机构可以随机选择部分报检批次出口商品进行查验。如果发现包装破损、批号不清等情况时应实施口岸查验。目前主要以随机查验方式为多,即由计算机随机调出一定比例的单据实施查验。根据国家质检总局查验管理办法的规定,口岸查验的批次应是1%—3%。经抽查或查验合格后,换发《出境货物通关单》。

(2) 经预检合格的出口商品应做到标记及批次清楚、保管良好,并在规定的检验检疫有效期内,持《出境货物换证凭单》(正本)办理换证放行手续,超过检验检疫有效期的,应重新实施检验检疫。

2. 预检合格出口商品的换证方式

预检合格商品办理出口换证有以下几种方式:

(1) 经预检合格的出口商品,外贸经营单位确定装运条件后,可持出口商品检验换证凭单正本(或预检结果单)向检验检疫机构报请出口换证。报验手续与报出口检验相同。

(2) 出口商品检验换证凭单已超过检验有效期,或证单上的商品标记与出口商品包装上的标记不符,以及批次错乱、数量不符时,不得申请出口换证,应另行重新报出口检验。

(3) 检验检疫机构接受申请后,首先根据合同、信用证规定的条款,对出口商品检验换证凭单中记载的检验项目和检验结果进行审核,如有漏检项目应进行补检。

(4) 预检商品如需分批或并批出口,在不影响原检验结果准确性的前提下,可以按照原检验结果或加权平均结果给予分批出证或并批出证;否则必须进行复检。

(5) 预检商品同意分批出口的,应在出口商品检验换证凭单上批注已出口数量后退回报验人,供继续出口换证用,待该批商品全部出口后,应将原证单收回注销。

(6) 对审核原检验结果符合外贸合同、信用证规定要求的预检商品,需派员进行查验。

凡商品标记和批次数量相符,品质、包装正常,确认货证相符,方可同意换证、放行。

7.6.3 出境商品的产地检验检疫

检验检疫机构受理出境货物的检验检疫,严格按国家质检总局的属地管理原则办理(经国家质检总局批准的除外),严禁跨地区检验检疫。因此,检验检疫机构办理的产地检验检疫,大部分属于预检出口商品类型,可按预检出口商品情况办理。

7.6.4 出境商品的口岸查验

口岸检验检疫机构对产地检验检疫机构预检合格商品的查验称为口岸查验。

1. 口岸查验

口岸查验主要包括查验、验证与核查货证三个环节。

(1) 查验的内容包括:货物唛头、标志、批次编号等包装标记是否完好并与《出境货物换证凭单》一致;货物是否超检验检疫有效期;已加施检验检疫封识的货物,封识是否完好并与《出境货物换证凭单》一致。

(2) 验证的内容包括:实施验证放行的,由检务人员逐批核查《出境货物换证凭单》的真实性和有效性。《出境货物换证凭单》真实有效的,签发《出境货物通关单》。

(3) 核查货证的内容包括:实施核查货证放行的,由检务人员验证后,根据《出境货物口岸查验规定》,按 1%—3% 的比例随机确定查验批次,将出境货物报检单及有关单据一并转相关查验部门,实施口岸查验。货证相符,予以放行。

2. 查验结果处理

(1) 经施检部门查验合格的,检务人员凭实施部门出具的凭证,审核无误后签发《出境货物通关单》。

(2) 经施检部门查验不合格的,与产地检验检疫局联系处理。

(3) 报检的出境货物需要并批或者分批出境的,依照《出入境检验检疫签证管理办法》的有关规定执行。

(4) 出口查验时,发现货证不符的,应按有关规定处理。

(5) 活动物的检验检疫按有关规定执行。

7.6.5 出境商品的封识查验

1. 出境商品的封识查验

检验检疫封识是出入境检验检疫根据《出入境检验检疫封识管理办法》和有关法律、法规,对入出境货物实施封存,防止出口货物被调换、掺假作伪等,确保对出口货物质量的有效监控的措施之一。

2. 加施封识施封范围

按照《出入境检验检疫封识管理办法》,结合当前加强出境货物检验检疫监管力度工作的需要,检验检疫机构在以下几种情况下可以加施封识:

(1) 集装箱、密闭车厢、罐装容器等封闭式装载、运输工具运输的出境货物。

(2) 易于发生批次混乱和掺假作伪的出境货物。

(3) 正在进行密闭熏蒸除害处理的出境货物。

(4) 因存在严重安全、卫生问题而需要监督销毁的出境货物。

(5) 凭样成交出境货物的样品。

(6) 高货值、高风险或经常发现问题(口岸查验货证不符)的出境货物。

3. 封识查验工作环节

封识查验主要工作环节包括施(启)封记录、施封信息传输和封识查验。

(1) 施(启)封记录。

检验检疫机构对出境货物施加封识,必须是由国家质检总局统一制定、印制和发放的封识,严禁出卖或变相出卖封识,严禁私自印制封识。检验检疫机构加施封识时,应向货主或其代理人出具《中华人民共和国出入境检验检疫施封通知书》。

检验检疫封识的启封,由检验检疫机构执行,并出具《中华人民共和国出入境检验检疫启封通知书》。未经检验检疫机构许可,任何单位或个人不得开拆或者损毁检验检疫封识。

(2) 施封信息传输。

施封检验检疫机构与启封(查验)检验检疫机构不一致时,应及时互通情况。施封检验检疫机构对出境货物施加检验检疫封识后,应在该批出境货物有关证书或换证凭单上注明相关内容。

(3) 封识查验。

实施查验的口岸检验检疫机构应认真核查检验检疫封识的完整性,并将封识查验结果书面如实记录并签名。对封识完好、货证相符的,签发相关证单予以放行;发现封识损毁、假封识的和货证不符的,依照有关法律法规予以处罚。

7.6.6 出口商品的批次管理

1. 批次管理内容

出口货物的批次管理是保证检验检疫的出口商品与检验检疫证书对应,便于口岸查验,利于在进口国出现问题的追踪溯源,便于退货查询等的重要手段。批次管理主要工作环节包括批次确定、印刷封签的使用、标明和查验。

2. 批次管理工作要求

(1) 按照出口商品批次管理的规定确定批次。

（2）采取印刷、封签等多种方式，在经检验检疫合格的出口货物上加印检验检疫批次号码。

（3）按规定在检验检疫证书和单证上标明检验检疫批次号码。

（4）口岸检验检疫机构应认真做好查验工作，发现货证不符时不准出运，并及时与施检机构取得联系。

7.6.7　出口商品的监装

1. 监装内容

对于出口的敏感商品，对出口货物经检验检疫合格后易发生换货掉包商品以及合同、信用证等有要求的货物，必要时检验检疫机构可实行出口监装。出口监装的主要工作环节包括监装范围确定、现场监装和监装记录。

2. 监装工作要求

（1）检验检疫人员必须在现场进行监装，不得进行委托。

（2）对装运出口商品的载体按规定要求进行检验，遇大宗商品及杂货、冷冻品监装时，要审查载体的技术措施是否满足相关规定要求。

（3）审核承运人配载计划符合货运安全的要求，监督承运人按照商品装载技术要求进行装载。

（4）认真做好监装记录。

7.6.8　出口商品的重新报检

经检验合格的出口商品应当在规定的期限内报关出口，以保证出口商品报关时的质量状况与检验结果一致。出口商品的期限自检验检疫机构签发的证书有效期起始时间计算，并应当在通关证明的有效期内报关出口，如逾期报关出口，通关证明自动失效，海关不予受理放行。凡具有本书 5.3.2 和 5.3.3 情况之一的，应重新向检验检疫机关报检。

重新报检除与首次报检相同外，还应交还原签发的证书或证单。检验检疫机构在受理报检后，根据出口商品检验的不同要求作相应处理。

案例评析

案例 1　伪造《出境货物换证凭单》

案情介绍

2003 年 1 月 27 日，广西某进出口贸易有限责任公司（以下简称丰润公司）罐头部业务员温某,明知故犯,私自用广西某罐头食品有限公司在 A 口岸检验检疫局报检时得到的报检号,用一份旧的出境货物换证凭单作底,以剪拼、覆盖、再复印等手法伪造了一份该公司出口法国的青刀豆罐头(编号:4510002030010115,货物重量 63 360 千克,总值 39 600 美元)换证凭单复印件,然后传真给防城港外运公司为其代理报检。防城港外运公司收到该证单后,没有认真审核,即到防城港检验检疫局报检,被该局及时查获。

案情分析

该公司业务员温某,故意伪造检验检疫单证,其行为已违反了《商品检验法》第三十六条的规定。防城港外运公司及其报检员,没有认真审核单证,造成以伪造换证凭单传真复印件报检的事实,违反了《出入境检验检疫代理报检员管理规定》第五条、第十四条和《出入境检验检疫报检员管理规定》第四条、第十六条、第十七条的规定。据此,检验检疫局按规定分别对涉案公司及人员给予相应的处罚。

涉案业务人员头脑虽聪明,最终逃不脱法律的制裁。知法、懂法和守法是从事进出口业务人员的根本准则,离开了准则办事,到头来只会损人又害己。因此,从事对外贸易经营活动的企业或个人,加强自身法制教育是十分重要的。

案例2 逃避法定出口商品检验

案情介绍

2003 年 7 月下旬,A 市某外贸公司向 A 检验检疫局报检一批出口羊毛针织衫,共 159 件、货值 2 680.6 美元。A 局检验人员在审单时发现了标识不符等疑点,经向报检人质询后了解到,该批货物已被上海海关查扣。为此,A 检验检疫局立即组织人员进行立案调查,查明:该批货物系该外贸公司于 2003 年 6 月向 A 市某服装有限公司订购,为逃避法定类商品检验,上述两公司的经办人员在谋划后故意将货物品名及 HS 编码改写为非法定检验类,与其他非法检商品拼箱混装后运至上海直接报关。上海海关在查验时发现该批货物的报关单内容与实际商品不符,且发货人不能提供检验检疫机构出具的《出境货物通关单》,便扣留了该批货物。

案情分析

该批出口货物的货值虽小,但作为发货人和生产厂的这两家公司,其逃检行为已违反了《商检法》有关规定。A 检验检疫局根据实情,依法对 A 市外贸公司及服装有限公司作出按货物总值 11%进行罚款的行政处罚决定,并责令发货人将货物运回当地实施商检。

处罚是手段,教育是目的。本案涉及贸易金额虽小,但其采取逃避法检的手法十分恶劣,造成十分严重的影响,理应受到法律制裁。

案例 3 擅自出口未报检的法检商品

案情介绍

2004 年 2 月 23 日，A 地某塑料有限公司（以下简称 A 公司）在 B 检验检疫局申请普惠制产地证，证书号 G04/060015/0200。该批货物金额较大，包括的品名又非常之多，但货主在产地证的品名描述中只列明了"吹塑制品"笼统的综合品名，没有列明并提供具体的商品名称。经 B 检验检疫局审核确认，该批货物已于 2004 年 2 月 16 日报关出口，而该公司出口的这批货物中却没有一个品名曾向 B 检验检疫局申报出口检验的。

同时调查发现，该公司在 2003 年曾在其出口非法检的塑料制品中混有少部分法定检验商品的情况，当时被 B 检验检疫局发现后，责令其及时补报检并作书面检讨。此次货物的批量出口是否又存在以上情况呢？为此，B 检验检疫局当即要求 A 公司提供该批"吹塑制品"的详细品名及贸易发票，并决定对该批出口的"吹塑制品"进行详细调查。

经调查发现，A 公司对国家法律规定的进出口商品检验工作不够重视，该批出口货物共涉及 160 个品名，价值达 195 988 美元，货物中 SP、SW、AR 系列的塑料充气泳衣、塑料充气手臂圈、塑料充气坐椅等吹塑制品均属出口法定检验商品，涉及金额达 29 680.88 美元，该公司不但未向 B 检验检疫局申报出口检验，而且将此类法检商品与其他商品一起以"吹塑制品"的品名擅自报关出口，其行为已违反了《商检法》的有关规定。

在调查中，A 公司承认了其在办理商品出口过程中存在违反《商检法》有关规定的事实，并表示今后一定加强检验检疫法律法规的学习，严格遵守国家的法律法规。B 检验检疫局根据该案的违法事实，依据《商检法》第三十三条规定，作出了对 A 公司处以罚款计人民币2.5 万元的行政处罚。

案情评析

本案所涉货物出口日期为 2004 年 2 月 23 日，报关日期为 2 月 23 日到 B 检验检疫局办理普惠制产地证的申请。B 检验检疫局经过调查后于 3 月 19 日确认 A 公司存在未报经检验合格擅自出口法定检验商品的违法事实，而此时，该批货物已远离我国境内，已经不存在补办检验检疫的可能。据此，B 检验检疫局依法对该公司作出上述行政处罚。该案事实清楚，证据确凿充分，处罚幅度适当，执法程序合法，在处罚的同时也注意对企业的教育。

涉案 A 公司是一家专业设计、生产和销售吹塑制品的公司，其产品 100% 出口，每年 1—4 月是该公司的出口旺季。该公司在认识到自己的违法行为的同时，还一再强调是在出口旺季，由于任务繁重导致的遗漏申报等原因，是根本不能作为其违法的理由。作为一家出口商品的生产企业，掌握检验检疫法律法规，并在检验检疫法律法规规定的范围内办理商品的进出口是公司经营的一项准则，同时该公司在 2003 年也有类似情况发生。因此，此案的发生与该公司不重视学习和遵守检验检疫法律法规，内部管理混乱等有直接原因，应予以严肃查处。

案例4 伪报品名逃避法定检验

案情介绍

2004年9月15日,上海A报关有限公司代理湖南某进出口公司向宝山海关申报一批柴油机零件(HS编码为8409.9991)出口到孟加拉国。同日海关查验时发现实际货物与申报品名不符。B检验检疫局得到这一信息后,及时展开了一系列的调查并采取了相应的布控措施。通过对实际货物进行检验,确定了该批货物实际为柴油机整机,属于出口法定检验检疫商品。在事实面前,湖南某进出口公司对需作法定检验并需出口质量许可证的出口柴油机整机,向海关伪报成非法定检验的柴油机零件,以逃避法定检验的违法行为供认不讳。据此,B检验检疫局依法对湖南某进出口公司处以3万元人民币的罚款。

案情分析

涉案的性质属于当事人擅自出口未经检验的法检商品的违法行为。当事人以非法检商品品名向海关报关出口的证据确凿。B检验检疫局对被查扣的申报货物及时进行了现场勘验,并通过对实际货物进行检验,确认属于法定商品柴油机整机而非零件,在调查笔录、当事人陈述、有关资料中均印证了这一点;且当事人也承认其为了逃避出口法定检验而故意伪报品名申报出口,取得以上证据后,该违法行为得以确定。

本案的发生并非偶然,在调查中发现,该企业已多次向海关伪报品名出口,目的就是为了蒙混过关,逃避法定检验检疫,如海关查验时未能及时发现,或未能将有关信息及时通报检验检疫局,其逃避法定检验检疫的目的将可能达成。为此,该案的违法性质较为恶劣,理应予以重罚。

本章小结

本章介绍国家所实施的通关作业模式、产地检验检疫制度、强制性认证产品验证、实施许可证民用出口商品验证等检验检疫制度,都是为实施商品检验检疫法定目标所采取的检验监管措施。本章列举的案例充分证明了国家在出口商品检验检疫方面实施检验监管措施的必要性。

思考题

1. 什么是出口商品检验检疫的通关作业模式? 其内容包括哪些?
2. 试述出境货物检验检疫的一般工作程序。
3. 为什么出口商品实行产地检验检疫制度?

4. 什么是绿色通道制度？实施绿色通道制度的申请企业应具备哪些条件？

5. 什么是汽车整车产品？为什么国家对出口汽车整车产品实行许可证管理？

6. 怎样进行出口纺织品标识查验？

7. 什么是纺织品的中性包装？

8. 出口玩具质量许可证申请企业应具备哪些条件？

9. 什么是出口小家电产品？国家对小家电实施哪种检验管理制度？

10. 出口商品检验检疫中涉及哪些重要工作环节？

11. 广西某生产企业出口一批货物（检验检疫类别为 P/Q），拟从广州口岸报关出口。在以下列举的表述中：

   (1) 该企业向广西检验检疫机构报检时，应申请签发"货物调离通知单"；

   (2) 该企业应向广州检验检疫机构申请签发"出境货物通关单"；

   (3) 如果出口前改换包装，该批货物应重新报检；

   (4) 如果出口前变更运输工具，该批货物应重新报检。

   试问哪几种表述是错误的？为什么？

12. 在列举关于强制性产品认证的几种表述中：

   (1) 国家认证认可监督管理委员会负责强制性产品认证书、制度的管理和实施；

   (2) 认证范围内的商品应加贴"CCC"标志；

   (3) 认证标志的名称为"中国强制认证"；

   (4) 认证标志是准许认证范围内商品出厂销售、进口和使用的证明标记。

   试问哪几种表述是正确的？

13. 在列举关于出口纺织品标识查验的几种表述中：

   (1) 出口纺织品都需进行标识查验；

   (2) 报检人在申请标识查验的同时应申请品质检验；

   (3) 申请标识查验应提交纺织品的包装唛头、标签、吊牌等实物；

   (4) 报检人最迟应在货物装运或报关前 7 天报检。

   试问表述错误的是哪几种？

8 | 进出口商品的运输工具检验检疫

学习目的

　　了解运输工具在进出口商品中不仅起着运载货物的作用,同时也存在携带或传播有害生物的潜在性危险。国家依法对进出口商品的运输工具实施卫生检疫处理、适载检验、危险货物容器性能检验和使用鉴定项目,是防止病虫害及有毒有害物质传入、传出国境的重要检验检疫措施。

知识要点

　　进出口商品的运输工具的卫生检疫处理、危险货物包装容器性能检验和使用鉴定检验等检验检疫以及对易腐烂变质货物的适载检验,均属法定检验项目。本章以适载性检验为重点,分析介绍它的性质、检验方法、检验结果处理等,结合相关案例,进一步阐述进出口商品运输工具检验检疫的重要性。有关运输工具鉴定业务类项目不属本章内容。

8.1　进出口商品集装箱的检验检疫

8.1.1　集装箱检验检疫的目的

　　集装箱作为一种特殊的装载容器或运输设备,反复装运并往返于世界各地,其结构上有一部分属于植物产品的范畴,因为在集装箱运输中可能带有啮齿类动物、蚊、蝇、蟑螂等病媒生物和植物危险性病、虫、杂草以及其他有害生物;可能带有土壤、动植物残留或被有毒有害物质污染。据部分口岸出入境检验检疫机构统计,来自疫区的集装箱占进境集装箱的55%,进境集装箱带虫率达10%;集装箱空箱带有稻草等植物残留物、生活垃圾和土壤的占40%;在进境的集装箱检验检疫中,检出非洲大蜗牛、谷斑皮蠹、双钩异翅长蠹、菜豆象等植物危险性有害生物80多种,还从进境集装箱所带泥土中分离出多种线虫,多次截获大量活蟑螂、鼠和成群的蚊虫等。在对装载易腐烂变质食品的集装箱实施法定检验过程中,发现其中5%的集装箱存在着箱体破损,密封状况不良,箱内不清洁,严重污染及上航次装载有毒、有害危险品等不符合装载技术条件的现象和一些欺诈行为。

　　因此,为防止传染病、寄生虫病和植物危险性病、虫、杂草以及其他有害生物通过集装箱及集装箱货物传入、传出，保护农、林、牧、渔业生产和人体健康，保证集装箱运输的货物质量，促进对外贸易发展，在《商检法》及其实施条例、《动植物检疫法》及其实施条例和《国境卫生法》及其实施细则中分别规定了对出入境集装箱的检验检疫。

8.1.2　集装箱检验检疫的内容

集装箱检验检疫分为强制性和非强制性两种不同性质的工作内容。诸如封识检验、拆箱检验、退租鉴定等属于非强制性工作内容，即为鉴定业务类工作，在进出口商品的鉴定业务章节中作介绍。本章以下介绍的业务属强制性工作，即法定检验检疫业务。

1. 集装箱适载性检验

对装运出口易腐烂变质食品、冷冻品的集装箱实施清洁、卫生、冷藏效能、密固性能等适载检验。承运人、装箱单位或其代理人必须在装运前向检验检疫机构申请适载检验，经检验取得证书的方可装运。适载检验内容包括：箱号清晰，箱体完好，无危险，有毒、有害物质标志；集装箱的活动部分、胶垫、箱门开关和风雨密状况良好；箱内清洁、干燥、无异味，无有毒有害残留物品；保温集装箱的气密和隔热性能良好；冷藏集装箱的冷藏性能良好；罐式集装箱前次未装过有毒有害物品等。

集装箱适载性检验包括两种性质检验：

（1）通过检验来证明所选的集装箱是否具备适货要求，能否保证拟装货物安全运抵目的地。因此，在国际贸易中，尤其是收货人要求装载货物的集装箱具有良好的适载性，承运人或收发货人为了证明自己提供的集装箱是适货的，于是主动申请处于第三者身份的鉴定人进行适载检验，这一类适载检验属于非强制性检验。

（2）我国政府为了维护国家利益和我国出口商品的信誉，保障人身安全健康，规定自1984 年 7 月 1 日起，对装运出口易腐烂变质粮油食品、冷冻品的集装箱实施法定检验。2001年，国家质检总局再次明确了易腐烂变质食品、冷冻品的商品编码范围。这种集装箱的适载检验工作为行政执法行为，属于强制性法定检验。

2. 集装箱检疫

主要是检查集装箱是否来自疫区；是否被人类传染病和动物传染病病原体污染；是否带有植物危险性病、虫、杂草以及其他有害生物；有无啮齿类动物、蚊、蝇、蟑螂等病媒生物；是否被有毒有害物质污染；是否清洁；是否带有土壤、动植物残留物；有无废旧物品、特殊物品、尸体、棺柩等，并按规定实施卫生除害处理。集装箱检验检疫的范围包括：

（1）所有进出境集装箱应实施卫生检疫；

（2）装载动植物、动植物产品和其他检疫物的进出境集装箱；

（3）带有植物性包装物、铺垫物的进出境集装箱；

（4）来自疫区的集装箱；

（5）法律、行政法规、国际条约规定或者贸易合同约定的其他应当实施检验检疫的集装箱，按照有关规定、约定实施检验检疫。

8.1.3　集装箱检验检疫方法

1. 集装箱装载检验方法

（1）集装箱适载检验要求。

集装箱适载检验的内容包括：根据货物种类和特性选用合适的箱型。如一般杂货选用干货集装箱；冷藏食品选用冷藏集装箱。选用的集装箱必须适应拟装货物。集装箱必须清洁、干燥、无异味、无活的有害生物、无有毒有害残留物质。表 8.1 列出了部分货物适载的集装箱种类。

表 8.1

货 物 种 类	集 装 箱 种 类
一般货物，包括百货杂货等	干货集装箱
重量货物，例如钢材、机械设备等	开顶集装箱、框架集装箱
易腐烂冷藏货物，例如肉类等	冷藏集装箱
散装货物，例如粮谷类和各种散装粉粒状货物	散货集装箱
散装液体货物，如动植物油脂类等	罐式集装箱
活牲畜	牲畜集装箱
危险货物	适合于危险品特性及有关法规的集装箱

（2）集装箱适载检验方法。

集装箱检验依据国家质检总局制定 SN/T0981-2000《进出口用冷藏集装箱安全与卫生检验规程》和 SN/T0982-2000《进出口用集装箱安全与卫生检验规程》规定的方法进行。

干货集装箱适载检验：分为外观检查和内部检查。

其中外观检查集装箱外部的标志、号码是否清晰，应与合格证件上记载一致，尤其检查集装箱外部四柱、六面、八角是否完好，有无损伤和破漏。检查集装箱的密封情况可任选透光试验、冲水试验、烟雾试验等方法进行密封性鉴定。

内部检查箱内清洁情况，有无残留物、生锈、异味、泥土、潮湿等现象，发现不符条件，提请有关部门进行清理，消除潮湿和异味，或采用适当铺垫物料等弥补措施，对无法清理和采取措施者必须更换集装箱，如箱内发现昆虫等活的有害生物时，经卫生除害处理合格并予以清除。对残留有毒、有害物质不符合要求的集装箱必须更换。其次检查箱内底板及周围壁板等处有无突起物或导致货物受损部件，勿使铁钉露头损坏货物。对箱内发现有污点或潮湿的，必须进行整理；对经过修理的集装箱，必须确认没有渗漏。第三，检查箱内附属装置如固定货物的系环、孔眼等附件安装状况是否适合要求。检查集装箱的通风孔等，确认工作状况良好,有排水装置的集装箱,还应检查其泄水孔是否畅通,阀门是否灵活适用。

冷藏集装箱适载检验:除了上述干货集装箱的验箱方法外,还应进行冷藏效能检验,通过温度模拟试验确认是否达到要求。其次检查集装箱的隔热装置是否完好无损,不能有泄漏冷气的潜在缺陷。注意下风道的畅通,一般集装箱的冷风有上部吹风式或下部吹风式,即从上部风道吹入通过货物间的空隙从箱底部风道排出,或从箱底部风道吹入,然后从箱顶部风道排出。因此必须注意风道口,勿使其堵塞,阻碍冷风流通。第三,了解上航次受载货物,有无影响本航次拟装冷藏品的情况。如上航次曾装载的货物遗留的异味或撒漏有毒有害物质足以影响拟装货物,必须进行彻底清洗,并排除异味或消毒后才允许装运,以防污染。第四,进行通电试验,接好电源后把制冷装置的温度调节器调节到运输途中要求达到的温度上,打开电源开关和制冷装置开关,并记录冷藏箱的制冷时间、融霜、平衡温度情况等,确认冷藏箱能执行控制并达到预期温度要求。第五,对有通风装置和排水孔装置的冷藏集装箱要求检查其密封情况和启用情况,以适应运输货物的实际需要。

罐式集装箱适载检验:对盛液体的罐式集装箱,由于货物直接接触箱壁,卫生条件要比干货集装箱高,尤其罐式集装箱多用于石油产品、化工产品等危险货物,应严格按照有关规定和要求进行验箱。首先了解上航次曾装载的货物与本航次拟装货物的性质有否抵触。其次查明货物卸毕后的清洗方法。第三,用残留气体检测仪测罐内残留气体浓度或用拟装货物冲刷罐内壁及装卸孔,并对清洗液进行检测,以判定罐式集装箱的适载性。必要时可用少量拟装货物试装,再扦取样品检验。

对其他类型的集装箱,如开顶集装箱、平台集装箱、框架集装箱等,对其验箱技术要求远较上述干货集装箱和冷藏集装箱为低,实际工作中可视具体情况酌情考虑。

8.1.4 集装箱检验检疫工作程序

集装箱检验检疫工作分为进出境集装箱重箱(装载货物)、进出境集装箱空箱(无货物)检验检疫。

1. 进境集装箱重箱检验检疫工作程序

如图 8.1 所示,工作大致分为:

(1) 受理报检。

在集装箱运抵口岸前,承运人、货主或其代理人(以下简称报检人)填写《出/入境集装箱报检单》或《入境货物报检单》(装载法定检验检疫货物集装箱)向检验检疫机构报检,也可以通过电子数据交换方式报检。

接到入境集装箱报检后,检验检疫人员审核报检人递交的《出/入境集装箱报检单》或《入境货物报检单》及随附资料、电子报检信息,审核集装箱装卸口岸的情况,集装箱是否来自疫区,装载货物的数量、种类、包装材料情况,入境前是否采取过卫生处理措施等。

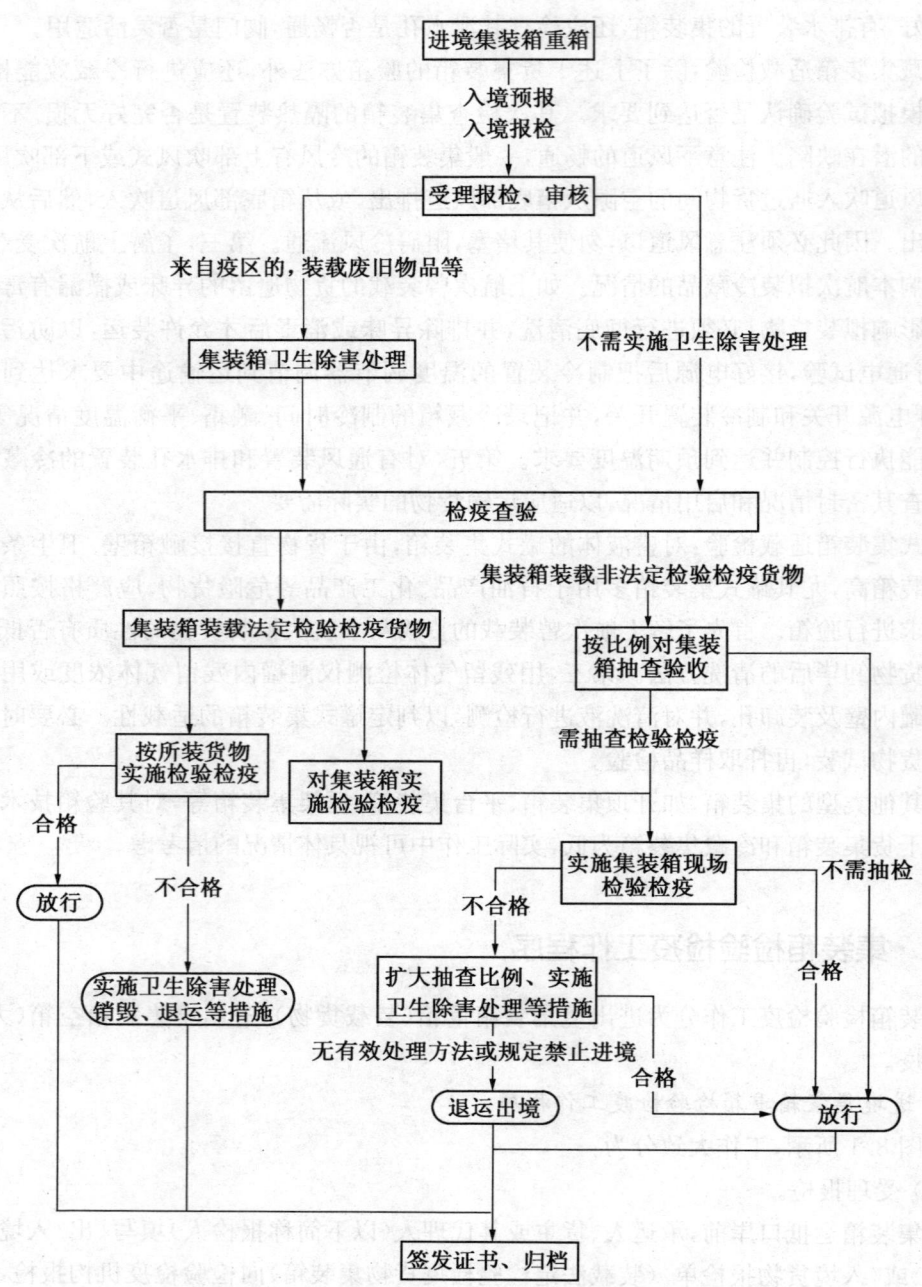

图8.1 进境集装箱重箱检验检疫工作程序

（2）确定抽查箱数和箱号。

对报检的集装箱重箱,由检验检疫机构确定抽查集装箱数和箱号,开箱检疫查验数量应不低于检验检疫批箱量的5%。若入境集装箱有可能被病原微生物污染或有传染性嫌疑的；来自疫区的或可能匿有医学媒介的情况之一的，可加大查验数量。

检验检疫机构确定需要抽查的箱数和箱号后，通知报检人将集装箱调至指定检验检疫场地，并及时联系检验检疫机构人员实施检验检疫。

（3）集装箱卫生除害处理。

进境集装箱有来自检疫传染病疫区的，被传染病污染或可能传播检疫传染病的，途经检疫传染病疫区时启封装卸过货物的，装载废旧物品或腐败变质有碍公共卫生物品的，国家法律法规、行政法规或国际条约规定必须作卫生除害处理或国家质检总局行政规章明确要求作卫生除害处理的情况之一的，应当作卫生除害处理。

（4）检疫查验。

对报检的集装箱装载的货物实施检验检疫时，如集装箱未经检验检疫，应在货物检验检疫同时实施集装箱检疫查验，并根据集装箱所装载的货物性质、是否来自疫区等情况，在实施现场检验检疫前应准备必要的器械、防护用品。

开箱前检疫查验：以目视方法核查集装箱箱号、封识号与报检单据是否一致，查看集装箱箱体是否完整，检查集装箱外表包括角件、叉车孔、地板下部等处是否带有软体动物（非洲大蜗牛）、种子、杂草籽、土壤等。

箱内检疫查验：对实施过熏蒸处理的集装箱进行查验时，应先对箱内熏蒸气体浓度进行检测，发现熏蒸剂残留超过安全标准（5 PPm）的，应立即关闭集装箱并移至安全地点进行通风散毒后，方可实施检疫，防止意外事故发生。

开箱后，检查箱体、货物、包装、铺垫物、填充物等有无啮齿类动物、鼠咬痕、鼠粪、鼠迹等；箱内是否夹带旧服装、旧麻袋、旧塑料器具等废旧物品，是否夹带工业、生活垃圾等。检查货物空隙、货物表面有无飞行或附着的蚊、蝇、游离蚤、蜱、螨、蜚蠊等；箱内有无积水及可能滋生的蚊幼虫。同时，检疫检查有无动植物危险性病、虫、杂草、土壤、动物尸体、动植物残留物等，若发现上述疫情应及时采样，进行分类鉴定；对于可能被致病微生物污染的集装箱，应进行微生物检测；对于装载放射源、可能超过放射性豁免水平的矿产品以及其他法律法规、国际条约、贸易合同规定必须进行放射性检测货物的集装箱，应实施放射性检测；对于装载有毒有害化学物品或可能被有毒有害化学物品污染的集装箱，应进行化学污染检查。

（5）指运地结关（转关）集装箱检疫查验。

指运地结关进境集装箱（国家有关法律法规规定必须在进境口岸查验的集装箱除外），由指运地检验检疫机构实施检验检疫。口岸检验检疫机构实施口岸登记后，根据集装箱外表可能传带的有害生物种类实施检验检疫。

（6）结果评定和处置。

对于按照上述（5）项检疫查验符合要求的，判定为合格，对集装箱放行。否则，判定为不合格，填写记录并按规定及时上报。

对查验不合格的,对该批集装箱应扩大抽检比例继续查验,直至整批集装箱全部开箱查验;对查验发现携带土壤的;携带有医学媒介生物和其他医学生物的;检疫发现有国家公布的动物一、二类传染病、寄生虫病名录及植物危险性病、虫杂草名录中所列有害生物和对农、林、牧、渔业有严重危险的其他有害生物的;发现超过规定标准的一般性病虫害的;携带动物尸体、动植物残留物的;载有腐败变质货物、食品的;被传染病污染的情况之一的,需实施卫生除害处理。

对查验发现被有害化学物质污染的集装箱必须采取冲洗、擦拭、酸碱中和、稀释等有效清洁措施。查验发现一般放射性超标的集装箱,在条件许可的情况下,可以采取放置衰变法、表面去污法、净化处理法等进行防辐射处理。

对查验发现夹带有旧服装、旧麻袋、旧塑料器具等物品的;严重超过放射性标准的且无法实施防辐射处理的货物的(不包括专用放射源);特殊物品包装泄漏或被污染的;国家法律、行政法规针对具体情况有明确规定的情况之一的,视情节销毁货物或将集装箱连同货物整体退运。

(7) 签发证书、归档。

检疫查验合格的,按照规定签发检验检疫证明或合格证书,并将经过卫生除害处理、其他无害化处理后符合检验检疫要求的集装箱,按照规定签发处理证书、合格证明的材料;或必须作销毁或退运处理的,签发相应的检验检疫证书,按照规定移交海关、环保部门处理或直接监督销毁等有关材料归档。同时对在检验检疫中发现的疫情及有毒有害物质按规定及时上报主管部门。

经检验合格的集装箱,由出入境检验检疫机构出具集装箱适载检验结果单或检验证书,供有关方面作为履行法律责任的凭证或在货物发生残损时,作为划分责任的有效证明,并在集装箱上加贴检验合格标志,方准装运出口。经检验不合格的集装箱不准装箱。

2. 进境集装箱空箱检验检疫工作程序

(1) 受理申报与审核。

在集装箱运抵口岸或卸运前,由承运人或其代理人向检验检疫机构集装箱施检部门预申报船名/航次、承运人、数量、清单、启运口岸和预计到达口岸的日期和时间,卸运流向、预堆放场站以及相关材料等。集装箱卸运后,检验检疫机构受理进境空箱的报检手续,报检以同一海运提单号为一报检批次,报检手续可在查验后放行前办理。

检验检疫机构集装箱施检部门审核有关单证,对来自检疫传染病疫区,以及国家法律、行政法规规定其他必须作卫生除害处理的集装箱,签发《中华人民共和国出入境检验检疫处理通知单》,并通知报检人联系卫生除害处理公司作卫生除害处理。

根据提单确定抽查箱数和箱号,提单箱量为 5 个自然箱以下(含 5 箱)的,全部检查;箱量为 6—100 箱的,按不低于 5%抽查(最低不少于 5 箱);101—500 箱的,按不低于 3%抽查(最低不少于 5 箱);500 箱以上的,按不低于 1%抽查(最低不少于 15 箱)。有提供装运前相关清洁卫生证明材料的,可考虑降低查验比例,甚至实行抽批查验。

（2）检疫查验。

通知承运人或代理人在集装箱运抵口岸后,将确定的集装箱分别卸运到卫生除害处理场和检疫查验场,并及时联系检验检疫机构人员作卫生除害处理监督和现场查验。对卸运、分流和堆放于码头或经检验检疫机构考核合格的各集装箱场站的集装箱,由检验检疫机构培训的场站相关人员在出码头时或入场站时逐箱进行查验,检验检疫机构实施抽查监督。

箱体外表检疫查验:以目视方法核查箱号,查看箱体是否完整;是否标有免疫牌;箱外表包括角件、叉车孔、地板下部等处是否带有软体动物（非洲大蜗牛）、种子、杂草籽、土壤以及其他污染物。

箱内检疫查验:检查箱内有无医学媒介生物或其粪便、足迹、咬痕以及其他有害生物等,若有要采样;有无植物危险性病、虫、杂草、土壤以及其他有害生物,有无动物尸体、动植物残留物等;有无被病原微生物或理化因子污染的可疑物;如发现采样送实验室检验。

实验室检验将现场检疫所扦取的可疑物或截获的有害生物进行室内分离、培养和鉴定。

（3）扩大查验比例。

经检疫发现有不符合检疫要求的,如发现集装箱携带啮齿类动物、蚊、蝇、蟑螂等医学媒介生物;被人类传染病和国家公布的一、二类动物传染病、寄生虫病病原体污染;携带植物危险性病、虫、杂草以及其他有害生物;携带动植物残留物或携带土壤、动物尸体、废轮胎、垃圾、旧服装以及国家禁止入境的其他物品的情况之一,应扩大查验比例,特别是对上航次装载同批货物的集装箱的查验,必要时对整批货物进行查验。

（4）检疫处理。

经检疫发现有（3）中所列举不符合检疫要求的,签发《中华人民共和国出入境检验检疫处理通知单》,视情况作出的处理方法包括:逐箱进行卫生除害处理;或进行清扫,将清扫物集中除害处理或销毁处理;或对箱内发现物作销毁处理并对发现部位作熏蒸或喷洒等除害处理,对难于做销毁处理的发现物,连同集装箱作退回处理。

（5）放行。

经检验检疫合格或卫生除害处理合格后,应报检人要求出具《集装箱检验检疫结果单》及相关单证放行。

（6）进境集装箱实施检验检疫的地点。

进境集装箱实施检验检疫的地点有以下几种情况:

第一,在入境口岸结关的以及国家有关法律法规规定必须在进境口岸查验的集装箱,在入境口岸实施检验检疫或作卫生除害处理。进境集装箱及其装载的应检货物经检验检疫合格的,准予放行;经检验检疫不合格的,按有关规定处理。

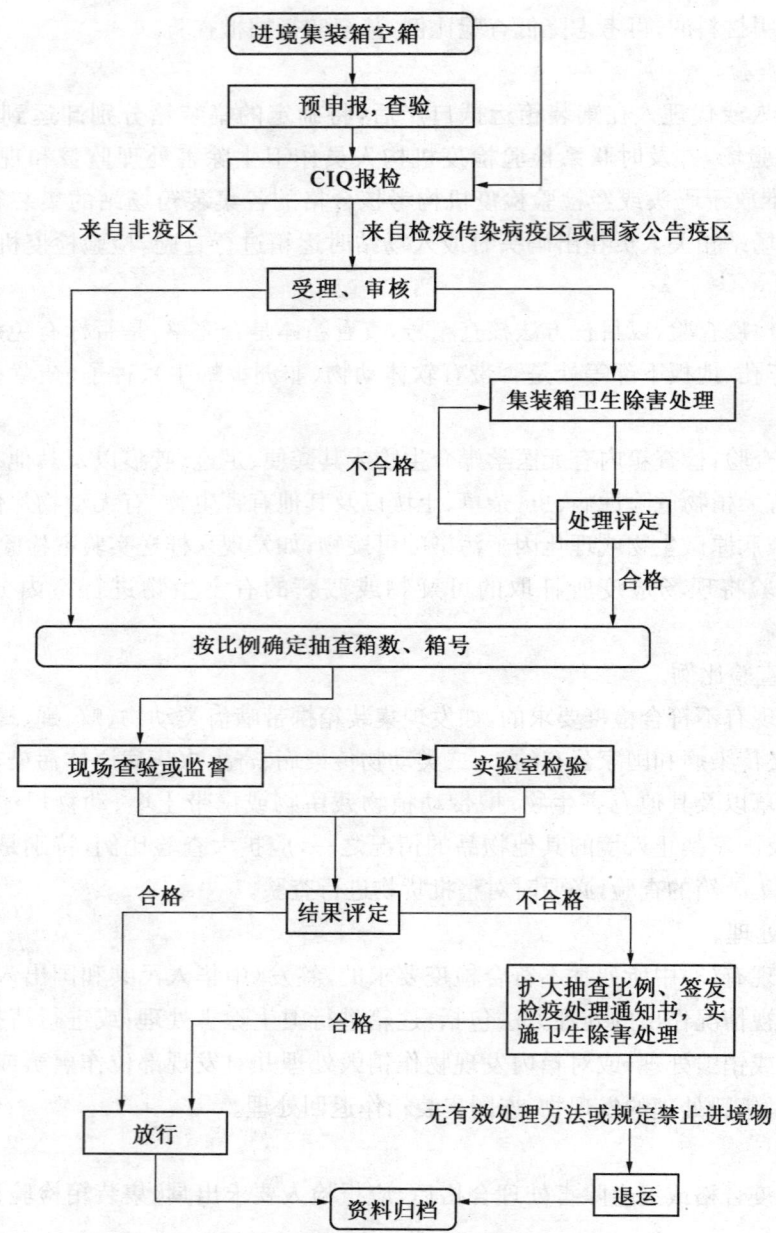

图 8.2　进境集装箱空箱检验检疫工作程序

　　第二,指运地结关的集装箱,由指运地检验检疫机构实施检验检疫,入境口岸检验检疫机构受理报检后,根据集装箱外表可能携带的有害生物种类实施检验检疫(必要时进行卫生除害处理),办理调离和签封手续,并通知指运地检验检疫机构,到指运地进行检验检疫。

第三,装运经国家批准进口的废物原料的集装箱,应当由进境口岸检验检疫机构实施检验检疫。经检验检疫符合国家环保标准的,签发检验检疫情况通知单;不符合国家环保标准的,出具检验检疫证书,并移交当地海关、环保部门处理。

3. 过境集装箱的检验检疫

(1)过境集装箱必须符合我国相关法律法规的规定,由入境口岸检验检疫机构实施检验检疫,出境口岸检验检疫不再实施检验检疫。

(2)入境口岸检验检疫机构对过境集装箱实行监管,在入境口岸经查验无破损和撒漏的,如果不在境内开箱装卸货物(除发生重大疫情的),一般不实施检验检疫;经过查验有可能中途撒漏造成污染的,应采取密封措施;无法采取密封措施的,不准过境。

(3)装载动物过境的集装箱,由入境口岸检验检疫机构对集装箱的外表进行消毒,并对动物进行检疫,合格后准予过境。

4. 出境集装箱的检验检疫工作程序

出境集装箱检疫工作流程主要包括受理报检、检疫查验、判定处置、出口核查以及资料归档等环节,具体参见图8.3。

(1)受理报检。

出境口岸检验检疫机构根据集装箱承运人、代理人或货主填写的《出/入境集装箱报检单》以及随附的集装箱配载清单等相关资料和单据受理出境集装箱检疫申报,对由同一运输工具同一航次出运的集装箱可由申报单位按批报检。

(2)检疫查验。

对出境集装箱的检疫查验可采用检验检疫人员现场检疫抽查或与运输工具的检疫查验、集装箱场站的监督管理相结合的方式进行。检验检疫人员根据报检材料,进一步进行审查核实,并根据疫情等相关信息进行风险分析,确定是否进行现场检疫查验以及现场查验的数量,一般现场查验数量不应低于总出口集装箱数量的1%。

检疫查验主要内容包括:核查箱号,查看集装箱箱体是否完整;检查外表是否带有土壤等;检查箱内有无啮齿类动物、病媒生物或其粪便、足迹、咬痕、巢穴以及其他有害生物等;有无植物危险性病、虫、杂草、土壤、动物尸体、动植物残留物等或有无被病原微生物或理化因子污染等,如有发现采样送实验室检验。

(3)结果判定和处置。

对达到未携带藏匿啮齿类动物及蚊、蝇、蜚蠊等病媒生物;未被人类传染病和国家公布的一、二类动物传染病、寄生虫病等病原体污染;未携带植物危险性病、虫、杂草以及其他有害生物;未携带土壤、动物尸体、动植物残留物和符合国家法律、行政法规或国际条约的其他规定要求的集装箱判定为检疫合格并予以放行。

对判定检疫不合格的集装箱,必须经卫生除害处理或调换集装箱等方式达到检疫要求后再予以放行。

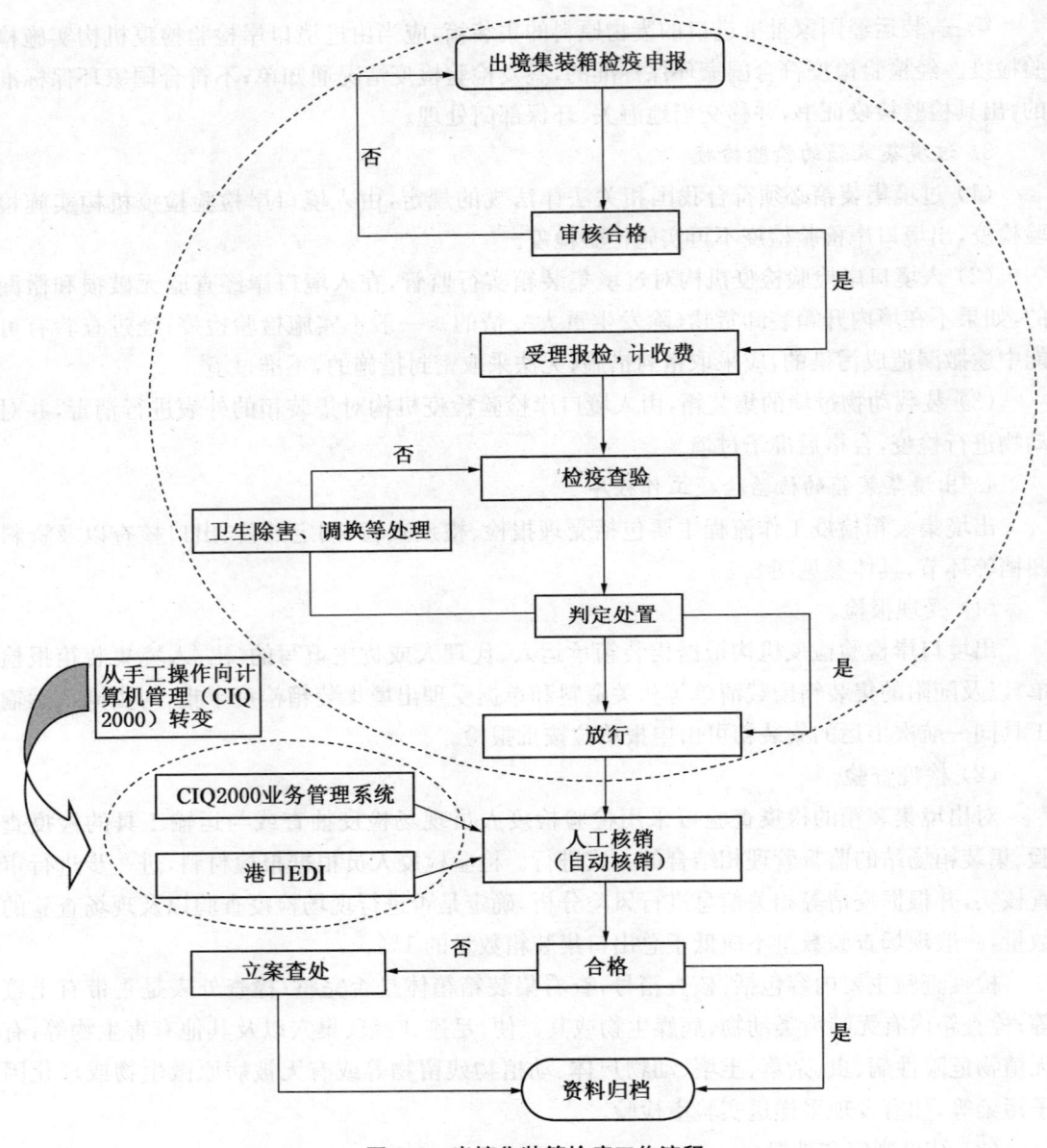

图 8.3　出境集装箱检疫工作流程

（4）出口核查。

对本口岸装载的出境集装箱进行审核，核查其中有无未经检疫的出境集装箱，对逃避检疫的出口集装箱交由相关部门予以立案查处。

（5）资料归档。

对在检疫中发现的疫情按规定及时上报主管部门，并对完成检疫的出境集装箱资料，统一归档保存。

5. **出境集装箱适载性检验工作流程**

出境集装箱适载性检验工作流程主要包括预检、受理报检、检验监督、判定处置、出口核查以及资料归档等环节,具体参见图8.4。

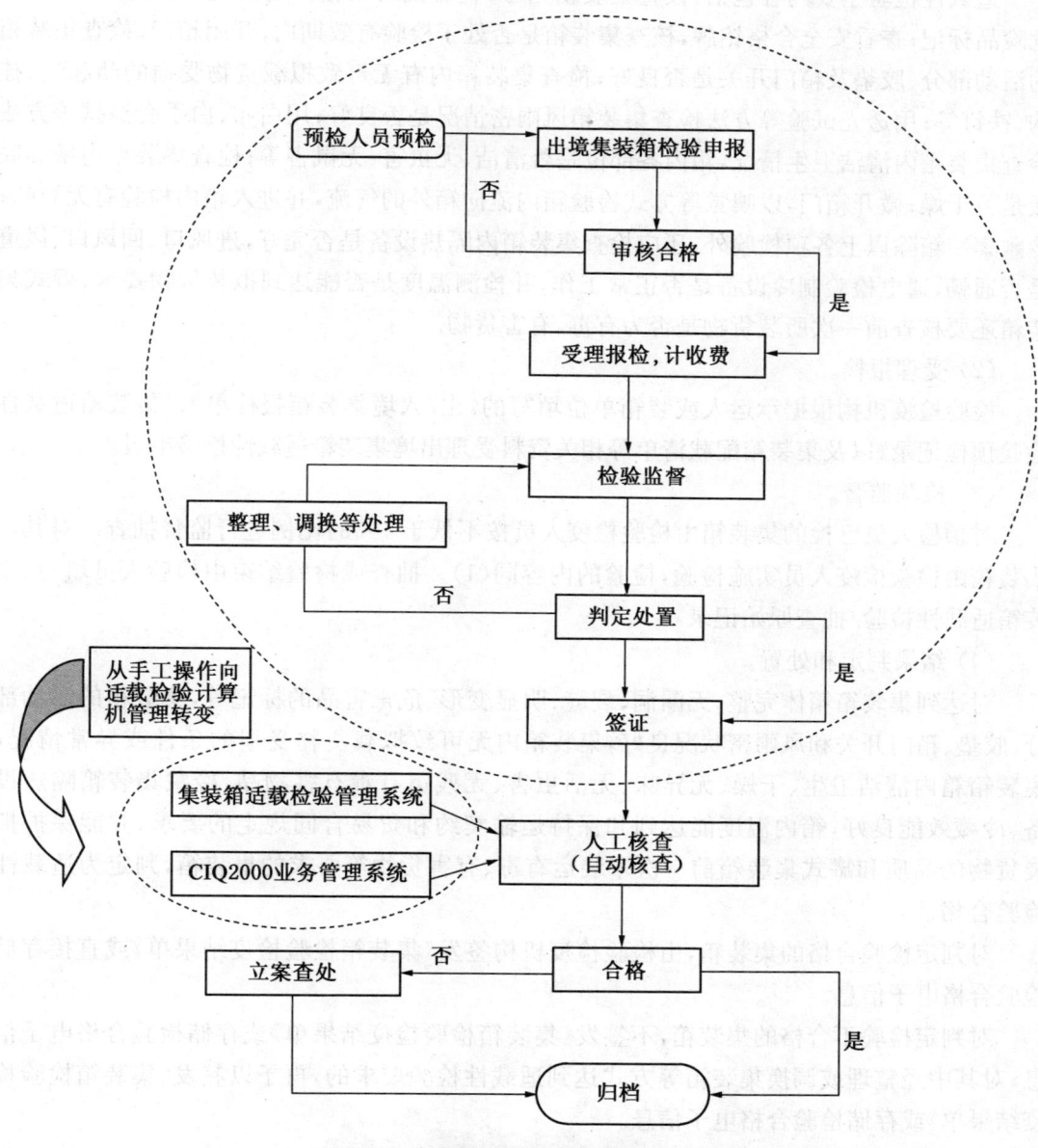

图8.4　出境集装箱适载性检验工作流程

（1）预检。

适载性检验可由经培训的检验检疫机构以外的人员(以下简称预检人员)进行适载性预先检验,检验检疫机构进行业务监督管理。对经预检人员预检合格的集装箱,由预检人员填写《集装箱适载性检验预检记录》。

适载性检验主要内容包括:核查集装箱箱号,查看集装箱箱体是否完整,箱体是否贴有危险品标记;查看安全合格铭牌,核查集装箱是否处于检验有效期内;开闭箱门,检查集装箱的活动部分、胶垫及箱门开关是否良好;检查集装箱内有无可致拟载货物受损的凸起物、挂钩、铁钉等;用透光试验等方法检查集装箱风雨密情况是否良好;用白布、白手套擦拭等方法检查集装箱内清洁卫生情况,箱内各部位是否清洁、无虫害、无鼠害等;检查集装箱内壁和底板是否干燥;微开箱门,以嗅觉等方式检验箱内流向箱外的气流,并进入箱内检验有无异味;冷藏集装箱除以上各项检验外,还应检查集装箱内隔热设备是否完好,进风口、回风口、风道是否通畅,通电检验制冷设备是否正常工作,并检测温度是否能达到拟装货物要求;罐式集装箱还要核查前一次所装货物是否为有毒、有害货物。

（2）受理报检。

检验检疫机构根据承运人或装箱单位填写的《出/入境集装箱报检单》、《集装箱适载性检验预检记录》以及集装箱配载清单等相关资料受理出境集装箱适载性检验申报。

（3）检验监督。

对预检人员已检的集装箱由检验检疫人员按不低于1%的比例进行监督抽查。对其他集装箱由检验检疫人员实施检验,检验的内容同(1)。抽查或检验结束由检验人员填写《集装箱适载性检验/抽查原始记录》。

（4）结果判定和处置。

对达到集装箱箱体完整,无漏洞、裂缝、明显变形、危毒害品的标记等,集装箱的活动部分、胶垫、箱门开关和风雨密状况良好,集装箱内无可致拟载货物受损的条件或异常情况,集装箱箱内清洁卫生、干燥、无异味、无活虫害、无残留有毒有害物品,冷藏集装箱隔热设备、冷藏效能良好,箱内温度能达到和保持运输契约和贸易合同规定的要求,并能保护拟装货物的品质和罐式集装箱前一次未装运有毒、有害货物等要求的集装箱,判定为适载性检验合格。

对判定检验合格的集装箱,由检验检疫机构签发《集装箱检验检疫结果单》或直接存储检验合格电子信息。

对判定检验不合格的集装箱,不签发《集装箱检验检疫结果单》或存储检验合格电子信息;对其中经整理或调换集装箱等方式达到适载性检验要求的,再予以签发《集装箱检验检疫结果单》或存储检验合格电子信息。

（5）出口核查。

在出口易腐烂变质食品、冷冻品货物放行时,检验检疫机构必须根据 HS 编码判定是否需适载性检验,对需进行集装箱适载性检验的必须提供有效的装载该批货物的集装箱的《集装箱检验检疫结果单》或有相应的检验合格电子信息,对不能提供有效证书或无合格信息的,不予放行。

8.2 出口易腐烂变质食品、冷冻品的运载工具适载检验

8.2.1 适载检验含义及其性质

适载检验是指对集装箱、船舱、飞机、车辆等运载工具是否适宜装载易腐烂变质食品、冷冻品的检验。易腐烂变质食品范围由国家质检总局公布,可查询国家质检总局网站或向所在地检验检疫机构咨询。

《商检法》规定,对装运出口易腐烂变质食品、冷冻品的集装箱、船舱、飞机、车辆等运载工具,承运人、装箱单位或者其代理人应当在装货前申请清洁、卫生、冷藏、密固适载检验。未经检验或者检验不合格的,不准装运。

因此,出口易腐烂变质食品、冷冻品的运载工具适载检验是法定项目的检验,也就是说是强制性检验项目。

8.2.2 运载工具的适载检验要求

1. 申请适载检验的主体

凡装运出口易腐烂变质食品、冷冻品的承运人、装箱单位或者其代理人(以下简称申请人)均是船舱或集装箱适载检验的申请主体。其中承运人主要指船方(船舶公司)、船舶租赁人以及他们的代理人;装箱单位主要指集装箱所有人及其代理人,如外运公司、外轮代理公司或港口集装箱公司等。

2. 申请期限

申请人必须在货物装船前或装箱前向当地检验检疫机构申请检验。

8.2.3 运载工具适载检验工作程序

1. 船舱适载检验

申请人应在验舱前向所在地检验检疫机构申请检验,并提供装货清单及配载图。出入境检验检疫机构受理申请检验后实施登船检验,验舱完毕后,按下列情况处理:

(1)经检验合格的,签发验舱合格证书;

(2)经检验不符合装运技术条件的船舱,承运人应认真加以清理后,再由检验检疫机构

派员重新检验；

（3）重新检验以一次为限，重新检验仍不合格的，承运人必须采取有效措施达到装运技术条件，并重新申请检验。

2. 集装箱适载检验

参见本书 8.1.4 的有关内容。

3. 其他运载工具

参见本书 8.1.4 的有关内容。

8.2.4　运载工具适载检验内容

参见本书 8.1.4 的有关内容。

8.2.5　运载工具适载检验方法

参见本书 8.1.4 的有关内容。

8.2.6　运载工具适载检验结果处理

参见本书 8.1.4 的有关内容。

8.3　进出境运输货物包装物的检验检疫

8.3.1　运输包装物及铺垫材料种类及其检验检疫

货物运输包装物、铺垫材料是指在国际贸易中运输货物所使用的包装和铺垫物。

包装物的种类很多，按包装外形分袋、包、桶、箱等；按包装材料分纸、金属、塑料及植物性包装。植物性包装是使用最广泛的包装，如木箱、麻袋、筐、篓等，其中木包装箱又是使用最广泛的包装物，约占各种包装物的一半以上。这些植物性包装物、铺垫材料、填充物极易传带危险性病虫害，并随货物的运输向远距离传播。

检疫范围包括装载动植物、动植物产品和其他检疫物进出境和过境的植物性包装物，如木、竹、藤、柳、草、秸秆等做的箱、筐、篓、袋、围板及填充物、铺垫物等；来自动植物疫区的装载非动植物产品的植物性包装材料和输入国有检疫要求的出境植物性包装材料。

8.3.2　检验检疫程序

1．进境检验检疫

（1）货物进境时，由货主或其代理人向入境口岸检验检疫机构办理报检手续。检验检疫人员在审核单证的同时，结合登轮、登机、登车检疫货物、运输工具的过程，了解货物包装种类，防止漏报漏检。

（2）包装物的检疫重点是现场检疫。现场无法确定的问题，应及时取样进行实验室检验鉴定。装载动植物及其产品的包装物应与货物一同检疫，装载非动植物及其产品的包装物经检疫机构许可的，可调运至拆箱地点实施检疫。

（3）集装箱运输的转关货物的包装物，由货主或其代理人向入境口岸检验检疫机构办理报检和调离手续，包装物经检疫或消毒处理后，签发《出/入境货物通关单》供海关验证放行，由到达地口岸检验检疫机构对包装物进行检疫或作检疫处理。

（4）经检疫合格的包装物，签发《出/入境货物通关单》，准予进境。经检疫发现危险性病虫害的包装物，作相应的检疫处理，没有有效方法作除害处理的，截留烧毁。

2．过境检验检疫

装载动植物、动植物产品和其他检疫物的包装物或来自疫区装载非动植物、动植物产品的包装物，货主或其代理人在向入境口岸检验检疫机构办理货物、运输工具报检手续时，也应申报包装物检疫内容，经入境口岸检验检疫机构现场检查，符合检疫规定的，准予过境。

3．出境检验检疫

（1）装载动植物、动植物产品和其他检疫物的包装物，检验检疫机构结合货物同时进行检疫。

（2）装载非动植物产品但输入国有检疫要求的包装物，由货主或其代理人向口岸检验检疫机构办理包装物报检手续，经检疫合格的签发检疫证书。

（3）经检疫合格的动植物、动植物产品和其他检疫物，凡改换包装的，货主或其代理人应当重新报检。

8.4　进出口商品木质包装的检验检疫

8.4.1　概述

进出境货物的木质包装是指用于承载、包装、铺垫、支撑、加固货物的木质材料，如木板箱、木条箱、木托盘、木框、木桶、木轴、木楔、垫木、枕木、衬木等。它是传播林木有害生物的一个主要途径。因此，木质包装的检疫问题已成为当今国际植物检疫的热点。

1998年起,美国、加拿大、英国、巴西、澳大利亚、新西兰、巴西和欧盟等国家相继对我国出境货物木质包装提出严格的检疫要求,要求对进境的货物的木质包装采取熏蒸、热处理等除害处理措施,须附有中国出入境检验检疫机构出具植物检疫证书、熏蒸/消毒证书,或者出口商出具的无木质包装证明。在出境口岸,货主或其代理人应根据输入国检疫要求,持相关单证向出境口岸检验检疫机构报检,申请检疫除害处理并要求出具有关证书。

为此,根据WTO/《SPS协议》PRA原则,我国决定自1998年年底起,输往美国、加拿大、巴西、欧盟、澳大利亚的货物木质包装必须进行熏蒸(或热或防腐)处理,并由检验检疫机构签发《熏蒸/消毒证书》;并自2000年1月1日起,对来自美国、日本的货物,不论是否列入《出入境检验检疫机构实施检验检疫的进出境商品目录》,在入境口岸清关的,货主或其代理人凭入境口岸检验检疫机构签发的《入境货物检验检疫通关单》向海关办理通关手续。申请转关运输或直通式转关运输的货物,货主或其代理人按规定向指运地检验检疫机构报检,凭指运地检验检疫机构签发的《入境货物检验检疫通关单》向指运地海关办理通关手续。美国、日本输往中国货物入境时,货主或其代理人按有关规定向入境检验检疫机构报检时,须提交官方出具的使用针叶树木质包装的植物检疫证书或由出口商出具的"无木质包装声明"。凡未提供有效植物检疫证书或有关声明的,不予受理报检。

2002年3月,国际植物保护公约组织(IPPC)公布了国际植物检疫措施标准第15号有关国际贸易中木质包装材料管理准则,要求货物使用的木质包装应在出境前进行除害处理,并加施IPPC确定的专用标识。目前,欧盟、加拿大、美国、澳大利亚等国家已采纳该标准,并于2005年3月1日开始陆续实施,将来会有更多的国家采用该国际标准。对于不符合国际标准的木质包装,进口国家或地区将在入境口岸采取除害处理、销毁、拒绝入境等措施。

尽管我国尚未正式加入国际植物保护公约组织,但为了使我国出境货物使用的木质包装符合进口国家或地区的检疫规定,避免经济损失,减少贸易摩擦,确保进出口货物的正常通关,同时也为了履行好WTO成员的义务,国家质检总局依据国际标准于2004年底出台了《出境货物木质包装检疫处理管理办法》(以下简称《办法》)并自2005年3月1日起施行。

根据《办法》的规定,自2005年3月1日起,出境货物木质包装应按IPPC15国际标准的要求实施除害处理并加施标识,不再出具植物检疫证书或熏蒸/消毒证书;出境货物木质包装除害处理并加施标识企业应经检验检疫机构考核认可;出境货物木质包装使用企业应向经检验检疫机构考核认可的木质包装生产企业购买或经认可的除害处理企业处理;检验检疫机构对生产企业和木质包装除害处理及标识加施过程实施监督,对出境木质包装实施抽查。

2005年1月13日,国家质检总局、海关总署、商务部和国家林业局又联合发布第4号公告要求,自3月1日起出境货物使用的木质包装,应按《办法》规定的检疫除害处理方法进行处理,并加施专用标识。出入境检验检疫机构对出境货物使用的木质包装实施抽查检疫,不符合规定的,不准出境。原有关出境货物木质包装检疫规定同时废止。

2005年,国家质检总局等部门第11号联合公告规定:为防止林木有害生物随进境货物木质包装传入我国，保护我国森林、生态环境及旅游资源，根据《进出境动植物检疫法》及其实施条例，参照国际植物保护公约组织公布的国际植物检疫措施标准第 15 号《国际贸易中木质包装材料管理准则》，自 2006 年 1 月 1 日起，进境货物使用的木质包装应当由输出国家或地区政府植物检疫机构认可的企业按中国确认的检疫除害处理方法处理，并加施政府植物检疫机构批准的 IPPC 专用标识。

8.4.2　进出境木质包装的检疫处理方法

1. 常规方法

（1）热处理（HT）。

① 必须保证木材中心温度至少达到 56 ℃，并持续 30 分钟以上。

② 窑内烘干（KD）、化学加压浸透（CPI）或其他方法只要达到热处理要求，可以视为热处理。如化学加压浸透可通过蒸汽、热水或干热等方法达到热处理的技术指标要求。

（2）溴甲烷熏蒸处理（MB）。

① 常压下，按下列标准处理：

温　　度	剂量	最低浓度要求（克/立方米）			
	（克/立方米）	0.5 小时	2 小时	4 小时	16 小时
≥ 21 ℃	48	36	24	17	14
≥ 16 ℃	56	42	28	20	17
≥ 11 ℃	64	48	32	22	19

② 最低熏蒸温度不应低于 10 ℃，熏蒸时间最低不应少于 16 小时。

③ 来自松材线虫疫区国家或地区的针叶树木质包装暂按照以下要求进行溴甲烷熏蒸处理：

温　　度	溴甲烷剂量（克/立方米）	24 小时最低浓度要求（克/立方米）
≥ 21 ℃	48	24
≥ 16 ℃	56	28
≥ 11 ℃	64	32

注：最低熏蒸温度不应低于 10 ℃，熏蒸时间最低不应少于 24 小时。

松材线虫疫区为：日本、美国、加拿大、墨西哥、韩国、葡萄牙及中国台湾、香港地区。

2. 其他方法

（1）国际植物检疫措施标准或国家质检总局认可的其他除害处理方法。

（2）依据有害生物风险分析结果，当上述除害处理方法不能有效杀灭我国关注的有害生物时，国家质检总局可要求输出国家或地区采取其他除害处理措施。

8.4.3　进出境木质包装 IPPC 标识要求

1. 出境木质包装 IPPC 要求

(1) 出境货物木质包装标识式样如图 8.5 所示。

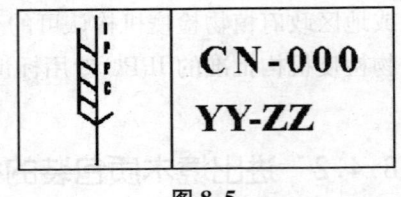

图 8.5

其中:

IPPC——国际植物保护公约的英文缩写;

CN——国际标准化组织(ISO)规定的中国国家编码;

OOO——出境货物木质包装标识加施企业的三位数登记号,按直属检验检疫局分别编号;

YY——除害处理方法,溴甲烷熏蒸为 MB,热处理为 HT;

ZZ——各直属检验检疫局 2 位数代码(如江苏局为 32)。

(2) 除上述信息外,标识加施企业可根据需要增加其他必要的信息。

(3) 标识颜色应为黑色,采用喷刷或电烙方式加施于每件木质包装两个相对面的显著位置,保证其永久性且清晰易辨。

(4) 标识为长方形,规格有三种:3×5.5 cm、5×9 cm 及 10×20 cm,标识加施企业可根据木质包装大小任选一种,特殊木质包装经检验检疫机构同意可参照标记式样比例确定。

2. 进境木质包装 IPPC 标识要求

(1) 进境货物木质包装标识式样如图 8.6 所示。

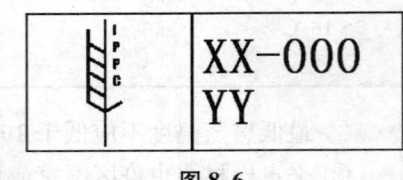

图 8.6

其中

IPPC——国际植物保护公约的英文缩写;

XX——国际标准化组织(ISO)规定的 2 个字母国家编号;

OOO——输出国家或地区官方植物检疫机构批准的木质包装生产企业编号;

YY——确认的检疫除害处理方法,如溴甲烷熏蒸为 MB,热处理为 HT。

(2) 输出国家或地区官方植物检疫机构或木质包装生产企业可以根据需要增加其他信息,如去除树皮以 DB 表示。

(3) 标识必须加施于木质包装显著位置,至少应在相对的两面,标识应清晰易辨、永久且不能移动。

(4) 标识避免使用红色或橙色。

8.4.4　进出境木质包装 IPPC 加施范围

加施专用标识的出境货物木质包装是指:用于承载、包装、铺垫、支撑、加固货物的木质材料,如木板箱、木条箱、木托盘、木框、木桶、木轴、木楔、垫木、枕木、衬木等。经人工合成或者经加热、加压等深度加工的包装用木质材料(如胶合板、纤维板等)除外。薄板旋切芯、锯屑、木丝、刨花等以及厚度等于或者小于 6 mm 的木质材料除外。

8.4.5　进出境货物木质包装的报检/申报要求

1. 进境货物木质包装的报检/申报要求①

(1) 进境货物使用的木质包装应当由输出国家或地区政府植物检疫机构认可的企业按中国确认的检疫除害处理方法处理,并加施政府植物检疫机构批准的 IPPC 专用标识。或提供下述境外供货商出具的,并签名加盖公章,格式不一内容一致的"非木质包装材料证明"(Declaration of non-wood packing material):

例 1:

　　致中国出入境检验检疫机构:兹声明:本批货物 COMPONENT PARTS FOR IG-NITION PARTS(货物名)750 480PCS/12 520 KGS(数量/重量)均使用非木质包装材料制作。

　　To the Service of China Entry & Exit Inspection and Quarantine: It is declared that all packing materials in this shipment COMPONENT PARTS FOR IGNITION PARTS(commodity)750 480PCS/12 520 KGS(quantity/weight) are made of non-wood packing materials.

例 2:

　　RE INVOICE NO. 2005b980434

　　WE AS SHIPPER HEREBY DECLARE TNAT THE PACKING MATERIAL IN SHIS SHIPMENT CONTAIN NON-WOOD PACKING MATERIAL.

例 3:

　　IT IS DECLARED THAT BELOW SHIPMENT DOES NOT CONTAIN SOLID WOOD PACKING MATERIALS

　　Vessel: Sandra Blanca

　　Voyage: SLL2294

　　Cargo: 8×40′ fel Heineken lager beer(12/60 cl btls Heineken lager beer)

　　Bill of Lading: PONLRTMI 8000250

　　We here by declare that the above mentioned information are true and correct.

(2) 进境货物使用木质包装的,货主或其代理人应当向出入境检验检疫机构报检,并配

―――――――――

① 　其所列要求也适用于来自中国香港、澳门特别行政区和中国台湾地区的货物使用的木质包装。

合出入境检验检疫机构实施检疫。对未报检的,出入境检验检疫机构依照有关法律规定进行处罚。

(3) 出入境检验检疫机构对进境货物使用的木质包装检疫实施分类管理,加强与港务、船代、海关等部门的信息沟通,通过审核货物载货清单等信息对经常使用木质包装的货物实施重点检疫。

(4) 列入《出入境检验检疫机构实施检验检疫的进出境商品目录》(以下简称《目录》)的进境货物使用木质包装的,检验检疫机构签发《入境货物通关单》并对木质包装实施检疫。未列入《目录》的进境货物使用木质包装的,出入境检验检疫机构可在海关放行后实施检疫。

(5) 经检疫发现木质包装标识不符合要求或截获活的有害生物的,出入境检验检疫机构监督货主或其代理人对木质包装实施除害处理、销毁处理或联系海关连同货物作退运处理,所需费用由货主承担。需实施木质包装检疫的货物,未经检疫合格的,不得擅自使用。

2. 出境货物木质包装的报检/申报要求

(1) 出境货物使用的木质包装,应按第 8.4.2 节要求的检疫除害处理方法进行处理,并按本书 8.4.3 中所述加施专用标识。

(2) 出入境检验检疫机构对出境货物使用的木质包装实施抽查检疫,不符合规定的,不准出境。

8.4.6　出境货物木质包装检验检疫处理管理

1. 监督管理机构

国家质检总局统一管理全国出境货物木质包装的检疫监督管理工作。出入境检验检疫机构负责所辖地区出境货物木质包装的检疫监督管理。

2. 监管内容

(1) 受理标识加施企业资格的申请,审核其提交的材料;

(2) 对标识加施企业的热处理或者熏蒸处理设施、人员及相关质量管理体系等进行考核,符合要求的,颁发除害处理标识加施资格证书,并公布标识加施企业名单,同时报国家质检总局备案,标识加施资格有效期为 3 年;不符合要求的,不予颁发资格证书,并连同不予颁发的理由一并书面告知申请企业。未取得资格证书的,不得擅自加施除害处理标识。

8.4.7　木质包装标识加施企业资格申请及其管理

1. 标识加施企业资格的申请

对木质包装实施除害处理并加施标识的企业(以下简称标识加施企业),应当向所在地检验检疫机构提出除害处理标识加施资格申请并提供以下材料:

(1)《出境货物木质包装除害处理标识加施申请考核表》；

(2)工商营业执照及相关部门批准证书复印件；

(3)厂区平面图，包括原料库（场）、生产车间、除害处理场所、成品库平面图；

(4)热处理或者熏蒸处理等除害设施及相关技术、管理人员的资料；

(5)木质包装生产防疫、质量控制体系文件；

(6)检验检疫机构要求的其他材料。

2. **标识加施资格的重新申请**

标识加施企业出现以下情况之一的，应当向检验检疫机构重新申请标识加施资格。未重新申请的，检验检疫机构暂停直至取消其标识加施资格。

(1)热处理或者熏蒸处理设施改建、扩建；

(2)木质包装成品库改建、扩建；

(3)企业迁址；

(4)其他重大变更情况。

3. **标识加施资格的暂停**

标识加施企业出现下列情况之一的，检验检疫机构责令整改，整改期间暂停标识加施资格：

(1)热处理/熏蒸处理设施、检测设备达不到要求的；

(2)除害处理达不到规定温度、剂量、时间等技术指标的；

(3)经除害处理合格的木质包装成品库管理不规范，存在有害生物再次侵染风险的；

(4)木质包装标识加施不符合规范要求的；

(5)木质包装除害处理、销售等情况不清的；

(6)相关质量管理体系运转不正常，质量记录不健全的；

(7)未按照规定向检验检疫机构申报的；

(8)其他影响木质包装检疫质量的。

4. **标识加施资格的取消**

因标识加施企业方面原因出现下列情况之一的，检验检疫机构将暂停直至取消其标识加施资格，并予以公布。

(1)因"资格暂停"中的原因，在国外遭除害处理、销毁或者退货的；

(2)未经有效除害处理加施标识的；

(3)倒卖、挪用标识等弄虚作假行为的；

(4)出现严重安全质量事故的；

(5)其他严重影响木质包装检疫质量的。

5. **其他监督管理措施**

检验检疫机构对标识加施企业实施日常监督检查，并要求：

（1）标识加施企业应当将木质包装除害处理计划在除害处理前向所在地检验检疫机构申报，检验检疫机构对除害处理过程和加施标识情况实施监督管理。

（2）除害处理结束后，标识加施企业应当出具处理结果报告单。经检验检疫机构认定除害处理合格的，标识加施企业按照规定加施标识。

再利用、再加工或者经修理的木质包装应当重新验证并重新加施标识，确保木质包装材料的所有组成部分均得到处理。

（3）标识加施企业对加施标识的木质包装应当单独存放，采取必要的防疫措施防止有害生物再次侵染，建立木质包装销售、使用记录，并按照检验检疫机构的要求核销。

（4）未获得标识加施资格的木质包装使用企业，可以从检验检疫机构公布的标识加施企业购买木质包装，并要求标识加施企业提供出境货物木质包装除害处理合格凭证。

（5）伪造、变造、盗用标识的，依照《中华人民共和国进出境动植物检疫法》及其实施条例的有关规定处罚。

8.5　出境运输货物包装容器的检验检疫

8.5.1　概述

出境货物运输包装容器的检验检疫是指列入《出入境检验检疫机构实施检验检疫的进出境商品目录》（以下简称《法检商品目录》）及其他法律、法规规定须经检验检疫机构检验检疫的出口货物的运输包装容器，必须申请检验检疫机构检验，经检验检疫机构检验合格后方准盛装出口货物。通常，出境货物运输包装容器的检验检疫分为出口危险货物包装容器质量许可（以下简称"出口危包许可"）与出境普通货物运输包装容器质量许可（以下简称"出境普包许可"）两类管理。

2004 年 7 月 1 日，国家质检总局依据行政许可法正式取消"出境普包许可"，依法对生产和使用出口危险货物包装容器须实施性能鉴定和使用鉴定，即为"出口危包许可"管理。

危险货物是指具有燃烧、爆炸、腐蚀、毒害、放射性辐射等危及人类生命与财产安全的物质。国际上对该类出口危险货物在包装、积载、隔离、装卸、管理、运输条件和消防急救措施等方面都有特殊而严格要求。它所界定的出口危险货物包装容器包括：常规危险货物包装容器（如纸箱、钢桶、塑料容器、纸板桶、袋类、木箱、胶合板箱等），25 升以下的小型气体压力容器（如喷雾罐、打火机），中型散装容器，便携式罐体，大包装等。为此，我国于 1985 年、1995 年和 2000 年分别颁布了海运、空运、铁路出口危险货物包装检验管理办法，并将出口危包检验列入强制性检验项目。

根据 2004 年 10 月国家质检总局有关出口危包许可管理规定，国家质检总局统一管理全国出口危包许可管理工作，负责审批、发放"危包许可证"，负责对各直属检验检疫机构实施危包许可的监督检查,负责危包许可证考核人员的资格培训和考核,负责危包质量行政许可审批的咨询工作(咨询网站 www. aqsiq. gov. cn)。

《商检法》第十七条规定:"为出口危险货物生产包装容器的企业,必须申请检验检疫机构进行包装容器的性能鉴定。生产出口危险货物的企业,必须申请检验检疫机构进行包装容器的使用鉴定。使用未经鉴定合格的包装容器的危险货物,不准出口。"因此,出口危险货物运输包装须经性能鉴定检验合格,方可盛装出口危险货物,而其申请人必须是获得国家质检总局颁发的出口危险货物包装容器质量许可证的生产企业。出口危包许可证的申请程序一般包括:受理申请、现场考核、整改与跟踪、上报审证资料、发证及资料归档。获出口危包许可证企业有效期满需延续的,应在有效期届满 3 个月前办理延续申请。

申请人申请危包性能检验时,应按规定填写《出境货物运输包装检验申请单》,并提供生产危包的生产标准、生产工艺及有关资料。检验检疫机构受理报检后,在外观检验合格的基础上,从生产现场(或仓库)中随机抽取样品,依据强制性国家标准对不同种类的危包分别实施性能检验,经检验合格的出具《出境货物运输包装性能检验结果单》;经检验不合格的出具出境货物不合格通知单。经营危险货物出口的单位可持证单(正本)向当地检验检疫机构申请办理货物品质检验,或申请换发出境货物包装检验证书等。

出口危险货物运输包装经性能检验合格后,还必须进行使用鉴定。经检验检疫机构检验合格并取得使用鉴定合格单后,方可包装危险货物出境。出口危险货物的生产企业是危险货物运输包装使用鉴定的申请人。申请人向检验检疫机构申请危险货物运输包装使用鉴定时,应按规定填写《出境货物运输包装检验申请单》,并提供出境危险货物运输包装容器性能检验结果单及分类定级相容性危险特性报告等资料。《出境危险货物运输包装使用鉴定结果单》可作为出口经营部门验收或港务部门安排危险货物装运出口的依据。若需分批出口的,由港监部门按使用鉴定结果单(正本)逐批核销,或在证单有效期内,向出口所在地检验检疫机构申请换取包装容器检验证书等。

此外,外贸单位或公司在经营出口危险货物运输或装载时,应向出口危险货物的生产单位索取《出境危险货物运输包装性能检验结果单》和《出境危险货物运输包装使用鉴定结果单》,并在其有效期内出口。对超过有效期的《出境危险货物运输包装性能检验结果单》和《出境危险货物运输包装使用鉴定结果单》,检验检疫机构不予受理报检换证手续,港务部门不予办理装运手续。

8.5.2　出境普通货物运输包装容器的性能检验和使用鉴定

1. 出境普通货物运输包装容器检验的范围

根据《商检法实施条例》规定,国家对部分出境货物运输包装容器实施性能检验和使用鉴定。其实施检验范围是指列入《出入境检验检疫机构实施检验检疫的进出境商品目录》及其他法律、行政法规规定须经检验检疫机构检验检疫,并且检验检疫监管条件为"N"或"S"①的出口货物的运输包装容器。目前检验检疫机构实施性能检验和使用鉴定的出境货物运输包装容器包括:钢桶、铝桶、镀锌桶、塑料复合桶、纸板桶、塑料桶(罐)、纸箱、集装袋、塑料编织袋、麻袋、纸塑复合袋、钙塑瓦楞箱、木箱、胶合板箱(桶)等。

2. 报检要求

出口货物运输包装容器的检验分性能检验和使用鉴定。申报法定检验的出口货物检验前,需先申报包装容器的性能检验。使用鉴定一般在出口货物实施品质检验时同时进行。因此,使用鉴定与所包装的出口货物同时报检。

3. 出口货物运输包装容器检验需提供的材料

报检人除按规定填写《出境货物运输包装检验申请单》外,还需提供:

(1)生产单位的本批包装容器检验结果单;

(2)包装容器规格清单;

(3)客户订单及对包装容器的有关要求;

(4)该批包装容器的设计工艺、材料检验标准等技术资料。

4.《出境货物运输包装性能检验结果单》的使用

《出境货物运输包装性能检验结果单》具有以下用途:

(1)出口货物生产企业或经营单位向生产单位购买包装容器时,生产包装容器的单位应提供检验检疫机构签发的《出境货物运输包装性能结果单》正本。

(2)出口货物生产企业或经营单位申请出口货物检验检疫时,应提供《出境货物运输包装性能检验结果单》正本,以便检验检疫机构实施出口运输包装容器的使用鉴定。

(3)合同规定或客户要求出具包装检验证书时,可凭《出境货物运输包装性能检验结果单》正本向出口所在地检验检疫机构换发包装检验证书。

(4)对于同一批号不同单位使用的或同一批号多次装运出口货物的运输包装容器,在性能结果单有效期内可以凭此单向检验检疫机构报检,申请分单。

8.5.3 出口危险货物包装容器的检验检疫

《商检法》规定,生产和使用出口危险货物包装容器需实施性能鉴定和使用鉴定。

1. 出境危险货物运输包装性能鉴定程序

出口危险货物包装容器已列入我国的强制性检验项目。根据有关出口危险货物包装容器质量许可管理要求,获得出口危险货物包装质量许可证的出口危险货物运输包装的生产企业,是危险货物运输包装性能鉴定的申请人。运输包装经检验合格并取得性能检验合格

---

① 检验检疫监管条件"N"或"S":分别代表"出口商品检验"或"出口食品卫生监督检验"。

方可盛装出口危险货物。

2. 出口危险货物运输包装性能检验

生产企业应按下述要求申请办理出口危险货物包装质量许可证。出口危包许可证的申请程序一般包括：受理申请、现场考核、整改与跟踪、上报审证资料、发证及资料归档。获出口危包许可证企业有效期满需延续的，应在有效期届满 3 个月前办理延续申请。危险货物运输包装性能检验的申请人应按下述程序申请：

（1）申请危险货物运输包装的性能鉴定时，应按规定填写《出境货物运输包装检验申请单》，并提供生产危险货物运输包装的生产标准和生产危险货物运输包装的工艺规程及有关资料。

（2）出入境检验检疫机构受理报检后，在外观检验合格的基础上从生产现场（或仓库）中按规定数量随机抽取样品，按照制定的强制性国家标准，对不同种类的危险货物包装分别实施性能检验，出具危险货物运输包装性能检验结果单。

（3）出口危险货物包装容器性能经检验合格后，申请人可领取检验检疫机构签发的《出境货物运输包装性能检验结果单》。经检验检疫机构检验不合格的，申请人领取《出境货物不合格通知单》。

3.《出境危险货物运输包装性能检验结果单》的使用

《出境危险货物运输包装性能检验结果单》中对危险货物包装的检验结果表明，该单所列包装容器业经检验检疫机构检验，并符合《国际海运危规》或《空运危规》的规定，该结果单具有以下用途：

（1）出口危险货物的经营单位向检验检疫机构申请出口危险货物品质检验时，必须向当地检验检疫机构提供《出境危险货物运输包装性能检验结果单》正本，经审核符合有关规定，方可受理其品质检验。

（2）出口危险货物的经营单位向检验检疫机构申请出口危险货物包装容器的使用鉴定时，必须凭《出境危险货物运输包装性能检验结果单》正本，向检验检疫机构申请办理《出境危险货物运输包装使用鉴定结果单》。

（3）当合同规定或客户要求出具《出境危险货物包装性能检验证书》时，可凭《出口危险货物运输包装性能检验结果单》正本，向检验检疫机构申请办理《出境危险货物包装性能检验证书》。

（4）同一批号，不同使用单位的出口危险货物包装容器，在性能检验结果的有效期内，可以凭该单向检验检疫机构申请办理分证。

（5）经检验检疫机构性能检验合格的本地区运输包装销往异地装货使用时，必须附有当地检验检疫机构签发的《出境危险货物运输包装性能检验结果单》随附该批包装容器流通，使用地检验检疫机构在接受报检时，凭《出境危险货物运输包装性能检验结果单》正本或分单正本受理品质检验或使用鉴定。

4. 出口危险货物运输包装使用鉴定程序

出口危险货物的生产企业是危险货物运输包装使用鉴定的申请人。出口危险货物运输包装经性能检验合格后,还需进行使用鉴定。性能良好的运输包装,如果使用不当,仍达不到保障运输安全及保护商品的目的。危险货物运输包装经检验检疫机构检验合格并取得使用鉴定合格单后,方可包装危险货物出境。申请人应按下述程序办理申请:

申请人向检验检疫机构申请危险货物运输包装使用鉴定时,应按规定填写《出境货物运输包装检验申请单》,并提供以下单据和资料:

(1)《出境危险货物运输包装容器性能检验结果单》;

(2) 分类定级相容性危险特性报告;

(3) 其他有关资料。

5.《出境危险货物运输包装使用鉴定结果单》的作用

《出境危险货物运输包装使用鉴定结果单》表明该单所列包装容器业经检验检疫机构鉴定合格,并按《国际海运危规》或《空运危规》的规定盛装货物。该结果单具有以下用途:

(1) 外贸经营部门凭检验检疫机构出具的《出境危险货物运输包装使用鉴定结果单》验收危险货物。

(2) 港务部门凭检验检疫机构出具的《出境危险货物运输包装使用鉴定结果单》安排出口危险货物的装运,并按规定严格检查包装是否与检验结果单相符,有无破损渗漏、污染和严重锈蚀等情况,对包装不符合要求的,不得入库和装船,对需分批出口的,由港监部门按使用鉴定结果单(正本)逐批核销。

(3) 合同规定或贸易关系人要求出具包装检验证书时,在《出境危险货物运输包装使用鉴定结果单》有效期内,可凭此单向出口所在地的检验检疫机构申请换取包装容器检验证书。

(4) 对同一批号,分批出口的危险货物包装容器在使用结果单有效期内,可凭该结果单在出口所在地检验检疫机构办理分证手续。

6. 出口危险货物运输包装容器报检时应注意的事项

(1) 外贸经营单位在接受出口危险货物运输或装载时,应向危险货物生产单位索取《出境危险货物运输包装使用鉴定结果单》。

(2) 空运、海运出口危险货物的包装容器由检验检疫机构按照《国际海运危规》和《空运危规》规定实行强制性检验。包装容器检验不合格的不得使用,不得出口。

(3)《出境危险货物运输包装性能检验结果单》和《出境危险货物运输包装使用鉴定结果单》都有一定的有效期,出口危险货物应在其有效期内出口,对超过有效期的《出境危险货物运输包装性能检验结果单》和《出境危险货物运输包装使用鉴定结果单》,检验检疫机构不予受理报检换证手续,港务部门不予办理装运手续。

(4)《出境危险货物运输包装性能检验结果单》是出口公司向港务部门办理出口装运手续的有效证件,对未经鉴定合格并取得《出境危险货物运输包装使用鉴定结果单》的货物,港务部门拒绝办理出口装运手续。

8.5.4 《出境货物运输包装检验申请单》的填制

1.《出境货物运输包装检验申请单》的填制要求

申请人在填单时应按下述要求详实填写,所列项目应填写完整、准确、清晰,不得涂改。个别项目确实填不上,经允许可填"＊＊＊"。本单仅供申请办理出境货物运输包装性能检验/分证及出境危险货物运输包装使用鉴定时填写。

(1) 申请人:申请实施出境货物运输包装检验的单位。用全称填写,并加盖公章。

(2) 包装使用人:填写出境货物运输包装容器的使用单位。

(3) 运输包装容器名称及规格:指运输包装容器的具体名称及其规格。如纸箱的名称要写明单(双、三)瓦楞纸箱、规格用长×宽×高 cm 表示。如果规格不止一种,可用附页,但一般一份报检单不超过 5 个规格,并且必须是用同一料,同一批次号。

(4) 运输包装容器标记及批号:按《国际危规》规定填写运输包装容器上的唛头及生产厂代号及生产批号等。标记填写不下时可用附页;没有标记则填写"N/M"。

(5) 运输包装容器生产厂:生产运输包装容器的厂家的名称。

(6) 原材料名称及产地:指用于制造包装容器的原材料名称及其产地。纸箱要分别填写面、底、坑、芯纸的名称及产地,国产材料产地至少填地区名称。

(7) 包装质量许可证:运输包装容器生产厂质量许可证书号码。申请性能检验时应填写该证书号码。

(8) 申请项目:在对应的"□"上打"√"。

(9) 数量:指实际检验的出口数量,应与合同相符。

(10) 运输包装容器编号:据实填写。

(11) 生产日期:指该批运输包装容器的生产时间填至月份。

(12) 存放地点:指该批容器存放的地点。

(13) 危包性能检验结果单号:指该批危险品包装容器的性能检验结果单的编号。申请危险品运输包装容器使用鉴定时填写。

(14) 运输方式:在对应的"□"上打"√"。

(15) 拟装货物名称及形态:指该批包装容器装货物的名称及其形态。形态指固体、液体或气体等。

(16) 密度:填写该批运输包装容器所盛装液体货物的密度。

(17) 拟装货物单件毛重:指容器内装货物的净重加上包装物的质量,据实填写。

(18) 单件净重:指运输包装容器内货物的净重。

(19) 联合国编号:指拟装的危险货物在《国际危规》中规定的编号,并要加填危险类别。申请检验危险品运输包装容器时填写。

（20）装运口岸：指该批运输包装容器所装货物出口的装运口岸。

（21）提供单据：在对应的"□"上打"✓"。原则上申请性能检验的必须提供合同和厂检单。

2.《出境货物运输包装检验申请单》样本

见本章附件。

8.6 进出口食品包装容器、包装材料的检验检疫

为加强进出口食品包装容器、包装材料①的安全卫生检验检疫和监督管理工作，保证进出口食品安全，保护国内外消费者身体健康，根据国家质检总局《关于实施〈进出口预包装食品标签检验监督管理规定〉的公告》（2012 年第 27 号公告）规定，为加强进出口预包装食品②标签检验监督管理，保证进出口食品安全，自 2012 年 6 月 1 日起，对进出口预包装食品标签实施检验监督③。进出口用做样品、礼品、赠品、展示品等非贸易性的食品，进口用做免税经营（离岛免税除外）的、使领馆自用的食品，出口用做使领馆、我国企业驻外人员等自用的食品，可以申请免予进出口预包装食品标签检验。

8.6.1 实施检验监管内容与依据

1. 实施检验检疫内容

（1）对出口食品包装生产企业和食品包装进口商实施备案管理；

（2）对进出口食品包装产品及其标签实施检验；

（3）对出口食品包装的生产、加工、贮存、销售等生产经营活动的检验检疫和监管。

2. 实施检验检疫依据

（1）出口食品包装。

对出口食品包装主要依据输入国涉及安全、卫生的技术规范强制性要求检验，输入国法规无特殊要求的，依据我国的技术规范强制性要求检验。

（2）进口食品包装。

对进口食品包装依据我国的技术规范强制性要求检验。检验检疫依据、标准由国家质检总局另行公布。

---

① 食品包装容器、包装材料：已经与食品接触或预期会与食品接触的进出口食品内包装、销售包装、运输包装及包装材料。

② 预包装食品：经预先定量包装好，或装入（灌入）容器中，向消费者直接提供的食品。

③ 进出口用做样品、礼品、赠品、展示品等非贸易性的食品，进口用做免税经营（离岛免税除外）的、使领馆自用的食品，出口用做使领馆、我国企业驻外人员等自用的食品，可以申请免予进出口预包装食品标签检验。

8.6.2　实施检验监管方式

1. 进口食品的检验监管

进口食品的检验检疫流程如图 8.7 所示,具体要求为:

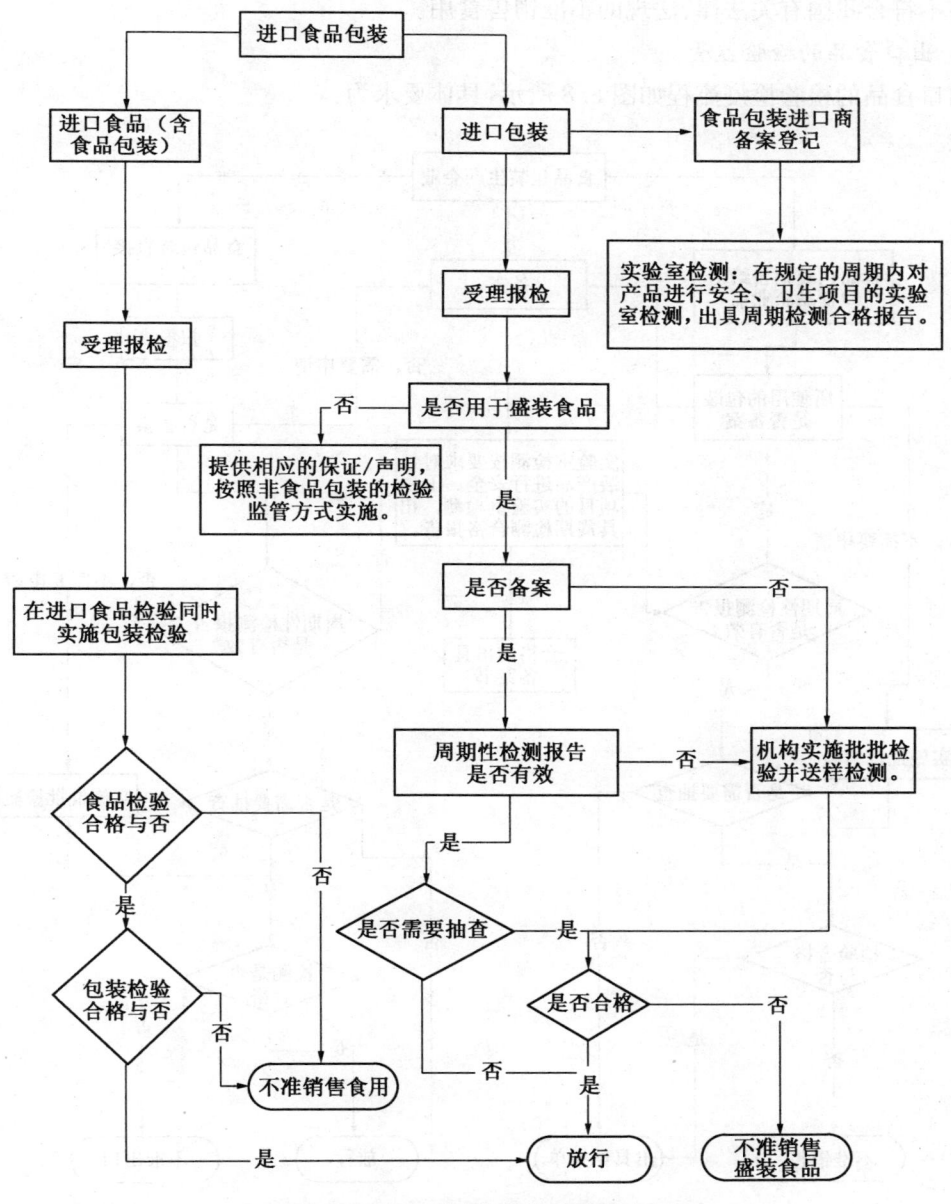

图 8.7　进口食品包装检验监管流程

(1) 进口食品包装的安全、卫生检验检疫等监管工作由收货人报检时申报的目的地检验检疫机构实施检验和监管,检验检疫合格后出具《出入境食品包装及材料检验检疫结果单》方可用于包装、盛放食品。

(2) 检验检疫机构对进口食品包装(包括已经包装了食品的包装)实施抽查检验,为避免给进口企业造成额外的负担,食品包装检验可结合进口食品检验检疫同时进行。经抽查其包装不符合我国有关法律、法规的不准销售食用。

2. 出口食品的检验监管

出口食品的检验检疫流程如图 8.8 所示,具体要求为:

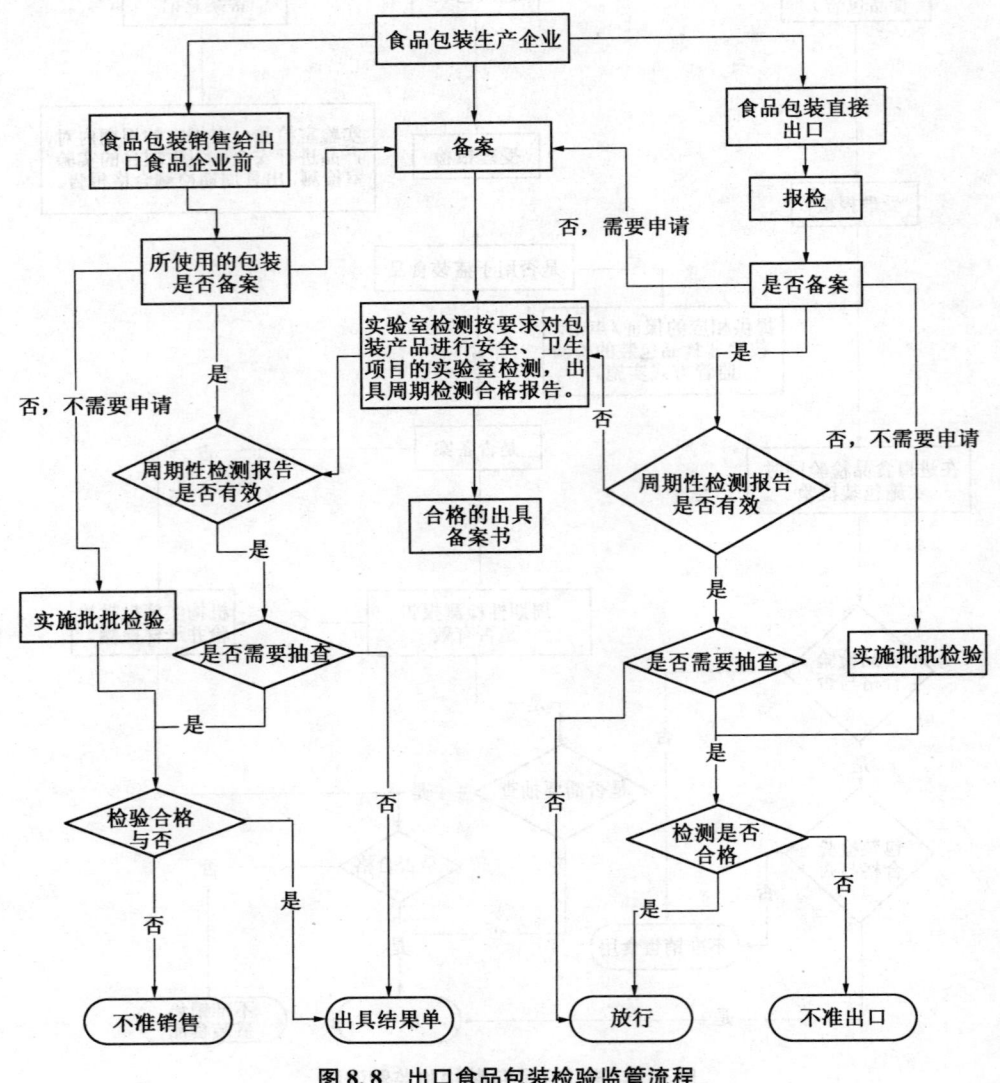

图 8.8 出口食品包装检验监管流程

（1）出口食品包装原则上由生产企业所在地检验检疫机构负责实施检验和监督管理。

（2）出口食品包装的生产原料（包括助剂等）及产品都需符合相应的安全卫生技术法规强制性要求，不得使用不符合安全卫生要求或有毒有害材料加工生产与食品直接接触的包装。首次用于加工出口包装的原辅材料，包括印油、助剂等应经检测合格并向所属检验检疫机构办理备案。

（3）食品包装及材料的生产企业在提供出口食品包装及材料给出口食品生产企业前应到所在地检验检疫机构申请对该出口食品包装的检验检疫，生产企业在申报时应注明出口国别，经检验检疫合格的由施检的检验检疫机构出具《出入境食品包装及材料检验检疫结果单》，证单有效期为一年。

（4）未经检验检疫机构检验检疫或经检验检疫不合格的食品包装不得用于包装、盛放出口食品。

（5）出口食品生产企业在生产出口食品时应使用经检验检疫机构检验合格的食品包装及材料。出口食品报检时需提供检验检疫机构出具的《出入境食品包装及材料检验检疫结果单》。

（6）检验检疫人员在实施出口食品检验检疫时，同时核查食品包装货证是否相符，并核销包装数量。

8.6.3　进出口食品包装的监督管理

国家质检总局对出口食品包装生产企业和进口食品包装的进口商实行备案制度，由各直属检验检疫局负责对辖区相关企业实施备案登记。

1. 进口商申请备案的条件

进口商申请时应提交以下资料：

（1）《出入境食品包装及材料备案登记申请表》；

（2）进口商的《企业法人营业执照》（复印件）；

（3）进口食品容器，包装材料的成分、助剂说明材料；

（4）备案登记申请单位就其产品中有害有毒物质符合中华人民共和国卫生标准和卫生要求的自律声明；

（5）进口食品容器、包装材料的国外机构检验检疫证书；

（6）其他相关资料。

2. 出口食品包装生产企业申请登记的条件

出口食品包装生产企业申请登记时应提交以下资料：

（1）《出入境食品包装及材料备案登记申请表》；

（2）出口生产企业《企业法人营业执照》（复印件）；

（3）食品容器、包装材料的成分、助剂说明材料；

(4) 食品容器、包装材料的生产工艺说明材料；

(5) 备案登记申请单位就其产品中有害有毒物质符合我国卫生标准和卫生要求的自律声明；

(6) 生产企业平面图；

(7) 生产企业概况；

(8) 其他相关资料。

3. 进出口食品的监督管理

(1) 备案登记后对同一个企业的同一种材料、同一种设计规格、同一种加工工艺的出口食品包装，实行安全、卫生项目的周期检测。周期为 3 个月(暂定)，连续 3 次周期检测合格的企业，可延长检测周期为 6 个月，连续两次检测不合格的企业，检测周期缩短为 1 个月。检测周期内检验检疫机构将进行现场抽批验证及部分安全、卫生项目抽查；经抽查检测不合格的不准出口。

(2) 经检验检疫机构检验检疫判定为不合格的进出口食品包装及材料，依据国家有关法律法规和相关的规定处理，对检验检疫机构的检验结果有异议的，可向作出检验结果的检验检疫机构或其上级检验检疫机构直至国家质检总局申请复验。具体方法按照《进出口商品复验办法》①的规定办理。

(3) 密切跟踪国内外市场动态，跟踪国外技术法规要求；一旦发现进出口食品包装有严重的质量问题，立即发出预警通报，及时向国内食品生产企业、包装生产企业及食品包装进口商发出预警通知，切实保证进出口食品安全卫生，维护国内外消费者健康安全。

(4) 对出口食品包装生产企业实行企业代码制，企业代码应根据标准要求标注在包装容器上。如企业代码：S33000018060218，其中"S"代表食品，"33"代表直属检验检疫局②。

8.6.4 进出口预包装食品标签的检验监督

1. 标签报检要求

(1) 进口预包装食品。

首次进口预包装食品报检时，报检单位应提供下述标签检验有关资料并加盖公章：

① 原标签样张和翻译件；

② 预包装食品中文标签样张；

③ 标签中所列进口商、经销商或者代理商工商营业执照复印件；

---

① 见本书 10.6 的内容。

② 各直属检验检疫局代码：北京局 11；福建局 35；珠海局 48；天津局 12；江西局 36；四川局 51；河北局 13；山东局 37；贵州局 52；山西局 14；厦门局 38；云南局 53；内蒙古局 15；宁波局 39；西藏局 54；辽宁局 21；河南局 41；重庆局 55；吉林局 22；湖北局 42；陕西局 61；黑龙江局 23；湖南局 43；甘肃局 62；上海局 31；广东局 44；青海局 63；江苏局 32；广西局 45；宁夏局 64；浙江局 33；海南局 46；新疆局 65；安徽局 34；深圳局 47。

④ 当进口预包装食品标签中强调某一内容,如获奖、获证、法定产区、地理标识及其他内容的,或者强调含有特殊成分的,应提供相应证明材料;标注营养成分含量的,应提供符合性证明材料;

⑤ 应当随附的其他证书或者证明文件。首次进口并经标签检验合格的预包装食品再次进口时,仅需提供标签备案凭证与中外文标签样张,免于提供其他证明材料。

（2）出口预包装食品。

报检单位应提供标签样张及翻译件,并提供符合下述要求的声明:

① 符合进口国(地区)相关法律法规、标准或者合同要求;

② 进口国(地区)无要求的,应符合我国相关法律法规及食品安全国家标准的要求。

2. 标签的检验监督

（1）标签检验项。

进出口预包装食品标签的检验项包括:

① 标签的格式版面检验;

② 标签标注内容的符合性检测。①

（2）标签监督内容。

① 首次进口的预包装食品,其中文标签经检验合格的,由实施检验的检验检疫机构发给备案凭证。

② 进口预包装食品标签经检验发现无中文标签、或格式版面检验结果不符合我国法律、行政法规、规章及食品安全标准要求的;或符合性检测结果与标签标注内容不符的,被判定标签不合格。检验检疫机构将一次性告知贸易关系人不符合项的全部内容。如果涉及安全、健康、环境保护项目不合格的,则责令销毁,或者出具退货处理通知单,由贸易关系人办理退运手续。其他项目不合格的,可在检验检疫机构的监督下进行技术处理。不能进行技术处理或者技术处理后重新检验仍不合格的,则责令退货或者销毁。

③ 出口预包装食品标签检验不合格的,应在检验检疫机构的监督下进行技术处理;不能进行技术处理或者技术处理后重新检验仍不合格的,不准出口。

案例评析

案例 1　伪造《出境货物运输包装性能检验结果单》行政处罚

案情介绍

2001 年 4 月,A 检验检疫局在受理河北省某家用手套总厂在对出口医用乳胶手套进行

---

① 符合性检测与进出口预包装食品的日常检验监督工作结合进行,不做单独抽样。

报检时，发现其提供的出境货物运输包装性能检验结果单，证书用纸和检验员签名有异样感，通过对比证单用纸和证单签字确认该份证书系伪造证书，遂当场查扣作进一步调查取证，并要求该企业报检员配合调查。

该企业承认违法事实，为此提供了有法人代表署名的伪造证单过程书面材料，说明该份伪造的包装性能结果单是通过彩色扫描仪将 A 检验检疫局出具的原包装性能结果单录入到计算机，然后经电脑处理去掉其中由 A 检验检疫局施检部门签字核销的内容，再通过高清晰度彩色激光打印机将其打印出来。该企业保证今后不再发生类似问题，同时交回了包装性能结果单原件。

案情评析

A 检验检疫局通过分析、核对有关证据，在"事实清楚、证据确凿"的情况下，认定该企业的行为构成了伪造商检单证事实。故 A 检验检疫局依据有关法律，并考虑到该企业的违法行为尚未造成不良后果，事实被揭露后态度较好，能积极配合调查取证工作，有知错改正的表现，本着以"教育为主处罚为辅"的原则，决定对其违法行为处以 5 000 元人民币罚款的行政处罚。

本案的处理，完全符合《行政处罚法》第五条"实施行政处罚，纠正违法行为，应当坚持处罚与教育相结合，教育公民、法人或者其他组织自觉守法"的规定，使有违法行为的企业既得到了严肃处理，又从中吸取了教训，同时树立了检验检疫部门的执法权威。

案例 2　逃避危险品货物包装使用鉴定

案情介绍

2002 年 12 月 8 日，B 口岸外轮代理公司在代理一批危险品货物（氟苯 32 吨/160 桶）出口到印度的过程中，既没有履行外贸合同要求向 B 口岸检验检疫机构申报品质、重量的检验与鉴定，也没有按《商检法》规定申报危险品货物包装使用的法定鉴定。该代理公司盗用检验检疫机构内部使用单证，即《危险品货物包装性能单》，向 A 口岸检验检疫机关申报危险品货物出运手续，致使该批危险品货物未经品质、重量、危险品货物包装检验、鉴定，混运出境。

案情分析

A 口岸外轮代理公司在办理危险品货物"氟苯"出境手续过程中，逃避国家法律强制性检验鉴定的行为，严重违反《商检法》第三章第十七条规定及其实施条例第二十八条之规定。为此，A 口岸检验检疫机构按规定对该公司给予暂停代理报检资格 6 个月的处罚。

在日常进出口贸易中，一些企业往往为了自身的经济利益，对国家的检验检疫法律法规不够重视，甚至不顾检验检疫法律法规的规定，采取种种办法逃避检验检疫。对此类进出口业务中违反检验检疫法律法规的行为，检验检疫部门将依法实施严厉打击。

案例 3　伪造木质包装 IPPC 标识

案情介绍

A 地某企业是一家新成立不久的小公司,2005 年 6 月才开始经营出口业务,8 月 10 日,该企业准备从海沧某堆场装运 16 件石材运往意大利得利亚斯特港。由于临近排载期,办事员为图省事而"急中生智",从堆场捡来一块盖过 IPPC 标识的木块,私自找人仿造标识刻了一枚相似的标识章,自行在货物的木包装上加盖标识,结果被 A 地检验检疫局查验人员当场发现。

案情分析

涉案公司贪图一时省事,结果弄巧成拙,不但延误了船期,还毁了公司信誉。A 地检验检疫局依法对该企业处以 3 万元罚款。根据欧盟法规,输欧货物木质包装必须实施检疫除害处理,并加盖 IPPC 标识。这批拟输往意大利的货物如按合法渠道,对木质包装除害处理后加施 IPPC 专用标识,所需费用仅 300 多元。

非法使用 IPPC 专用标识,逃避监管,扰乱了市场秩序,严重损害了中国 IPPC 专用标识使用的可信度。我国出口货物可能因此面临输入国强制除害处理甚至全数退运,后果将不堪设想。各出口企业应牢固树立诚信经营理念,特别是要注意选择具备 IPPC 专用标识加施资格的企业,以免造成经济损失。根据检验检疫部门诚信管理制度,今后该公司在货物进出口时将面临更严厉的监管措施。

本章小结

本章以进出境集装箱检验检疫、包装容器检验检疫以及木质包装 IPPC 标识查验作为重点,从检验检疫性质、内容、方法、相关案例等多方面阐述进出口商品运载工具检验检疫的重要性及其实施中相关政策的变化。

思考题

1. 对进出口商品集装箱实施检验检疫的目的是什么?
2. 进出口商品集装箱实施检验检疫的内容有哪些?
3. 集装箱的适载性检验是属于法定检验的项目吗?
4. 对入境集装箱的时限、地点及应提供的单据有哪些规定?
5. 试举一种集装箱阐述集装箱的适载检验工作程序。
6. 在哪几种情况下进境集装箱需实施卫生除害处理?

7. 为什么对货物运输包装物、铺垫材料实施检验检疫?

8. 什么是木质包装? 为什么对木质包装必须实施热处理?

9. 进出境木质包装的检疫处理方法有哪几种?

10. 我国为什么实施进出境木质包装标识查验?

11. 我国的木质包装 IPPC 标识的英文字母各表示什么意思?

12. 什么是木质包装 IPPC 标识?

13. 申请木质包装标识加施企业资格应具备哪些条件?

14. 在哪些情况下标识加施企业的资格需重新申请?

15. 如何办理装载易腐烂食品运输工具的装载检验?

16. 某企业进口一批货物(检验检疫类别 P/Q),海运集装箱装运。有关海运集装箱检验检疫表述为:

 (1) 集装箱需实施适载检验;

 (2) 集装箱需实施卫生检疫;

 (3) 集装箱需实施卫生除害处理;

 (4) 集装箱需实施动植物检疫。

 试问在列举表述中正确的是哪几种?

17. 出口危险货物的生产企业,应向检验检疫机构申请包装容器的某种检验,试问在性能检验、使用鉴定、适载检验和残损鉴定中应选择哪种检验?

18. 2006 年 1 月 1 日起,国家对进境木质包装实施图所示的国际标识查验表述为:

 (1) 标识必须加施于木质包装显著位置,至少应在相对的两面;

 (2) 标识应清晰易辨,可以随意性移动;

 (3) 标识可使用红色或橙色;

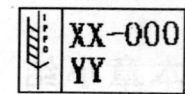

 (4) 根据需要增加其他信息,如去除树皮以 DB 表示。

 试问列举表述中正确的是哪几种?

附件

中华人民共和国出入境检验检疫
出境货物运输包装检验申请单

日期： 年 月 日 　　　　　　　　　　*编号_____

申请人 （加盖公章）	（单位）		联系人	
	（地址）		电话	
包装使用人		包装容器标记及批号		
包装容器名称 及规格				
包装容器生产厂				
原材料名称及产地		包装质量许可证号		
申请项目（划"√"）	□危包性能　　□危包使用　　□一般包装性能　　　□			
数　量		包装容器编号		
生产日期		存放地点		
危包性能检验结果单号				
运输方式（划"√"）	□海运　　□空运　　□铁路　　□公路　　□			
拟装货物名称及形态		密　度		
拟装货物单件毛重		单件净重	联合国编号	
装运口岸	提供单据（划"√"）	□合同　□信用证　□厂检单　□		
装运日期	集装箱上箱次装货名称			
输往国家	合同、信用证等对包装的特殊要求		*检验费	
分证单位 及数量			总金额 （人民币元）	
			计费人	
			收费人	
申请人郑重声明： 　　上列填写内容正确属实，并承担法律责任。 　　　　　　　　　　签名：_____		领　取　证　单		
		时　间		
		签　名		

注：有"＊"号栏由出入境检验检疫机构填写　　　　◆国家出入境检验检疫局制［1-3（2000.1.1）］

9 进出口商品的检验鉴定业务

学习目的

　　了解进出口商品的检验监督业务的性质、作用、业务基本的内容。尤其对国内外商投资财产鉴定业务,既可由检验检疫机构承担,也可以由国家质检总局许可的检验机构实施,进一步了解我国履行加入 WTO 有关开放国内检验鉴定业务市场承诺的具体体现。

知识要点

　　检验鉴定业务是具有双重性的一项重要的进出口商品检验检疫工作。其中非强制性检验鉴定业务是本章介绍的重点。本章围绕外商投资财产检验鉴定业务工作展开该项工作的讨论,介绍国家如何在开放国内检验鉴定业务市场后加强对检验机构及其从业人员的监督管理和违规涉案问题的处理。

9.1　进出口商品检验鉴定的性质和作用

9.1.1　进出口商品检验鉴定的性质

　　检验检疫机构除了行使国家赋予的主管进出口商品检验检疫工作的权力,依照法律、行政法规的规定,对进出口商品《目录》内的商品进行法定检验检疫,对进出口商品《目录》外的商品进行法定的抽查检验,同时对它们进行法定的检验监督外,还承担《商检法》及其实施条例规定实施的和依照国际惯例实施的部分检验鉴定业务①,就其性质而言具有强制性和非强制性的双重性。

　　1. 法律赋予国家商检部门对检验机构的许可与监督管理

　　对检验鉴定机构的许可和监督管理是履行我国加入 WTO 承诺和适应进一步开放服务贸易的需要。《商检法》有关条款明确了国家质检总局和出入境检验检疫机构为进出口商品检验鉴定行业的主管机关,原则性规定了对从事进出口商品检验鉴定行业的许可和对其业务活动的监督管理。有关此项详细内容见本章第 3 节。

---

① 详见 5.6 和 6.7 的内容。

2．依照国际惯例接受对外经济贸易关系人的检验鉴定业务申请

检验检疫机构依照国际惯例可以接受对外经济贸易关系人（包括对外经济贸易、运输、保险合同有关各方以及进出口商品的收发货人、代理人和出口商品生产部门、供货部门）的申请、国外检验机构的委托、执法司法仲裁机关的委托或指定，对进出口商品及其包装、运载工具和装运技术条件、外商投资财产等进行检验、鉴别、评估、认定并签发有关证书。

根据《商检法》及其实施条例规定，检验检疫机构的这类鉴定业务不属于行政行为，而属于民事行为范畴。这种鉴定工作是凭申请、委托、指定办理的，是非强制性的，是为对外贸易服务的。

9.1.2　进出口商品检验鉴定的作用

1．履行我国加入 WTO 承诺，维护检验鉴定公平竞争的市场秩序，促进对外贸易的顺利发展

根据我国加入 WTO 的承诺，中外合资及外商独资检验鉴定机构相继在国内设立，国内检验领域已逐步对外开放。为促进其健康发展，检验检疫法律赋予国家商检部门加强对从事进出口商品检验鉴定工作的管理。

为此，2003 年 9 月 4 日国家质检总局、商务部、国家工商总局联合发布了《进出口商品检验鉴定机构管理办法》（以下简称国家质检总局 58 号令），并自 2004 年 1 月 1 日起施行。2003 年12 月 29 日，国家质检总局就有关整顿和规范检验鉴定机构的管理发布了第 122 号公告。按国家质检总局 58 号令和 122 号公告要求，除社会检验检疫机构外，检验检疫机构中从事社会委托的相关机构也将按规定参加人员资质考试和申请《进出口商品检验鉴定机构资格证书》，这不仅充分体现了技术法规的公正、公平性，间接推动政府部门机构的改革，实施政事分离和政企分离，同时进一步规范检验机构的监督管理，保护进出口贸易各方的合法权益。

2．维护对外经济贸易各方的合法权益和国家的信誉，促进生产和对外贸易的发展

进出口商品鉴定业务是以非利害当事人的第三者身份，根据对外贸易关系人及国内有关单位或者境外检验鉴定机构的委托，或者根据司法机关及仲裁机构的指定，对进出口商品的质量、数量、重量、包装、装运技术条件、货损等进行检验和鉴定。通过检验、鉴定事实状态，出具居间证明和各种鉴定证书，供买卖双方、承运人、保险人等相关当事人作为办理进出口商品交接、结算、计费、理算、通关、计税、索赔、仲裁等的有效凭证，处理有关贸易、运输、保险方面的各种问题，便利对外贸易的顺利进行，维护对外贸易有关各方的合法权益和国家信誉，促进生产和对外贸易的发展。我国的商检机构及相关检验机构以科学合理、客观公正的职业原则提供检验服务，对推动国际贸易顺利进行发挥了不可缺少的积极作用。

3．公正出具法律文书，履行合同规定的权利、义务和责任

检验检疫机构的鉴定工作与其他部门的公证工作不同。如司法部门、公证行对外贸合

同的公证,是参与根据法律调查、认证各种合同文书的合法性及其法律效力等,而检验检疫机构则以第三者的地位,公正科学的态度,运用各种技术手段和工作经验,对合同涉及的商品(包括物品)的品质、规格、数量、重量、包装、安全、卫生、装运工具和技术条件及其有关的事实状态进行技术检测和调查分析,并对综合检验和调查的结果进行判断,作出独立的鉴定结论,签发鉴定证书作为证明履约行为与不行为以及处理各种有关事务、争议和纠纷的凭证。前者是对法律文书的公证,后者是涉及文件、合约所规定的权利、义务、责任的行为、不行为以及损失、伤害、赔偿责任的公证鉴定,所签发的检验鉴定证书具有法律约束力。

9.2 进出口商品检验鉴定业务范围和内容

9.2.1 进出口商品检验鉴定业务范围

按照检验检疫法律规定,除了法定检验和抽查检验以外,检验检疫机构以第三者的独立鉴定人身份接受申请、委托、指定,对进出口商品以及与之有关的运输、事实状态等进行检验、鉴定、公证及其他监督服务工作,都属于鉴定业务范畴。目前,检验检疫机构承担的进出口商品检验鉴定业务大致分为公正鉴定业务、出具鉴定证书和其他鉴定业务三种类型。

1. 业务范围

(1) 公正鉴定业务。

进出口商品鉴定业务原来称对外贸易公证鉴定业务。它的范围和内容十分广泛,凡是以第三者的地位,公正科学的态度,运用各种技术手段和工作经验,检验、鉴定各种进出口商品的品质、规格、包装、数量、重量、残损等实际情况与使用价值,以及运载工具、装运技术、装运条件等事实状态,是否符合合同(契约)标准和国际条约的规定、国际惯例的要求,通过独立的检验、鉴定和分析判断作出正确的、公证的检验、鉴定结果和结论,或提供有关的数据,签发检验、鉴定证书或其他有关的证明,都属于进出口商品鉴定业务范围。

(2) 出具鉴定证书。

通过检验、鉴定事实状态,出具居间证明和各种鉴定证书,供有关方面作为办理进出口商品交接、结算、计费、理算、通关、计税、索赔、仲裁等的有效凭证,处理有关贸易、运输、保险方面的各种问题,便利对外贸易的顺利进行,维护对外贸易有关各方的合法权益和国家信誉,促进生产和对外贸易的发展。

(3) 其他鉴定业务。

对外贸易关系人包括贸易、运输、保险、装卸、搬运等单位之间发生的争议,以及需要公证鉴定人鉴定证明的其他事项,都可申请检验检疫机构办理鉴定业务,如对船舱容积进行丈量,证明舱容积,出具证书,供承运人与租船人或托运人,在对船舱容积大小有争议时作证明依据;又如熏蒸杀虫证明,对进出口的粮谷、油菜籽类商品进行熏蒸杀虫,证明害虫业已杀灭,出具证书,作为买卖双方交接货物和处理索赔的依据等。

9.2.2 进出口商品检验鉴定业务内容

进出口商品检验鉴定业务内容大致归纳为:

(1) 进出口商品的质量、数量、重量、包装鉴定和货载衡量;

(2) 进出口商品的监视装载和监视卸载;

(3) 进出口商品的积载鉴定、残损鉴定、载损鉴定和海损鉴定;

(4) 装载出口商品的船舶、车辆、飞机、集装箱等运载工具的适载鉴定;

(5) 装载进出口商品的船舶封舱、舱口检视、空距测量;

(6) 集装箱及集装箱货物鉴定;

(7) 与进出口商品有关的外商投资财产的价值、品种、质量、数量和损失鉴定;

(8) 抽取并签封各类样品;

(9) 签发价值证书及其他鉴定证书;

(10) 其他进出口商品鉴定业务。

9.3 进出口商品检验部分鉴定工作内容介绍

9.3.1 重量鉴定

根据外贸合同规定和不同商品的特性,结合国际惯例,采取不同的鉴定方法,对进出口商品进行重量鉴定,得到准确的重量结果,统称为重量鉴定。重量鉴定分为:数量鉴定、衡量鉴定、水尺计重、容量计重及流量计计重等。对外贸易商品,按照包装情况,一般分为:裸装货、包装货和散装货三大类。包装货有箱装、桶装和捆装等,一般采用衡器计重为主。散装货又有固体和液体两种,价值不高的散装固体商品采用水尺计重,散装液体商品则采用容量计量或流量计计重。裸装货视商品特性采用相应的计量方法。重量计量后应出具重量鉴定证书,供对外贸易关系人交接、结算、计算运费、征税、索赔之用。

1. 数量鉴定

数量鉴定是指经过对商品数量的清点,证明商品的实际数量。在实际工作中,根据合同规定的计价单位,按照发票、装箱单或尺码明细单等,确定商品的件数及商品包装内部货品的个数、件数(如罐头的听数、罐数、服装的件数、皮鞋的双数),以及长度(纺织品的长度)、面积(如皮革的面积)、体积(如木材的体积),进行核点计数,得出整批商品的准确数量,出具数量鉴定证书,作为贸易中交接、结算或处理索赔的凭证。

2. 货载衡量鉴定

根据不同商品的状态,分别采取不同的衡器,如天平、案秤、台秤、轨道衡、地中衡、料头秤、电子秤等进行计重,称为衡器计重。货载衡量(简称称量),一般是在货物装卸口岸,对进出口货物的体积、重量进行丈量和衡量,得出货物的体积吨位(以 1 立方公尺为 1 量尺吨)和重量吨位(以毛重 1 000 公斤为 1 重量吨),并出具货载衡量证明,供承运人计算运输费用、制订装货计划以及国外通关计税依据。

3. 水尺计重

水尺计重是通过对承运船舶之排水量及船用物料的测定,依据船舶的准确图表,计算出船舶所载货物重量的鉴定方式。水尺计重适用于价值较低的、过磅困难、大宗散装商品(如海运散装固体商品)计重。它具有一定的科学性和准确性,已为国际上公认。其计重结果可作为商品的交接结算、处理索赔、计算运费和通关计税等的依据。

4. 容量计重

容量计重:旧称为液体公估,适用于海轮运液体散装商品。容量计重是通过精确标定的计量容器,如油罐、油池、油轮计量的舱、油驳等或标准定量容器,如每次装一定重量的定量油池,测定所装(卸)散装液体货物的容量(体积),结合测定货物容量时的纬度、密度、静压力等作必要的技术校正后,依据检定准确的容量计重表,计算载运液体货的重量。检验检疫机构根据国际惯例,规定容量计重的允许误差,计量器准确度为 2.0‰,静态计量系统误差为 3.0‰。

5. 流量计计重

流量计计重是区别于静态计量(容量计量)的一种动态计量方法,即在码头的泵出泵入的主管道口处装置经考核测定合格的流量计,当液体流过时,计量设备就自动显示记录。监测人员可以通过显示的记录随时控制装(卸)油品的重量,称为流量计计重。流量计又可分为速度式(如涡轮流量计)和容积式(如腰轮流量计),较常用的为容积式。

9.3.2　残损鉴定

1. 商品的残损鉴定

商品残损鉴定工作是鉴定业务主要工作之一,它是依据对外贸易、运输、保险等贸易关系人和国内外有关单位的委托申请,对残损进行鉴定。主要鉴定遭损商品的残①、短②、渍③、毁

---

① 残(损):由于包装不良、不适应长途运输;装卸、搬运不慎;积载不当、绑扎加固不牢、衬垫及隔离不良;恶劣天气,引起坍垛等原因所致的货物残破损。

② 短(缺):商品的重量、数量、面积、长度、容量、体积等的不足。

③ 渍(损):被其他物质,尤其是液体玷污浸渍造成的渍损,包括水渍、油渍、化学品渍及污渍等。

等情况。对商品遭受的残破、短缺、生锈、发霉①、油渍、污染、串味感染、虫蛀、受潮、腐败、变质②、损毁、灭失等具体损失，要实际鉴定其受残部分，确定残损商品的受损程度，判断致损原因，分析对使用和销售的影响，估定残损贬值率，以及证明有关修理、加工、改装等补救费用，出具残损鉴定证书，作为申请人、承运人或保险人索赔、退货、补货或换货的依据。进口商品残损鉴定的主要项目有：

（1）舱口检视。

舱口检视主要检查船舶卸货前的舱口风筒封盖或封识情况，检查舱内表层货物的覆盖、衬垫及有无进水、移动、残损等情况，如有残损货物，应查明原因。

（2）载损鉴定。

对船舶所载的集装箱及其货物因遭遇海难或其他意外事故，致损失时进行的鉴定工作，亦称载损鉴定。根据船方或保险人申请，对船方宣布涉及共同海损的残损集装箱及其货物，鉴定残损情况，区别属于共同海损和单独海损的集装箱及其货物，估定其残损贬值程度，出具证书，作为理算分摊损失的依据。

（3）监视卸载。

通过检查船舶卸货前舱口、风筒、风盖或封识情况，检查货物积载情况，并监视货物的卸载作业，在卸货过程中发现残损、短缺、漏失时，查明残损情况和数量以及致损原因，明确责任归属，据实证明。监视卸载是承运人、发货人、保险人为了查清货损和明确货损责任而申请的鉴定业务。

（4）货物验残。

货物验残是对进口商品的残损、变质、短缺和漏失等进行鉴定，判断致损原因，估定残损贬值幅度，签发验残证书。国家质检总局规定，凡卸货时已发现包装或外表残损的商品，必须在贸易和运输契约规定的目的港及时向口岸检验检疫机构申请鉴定。

2. 残损商品的估损贬值

估定商品的残损贬值的基本原则，应以其使用价值为基础，结合销售情况全面考虑。例如：

（1）按等级、体积、面积、长度和主要成分等计价的残损商品，一般根据其化验或测试结果及使用效能降低的比例，结合使用和销售的影响综合估损。

（2）对生产设备与大宗原材料的残损主要根据使用效能的降低、使用寿命的缩短和用途局限性上所受的影响来确定其贬值率，销售影响只作次要考虑。

---

① 霉烂：货物发生霉烂的原因，既要从货物本身的水分去分析，又要从外来水渍增加水分去考虑，既作现场查勘，又要抽样化验分析，查清真实原因。

② 变质：货物在运输过程中发生变质，有物理上的原因，也有化学上的原因，有内因也有外因。检验货物变质，着重分析商品的特性，结合运输来考虑。

(3) 对市场销售的日用消费品的残损,主要考虑好货与坏货销售价格的差异程度,适当参考使用价值来估定贬值率。

(4) 对大宗销售商品的残损,可按使用价值和销售影响,全面权衡后估定其贬值率。

(5) 商品使用价值,应以合同中订明的用途为主要依据,合同未订明用途时,则应根据该货好坏部分的实际使用情况来考虑。

(6) 对已完全丧失原定使用价值但尚能改作其他用途的残损商品,可根据到货地的加工整理条件和销售使用情况,按较有利的用途和价格,估定适当的损失价值。

(7) 发现属于残余价值不足 20% 且必须经加工整理后才能销售,其加工整理所需要费用接近残余价值者;机电仪的核心部件或主机损坏,影响整件(台)的使用,不能修复或不值得修复者;食品、药品受损或污染后,经主管部门鉴定,对人体健康和禽畜饲养有害且不能改作他用或使用残损商品可能导致严重污染的情况之一的,可作为推定全损。

3. 海损鉴定

海运船舶在运输过程中遭遇自然灾害或意外事故等危险情况,船长为了解除共同危险,维护船舶继续航行,有意识采取合理的救难措施,作出某些特殊牺牲,因而导致船舶、货物和运费的特殊损失而支出额外的特殊费用,称为海损,对其损害大小的鉴定称为海损鉴定(又称积货鉴定)。海损鉴定一般按照提单,根据实际情况分清单独海损和共同海损的货物件数,分清好物、残货及其程度,分别鉴定其残损贬值率,并证明所有货物的到岸价(CIF),签发积货(海损)鉴定证书,供有关方面理算和处理索赔的依据。

9.3.3 运载工具适载性鉴定

除出境易腐烂变质食品的船舱(或集装箱)适载检验属强制性检验鉴定外,出入境检验检疫机构或国家质检总局许可的检验机构凭承运人或贸易关系人申请,对装运其他物品的船舶、车辆、飞机等运载工具的适载条件实施检验鉴定。其内容包括:

1. 运输工具的配载、积载等装运技术条件

运输工具适载性条件检验的工作项目,以船舶装运技术鉴定,包括船舱适载、装载适宜、积载合理等鉴定为例,归纳为 3 项:船舱检视(验舱)、监视装载(监装)和积载鉴定(积载),其他运输工具可参照船舶装运技术鉴定。

(1) 船舱检视。

船舱检视即为验舱,是对承载出口商品的运输工具进行检验,包括干货舱、冷藏舱、油舱检验,另外还包括油槽车、车厢的检验。其目的是检视货舱是否适载拟装之干货、冷藏货及液体货,出具鉴定证书,作为承运人履约证明和供有关方面进行货物交接以及处理货损事故的依据。

（2）监视装载。

监视装载是对出口商品装货的监视鉴定业务。对货物监装，首先对装运出口商品的船舱进行检验。检查其舱内管线设备情况和清洁等条件是否符合规定要求，审核承运人配载计划是否符合货运安全的需要，监督承运人按照商品装载技术要求进行装载，并出具证明（或证书），以证明承运人履行运输契约情况，供有关方面作为货物交接和处理货损时的依据。

（3）积载鉴定。

积载鉴定是对出口商品装载情况是否良好进行的鉴定。其内容主要是根据申请人要求，租船、订舱契约规定，结合拟装货物的特性、包装形式与牢固程度，审查承运人的配载计划是否合理，装船技术措施能否保护全部承载货物质量、数量完整和安全的要求，并且检查其事实情况，据实出具鉴定证明。

2. 封识和拆封鉴定

封识和拆封鉴定，亦称封识检验，主要用在商品的包装和运输工具上。根据外贸和运输习惯，承运人或对外贸易关系人为分清责任起见，对装运出口货物的船舱、集装箱等运载工具，申请检验检疫机构在舱盖、潜入孔、集装箱的箱门加上封识，出具加封证明，供申请人作为货物交接或一旦出现货差（即数量短少）时分清责任的凭证。

同样，对进口商品的船舶、集装箱等运载工具，承运人或对外贸易关系人为明确货差责任，申请检验检疫机构对国外装货后加封的船舶、集装箱办理启封证明，检验检疫机构根据提供的国外加封证明核对加封的封识数量、封识部位是否完好，有多少损坏，或只证明看到的实际封识情况，出具启封证明，供作货物交接和处理货差的依据。

3. 监装卸装

监装卸装是对船运或集装箱运输出口的商品的监视装载和进口商品的监视卸载工作。

（1）装箱检验。

船运或集装箱货物的监视装箱，亦称装箱检验。根据拟装出口货物，检验集装箱内、外部状态，选定适合装载的集装箱；审核拟装货物尺码体积和重量，制订装箱计划和防护措施；检验集装箱和有关项目包括清洁、结构条件及冷藏集装箱的测温等；指导和监视装货；检验所装货物的数量、包装、标志并对集装箱签封等。监装完毕出具装箱检验证书，供作货物交接、通关计税的有效凭证。

（2）监视卸载。

监视卸载主要是要监视进口商品是否以安全的方式，全部完整无损地卸下。检验检疫机构的监视卸载人员登轮后首先要检查卸载前舱内的商品情况。对进境集装箱货物，核查集装箱箱号、封识号及外观情况，检验签封是否完好，封识号码与有关单证是否相符；拆开门封后卸载前检查箱内货物的情况。看包装是否完好无损，品质、规格、数/重量、安全、卫生等有无发生变化。如发现集装箱货物残损可一并办理集装箱货物残损鉴定，包括确定残损程度、损失价值、致损原因和损失数量等内容,出具拆箱检验证书,供有关方面交接货物或处理索赔用。

9.3.4　其他检验鉴定

1. 承租鉴定

根据租用人的申请,按照用途及租用人的要求,确定租用集装箱的类别、号码和数量;检查拟租集装箱的外观情况、规格和技术性能,发现集装箱残损或性能有问题时,要确定其能否使用。出具承租鉴定证书,供作双方交接和处理争议的凭证。

2. 退租鉴定

根据退税人或其他方面的申请,按照承租鉴定的情况或申请人的要求,鉴定退租箱的类别、号码、外表、规格及有关技术性能,发现集装箱残损或不符合技术性能要求时,鉴定损失程度,提出处理建议,出具退租鉴定证书,供作有关方面交接和处理索赔争议的凭证。

此外,根据申请人的要求,可单项受理有关集装箱的清洁、测温以及其他项目的鉴定工作。

3. 油舱空距测量

按国际贸易惯例,油船装载散装液体商品,在装货后及卸货前,承运人或对外贸易关系人往往需要取得鉴定人关于油舱空距、油温等的鉴定数据,借以证明装货后或卸货前的商品现状,分清责任范围。检验检疫机构或其指定的检验机构凭承运人或有关的对外贸易关系人的申请,结合当时船舶吃水及倾斜度等数据进行测量,测量油温证明油舱空距和油温,出具鉴定证书,供承运人与有关对外贸易关系人作货物交接和处理货物差的依据。

现代化的油轮,在船楼室内装有自动遥控设备,有关油温、空距、吃水量等数据都可在仪表板上显示,只需核实,不需人工测量。

4. 封识样品

检验检疫机构根据对外贸易合同规定或者其关系人的申请,从整批货物中抽取代表性的样品加以标签封识,并根据申请要求出具抽样证明,列明抽取样品的方法、时间、包装状态、货物存放条件和所代表的整批货物的数量,作为对外成交、处理索赔或有关方面检验之用。所封签的样品包括成交样品、检验样品、装船样品、卸船样品等。鉴定证书一般为一式三份或多份,买卖双方各执一份,另一份由商检机构保存备查。

5. 仲裁鉴定

在国际贸易中,买卖双方或承运人与托运人之间,虽然在贸易合同、运输契约中规定了双方必须履行各自承担的义务,但在实际执行过程中,常常会由于商品的品质、规格、包装、数量、重量、运输、保险等方面发生差异,或者对契约条款的解释上存在分歧,一方因此向另一方提出赔偿损失的要求而构成争议。争议发生后,一般都由双方协商解决,但协商未获解决时,就要采取仲裁方式来解决。

我国办理国际贸易仲裁的机构是中国国际贸易促进委员会对外经济贸易仲裁委员会。商检机构不是仲裁机构,检验检疫机构可凭仲裁机构的指定或当事人的申请,对上述所发生差异的问题进行检验、鉴定,出具证书,作为仲裁的合法证明文件。

9.3.5 外商投资财产价值鉴定

资产评估是外商投资财产价值鉴定工作的理论表述,它是指在涉及资产产权的经济活动中,受当事人的申请或委托,专业的、独立的评估或鉴定人员运用科学的方法、手段和标准,对被评估资产价值量的客观估计和说明的过程。在西方国家,这种活动已有上百年的历史,是社会经济活动特别是资产交易中的一种习惯做法,在理论、行业管理和业务操作方面都已经相当成熟。在这些国家,凡有必要都会进行价值鉴定,为相关的业务活动提供价值依据。

对于外商投资企业及各种对外补偿贸易方式,检验检疫机构对境外(包括港澳台地区)投资者用以作价投资的实物,以及外商投资企业委托国外投资者用投资资金从境外购买的财产进行价值鉴定。通过价值鉴定,可有效防止低价高报或高价低报的现象,保护外商投资企业各投资方的合法权益。

1. 外商投资价值鉴定范围

根据《商检法实施条例》的规定,外商投资财产价值鉴定是指商检机构和国家商检机构指定的检验机构以及经国家商检机构批准的其他检验机构,接受外商投资企业有关当事人的申请,依据财产的现实状况和同类财产的国际市场价格,采用国际上通用的价值鉴定方法,对国外投资者投入到外商投资企业中的财产的公平市场价值给予鉴定,并出具价值鉴定证书,作为证明投资各方投入财产价值量的依据。其范围是:国外和境外(包括港澳台地区)的公司、企业和其他经济组织或个人等投资者(以下统称外商)在中国境内举办中外合资经营企业、中外合作经营企业或外商独资企业(以下统称外商投资企业)及各种对外补偿贸易方式中,外商投入或者受外商投资企业委托从境外购进的财产,包括机器设备、交通工具、办公用品、产成品、原材料等有形财产及工业产权、商标、专用技术、商誉等无形资产。

2. 外商投资价值鉴定的内容

外商投资财产价值鉴定的内容是以货币形式表现出来的财产的价值量。鉴定的内容只能是价值而不是价格,因为在市场经济条件下,对于商品特别是生产资料来说,由于交易条件不同,每笔交易的价格有很大差别。作为评估人员,很难考虑每笔交易的特殊情况,评估出交易的价格。外商投资财产鉴定方法包括现场勘查方法、技术检测方法和价值鉴定方法。财产价值鉴定的内容包括价值、损失以及品种、质量、数量。

(1) 财产价值鉴定。

通常有以下三种方法,即成本法、市场法和收益法。在外商投资财产价值鉴定工作中,这三种都会用到,有时还会用两种以上的方法进行复核,但是实际工作中最常用的是市场法。

其中,市场法是一种参照与被鉴定财产相同或类似财产的现行市价,经比较、调整,确定被鉴定财产价值的鉴定方法。该方法适用于外商投资各类有形财产的鉴定。成本法是一种根据被鉴定财产在全新情况下的重置成本减去其有形损耗、功能性损耗、经济性损耗等因素,确定其价值,或根据被鉴定财产的现实状况和使用年限,考虑其功能变化等因素,确定其成新率从而得出其价值的鉴定方法。该方法适用于外商投资有形财产的鉴定,亦适用于无形资产的鉴定。收益法是一种根据被鉴定财产合理的预期获利能力和适当的折现率,计算出被鉴定财产现值的鉴定方法。该方法一般适用于外商投资无形资产的鉴定。

(2) 损失鉴定方法。

损失鉴定是对外商投资财产因自然灾害、意外事故造成的损失的原因、程度及残余价值的鉴定,并鉴定因抢救财产或防止灾害蔓延、事故扩大所采取的施救措施而造成的损失所需要的费用。通常有以下三种方法,即直接计价法、功能比例计价法和推定全损。

其中,直接计价法是对受损财产的每一项、每一件、每一台逐一查勘、鉴别,计算出其损失部分的价值,然后加总,确定财产综合损失价值。功能比例计价法是根据财产主体总的功能与各台、件功能效用的分配组合的逻辑关系,依据所起的功能效用,按比例算出各台、件在主体价值中所占比例,然后据此确定其价值,从而计算各台、件及主体的损失价值。推定全损是当鉴定计算出现损失价值超过财产受损前总价值的80%或设施、设备的核心部件或主机完全失效,主体无法运行,又不能修复或不值得修复的,可推定为财产全损。

(3) 品种、质量、数量。

品种、质量、数量鉴定又称品质鉴定,其关键是质量鉴定。质量鉴定过程中也涉及品种和数量鉴定。不同财产的鉴定方法也有所不同,其质量鉴定可综合采用外表观察分析法、化学分析法、测量法、空载试运转检测与负载运转检测等方法。

3. 外商投资财产鉴定程序

外商投资财产鉴定因鉴定目的、鉴定内容不同而工作程序也有所差异,以下介绍一般的鉴定程序。

(1) 申请人提出鉴定申请。

财产关系人作为申请人向检验检疫机构提出外商投资财产鉴定申请,并填写申请单,申请单包括的基本内容有:编号、申请日期、财产拥有人名称、财产所在地、联系人及电话、财产名称、数量、鉴定项目、总报价、申请人提供的资料单证。申请人在提交申请单的同时,要随附鉴定所需的以下五类资料和文件:

一是公司企业组织形式、投资情况的文件:政府批准文件、公司合同章程和项目可行性报告;二是公司企业依法登记注册情况的文件资料:批准证书、营业执照和外经贸委批复文件;三是公司企业财务状况的文件资料:资产负债表、利润表和会计师事务所验资报告;四是申请鉴定财产的有关证明文件资料:发票单据、海关征免证明、海关报关单、有关技术资料和安装调试及维修费用清单等资料;五是其他资料,如保险明细单、有关部门的实情事故报告、交换财产明细单;施救维修费用清单和有关账册单据或证明等。

（2）鉴定机构初审资料,接受申请。

检验检疫机构对申请进行审查,通过审查后接受申请。

（3）鉴定部门拟制鉴定计划。

鉴定部门受理申请后,制订具体可行的鉴定计划。

（4）审核申请人提供的单证和资料,进行国内外市场调查。

（5）现场查勘。

现场查勘是对鉴定对象进行直观的、概括的了解,以建立对鉴定对象的感性认识,掌握第一手资料。它是整个鉴定工作的基础,直接影响到鉴定结果的真实性、客观性和准确性。现场查勘时需对鉴定项目逐一核实,必要时,可向财产关系人索取有关的补充说明。现场查勘的方式主要有 3 种:一是实地观察;二是查阅账册及核对相关文件资料;三是座谈了解一些账面没有反映或现场观察不到的情况。

（6）选择适宜的鉴定方法进行鉴定。

整理在现场查勘和市场调查中获得的各种证据、数据及有关资料,选择适当的一种或几种鉴定方法进行综合分析,计算出鉴定结果,得出最终鉴定意见。

（7）出具鉴定证书。

对鉴定结果审核验证无误后,签发鉴定证书。外商投资财产鉴定证书分价值鉴定和损失鉴定两种。其中,价值鉴定证书是对被鉴定财产在某一时点的价值进行鉴定的证明,主要用于验资、抵押贷款、征税、产权变更、清算、投保、经济担保、海关征税和监管等目的。证书基本内容包括:鉴定机构名称、申请号、出证日期、申请人名称、财产名称、财产地点、企业概况、财产概况、鉴定目的、价值基准日、鉴定依据、鉴定方法、鉴定结果、备注、附件等。损失鉴定证书是对被鉴定财产在某一时点的损失价值进行鉴定的证明,主要用于索赔、理赔等目的。证书的基本内容包括:申请人、财产名称、财产数量、出险地点、出险日期、险情及经过、鉴定目的、鉴定结果及备注等。

9.4　进出口商品检验鉴定机构及其从业人员管理

9.4.1　概述

为履行我国加入 WTO 承诺和适应我国加入 WTO 后进一步开放服务贸易的需要,国家要求国家质检总局根据有关法律、法规和规章的规定,进一步整顿和规范检验鉴定机构的从业行为,建立统一开放、公平竞争、监管有效、诚信有序的进出口商品检验鉴定行业秩序,维护对外贸易各方的合法权益,促进对外贸易的顺利发展。

为此,国家质检总局、商务部、国家工商总局于 2003 年 9 月 4 日联合发布了《进出口商品检验鉴定机构管理办法》(国家质检总局第 58 号令,以下简称 58 号令),自 2004 年 1 月 1 日起施行,原国家进出口商品检验局 1996 年 10 月 22 日发布的《设立外商投资进出口商品检验鉴定公司的审批规定》及原国家进出口商品检验局、外经贸部 1995 年 10 月 9 日发布的《进出口商品检验鉴定公司监督管理办法》(试行)同时废止。

国家质检总局第 58 号令规定:对接受对外贸易关系人或国内外检验鉴定机构及其他有关单位的委托,办理进出口商品检验鉴定业务的机构,必须获得国家质检总局许可,并接受检验检疫机构的监督管理。58 号令发布前已经国家质检总局批准的检验鉴定机构,自本公告发布之日起,应当向国家质检总局申请重新核发《进出口商品检验鉴定机构资格证书》。2004 年 3 月 31 日以前未取得国家质检总局核发的《进出口商品检验鉴定机构资格证书》的,一律不得从事进出口商品检验鉴定业务。

2003 年 12 月 29 日,国家质检总局还就有关整顿和规范检验鉴定机构的管理发布了第 122 号公告。122 号公告要求:从事进出口商品检验鉴定业务的人员(包括检验检疫机构中从事社会委托的检验鉴定人员),须经国家质检总局组织的全国检验鉴定机构从业技术人员资质考试合格,申请《进出口商品检验鉴定机构资格证书》,获得从业资格。这不仅充分体现了技术法规的公正、公平性,间接地推动政府部门机构的改革,实施政事分离和政企分离,同时进一步规范检验机构的监督管理,维护进出口商品检验鉴定公平竞争的市场秩序,保护进出口贸易各方的合法权益,促进对外贸易的顺利发展。

58 号令和 122 号公告还规定,凡在中国境内从事进出口商品检验鉴定业务的检验鉴定机构和外国检验鉴定机构在华设立的常驻代表机构,必须遵守有关法律法规和国家质检总局的有关规定。对违法从事进出口商品检验鉴定业务的,国家质检总局及直属检验检疫局将依法予以查处。

9.4.2   进出口商品检验鉴定机构及其基本要求

1. 概念

进出口商品检验鉴定机构是指依据国家有关法律法规以及《进出口商品检验鉴定机构管理办法》的规定,经国家质检总局许可,接受对外贸易关系人或者国内外检验鉴定机构及其他有关单位的委托,办理进出口商品检验鉴定业务的中资进出口商品检验鉴定机构以及中外合资、中外合作和外商独资进出口商品检验鉴定机构及其分支机构。因此,进出口商品检验鉴定机构具有以下 3 个特征:

(1) 从事检验鉴定业务的主体是特定的;

(2) 接受对外贸易关系人或者外国检验鉴定机构的委托;

(3) 检验鉴定业务的内容是提供检验鉴定服务。

2. 机构设立的基本要求

（1）中资进出口商品检验鉴定机构应当经过国家质检总局的许可，并依法履行工商登记手续后，方可办理进出口商品检验鉴定业务。外商投资进出口商品检验鉴定机构应当经过国家质检总局和商务部的许可，并依法履行工商登记手续后，方可办理进出口商品检验鉴定业务。未经许可和登记注册的进出口商品检验鉴定机构不得承担委托的进出口商品检验鉴定业务。

（2）进出口商品检验鉴定机构应当遵守法律法规和国家质检总局的有关规定，以第三方的身份独立、公正地从事进出口商品检验鉴定业务，并承担相应的法律责任。

（3）国家质检总局、商务部、国家工商行政管理总局根据各自职责分工，依法对进出口商品检验鉴定机构实施管理。

9.4.3 进出口商品检验鉴定机构设立的条件

1. 检验鉴定机构设立的基本条件

无论是中资进出口商品检验鉴定机构，还是中外合资、中外合作、外商投资的进出口商品检验鉴定机构，都应具备以下基本要求：

（1）中资、中外合资、中外合作的进出口商品检验鉴定机构的中方投资者或投资一方应当是以第三方身份，在国内专门从事检验鉴定业务 3 年以上的独立机构；

（2）注册资本不少于相当 35 万美元的人民币；

（3）具有与从事检验鉴定业务相适应的检测条件和技术资源；

（4）具有固定的住所/办公地点、检测场所；

（5）具有符合相关通用要求的质量管理体系；

（6）从事检验鉴定的专业技术人员应当按照国家质检总局相关规定取得从业资格，且取得从业资格的人数不少于机构总人数的 2/3；

（7）法律、行政法规规定的其他条件。

2. 外商投资进出口商品检验机构设立的条件

外商投资进出口商品检验鉴定机构除应具备上述基本条件外，还应具备以下条件：

（1）外商投资进出口商品检验鉴定机构的外方投资者应当是在本国独立注册从事检验鉴定业务 3 年以上的合法机构；

（2）具有跨国经营能力。

9.4.4 进出口商品检验鉴定机构设立的申请程序

1. 中资检验鉴定机构设立的申请程序

中资检验鉴定机构设立的申请基本程序为：向相关审批机构提交设立机构的材料→材

料审核或现场审核→登记注册。具体内容如下所述：

申请设立中资进出口商品检验鉴定机构，应当向所在地直属检验检疫局提出申请，经初审合格的，报送国家质检总局批准。申请设立进出口商品检验鉴定机构的中资检验鉴定机构为国务院有关部门管理的大型企业的，经其主管部门同意后，直接向国家质检总局提出申请。申请需提交的材料包括：

(1) 设立进出口商品检验鉴定机构的申请文件；

(2) 工商行政管理部门核发的机构名称预先核准通知书；

(3) 住所/办公地点、检测场所的使用权或者所有权的证明文件；

(4) 检测条件、技术能力材料；

(5) 质量管理文件；

(6) 以第三方身份依法在国内从事检验鉴定业务 3 年以上的证明；

(7) 投资各方的资信证明、法定代表人身份证明(复印件)；

(8) 从事检验鉴定专业技术人员取得的资格证书复印件；

(9) 法律法规及国家质检总局规定的其他文件。

国家质检总局对提交的材料进行审核，必要时可以进行现场审核，在 90 个工作日内完成审核，并作出许可或者不予许可的决定；经审核许可的签发《进出口商品检验鉴定机构资格证书》，不予许可的应当说明理由。

中资进出口商品检验鉴定机构申请人凭国家质检总局签发的许可文件及《进出口商品检验鉴定机构资格证书》，依法向工商行政管理部门申请办理登记注册。

2. 外商投资进出口商品检验鉴定机构①设立的申请程序

外商投资进出口商品检验鉴定机构设立的申请基本程序为：向相关审批机构提交设立机构的材料→材料审核或现场审核→签发许可文件→向商务部提出设立申请→设立申请材料审核→注册登记。具体内容如下所述：

申请设立中外合资、中外合作进出口商品检验鉴定机构的中方投资者向所在地直属检验检疫局和商务主管部门提出设立申请，经初审合格的，报送国家质检总局和商务部。中方投资者为国务院有关部门管理的大型企业的，经其主管部门同意后，直接向国家质检总局和商务部提出设立申请。申请设立外商独资进出口商品检验鉴定机构的，应当向所在地直属检验检疫局和商务主管部门提出设立申请，经初审合格的，报送国家质检总局和商务部。申请需提交的材料包括：

(1) 设立进出口商品检验鉴定机构申请文件；

(2) 工商行政管理部门核发的机构名称预先核准通知书；

---

① 根据国家有关规定，2003 年 12 月 11 日前进出口商品检验鉴定机构暂不允许外资控股，2005 年 12 月 11 日前暂不许可外商独资进出口商品检验鉴定机构的设立。

(3) 投资各方签署的可行性研究报告；

(4) 检测条件、技术能力材料；

(5) 质量管理文件；

(6) 住所/办公地点、检测场所使用权或者所有权的证明文件；

(7) 投资各方在本国提供检验鉴定业务 3 年以上当地政府或者有关部门的证明；

(8) 投资各方的资信证明、法定代表人身份证明（复印件）；

(9) 从事检验鉴定的专业技术人员取得的资格证书复印件；

(10) 法律、行政法规规定的其他文件。

国家质检总局对所提交的材料进行审核，必要时可以进行现场审核，在 90 个工作日内完成审核，并作出许可或者不予许可的决定；不予许可的应当说明理由。

设立外商投资进出口商品检验鉴定机构的申请人凭国家质检总局的许可文件，向商务部提出设立申请，并提交以下材料：

(1) 国家质检总局对设立外商投资进出口商品检验鉴定机构的许可文件；

(2) 设立进出口商品检验鉴定机构申请文件；

(3) 地方商务主管部门或者大型企业的国务院主管部门同意申请设立外商投资进出口商品检验鉴定机构的意见；

(4) 董事会成员名单及任命书；

(5) 申请设立外商投资进出口商品检验鉴定机构的项目建议书；

(6) 投资各方的资信证明、注册登记证明（复印件）、法定代表人身份证明（复印件）；

(7) 投资各方签署的可行性研究报告、合同和章程；

(8) 法律法规规定的其他文件。

商务部对所提交的材料进行审核，并在 90 个工作日内作出同意或者不予同意的决定，同意的，颁发外商投资企业批准证书，不同意的应当说明理由。

外商投资进出口商品检验鉴定机构申请人凭商务部颁发的许可文件及相关资料向工商行政管理部门登记注册。取得工商行政管理部门登记注册的外商投资进出口商品检验鉴定机构应当向国家质检总局领取《进出口商品检验鉴定机构资格证书》后，方可在批准的范围内接受委托开展进出口商品检验鉴定业务。

9.4.5 进出口商品检验鉴定机构的监督管理

1. 监督管理的基本措施

(1) 进出口商品检验鉴定机构发生合并、分立或转让股权等重大事项的，应当按照上述要求重新提出申请。

(2) 进出口商品检验鉴定机构涉及《进出口商品检验鉴定机构资格证书》事项变更的，

应当向国家质检总局申请换发资格证书;进出口商品检验鉴定机构破产、解散和关闭的,应当向国家质检总局办理注销资格证书手续。

(3) 直属检验检疫局负责对进出口商品检验鉴定机构的日常监督管理工作。必要时,可会同地方商务主管部门和工商行政管理部门或者其他有关部门进行监督检查。

2. 监督管理的基本内容

对进出口商品检验鉴定机构的监督管理包括日常检查和年度审查等方式,检查和审查的主要内容包括:

(1) 机构的设立、变更事项的报批手续;

(2) 资本金或者出资额;

(3) 业务经营状况;

(4) 检测条件和技术能力;

(5) 管理和内部控制;

(6) 从业人员资格;

(7) 是否按照有关法律法规的规定开展业务活动。

3. 换发证书要求

(1)《进出口商品检验鉴定机构资格证书》有效期为 3 年。进出口商品检验鉴定机构应当在证书有效期满前 3 个月内向国家质检总局换发证书。

(2) 进出口商品检验鉴定机构应当在每年 5 月 30 日前如实向所在地直属检验检疫局和国家质检总局提供上一年度的业务报告、财务报告、工商行政管理部门年检情况报告、年审报告以及从业人员资格证书等资料。报送的资料应当真实、完整、准确。

(3) 经审核合格的,由国家质检总局在其机构资格证书副本上加盖年审专用章。

4. 人员资格审核要求

(1) 国家质检总局和直属检验检疫局对进出口商品检验鉴定机构中从事检验鉴定业务的人员实行考核和资格审查。从事检验鉴定业务的人员发生变动的,进出口商品检验鉴定机构应当在变动后 15 个工作日内向所在地直属检验检疫局备案。取得从业资格的人员不得在其他检验鉴定机构兼职执业。

(2) 国家质检总局和直属检验检疫局在对进出口商品检验鉴定机构实施监督检查时,可以对进出口商品检验鉴定机构管理文件的建立及执行情况、检验鉴定工作质量实施检查;可以对其检验鉴定的商品实施抽查检验;可以查阅和复制当事人有关资料,被检查的进出口商品检验鉴定机构必须予以配合。

(3) 进出口商品检验鉴定机构出具的检验鉴定证书应当由取得从业资格的人员签字,结果应当真实、客观、公正。对经举报、投诉或者由其他途径发现涉嫌违法违规行为的,检验检疫机构可以进行调查,并可以对其检验鉴定结果进行复查。

(4) 国家质检总局和检验检疫机构人员对履行进出口商品检验鉴定机构许可及监督管

理职责时知悉的商业及技术秘密负有保密义务。

（5）国家质检总局及检验检疫机构人员不得滥用职权，谋取私利。

（6）国家质检总局及直属检验检疫局应当建立进出口商品检验鉴定机构监督管理信息通报制度。

5．行政处罚内容

违反上述要求擅自从事进出口商品检验鉴定业务的，由直属检验检疫局责令停止非法经营，没收违法所得，并处违法所得一倍以上三倍以下的罚款。进出口商品检验鉴定机构发生下列行为之一的，由国家质检总局视情节轻重责令改正、暂停或者取消其从业资格。

（1）取得《进出口商品检验鉴定机构资格证书》后1年内未开展相关业务的；

（2）提供虚假的有关年度文件和资料的；

（3）出具虚假的检验结果和证明或者提供的报告有重大失误的；

（4）机构有关事项发生变更时，未按照规定办理有关变更手续的；

（5）违反其他检验鉴定管理规定，扰乱检验鉴定秩序的；

（6）未经许可，擅自超出许可范围经营的；

（7）未经许可擅自设立分支机构的；

（8）以合作、委托、转让等方式将其空白检验鉴定证书或者报告交由其他检验鉴定机构或者人员使用，以及将相关业务交由未经国家质检总局许可设立的检验鉴定机构或者人员承担的；

（9）其他违反本办法规定的行为。

9.4.6 从事检验鉴定业务人员的资格考核

1．资格考试实施要求

（1）进出口商品检验鉴定人员资格考试（以下简称资格考试）实行公开、公平、公正的原则。资格考试每年举行1至2次。资格考试采取全国统一大纲、统一命题、统一评分标准，在同一时间进行。

（2）国家质检总局负责组织全国统一资格考试，负责制订考试计划，确定考试科目、考试大纲、考试时间，组织命题、印制试卷、阅卷评分，公布考试结果、确定资格等工作，对考试全过程进行监督检查。

（3）申请参加资格考试的人员可到工作单位所在地或户籍所在地直属检验检疫局报名。直属检验检疫局负责对报名参加资格考试人员进行资格审查、发放准考证、实施考务等工作。

2．资格考试内容

资格考试主要以书面方式测试从事进出口商品检验鉴定工作必备的业务水平和能力，考试内容包括检验鉴定基础知识和检验鉴定实务。

3. 参加资格考试人员条件

报名参加资格考试的人员,应当符合下列条件:

(1) 年满 18 周岁,并具有完全的民事行为能力;

(2) 大专以上学历;

(3) 具有中华人民共和国国籍(港澳台人员除外);

(4) 品行良好,无欺诈行为,申请前 5 年无犯罪记录和严重行政处罚记录;

(5) 法律法规规定的其他条件。

4. 报名者报名时应提交的材料

报名人应提交下列材料,并对材料的真实性、准确性、合法性负责:

(1)《进出口商品检验鉴定人员资格考试报名表》①;

(2)《中华人民共和国居民身份证》复印件;

(3) 学历证书复印件;

(4) 近期免冠 2 寸彩色证件照 2 张。

5.《进出口商品检验鉴定人员资格证书》的颁发

(1) 考试成绩和合格分数线由国家质检总局在考试结束之日起 2 个月内公布。应考人员可以通过国家质检总局网站或指定的其他方式查询考试成绩。

(2) 全部考试科目合格的,由国家质检总局确定合格资格,并颁发《进出口商品检验鉴定人员资格证书》,有效期为 3 年。

6. 考务纪律

(1) 参加资格考试的人员,有伪造证件、提供虚假报名材料、冒名代考以及其他作弊行为的,一经查实,取消其考试成绩,3 年内不受理其资格考试报名申请,已经获得资格证书的,取消其资格证书。

(2) 命题专家有违反保密规定的、检验检疫工作人员及其他考务人员在考试工作中玩忽职守、徇私舞弊的,视情节轻重按照有关规定进行处理。

(3) 考试工作中发生泄密事件的,由国家质检总局组织查处,对涉嫌违反国家保密规定的,会同国家保密工作部门组织查处。

9.5 与我国进出口商品检验检疫相关的检验机构

9.5.1 进出口商品检验机构在国际贸易中的地位

商品可以由买卖双方自行检验。但在国际贸易中,大多数场合下买卖双方不是当面交

---

① 可从各地检验检疫机构的网站上下载。

接货物,而且在长途运输和装卸过程中,又可能由于各种风险和承运人的责任而造成货损。为了便于分清责任,确认事实,往往需要由权威的、公正的商检机构对商品进行检验并出具检验证书以资证明。这种由检验机构出具的检验证书,已成为国际贸易中买卖双方交接货物、结算货款、索赔和理赔的主要依据。

由于商品检验直接关系到买卖双方的切身利益,因此,《联合国国际货物销售合同公约》和许多国家的法律都对买方的检验权作了相似的规定:除非合同另有规定,当卖方履行交货义务以后,买方有权对货物进行检验,如果发现货物与合同规定不符,而且确属卖方的责任,买方有权向卖方表示拒收,并有权索赔。

9.5.2 进出口商品检验机构性质[①]

世界各国为了维护本国的公共利益,一般都制定检疫、安全、卫生、环保等方面的法律,由政府设立监督检验机构,依照法律和行政法规的规定,对有关进出口商品进行严格的检验管理。据统计,国际贸易领域的各类商品检验、鉴定机构有 1 000 多家,按检验机构的性质分,其类别可分为:

1. 官方的检验机构

所谓官方的检验机构,一般由国家主管部门或地方政府,根据国家的有关法规而设立,执行特定的有关卫生、安全、环保等方面的检疫、检验和监督管理任务。例如商品(粮食、药物等)进行检验,如美国食品和药物管理局(FDA)、美国农业部粮谷检验局,日本的通商产业检验所、厚生省国立卫生检验所、运输省检验所和农林产品检验所等,法国的国家检验中心,印度的检验和质量管理局所属的商检局及纺织品委员会、农业和农村开发部所属的检验机构和印度标准协会,捷克的捷克检验所,罗马尼亚的商品检验局,波兰的波尔卡哥检验所,都是由政府设立的检验机构,均隶属于外贸部管理。

2. 独立检验机构

独立检验机构包括半官方的和非官方的检验机构。除政府设立的官方商品检验机构外,世界上许多国家中还有由商会、协会、同业公会或私人设立的半官方或民间商品检验机构,具有公证机构的法律地位,担负着国际贸易货物的检验和鉴定工作。由于民间商品检验机构承担的民事责任有别于官方商品检验机构承担的行政责任,所以,在国际贸易中更易被买卖双方所接受。民间商品检验机构根据委托人的要求,对所申请的商品及项目进行检验鉴定,出具检验鉴定报告供申请人使用,为贸易当事人提供灵活、及时、公正的检验鉴定服务,受到对外贸易关系人的共同信任;有的民间检验机构也接受政府的指令或委托,承办依法检验工作。

---

① 我国的检验机构结构情况,可参见本书1.2。

(1) 所谓半官方的检验机构,即经国家政府部门授权代表政府行使对某项或某一方面的检验管理工作的非官办的民间检验机构。这些检验机构一般均在某一方面有一定的权威和信誉,经政府考核后予以认可和指定后进行相应工作。例如美国的保险人实验室、日本的海事检定协会、瑞典的国家认可实验室等。

(2) 所谓非官方检验机构,即民间私人或社团经营的机构,名目繁多、大小各异。由于民间商品检验机构承担的民事责任有别于官方商品检验机构承担的行政责任,所以,在国际贸易中更易被买卖双方所接受。民间商品检验机构根据委托人的要求,以自己的技术、信誉及对国际贸易的熟悉,为贸易当事人提供灵活、及时、公正的检验鉴定服务,受到对外贸易关系人的共同信任。目前在国际上比较有名望、有权威的民间商品检验机构有:瑞士通用公证行(SGS)、英国英之杰检验集团(IITS)、日本海事检定协会(NKKK)、新日本检定协会(SK)、日本海外货物检查株式会社(OMIC)、美国安全试验所(UL)、美国材料与试验学会(ASTM)、加拿大标准协会(CSA)、国际羊毛局(IWS)和中国商品检验公司(CCIC)。

案例评析

案例1　擅自从事进出口商品检验鉴定业务

案情介绍

2005 年 9 月,上海检验检疫局(以下简称上海局)接到举报,称广州市某机电技术有限公司上海分公司未获得国家质检总局许可而擅自以香港某检验有限公司的名义在上海从事进出口商品检验鉴定业务。上海局立刻对该公司展开调查。通过调查取证,查明该公司于 2005 年 7 月至 10 月间,未经国家质检总局许可,擅自在上海地区接受香港某检验有限公司委托,从事进出口商品检验鉴定业务,获取违法所得共计人民币 40 993.40 元。该公司的行为违反了《中华人民共和国进出口商品检验法》第八条的规定,严重扰乱了检验鉴定市场秩序。2005 年 12 月 7 日,上海局依据《商检法》第三十四条之规定,对该公司作出没收违法所得 40 993.40 元,并处违法所得 1.2 倍即 5 万元罚款的处罚决定,同时责令其停止非法经营。

案情分析

本案的关键是当事人是否未得到国家质检总局的许可从事了进出口商品检验鉴定业务。根据进出口商品检验鉴定机构的工作特点,办案人员从该公司的业务流程开始调查,最后获取了国外检验任务委托单、国外客户提供的检验要求、公司出具的检验结果报告单及原始记录、公司向国外客户收取的检验费用发票、汇款凭证等证据。这些证据证明该公司从事进出口商品检验鉴定业务的事实。同时,通过查询国家质检总局公布的进出口商品检验鉴定机构许可名录,发现该公司未在许可名录内,不具备从事进出口商品检验鉴定业务的资格。据此认定该公司未经国家质检总局许可擅自从事进出口商品检验鉴定业务的违法事实成立。

根据我国加入 WTO 的承诺,2005 年 12 月 11 日以后,我国全面放开国内检验鉴定市场。检验鉴定市场的全面开放不等于没有市场准入的条件,我国《商检法》明确规定:"经国家商检部门许可的检验机构才可以办理进出口商品检验鉴定业务"。在案件调查过程中了解到,当事人对相关法律法规的学习了解不够,对法律的严肃性认识不够,是导致违法行为产生的原因之一。作为检验检疫执法部门,在执法的同时也要加大法律法规的宣传力度。

案例 2　海损赔偿检验鉴定①

案情介绍

某货轮从天津新港驶往新加坡,在航行途中船舶货舱起火,大火蔓延至机舱,船长为了船货的共同安全决定采取紧急措施,往舱中灌水灭火。火虽被扑灭,但由于发动机主机受损,无法继续航行,于是船长决定雇用拖轮将货船拖回新港修理,检修后重新驶往新加坡。其中的损失与费用有:(1)1 000 箱货被火烧毁;(2)600 箱货由于灌水受到损失;(3)主机和部分甲板被烧坏;(4)拖轮费用;(5)额外增加的燃料、船长及船员工资。试问在这些损失中哪些是单独海损,哪些是共同海损?

案情分析

案情涉及的海损共同点都属于部分损失。共同海损是由主观采取的措施直接造成,即指海洋运输途中,船舶、货物或其他财产遭遇共同危险,为了解除共同危险,有意识地采取合理的救难措施所直接造成的特殊牺牲和支付的特殊费用。单独海损则是客观的自然灾害或意外事故直接造成的,即指除共同海损以外的部分损失。这种损失仅属于特定利益方,并不涉及其他货主和船方。该损失仅由各受损者单独承担。因此案情涉及的海损:(1)1 000 箱货被火烧毁,属单独海损;(2)600 箱货中已燃的 40 箱为单独海损,其余 560 箱由于灌水造成损失属共同海损;(3)主机和部分甲板被烧坏,属单独海损;(4)拖轮费用以及(5)额外增加的燃料、船长及船员工资都属共同海损。

案例 3　货物意外损失索赔②

案情介绍

我国某出口企业同某国 A 公司达成交易一笔,买卖合同规定的支付方式是即期付款交

①②　资料来源:国家质检总局检验鉴定人员技术培训讲义。

单。我国企业按期将货物装出并由 B 轮船公司承运，并出具转运提单，货物经日本改装其他轮船公司船舶运往目的港。货到目的港后，A 公司已宣告破产倒闭。当地 C 公司伪造假提单向第二程的船公司在当地的代理人处提走货物。

我国企业装运货物后，曾委托银行按跟单托收(付款后交单)方式收款，但因收货人已倒闭，货款无着，后又获悉货物已被冒领，遂与 B 轮船公司交涉，凭其签发的正式提单要求交出承运货物。B 公司却借口依照提单第 13 条规定的"承运人只对第一程负责，对第二程运输不负运输责任"为由，拒不赔偿。于是，诉诸法院。

案情分析

B 公司难辞其咎。其拒绝赔偿的理由不成立，因为货物在目的港被 C 公司提走，并非第二程运输中的"运输责任"所造成的损失。其次，由海运提单的性质决定，B 公司必须赔偿。因为提单正面的内容分别由托运人和承运人填写，其内容包括承运人、托运人、收货人、船名和船籍、装运港、目的港、货物名称、运输标志、件数、重量或体积、运费和其他费用、提单签发日期、地点和份数、承运人或其代理人签字。提单背面的条款:《海牙规则》《维斯比规则》《汉堡规则》三个国际公约对承运人与供货方的权利与义务、责任与豁免的规定。

案例 4　低值高报或高价低报非法牟利

案情介绍

(1) 1999 年年底，温州一外商独资塑胶有限公司向温州商检局报检的 PU 制革生产线设备报检金额为 300 万美元，经温州商检局鉴定其实际价值为 198 万美元，降值 102 万美元。

(2) 上海某家沪港合作电子有限公司，从 2000 年 10 月至次年 1 月，先后从马来西亚、中国台湾进口了报价为 1 375 万美元的桥式整流器、二极管生产设备，这些设备以实物作价方式投入，充作港方的投资。上述标价为 1 375 万美元的进口设备，经上海检验检疫局鉴定，最后确定鉴定价为 870 万美元，降价 505 万美元，降值率为 37%。

(3) 2004 年，一外商到江苏省某县创办毛纺织厂，结果原发票 150 万美元的二手机器被申报成 180 万美元，并已获得当地一家会计师事务所认可。后经南京出入境检验检疫局鉴定，实际价值只有 56 万美元。

案情分析

上述案例在过去中外合资企业中并不鲜见，如今随着外商投资形式的改变，也出现在了外商独资企业中。据统计，2003 年南京出入境检验检疫局共接受价值鉴定 62 批次，有 18 批次出现降值，全市外商投资企业的降值率达到 20%。

通常而言，外商投资包括现金、生产设备和无形资产等。按照规定，无论是以有形设备还是无形资产投资的外资企业都要进行价值鉴定。近年来,合资合作企业对投资设备恶意低价高报、损害中方股东利益的情况明显减少,但在独资企业中却有增加趋势,有的甚至玩起了"空手道"。一外商准备投资一家照明设备厂,先从所在国收罗一批二手设备,到了投资地后高报价格,再以此作为抵押向银行借款。就这样,这个外商仅仅以一些旧设备就换来了土地、银行贷款以及当地的厂房和劳动力,最后还可以享受外资企业的各种优惠。

与这种低价高报现象相反,还有的外商在设备投资时却高价低报。据悉,近年来,检验检疫部门发现的此类案例涉及金额多则几十万美元,少到几千美元。曾有一家外商以 140 万美元的仪器设备兴办一家制药公司,外商报出的价值却只有 54 万美元。不久前另一外商进口一批设备,报价 5 000 美元,经鉴定核查发现少报了 1 万美元。

外商在财产价值上玩"猫儿腻",显然是利益驱使。有业内人士分析,有的虚增注册资本是为了借款、批租土地以及税收等方面享受优惠,有的虚增固定资本以便多提设备折旧费而提高生产成本,最终少缴税款。高价低报是为了在一定的免税额度下进口更多设备,偷逃关税、增值税。在财产价值鉴定上弄虚作假,实际上放大了这些外资企业的偿债能力,是经济运行的一种潜在危机。因此,检验检疫部门以及国家质检总局许可的检验鉴定机构的价值鉴定的目的,就是遏制这种经济运行危机的发生,保护投资各方的合法权益。

本章小结

本章着重介绍非强制性检验鉴定业务。根据我国加入 WTO 承诺,自 2005 年 12 月 11 日后,我国全面开放国内检验鉴定市场,包括独资、合资的检验鉴定机构,也能接受第三者委托,承担非强制性的检验鉴定业务,前提是必须具备国家规定的机构设置条件,并按规定的申请程序得到国家质检总局许可。检验鉴定机构从业人员,包括出入境检验检疫机构从事检验鉴定业务人员均应通过全国检验鉴定业务资格考试,获得国家质检总局颁发的《进出口商品检验鉴定人员资格证书》方可从事检验鉴定工作。

思考题

1. 检验鉴定业务属于什么性质,它在对外经济贸易中起什么作用?

2. 检验鉴定业务的范围有哪些?

3. 什么是重量鉴定? 试举例说明。

4. 什么是残损鉴定? 试举例说明。

5. 什么是外商投资财产价值鉴定,价值鉴定的内容包括哪些?

6. 财产关系人如何办理外商投资财产鉴定申请?

7. 价值鉴定有哪几种方法,试举例说明。

8. 申请"残损鉴定"应注意哪些问题?

9. 进出口商品检验鉴定机构设立的基本条件有哪些?

10. 国家对检验机构从业人员有什么要求?是否也适用于检验检疫机构中从事检验鉴定业务的人员?为什么?

11. 我国是否允许设立外商投资进出口商品检验鉴定机构,为什么?

12. 外商投资进出口商品检验鉴定机构设立的基本程序包括哪些?

13. 申请参加检验鉴定资格考试的人员需具备哪些条件?如何办理考试报名手续?

14. 1999年8月,湖北某烟草进出口公司从美国伊士曼化学公司进口一批醋酸纤维丝束,重量99.353吨,数量205包,价值356 677.27美元,分装在5个集装箱内。据承运人记载,8月3日货到上海港转船,经长江运往武汉。在运输途中,船行至某小岛附近,由于水流紊乱,船体严重倾斜,导致3个集装箱掉入江中,造成货物巨大损失。经湖北检验检疫局检验鉴定,水湿严重的115包醋酸纤维丝束被江水浸湿后吸附杂质,有的已变色,产生异味,不能使用;轻度水湿或受潮风干后的8包由于丝束板结,加工时开松困难,制成嘴棒后易发霉,且降低过滤嘴效果,影响消费者健康。综合以上因素,确定3个落水集装箱内59 405公斤货物全部残损,出具了残损证书。试问该批货物残损费用应由谁承担?

15. 根据以下公式进行实际成本核算。①如果SWB32S"火车牌"足球每只的购货成本是165元人民币,其中包括17%的增值税,若足球可以有8%的退税,试计算每只足球的实际成本是多少?②

$$购货成本=货价×(1+增值税率)$$
$$货价=购货成本÷(1+增值税率)$$
$$出口退税额=货价×出口退税率$$
$$实际成本=购货成本-出口退税额$$

16. 因残损而发生的换货、补发货通关时,进口商可凭检验检疫机构签发的残损鉴定证书和《入境货物通关单》免交换补货的进口关税。试问这种说法是否正确?③

---

① 实际成本核算:主要是采购成本——贸易商向供货商购买货物的支出。供货商所报的价格中一般包含税收,即增值税。在实施出口退税制度的情况下,出口商在核算价格时,应将含税的采购成本中的税收部分按出口退税率予以扣除,从而得出实际成本。

② 参考答案:153.72元。

③ 参考依据:2004年1月1日起实施的《中华人民共和国进出口关税条例》第四十四条规定:"因残损、短少、品质不良或者规格不符原因,由进出口货物的发货人、承运人或者保险公司免费补偿或者更换的相同货物,进出口时不征收关税。被免费更换的原进口货物不退运出境或者原出口货物不退运进境的,海关应当对原进出口货物重新按照规定征收关税。"

10 进出口商品检验检疫的监督管理

学习目的

　　对进出口商品的检验检疫监管模式有全新的认识。国家质检总局在归纳和提炼我国传统进出口商品质量把关做法的基础上,建立了我国进出口商品检验监督的"四项"制度和"九种"监管模式。这种新型的进出口商品检验检疫监管模式,在体现法律所要达到的目标,维护法定的权益,促进对外经济贸易关系的顺利发展中发挥了重要作用。

知识要点

　　进出口商品检验检疫监管模式的变化,控制进出口商品安全卫生质量,国家质检总局所采取的相应的检验检疫措施。

10.1　进出口商品检验检疫监督管理简史

10.1.1　概述

　　对进出口商品及检验检疫工作实施监督管理,是检验检疫机构的一项重要职能。它是一个主权国家行使政府职能不可缺少的部分。国家通常以立法和授权主管部门实施的形式,对进出口商品的检验工作及与其相关的质量保证体系进行监督的活动。这已是世界各国对进出口商品检验工作实施监督管理的通常做法。

　　我国对进出口商品检验检疫工作实施监督管理,是随着对外经济贸易发展而逐步健全和完善的。

　　早在 20 世纪 50 年代初期,我国《商检暂行条例》就明确规定,商检部门执行进出口商品的品质管制任务。这是中华人民共和国成立后,首次以立法形式授权商检机构行使进出口商品检验工作的监督管理职能。随着我国对外经济贸易的不断发展,监督管理的任务不断增加,范围不断扩大,监督管理工作也不断得到健全和完善。

　　对进出口商品检验的监督管理工作,检验检疫机构分别采用到货口岸(站)检验、驻厂检验、抽查检验及装船前预检验和监管、监装等不同形式,对进出口商品执行检验把关和对收货、用货单位,生产、经营单位和储运单位,以及指定或认可的检验机构的进出口商品检验工作进行监督检查,从而维护了对外贸易有关各方的合法权益。对出口商品的质量监管从原料开始延伸到生产加工过程中去,从技术上、管理上、人员培训等多方面帮助工厂健全质量管理制度,并对生产过程实施监督管理,督促生产部门层层把好关,从而避免了商品出口时因检验不合格而返工和延误出口,使国家和企业都遭受损失的情况发生。

2001年,根据我国深化经济体制改革、加入WTO承诺及加入WTO后新形势的需要,国务院决定将原国家质量监督检验局和国家出入境检验检疫局合并,成立国家质量监督检验检疫总局,直属国务院,管理全国进出口商品检验检疫工作。

为履行我国加入WTO承诺的需要,国家质检总局依据《商检法》便利对外贸易,对进出口企业实施分类管理,按照国际通行的合格评定程序,确定检验监管模式,并在归纳和提炼我国传统做法的基础上,建立我国进出口商品检验监督的"四项"制度[1]和"九种"监管新模式[2]。

"四项"制度是检验检疫机构对进出口商品实施检验所要达到的目标或者遵循的原则。这就是由检验检疫法律作出的五项原则,即:保护人类健康和安全、保护动物或者植物的生命和健康、保护环境、防止欺诈行为、维护国家安全。这五项原则正是符合了WTO/《TBT协议》的两项规则,即,"不应阻止任何国家在其认为适当的程度内采取必要措施,保证其出口产品的质量,或保护人类、动物或植物生命或健康及保护环境,或防止欺诈行为",和"各国所采用的技术性贸易壁垒措施对贸易的限制不得超过为实现国家安全要求、防止欺诈行为、保护人类健康或安全、保护动物或植物的生命或健康及保护环境这些合法目标所必需的限度"的规定。根据"五项原则"的法律要求和上述《协议》的规则,商检机构的进出口商品检验监管工作必须作战略性转移,工作重点转向安全、卫生、健康、环保、反欺诈等关系国计民生,涉及社会公众利益的商品转移,重点加强对进出口大型成套设备、机电、食品、玩具、陶瓷及进口废物等商品的检验检疫。检验项目从传统的品质、数量、重量、规格等转向涉及安全、卫生、环保的质量指标转移。为适应新形式的要求,国家对特定进出口商品实施检验的强制管理(也称法定检验),并对一些重要的进出口商品必须实施检验管理,结合检验活动的具体实践,形成了"四项"检验监管制度和新的监管工作模式,在体现法律所要达到的目标、维护法定的权益、促进对外经济贸易关系的顺利发展中发挥了重要作用。

"九种"检验监管模式是我国加入WTO后,国家质检总局按照国际通行规则,从我国进出口商品检验的历史和现状出发,密切联系实际,同时兼顾了特殊商品的情况,以WTO国际贸易惯例为框架,建立适应社会主义市场经济体制、符合国际通行规则的检验检疫监管模式,改革传统的"批批检验"控制最终产品的把关工作模式,即对完全涉及安全、卫生、环保的商品,依据技术法规和强制性标准的要求进行逐批检验;对不涉及安全、卫生、环保和反欺诈

---

① 见本书10.1.2。
② 见本书10.1.3。

的产品,根据企业的产品的质量状况、生产企业质量管理水平,采取不同比例的动态抽查监管办法和分类管理办法,使检验监管模式从批批检验向分类管理、商品免验、前期检验和后期监督抽查相结合的模式转变。

检验检疫监管新模式具有"五性"特点,即具有总结我国进出口商品检验的长期实践经验,继承和发展了历史和现行的检验方式,适应《商检法》(修正案)和 WTO 有关规则的创新性;具有与 TBT 合格评定程序和 ISO 合格评定程序要素相一致的符合性;具有适用于所有进出口商品检验的通用性;具有各种模式可单独、结合或转换使用,兼容其他检验监管制度所规定要求的系统性;具有每个模式都有配套的检验规范或作业指导书作支撑的易操作性和方便进出口贸易的服务性。

10.1.2　进出口商品检验检疫监督管理的"四项"制度

1. 进出口商品检验的法定监督管理

《商检法》(修正案)规定,对进出口商品实施的监督管理,分为法定检验和抽查检验,均由商检机构实施,因为这两种检验都属国家对进出口商品实施的监督管理。法定检验商品是依照法律规定必须经商检机构检验的进出口商品,其范围由国家商检部门依据前述法定的五项原则,通过制定、调整必须实施检验的进出口商品目录来划定;目录以外的进出口商品,则根据国家规定实施抽查检验。与之密切联系的其他法定监督管理制度,归纳起来主要还有:

(1) 对列入目录的出口商品实施出厂前的质量监督管理和检验的特定制度;

(2) 对进出口货物办理报检手续的代理人实施注册登记管理;

(3) 对经许可的检验机构实施监督管理;

(4) 对认证合格的进出口商品加施质量认证标志;

(5) 对实施许可制度的进出口商品实施验证管理;

(6) 对检验合格的进出口商品加施商检标志和封识的监督管理措施以及保护进出口商品当事人合法权益实施的"复验、复议、或诉讼"法律自救制度。

2. 进出口商品的验证

验证制度是对进出口商品进行监督管理的一个重要方面。自 1998 年起,国家商检部门就对进口许可制度的民用产品实施入境验证管理。2002 年 11 月 1 日,国家质检总局根据我国加入 WTO 有关合格评定程序方面的多边承诺,依照国际通行做法和《TBT 协议》规则,颁布实施《进口许可制度民用商品入境验证管理办法》。在新修订的《商检法》中增加了该项工作规定内容,从法律上明确了检验检疫机构的验证管理职能,同时,根据国民待遇原则,规定对实施许可制度的进出口商品均实施验证管理。

3.《法检商品目录》外进出口商品的抽查检验管理

《商检法》对抽查检验明确规定了三项组织实施原则,即,一是对必须经商检机构检验

(简称法定检验)的进出口商品以外的进出口商品进行抽查检验,应由国家商检部门统一制定办法,确定相应的商品种类加以实施。二是国家商检部门对抽查检验实行统一管理,各地商检机构根据国家商检部门确定的抽查检验的商品种类,负责抽查检验的具体组织实施工作,从而防止抽查检验的随意性,保证抽查检验工作的一致性。三是国家商检部门针对抽查检验工作应建立相应的对外公布制度和通报制度,即对抽查检验结果,适时地通过公告的形式或者通过新闻媒体向社会公布,并及时向国务院、各级地方政府及各级外经贸主管部门通报抽查工作情况。通过对抽查结果的公布及抽查工作情况的通报制度的实施,发挥各级政府及社会对进出口商品质量的监督作用,促进广大进出口商品生产、经营企业提高质量意识,贯彻奖优罚劣、优胜劣汰的政策,保证我国进出口商品质量整体水平的提高。

4. 进口商品装运前检验

对重要的进口商品实施装运前检验(亦称发货前检验),是国际贸易中普遍采用的质量保证措施。装运前检验根据各进口国或进口商品的要求,对进口商品在进口国进行货物发运前的检验,以保证进口商品的质量、规格、安全等能符合要求。我国《商检法》(修正案)规定,对重要进口商品实施装运前检验制度。收货人应当依据对外贸易合同约定在出口国进行装运前预检验、监装或监造,商检机构根据需要可以派出检验人员参加。值得强调的是,装运前检验不能代替按照规定对商品进口后进行的最终检验和验收,也不能免除双方所应当承担的风险和责任,收货人仍拥有对外索赔的权利,贸易合同中必须对此进行明确。

10.1.3 进出口商品的"九种"检验监管模式与实施要求

1. 批批检验检疫模式

批批检验检疫是指对每一个出口报检批次的货物实施检验检疫。

(1) 实施范围:必须实施检验检疫的出口商品和各地检验检疫机构根据本地区实际情况,规定的一些高度敏感产品、质量不够稳定产品、企业诚信度不高以及违反检验检疫有关规定、遭到国外重大索赔和退货的出口商品。

(2) 实施要求:检验检疫机构对有规定必须实施批批检验的出口产品,必须严格执行批批检验,不允许实施其他检验检疫监管模式,并严格按照批批检验有关工作程序、工作规范、工作要求实施。

2. 分类管理检验监管①

分类管理检验是为实现科学管理、监管有效、促进出口的目标,根据企业的生产条件、管理水平、检测能力、产品质量状况和产品风险程度,对出口产品和企业综合考核评价后确定适宜的检验批次,并结合对工厂监管的一种重要的工作模式。

---

① 参见本书10.2的内容。

（1）实施范围：国家质检总局规定必须实施分类管理的出口商品和各地检验检疫机构根据本地区实际情况要求实施分类管理模式的出口产品。

（2）实施要求：检验检疫机构对申请分类管理的出口企业，必须根据有关规定要求进行书面审核和现场验证，确定企业的分类管理类别；应建立已实施分类管理企业的档案；严格按照分类管理规定的检验比例对已实施分类管理企业的出口产品实施检验，并根据出口产品的检验质量情况、后续监督管理情况并结合年度审核情况，实施动态管理，进行分类管理的类别调整，对不符合分类管理规定要求的进行降类、吊销处理。

3. 型式试验检验监管

型式试验的检验监管主要方式是国家质检总局指定的实验室对出口产品进行"产品的型式试验"并出具"产品型式试验报告"，由此为基础加上对出口批次的抽批检验和对出口企业的监督，主要适用于工业产品的检验监管。

（1）实施范围为国家质检总局规定要求实施型式试验检验监管方式的出口产品。

（2）实施要求检验检疫机构对实施型式试验监管的出口企业实行登记制度；对出口企业的质量保证体系进行书面审核和现场验证，重点审查其是否具备必需的安全项目的检测仪器和相应资格的人员，并严格按照规定对相关出口产品进行型式试验，在取得型式试验报告前，原则上实施批批检验。

型式试验合格后，检验检疫机构对出口产品实施抽批检验，报检时必须提供产品型式试验确认书，抽批检验不合格的一律不准出口；对于没有抽到的出口批次，严格审核出口企业的检验报告或合格声明，在确认合格的条件下，出具放行通关单（仅限于国外不要证书的情况）。合格有效的型式试验报告是确定出口产品检验方式的必要文件，型式试验报告的有效期根据国家质检总局有关规定执行。检验检疫机构还可根据各地实际情况以及出口企业的产品质量稳定情况和质量管理体系水平实行分类管理，以方便企业出口。

4. 过程监督检验

过程监督检验模式是将检验工作向企业的质量检验和控制过程延伸，从源头上把住质量关，符合"从源头上抓起"的工作要求。检验检疫部门在对出口产品作出初始合格评定的基础上，对生产企业原辅材料、技术管理、生产工序直至成品等整个过程进行监督检验，包括产品生产的产前、产中、产后 3 个阶段，将检验工作延伸至产品生产过程中，从而改变批批检验模式，它是简化检验手续的一种新检验模式。过程监督检验的主要内容有：原辅材料检查、关键工序检查（包括安全卫生检查）、成品检查、质量管理等。在过程监督检验模式下，出口企业更注重质量管理工作，有效地降低了企业负担，使企业能集中更多精力抓好质量工作，有助于提高产品质量。

（1）实施范围包括：出口企业按规定获得卫生注册且产品质量连续稳定；出口企业按规定获得出口质量许可证且产品质量连续稳定；出口企业获得国家质检总局认可的质量体系认证且运行有效、产品质量连续稳定，企业形成规模效应并经企业申请附加质量保证函声明。

（2）申请过程监督检验的出口企业应具备的基本条件包括：严格遵守相关的法律法规，未发生违法、违规事件；已建立有效的质量体系，并通过国家质检总局认可的质量管理体系认证且运行有效；按规定获得正式卫生注册证/出口质量许可证；产品质量稳定，连续两年出口产品检验合格率98%以上，没有因质量问题引起的国外索赔和退货事件发生和企业向检验检疫机构提供了出口产品质量合格自我声明。

（3）过程监督检验实施要求：在规定的周期内，按规定要求，对出口企业进行检查，并认真做好监督检验记录。一次检查的内容可以是过程监督检验的全部内容或者是成品检验加一项或多项，但半年内必须覆盖全部项目的检查。过程监督检验周期分为正常、加严两个档次。一般情况下，在规定的过程监督检验周期内，检验检疫机构必须派员到企业实施过程监督检验一次。不合格项分为一般不符合项和严重不符合项。遇成品不合格、安全卫生项目不符合相关法律法规要求、在过程监督检验中发现可能导致产品严重不合格的隐患等三种情况判为严重不符合项。其余为一般不符合项，并对检查中发现一个严重不符合项或其他严重问题，或出现五个以上一般不符合项影响质量管理体系有效运行的，降为加严周期，直至取消企业实施过程监督检验资格。连续3—5次加严周期合格转为正常周期。取消其过程监督检验资格的企业在3个月后方可重新提出申请。

5. 共同检验

共同检验模式是由检验检疫人员和出口企业或者外贸经营企业共同完成的检验方式。可与批批检验模式、分类管理检验模式、型式试验模式共同实施。实施共同检验的要求：

（1）出口企业必须有良好的检验检测条件，企业管理规范，企业检验人员业务素质较高，产品质量稳定可靠，按规定获得正式卫生注册证/出口质量许可证。

（2）检验检疫人员在检验过程中应对出口企业或外贸经营企业的检验人员工作质量进行监督，严格按照国家质检总局有关规定和检验依据的要求实施检验。

6. 安全卫生监控

安全卫生监控是指对出口企业的原料生产、加工、仓储、运输等全过程安全风险关键控制点的有效控制，以达到提高产品安全卫生质量的目的。

（1）安全卫生监控内容包括：出口产品的农、兽药残留、微生物、重金属、放射性、生物毒素及疫情等的监控、监测。

（2）安全卫生监控的实施要求包括：积极配合地方政府建立和完善原料生产、养殖过程的疫情及农、兽药残留及污染物控制体系；督促和指导出口产品加工企业走向"贸、工、农一体化"的规模生产经营模式和引导企业树立安全卫生质量控制意识，建立或完善必要的企业内部安全卫生自控手段，确保出口产品的生产者应对出口产品的安全卫生负责，并保证产品满足市场或合同要求。

7. 商品免验

凡列入法定检验的进出口商品(有规定的商品除外),由收货人、发货人或者其生产企业提出申请,经国家质检总局审核批准,可以免验。为加快口岸通关速度,规范口岸通关秩序,国家质检总局从2002年8月起实施检验检疫绿色通道制度。该项制度是按照分类管理原则,对于诚信度高、产品质量保障体系健全、质量稳定、具有较大出口规模的生产、经营企业(含高新技术企业、加工贸易企业),经国家质检总局审查核准,对其符合条件的出口货物实行产地检验检疫合格,口岸检验检疫机构免于查验,直接向海关发送电子通关单,形成绿色通道的放行管理模式。

8. 商品安全质量监管

对列入法定检验的进出口商品实施的安全质量监管模式(有的涉及前述的内容)主要有:安全质量许可制度、检验检疫审批、强制性产品认证制度、检验检疫审批制度、检验检疫备案制度、食品化妆品标签审核管理和入境验证制度、危险品生产企业登记制度、出口食品企业的卫生注册登记制度等等。

9. 全过程监控检验检疫

全过程监控检验检疫模式是将检验关口前后延伸,实行检验检疫监控的一种工作模式。即,对重要的商品和对我国经济、社会、环境安全具有潜在风险的进口动植物及其产品实行境外预检和装运前检验,加强监装和疫情调查,逐步形成境内外预检、到岸查验和后续监管的全过程监控检验检疫体系。对重要出口产品实行从源头抓起,从生产厂、饲养厂、加工厂抓起,推行前期监管和后续管理,建立和完善出口农产品的安全卫生质量管理体系。对重要、敏感的出口商品生产企业,加强注册审查制度,建立年检查、年审制度,实行动态管理。

10.2　进出口商品的安全质量监督管理

10.2.1　进口商品的安全质量监督工作

对进口商品安全质量监督管理分为《目录》内进出口商品实施检验检疫和《目录》外进出口商品的抽查检验。其中前项工作内容包括安全质量许可制度、强制性产品认证制度、检验检疫审批制度、检验检疫登记制度和入境验证制度等,除部分制度略作补充外,主要内容已在前几章节中作了阐述,在此不再赘述。

1. 检验检疫审批制度

进境动植物及其产品的贸易关系人按本书3.1.2的要求办理《进境动植物检疫许可证》审批时,还需事先办妥生产、储存、加工进口动物产品,如肉类、原皮、原毛、生骨、蚕茧等定点企业审批,进境苗木、动物的隔离检疫场圃等审批手续。申请人持当地检验检疫机构出具的

《进境动物隔离场审批单》或有关动物产品加工许可证,以及审批机关要求的有关证明,如营业执照等,方可向国家质检总局申请办理《进境动植物检疫许可证》审批。

2. 进口食品与动植物产品的卫生注册

根据国务院的授权,国家认证认可监督管理局(国家认监委)统一管理进口食品国外生产企业注册和监督管理工作,并负责制定、公布《实施企业注册的进口食品目录》(以下简称《目录》)。凡向中国输出《目录》内产品的国外生产企业,需向国家认证认可监督管理局申请注册。未获得注册的国外生产企业的食品,不得进口。

(1)进口食品和动植物产品实施企业注册管理的范围在《目录》中详细列出,主要有生产经过加工可以直接食用的各种食物,如罐头、饮料、酒类、调味品等的企业,以及生产经营各种动植物产品如肉类、水产品、蔬菜等的企业。

(2)注册条件。

境外生产企业申请注册应具备条件包括:申请注册的境外生产企业所在国家(地区)的兽医服务体系、植物保护体系、公共卫生管理体系须经国家认监委评估合格;向我国出口的食品所用动植物原料应当来自非疫区;向我国出口的食品可能存在动植物疫病传播风险的,企业所在国家(地区)主管当局应当提供风险消除或者可控的证明文件和相关科学材料。申请注册的境外生产企业应是经所在国家(地区)主管当局批准的并在其有效监管之下的企业,其卫生条件应符合中国法律法规和标准规范的有关规定。

(3)注册材料。

境外生产企业应通过其所在国家(地区)主管当局或其他规定的方式向国家认监委推荐,审批流程如图10.1所示。申请时除提供(2)注册条件的证明性文件外,还应提供中文或者英文文本的以下资料:本国(地区)的动植物疫情,兽医卫生、公共卫生、植物保护和农药、兽药残留监控等方面的法律、法规;所在国家(地区)主管当局机构设置和人员情况以及法律法规执行等方面的书面资料;申请注册的境外生产企业名单;所在国家(地区)主管当局对被推荐企业的检疫、公共卫生实际情况的评审报告和所在国家(地区)主管当局关于企业符合中国法律、法规要求的承诺和企业的有关资料(厂区、车间、冷库的平面图,工艺流程图等)。

(4)注册管理。

① 注册有效期:注册有效期为4年。需要延续注册的境外食品生产企业,应当在注册有效期届满前一年,按(3)规定的方式提出延续注册申请。逾期未提出延续注册申请的,国家认监委注销对其注册,并予以公告。

② 注册变更:已获得注册的境外食品生产企业的注册事项发生变更时,应当通过其所在国家(地区)主管当局或其他规定的方式及时通报国家认监委,国家认监委根据具体变更情况作出相应处理,并报国家质检总局。

③ 注册编号使用:已获得注册的境外食品生产企业应当在其向我国境内出口的食品外

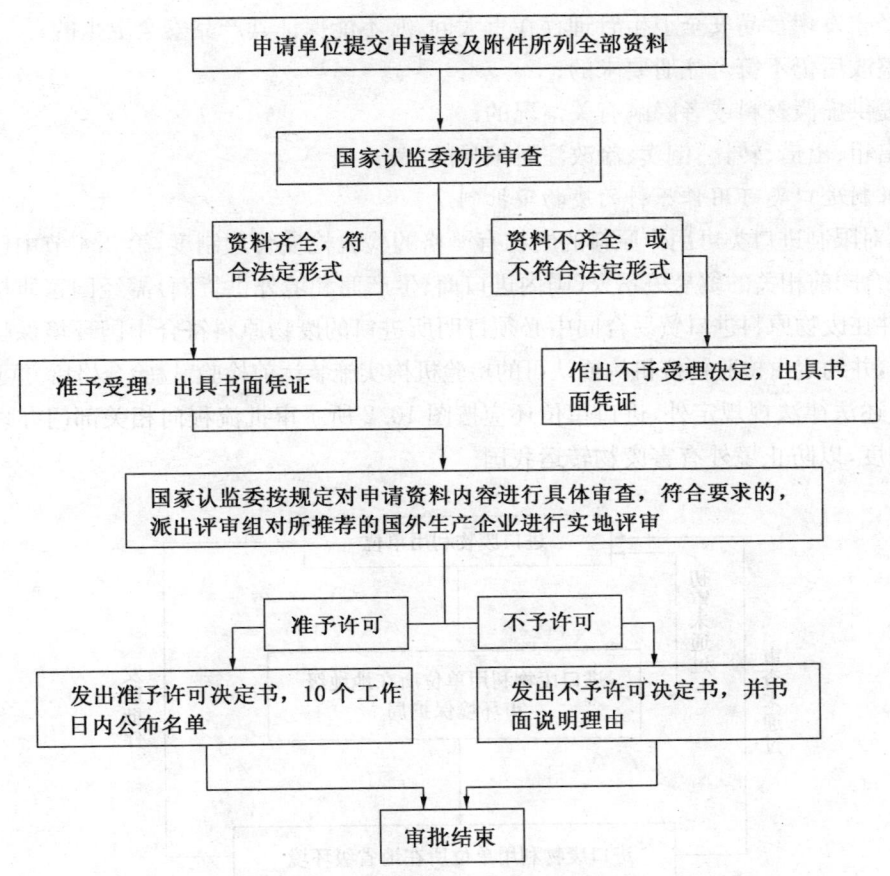

图 10.1 进口食品国外生产企业注册程序流程

包装上如实标注注册编号。禁止冒用或者转让注册编号。

④ 复查：必要时国家认监委依法对已获得注册的国外生产企业进行复查。经复查发现已获得注册的境外食品生产企业不能持续符合注册要求的，国家认监委暂停其注册资格并报国家质检总局暂停进口相关产品，同时向其所在国家（地区）主管当局通报，并予以公告。境外食品生产企业所在国家（地区）主管当局应监督需要整改的企业在规定期限内完成整改，并向国家认监委提交书面整改报告和符合中国法律法规要求的书面声明。经国家认监委审查合格后，方可继续向我国出口食品。

（5）注册撤销。

已获得注册的境外食品生产企业有下列情形之一的，国家认监委撤销其注册并报国家质检总局，同时向其所在国家（地区）主管当局通报，予以公告：

① 因境外食品生产企业的原因造成相关进口食品发生重大食品安全事故的；

② 其产品进境检验检疫中发现不合格情况，情节严重的；

③ 经查发现食品安全卫生管理存在重大问题,不能保证其产品安全卫生的;

④ 整改后仍不符合注册要求的;

⑤ 提供虚假材料或者隐瞒有关情况的;

⑥ 出租、出借、转让、倒卖、涂改注册编号的。

3. 限制进口类可用作原料的废物审批制度

国家对限制进口类可用作原料的废物有严格的检验检疫管理制度,第3.4节中已说明在签订贸易合同前相关的贸易关系人(国内进口商、生产商和境外供货商)需经国家质检总局行政许可,并在废物原料进口贸易合同中必须订明所进口的废物原料符合中国环境保护控制标准的要求,并约定由检验检疫机构或认可的检验机构实施装运前检验,检验合格后方可装运。

除上述法律法规规定外,进口单位还应按图10.2所示审批流程向相关部门办理进口废物审批制度,以防止境外有害废物转运我国。

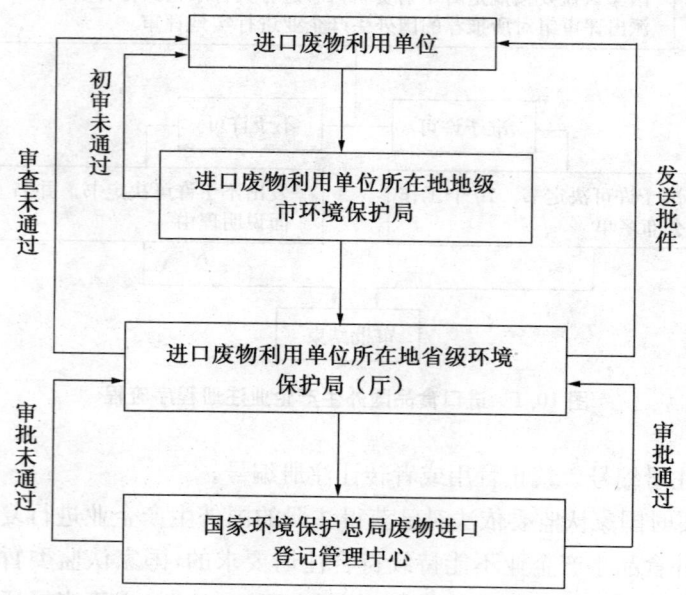

图 10.2　限制进口类可用作原料的废物进口审批流程

4. 进出口商品的免验申请

国家质检总局统一管理全国进出口商品的免验工作,负责对申请免验生产企业的考核、审查批准和监督管理各地出入境检验检疫机构负责所辖内申请免验生产企业的初审和监督管理。凡列入法定检验的进出口商品(有规定的商品除外),由收货人、发货人或者其生产企业提出申请,经国家质检总局审核批准,可以免验。

(1) 申请进出口商品免验应当符合的条件包括:申请免验的进出口商品质量应当长期稳定,在国际市场上有良好的质量信誉,无属于生产企业责任而引起的质量异议、索赔和退货,检验检疫机构检验合格率连续 3 年达到 100％;申请人申请免验的商品应当有自己的品牌,在相关国家或者地区同行业中产品档次质量处于领先地位;申请免验的进出口商品,其生产企业的质量管理体系应当符合 ISO9000 质量管理体系标准或者与申请免验商品特点相应的管理体系标准要求,并获得权威认证机构认证;为满足工作需要和保证产品质量,申请免验的进出口商品的生产企业应当具有一定的检测能力和申请免验的进出口商品的生产企业应当符合进出口商品免验审查条件的要求。

(2) 对食品、动植物及其产品,危险品及危险品包装,品质波动大或者散装运输的商品和需出具检验检疫证书或者依据检验检疫证书所列重量、数量、品质等计价结汇的进出口商品,不予受理免验申请。

(3) 申请进口商品免验的,申请人应当先向所在地直属检验检疫局提出,经所在地直属检验检疫局依照相关规定初审合格后,方可向国家质检总局提出正式申请。申请人应当填写并向国家质检总局提交《进出口商品免验申请书》,同时提交申请免验进出口商品生产企业的 ISO9000 质量管理体系或者与申请免验商品特点相应的管理体系认证证书、质量管理体系文件、质量标准、检验检疫机构出具的合格率证明和初审报告、用户意见等文件。国家质检总局对申请人提交的文件进行审核,并于 1 个月内作出书面答复意见。

(4) 国家质检总局受理申请后,应当组成免验专家审查组,在 3 个月内完成考核、审查,审查组按照程序进行的工作包括:审核申请人提交的免验申请表及有关材料;审核检验检疫机构初审表及审查报告;研究制定具体免验审查方案并向申请人宣布审查方案;对申请免验的商品进行检验和测试,并提出检测报告;按照免验审查方案和进出口商品免验审查条件对生产企业进行考核和根据现场考核情况,向国家质检总局提交免验审查情况的报告,并明确是否免验的意见,同时填写《进出口商品免验审查报告》。

(5) 国家质检总局根据审查组提交的审查报告,对符合规定的,国家质检总局批准其商品免验,并向免验申请人颁发《进出口商品免验证书》;对不符合规定的,国家质检总局不予批准其商品免验,并书面通知申请人;未获准进出口商品免验的申请人,自接到书面通知之日起 1 年后,方可再次向检验检疫机构提出免验申请。

(6) 监督管理内容包括:免验证书有效期为 3 年。期满要求续延的,免验企业应当在有效期满 3 个月前,向国家质检总局提出免验续延申请,经国家质检总局组织复核合格后,重新颁发免验证书;免验企业不得改变免验商品范围,如有改变,应当重新办理免验申请手续;免验商品进出口时,免验企业可凭有效的免验证书、外贸合同、信用证、该商品的品质证明和包装合格单等文件到检验检疫机构办理放行手续;对已获免验的进出口商品,需要出具检验检疫证书的,检验检疫机构应当对该批进出口商品实施检验检疫和免验企业应当在每年 1 月底前,向检验检疫机构提交上年度免验商品进出口情况报告,其内容包括上年度进出口情况、质量情况、质量管理情况等。

(7) 检验检疫机构在监督管理工作中,发现免验企业的质量管理工作或者产品质量不符合免验要求的,责令该免验企业限期整改,整改期限为 3 至 6 个月;免验企业在整改期间,其进出口商品暂停免验;免验企业在整改限期内完成整改后,应当向直属检验检疫局提交整改报告,经国家质检总局审核合格后方可恢复免验;对于不再符合免验条件的企业,经国家质检总局批准,可对该免验企业作出注销免验的决定,以及被注销免验的企业,自收到注销免验决定通知之日起,不再享受进出口商品免验,3 年后方可重新申请免验。

5. 进口医疗器械①的风险等级及其进口单位分类监管

自 2007 年 12 月 1 日起,国家对进口医疗器械的检验监督管理模式包括:对医疗器械进口单位②实施分类管理;对进口医疗器械实施检验监管和对进口医疗器械实施风险预警及快速反应管理。

(1) 医疗器械进口单位分类监管。

检验检疫机构根据医疗器械进口单位的管理水平、诚信度、进口医疗器械产品的风险等级、质量状况和进口规模,对医疗器械进口单位实施分类监管,具体分为三类。医疗器械进口单位可以根据条件自愿提出分类管理申请。

一类进口单位的条件包括:严格遵守《商检法》及其实施条例、国家其他有关法律法规以及国家质检总局的相关规定,诚信度高,连续 5 年无不良记录;具有健全的质量管理体系,获得 ISO9000 质量体系认证,具备健全的质量管理制度,包括进口报检、进货验收、仓储保管、质量跟踪和缺陷报告等制度;具有 2 名以上经检验检疫机构培训合格的质量管理人员,熟悉相关产品的基本技术、性能和结构,了解我国对进口医疗器械检验监督管理;代理或者经营实施强制性产品认证制的进口医疗器械产品的,应当获得相应的证明文件;代理或者经营的进口医疗器械产品质量信誉良好,2 年内未发生由于产品质量责任方面的退货、索赔或者其他事故等;连续从事医疗器械进口业务不少于 6 年,并能提供相应的证明文件;近 2 年每年进口批次不少于 30 批;收集并保存有关医疗器械的国家标准、行业标准及医疗器械的法规规章及专项规定,建立和保存比较完善的进口医疗器械资料档案,保存期不少于 10 年;具备与其进口的医疗器械产品相适应的技术培训和售后服务能力,或者约定由第三方提供技术支持和具备与进口医疗器械产品范围、规模相适应的相对独立的经营场所和仓储条件。

二类进口单位应当具备的条件包括:严格遵守《商检法》及其实施条例、国家其他有关法律法规以及国家质检总局的相关规定,诚信度较高,连续 3 年无不良记录;具有健全的质量管理体系,具备健全的质量管理制度,包括进口报检、进货验收、仓储保管、质量跟踪和缺陷

---

① 进口医疗器械:从境外进入到中华人民共和国境内的,单独或者组合使用于人体的仪器、设备、器具、材料或者其他物品,包括所配套使用的软件,其使用旨在对疾病进行预防、诊断、治疗、监护、缓解,对损伤或者残疾进行诊断、治疗、监护、缓解、补偿,对解剖或者生理过程进行研究、替代、调节,对妊娠进行控制等。

② 医疗器械进口单位:具有法人资格,对外签订并执行进口医疗器械贸易合同或者委托外贸代理进口医疗器械的中国境内企业。

报告等制度;具有 1 名以上经检验检疫机构培训合格的质量管理人员,熟悉相关产品的基本技术、性能和结构,了解我国对进口医疗器械检验监督管理的人员;代理或者经营实施强制性产品认证制度的进口医疗器械产品的,应当获得相应的证明文件;代理或者经营的进口医疗器械产品质量信誉良好,1 年内未发生由于产品质量责任方面的退货、索赔或者其他事故等;连续从事医疗器械进口业务不少于 3 年,并能提供相应的证明文件;近 2 年每年进口批次不少于 10 批次;收集并保存有关医疗器械的国家标准、行业标准及医疗器械的法规规章及专项规定,建立和保存比较完善的进口医疗器械资料档案,保存期不少于 10 年;具备与其进口的医疗器械产品相适应的技术培训和售后服务能力,或者约定由第三方提供技术支持和具备与进口医疗器械产品范围与规模相适应的、相对独立的经营场所。

三类进口单位包括:从事进口医疗器械业务不满 3 年的进口单位;从事进口医疗器械业务已满 3 年,但未提出分类管理申请的进口单位和提出分类申请,经考核不符合一、二类进口单位条件,未列入一、二类分类管理的进口单位。

(2)进口医疗器械风险等级及检验监管。

检验检疫机构按照进口医疗器械的风险等级、进口单位的分类情况,根据国家质检总局的相关规定,对进口医疗器械实施现场检验,以及与后续监督管理(以下简称监督检验)相结合的检验监管模式。国家质检总局根据进口医疗器械的结构特征、使用形式、使用状况、国家医疗器械分类的相关规则以及进口检验管理的需要等,将进口医疗器械产品分为:高风险、较高风险和一般风险三个风险等级。《进口医疗器械产品风险等级目录》由国家质检总局确定、调整,并在实施之日前 60 日公布。根据需要,国家质检总局对高风险的进口医疗器械可以按照对外贸易合同约定,组织实施监造、装运前检验和监装。

进口医疗器械进口时,进口医疗器械的收货人或者其代理人(以下简称报检人)应当向报关地检验检疫机构报检,除按报检规定中要求提供的单证和材料外,还应提供的材料包括:属于《实施强制性产品认证的产品目录》内的医疗器械,应当提供中国强制性认证证书;国务院药品监督管理部门审批注册的进口医疗器械注册证书;进口单位为一、二类进口单位的,应当提供检验检疫机构签发的进口单位分类证明文件。

口岸检验检疫机构应当对报检材料进行审查,不符合要求的,应当通知报检人;经审查符合要求的,签发《入境货物通关单》,货物办理海关报关手续后,应当及时向检验检疫机构申请检验。

检验检疫机构对实施强制性产品认证制度的进口医疗器械实行入境验证,查验单证,核对证货是否相符,必要时抽取样品送指定实验室,按照强制性产品认证制度和国家规定的相关标准进行检测。经检验未发现不合格的,检验检疫机构应当出具《入境货物检验检疫证明》。

经检验发现不合格的,检验检疫机构应当出具《检验检疫处理通知书》,需要索赔的应当出具检验证书。涉及人身安全、健康、环境保护项目不合格的,或者可以技术处理的项目经技术处理后经检验仍不合格的,由检验检疫机构责令当事人销毁,或者退货并书面告知海关,并上报国家质检总局。

(3) 风险预警与快速反应。[1]

国家质检总局建立对进口医疗器械的风险预警机制。通过对缺陷进口医疗器械等信息的收集和评估,按照有关规定发布警示信息,并采取相应的风险预警措施及快速反应措施。例如:

对缺陷进口医疗器械[2]的风险预警措施包括:向检验检疫机构发布风险警示通报,加强对缺陷产品制造商生产的和进口单位进口的医疗器械的检验监管;向缺陷产品的制造商、进口单位发布风险警示通告,敦促其及时采取措施,消除风险;向消费者和使用单位发布风险警示通告,提醒其注意缺陷进口医疗器械的风险和危害及向国内有关部门、有关国家和地区驻华使馆或者联络处、有关国际组织和机构通报情况,建议其采取必要的措施。

对缺陷进口医疗器械的快速反应措施包括:建议暂停使用存在缺陷的医疗器械;调整缺陷进口医疗器械进口单位的分类管理的类别;停止缺陷医疗器械的进口;暂停或者撤销缺陷进口医疗器械的国家强制性产品认证证书和其他必要的措施。

10.2.2　出口商品的安全质量监督管理

出口商品的安全质量监督管理实施的制度包括登记备案、卫生注册登记、危险品生产企业登记、质量许可证、商品分类管理、商品免检等制度。

1. 出口食用动物饲用饲料的登记备案制度

国家质检总局统一管理出口食用动物饲用饲料[3]的检验检疫和监督管理工作。各地直属检验检疫机构负责各自辖区内出口食用动物饲用饲料的检验检疫、生产企业的登记备案和监督管理工作,包括受理申请、审核、登记备案和监督管理工作。出口食用动物饲料生产企业[4]本着自愿原则,可以向所在地直属检验检疫局申请登记备案。

(1) 申请登记备案的饲料生产企业应具备的基本条件包括:具有企业法人资格;饲料添加剂、添加剂预混合饲料生产企业具有国务院农业行政主管部门颁发的生产许可证;具备与饲料生产规模相适应的厂房、设备、工艺和仓储设施;具有基本的质量、卫生检验设备和相应技术人员;具备科学的质量管理或质量保证手册,或具有健全的质量和卫生管理体系及完善的出入厂(库)、生产、检验等管理制度和申请登记备案的饲料生产企业所生产的出口食用动

---

[1]　参见本书10.4。

[2]　缺陷进口医疗器械:不符合国家强制性标准的规定的,或者存在可能危及人身、财产安全的不合理、危险的进口医疗器械。

[3]　出口食用动物饲料:用于饲喂出口食用动物的饲料,包括单一饲料、配合饲料、添加剂预配饲料、浓缩饲料、精料补充料、各类饲料药物、矿物质添加剂和饵料等。

[4]　食用动物饲料生产企业:生产的饲料用于饲喂出口食用动物的生产企业。

物饲料必须符合国家有关规定和要求。

（2）申请登记备案的饲料生产企业需填写《出口食用动物饲用饲料生产企业登记备案申请表》，并提交的材料（一式两份）包括：工商行政管理部门核发的企业法人营业执照复印件；国务院农业行政主管部门颁发的生产许可证复印件（饲料添加剂、添加剂预混合饲料生产企业提供）；质量管理（保证）手册或相应的质量管理体系及出入厂（库）、生产、检验管理制度等材料；申请登记备案的出口食用动物饲料和饲料添加剂的品种清单及其原料的描述材料；省级人民政府饲料主管部门核发的饲料药物添加剂或添加剂预混合饲料产品批准文号（批准文件复印件）及产品说明书和饲料中使用的药物添加剂、矿物质添加剂和动植物性饲料原料为进口产品的，应提交检验检疫机构出具的检验检疫合格证明。

（3）直属检验检疫局在 15 个工作日内对申请单位提交的申请书和有关材料进行书面审核，决定是否受理。经审核受理申请的，对申请单位进行实地考核，并按申请的饲料及添加剂品种抽取样品并封样。检测部门根据实际检测结果如实出具检测报告。

（4）受理申请的直属检验检疫局对经实地考核和饲料样品检验合格的饲料生产企业，给予登记备案，并颁发《出口食用动物饲料生产企业登记备案证》（简称《登记备案证》）。《登记备案证》的有效期为 5 年。有效期满后拟继续生产出口食用动物饲料的，应在有效期满前 3 个月按本程序重新提出申请。

（5）检验检疫机构对登记备案的饲料生产企业实行日常监督检查与年审结合的办法进行监督管理。登记备案的企业应按规定每年向直属检验检疫局申请年审，年审期限为每年的 12 月 1 日至翌年的 1 月 30 日。登记备案的饲料生产企业有违规行为的，由检验检疫机构按有关规定注销其《登记备案证》。出口食用动物注册饲养场有违规行为的，由检验检疫机构按有关规定注销其《注册登记证》，并禁止其饲养的动物用于出口。

2. **出口食品生产企业**[①]**的备案制度**

（1）设定制度的变化。

出口食品生产企业卫生注册登记制度是国际上普遍采用的一种对食品安全卫生的管理措施。自 20 世纪 80 年代起，我国开始施行该项制度。1984 年 7 月 16 日，国家商检局、卫生部发布了《中华人民共和国出口食品卫生管理办法》（试行）。同年，国家商检局还制定了《出口食品厂、库最低卫生要求》（试行）及其细则（试行），这些规章使对出口食品企业的注册有了标准和程序。为了适应新的国际形势和国外对食品的进一步要求，国家商检局在 1994 年 11 月 14 日又重新修订发布了《出口食品厂、库卫生要求》和《出口食品厂、库注册细则》，并于发布之日起实施。2002 年 4 月 28 日，国家质检总局为适应我国加入 WTO 后新形势的需要，对已经施行 8 年的原《卫生注册管理办法》，在列入目录管理的食品种类、强制性标准、食品生产原料、辅料的监管等方面的条款作了修改，修订颁布了《出口食品生产企业卫生注册

---

① 出口食品生产企业：出口食品生产、加工、储存等企业的简称。

登记管理规定》,废止原有的规定,从而建立并形成了一套有法律依据的与国际通行做法相适应的中国出口食品安全卫生管理工作体系。

2009年2月28日第十一届全国人民代表大会常委会第七次会议通过《食品安全法》,之后7月8日国务院第73次常务会议通过《食品安全法实施条例》,以国务院第557号令于7月20日公布施行,从法律角度对该制度做了完善。

为了进一步贯彻落实《食品安全法》及其实施条例,加强出口食品生产企业食品安全卫生管理,规范出口食品生产企业备案管理工作,国家质检总局制定了配套规章——《出口食品生产企业备案管理规定》,以第142号令于2011年8月11日颁布,自同年10月1日起施行,同时废止原2002年公布的《出口食品生产企业卫生注册登记管理规定》。继后,为保证进出口食品安全,保护人类、动植物生命和健康,国家质检总局依据"四法四条例"以及《国务院关于加强食品等产品安全监督管理的特别规定》,制定了《进出口食品安全管理办法》(以下简称《办法》),以第144号令于2011年9月13日颁布,自2012年3月1日起施行。

《办法》解决了《商检法》①和《食品安全法》②两法对于出口食品生产企业安全管理制度不尽相同的矛盾,根据后法优于前法的原则,采用了《食品安全法》所规定的备案管理制度,国家质检总局对出口食品生产企业实施备案制度。同时,国家质检总局第142令颁布的《出口食品生产企业备案管理规定》规定,有关出口食品生产企业的备案工作按照该规章执行。对出口食品生产企业备案管理制度的确认,是该《办法》较之于之前有关规定的最实质性的一大变动。

国家质检总局统一管理全国出口食品生产企业备案工作。国家认监委组织实施全国出口食品生产企业备案管理工作。国家质检总局设在各地的出入境检验检疫机构具体实施所辖区域内出口食品生产企业备案和监督检查工作。

(2) 企业备案条件。

① 应建立和实施以危害分析和预防控制措施为核心的食品安全卫生控制体系;

② 保证体系有效运行,确保出口食品生产、加工、储存过程持续符合下述要求:

A. 我国有关法定要求;

B. 相关进口国(地区)的法律法规要求;

C. 出口食品生产企业安全卫生要求。

③ 未依法履行备案法定义务或者经备案审查不符合要求的,其产品不予出口。

(3) 备案内容。

出口食品生产企业备案时,应当提交书面申请和以下相关文件、证明性材料,并对其备案材料的真实性负责:

① 营业执照、组织机构代码证、法定代表人或者授权负责人的身份证明;

---

① 《商检法》第三十二条规定,国家对进出口食品生产企业实施卫生注册登记管理。
② 《食品安全法》第六十八条规定,出口食品生产企业应当向国家出入境检验检疫部门备案。

② 企业承诺符合出口食品生产企业卫生要求和进口国（地区）要求的自我声明和自查报告；

③ 企业生产条件（厂区平面图、车间平面图）、产品生产加工工艺、关键加工环节等信息、食品原辅料和食品添加剂使用以及企业卫生质量管理人员和专业技术人员资质等基本情况；

④ 建立和实施食品安全卫生控制体系的基本情况；

⑤ 依法应当取得食品生产许可以及其他行政许可的，提供相关许可证照；

⑥ 其他通过认证以及企业内部实验室资质等有关情况。

（4）备案程序及其要求。

① 出口食品生产企业备案程序如图 10.3 所述。直属检验检疫局对符合备案要求的，颁发《出口食品生产企业备案证明》（以下简称《备案证明》）；不予备案的，应当书面告知出口食品生产企业，并说明理由。同时及时将出口食品生产企业备案名录报国家认监委，国家认监委统一汇总公布，并报国家质检总局。

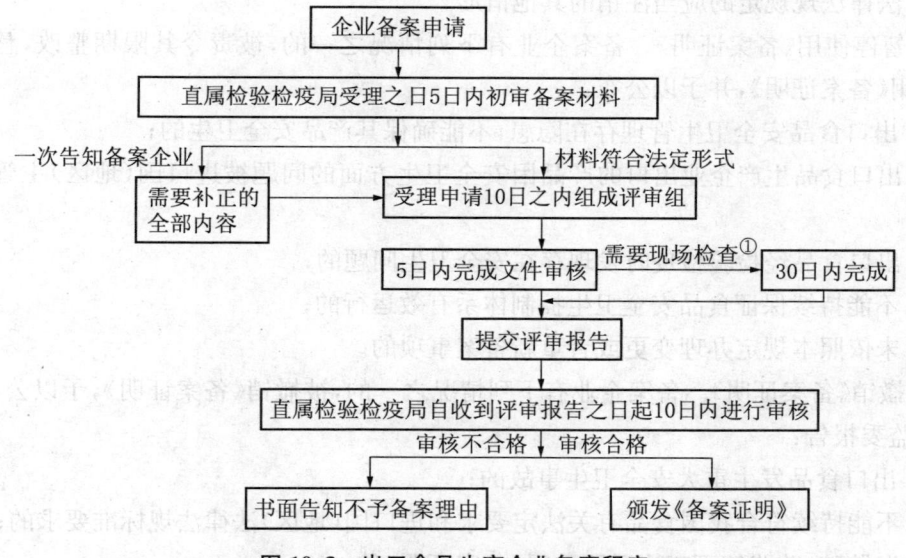

图 10.3　出口食品生产企业备案程序

②《备案证明》有效期为 4 年。企业需要延续依法取得的《备案证明》有效期的，应当至少在《备案证明》有效期届满前 3 个月，向其所在地直属检验检疫机构提出延续备案申请。经直属检验检疫机构复查，对符合备案要求的，予以换发《备案证明》。

③ 直属检验检疫机构按照出口食品生产企业备案编号规则对予以备案的出口食品生

---

① 有下列情形之一的，进口国（地区）有特殊注册要求的；必须实施危害分析与关键控制点（HACCP）体系验证的；未纳入食品生产许可管理的；根据出口食品风险程度和实际工作情况需要实施现场检查的。

产企业进行编号管理。

（5）监督管理。

直属检验检疫机构依法对辖区内的出口食品生产企业进行监督检查,发现下述违法违规行为的,及时查处,并将处理结果上报国家认监委。因下述三项行为被撤销《备案证明》的,出口食品生产企业3年内不得再次申请备案;因其他行为被撤销《备案证明》的,出口食品生产企业1年内不得再次申请备案。

① 注销《备案证明》。备案企业有下列情况之一的,被注销《备案证明》,予以公布,并上报国家认监委。

A. 《备案证明》有效期届满,未申请延续的;

B. 《备案证明》有效期届满,经复查不符合延续备案要求的;

C. 出口食品生产企业依法终止的;

D. 2年内未出口食品的;

E. 法律法规规定的应当注销的其他情形。

② 暂停使用《备案证明》。备案企业有下列情况之一的,被责令其限期整改,整改期间暂停使用《备案证明》,并予以公布:

A. 出口食品安全卫生管理存在隐患,不能确保其产品安全卫生的;

B. 出口食品生产企业出口的产品因安全卫生方面的问题被进口国(地区)主管当局通报的;

C. 出口食品经检验检疫时发现存在安全卫生问题的;

D. 不能持续保证食品安全卫生控制体系有效运行的;

E. 未依照本规定办理变更或者重新备案事项的。

③ 撤销《备案证明》。备案企业有下列情况之一的,被撤销《备案证明》,予以公布,并向国家认监委报告:

A. 出口食品发生重大安全卫生事故的;

B. 不能持续符合我国食品有关法定要求和进口国(地区)法律法规标准要求的;

C. 以欺骗、贿赂等不正当手段取得《备案证明》的;

D. 向检验检疫机构隐瞒有关情况、提供虚假材料或者拒绝提供其活动情况的真实材料的;

E. 出租、出借、转让、倒卖、涂改《备案证明》的;

F. 拒不接受监督管理的;

G. 出口食品生产、加工过程中非法添加非食用物质、违规使用食品添加剂以及采用不适合人类食用的方法生产、加工食品等行为的。

3. 危险品生产企业的登记制度

国家对烟花爆竹、打火机、点火枪类商品等出口危险品生产企业实施登记申请。国家质检总局统一管理全国出口危险品的检验和监督管理工作,各地检验检疫机构对所辖地区出口烟花爆竹、打火机、点火枪类商品等出口危险品生产企业实施登记制度。

（1）出口烟花爆竹生产企业登记条件包括：具有工商营业执照、税收登记证和公安机关颁发的生产安全许可证；具有质量手册或质量管理的有关文件；具有完整的生产技术文件；具有经过检验检疫机构培训考试合格的检验人员,能按照产品图纸、技术标准和工艺文件进行生产过程中检验和具有专用成品仓库。仓库应清洁,有通风防潮、防爆措施,库内产品应分类按品牌堆放,隔地、离墙堆码整齐。

（2）出口烟花爆竹的生产企业在申请出口烟花爆竹的检验时,应当向检验检疫机构提交《出口烟花爆竹生产企业声明》。经检验合格的出口烟花爆竹,由检验检疫机构在其运输包装明显部位加贴验讫标志。对已登记的生产企业名称、登记代码等情况,由各地检验检疫机构及时上报国家质检总局备案。出口烟花爆竹的检验和监督管理工作采取产地检验与口岸查验相结合的原则。

（3）出口打火机、点火枪类商品生产企业登记条件包括：具有工商营业执照、税收登记和公安机关颁发的安全许可证；具有质量手册或质量管理的有关文件；具有完整的生产技术文件；具有专用成品仓库。

（4）申请登记的企业应向所在地检验检疫机构正式提交书面登记申请,并提供有关生产、质量、安全等方面的有关资料以及《出口打火机、点火枪类商品生产企业自我声明》。

（5）根据生产企业的申请,由各直属局的登记考核小组对申请登记企业进行考核,对考核合格的企业,由直属局颁发《出口打火机、点火枪类商品生产企业登记证》和专用的登记代码。经考核不合格的企业,整改后可申请复核,经复核仍不合格,半年后才能重新申请。

4. 出口商品的质量许可证制度

见本书 7.4.3 的内容。

5. 出口商品运输包装容器生产企业的质量许可证制度

见本书 8.5.2 的内容。

6. 进出口电池产品检验监管备案

参见本书 7.5.3 的内容。

7. 出口商品企业的分类管理

（1）简述。

为规范对出口工业产品生产企业的检验监管工作,提高检验监管有效性,鼓励出口工业产品生产企业诚实守信,增强责任意识,促进出口产品质量提高,根据《商检法》及其实施条例,国家对列入《出入境检验检疫机构实施检验检疫的进出境商品目录》①的出口工业产品生产企业实施分类检验监督管理。所称分类管理,是指根据企业信用、质量保证能力和产品

---

① 不适用于出口食品、动植物产品生产企业的分类管理。

质量状况,对出口工业产品生产企业进行分类,并结合产品的产品风险等级,对不同类别的生产企业分别采用特别监管①、严密监管②、一般监管③、验证监管④、信用监管⑤五种不同检验监管方式的检验监督管理。

国家质检总局主管全国出口工业产品生产企业分类管理工作。国家质检总局设在各地的直属出入境检验检疫局(以下简称直属检验检疫局)负责所辖地区出口工业产品生产企业分类管理工作的组织和监督管理。国家质检总局设在各地的出入境检验检疫机构(以下简称检验检疫机构)负责所辖地区出口工业产品生产企业分类评定以及日常检验监管工作。直属检验检疫局根据国家质检总局制定的《出口工业产品生产企业分类指南》,结合各地实际情况制定相应的评定工作规范,并报国家质检总局批准后实施。

(2)出口工业产品企业的分类。

检验检疫机构对出口工业产品的生产企业按照一类、二类、三类、四类企业四个类别进行分类。检验检疫机构对出口工业产品按照高风险、较高风险和一般风险三个级别进行分级。

① 一类企业的出口工业产品。

A. 产品为高风险的,按照验证监管方式或者信用监管方式;

B. 产品为较高风险或者一般风险的,按照信用监管方式。

② 二类企业的出口工业产品。

A. 产品为高风险的,按照一般监管方式;

B. 产品为较高风险的,按照一般监管方式或者验证监管方式;

C. 产品为一般风险的,按照验证监管方式。

③ 三类企业出口工业产品时,检验检疫机构按照以下方式进行检验监管:

A. 产品为高风险的,按照严密监管方式;

B. 产品为较高风险的,按照严密监管方式或者一般监管方式;

C. 产品为一般风险的,按照一般监管方式。

④ 四类企业的出口工业产品。

按照特别监管方式进行检验监管。

(3)出口工业产品生产企业分类评定标准的要素。

① 企业信用情况;

---

① 特别监管方式:检验检疫机构在监督企业整改基础上,对企业出口工业产品实施全数检验。

② 严密监管方式:检验检疫机构对企业实施严格的监督检查,对其出口的工业产品实施逐批检验。

③ 一般监管方式:检验检疫机构对企业实施监督检查,对其出口的工业产品实施抽批检验。

④ 验证监管方式:检验检疫机构对企业实施监督检查,对相关证明文件与出口工业产品实施符合性审查,必要时实施抽批检验。

⑤ 信用监管方式:检验检疫机构对企业实施常规的监督检查。

② 企业生产条件；

③ 企业检测能力；

④ 企业人员素质；

⑤ 原材料供应方管理能力；

⑥ 企业出口产品被预警、索赔、退货及投诉情况；

⑦ 企业产品追溯能力；

⑧ 企业质量管理体系建立情况；

⑨ 其他影响企业质量保证能力情况。

企业分类管理期限一般为3年，检验检疫机构可以根据企业具体情况进行动态调整；对首次出口生产企业按照三类企业管理。

（4）出口工业产品风险等级评价标准的要素：

① 产品特性；

② 质量数据（如产品不合格情况，国内外质量安全风险预警，退货、索赔和投诉情况等）；

③ 敏感因子（如进口国或者地区的标准和法规，产品的社会关注度，贸易方式等）。

检验检疫机构根据产品风险分析的结果，将出口工业产品分为高风险、较高风险和一般风险三级。高风险产品目录由国家质检总局发布、调整。各直属检验检疫局结合辖区内的实际情况经评估后，可以增加本地区的高风险产品目录，并报国家质检总局备案。较高风险、一般风险产品分级由直属检验检疫局确定，并报国家质检总局备案。

（5）检验监督管理。

① 实施逐批检验的商品。

检验检疫机构对需出具检验检疫证书或者依据检验检疫证书所列重量、数量、品质等计价结汇的出口工业产品，实施逐批检验。

② 实施严密监管方式的商品。

对下列产品按照严密监管方式进行检验监管：

A. 列入国家标准公布的《危险货物品名表》、《剧毒化学品目录》等的商品及其包装；

B. 品质波动大或者散装运输的出口产品；

C. 国家质检总局规定必须实施严密监管的其他产品。

③ 动态分类管理。

A. 检验检疫机构对出口工业产品及生产企业实行动态分类管理。

B. 产品风险属性及企业分类属性发生变化时，检验检疫机构应当及时对产品风险等级和企业类别进行重新评估、调整。

C. 检验检疫机构确定不同检验监管方式所对应的监督检查的频次和具体内容，对出口工业产品生产企业进行日常监督检查。

④ 违规处理。

出口工业产品生产企业有下列情形之一的,检验检疫机构应当视情节轻重做降类处理①,调整其监管方式,加严检验监管:

A. 违反检验检疫法律、行政法规及规章规定,受到检验检疫机构行政处罚的;

B. 企业质量保证能力存在隐患的;

C. 抽查检验连续出现不合格批次的;

D. 受到相关风险预警通报、通告或者公告的;

E. 因产品质量或者安全问题被国外召回、退货或者造成不良影响,确属企业责任的;

F. 超过 1 年未出口产品的;

G. 发生其他不诚信行为的。

⑤ 建立分类管理档案。

检验检疫机构应当建立分类管理档案。档案资料包括:

A. 企业基本信息;

B. 产品风险评定信息;

C. 企业分类评定信息;

D. 企业的信用记录;

E. 检验检疫行政许可文件;

F. 日常监管记录;

G. 其他相关资料。

⑥ 企业的申诉权利。

企业对分类结果有异议时可以向所在地检验检疫机构或者其上级检验检疫机构直至国家质检总局提出申诉,受理机构按有关规定办理。

10.3 出口商品的出厂前的检验与质量监督管理

10.3.1 出厂前检验与质量监督管理制度的变化及其实施意义

1. 出厂前检验与质量监督管理制度的变化

《商检法》修正案规定,为促进对外贸易的发展,保证和提高出口商品质量,商检机构可按国家规定对法定检验的出口商品进行出厂前的质量监督管理和检验,同时取消了原《商检法》的"派出检验人员,参与监督出口商品出厂前的质量检验工作",或称为"商检驻厂员制度"。这是国家对主要的出口商品质量进行监管的一项具体措施,它在过去一段历史时期

---

① 降类企业完成整改后可向检验检疫机构报告,检验检疫机构应当在 20 个工作日内对企业进行重新评估。

内,对保证主要出口商品的质量起到了积极的作用。

但是,随着我国对外贸易突飞猛进的发展,外贸经营体制的不断变化,这种驻厂员制度局限性日益凸显。首先,目前的外贸出口形势同原商检法实施时的背景已发生了很大的变化,主要体现在出口量已有了大幅增长,商检机构已不具备实施此种管理制度的客观条件。其次,在社会主义市场经济体制下,企业是独立经营的市场主体,驻厂员制度体现比较强的行政干预色彩,已不符合市场经济发展的要求。第三,驻厂员制度是在特定时间、特定生产企业的特定商品条件下实施的,它不是一般的普遍性的监督管理措施,同当前全面将检验把关向生产领域延伸,从源头上提高出口商品质量的要求已不相适应。

"商检机构根据便利对外贸易的需要,可以按照国家规定对列入目录的出口商品进行出厂前的质量监督管理和检验。"这主要是遵循管理科学、监管有效、方便进出的原则,对商检机构按照国际上通行的检验管理方式转变出口检验管理模式,总结商检机构多年来在检验监管实践中逐步建立和实施的行之有效的监管做法,即把检验管理工作延伸至生产领域的做法,从法律层次上作了进一步明确。

2. 实施出厂前的质量监督管理和检验的意义

实施出厂前的质量监督管理和检验的意义在于:

(1) 通过实施出厂前的质量监督管理和检验能有效地提高出口生产企业的质量管理水平及其产品的质量保证能力,对我国出口商品整体质量水平的提高将起到积极的作用。

(2) 实施出厂前的质量监督管理和检验是世界各国普遍采用的一种检验管理方式,从质量管理理论而言也是一种较为科学的质量控制方法。

(3) 通过对出口生产企业生产过程质量监督管理及对其最终产品的抽查能达到对质量的有效控制,从而能改变在商品出口时批批检验的方式,有效地提高口岸检验通关效率,便利企业出口。

10.3.2 出厂前的检验与质量监督管理的内容

1. 实施对象

检验检疫机构对列入目录的出口商品进行出厂前的质量监督管理和检验。

2. 实施内容

(1) 指导和协助企业建立健全出口商品生产的质量保证体系、标准体系及检测体系,对其生产、检测条件和相应的质量保证工作实施监督检查;

(2) 对实施国家强制性认证制度的出口商品,实施出口卫生注册登记制度的商品和生产加工的企业进行监督管理,尤其对其生产过程中的质量控制进行监督管理;

(3) 对出口商品按照分类管理的原则,实行过程检验监管;

(4) 对出口商品实施出厂前的预检验制度。

10.4 进出口商品的风险预警及快速反应机制

10.4.1 概述

近年来,随着国际贸易的不断发展和国际交往的日益频繁,对人类、动植物及国家经济安全存在重大威胁的疫病疫情呈上升趋势,疯牛病、口蹄疫、禽流感等疫病疫情在一定地区流行。为此,世界各国纷纷采取有效措施以保护本国国民、动植物健康和国家经济安全。特别是欧盟、美国、加拿大等西方发达国家先后建立了"食品风险预警"、"进口商品通报"等机制,对来自他国的风险或潜在危害进行防范,起到了较好的保障作用。

针对不断变化的国际环境和频繁发生的国外疫情,为保障人类、动植物的生命健康,维护消费者的合法权益,保护生态环境,促进我国对外贸易的健康发展,国家质检总局在严格的风险分析的基础上,合理地应用 WTO 的 TBT 和 SPS 的原则,建立风险预警机制。2001年 9 月 25 日国家质检总局根据《商检法》、《进出境动植物检疫法》、《食品卫生法》、《国境卫生检疫法》、《产品质量法》等有关法律法规的规定,特制定公布《出入境检验检疫风险预警及快速反应管理规定》(以下简称《规定》),并于同年 11 月 15 日起正式施行。

2005 年 12 月 1 日起施行的新修订的《商检法实施条例》对建立进出口商品风险预警机制又作了具体规定。法律法规赋予国家质检总局通过收集进出口商品检验方面的信息,进行风险评估,确定风险的类型,采取相应的风险预警措施及快速反应措施。国家质检总局和检验检疫机构应当及时向有关方面提供进出口商品检验方面的信息。

2017 年 9 月国务院正式发布《关于完善进出口商品质量安全风险预警和快速反应监管体系切实保护消费者权益的意见》(国发〔2017〕43 号),提出"风险监测""风险评估""风险预警""风险处置""结果运用"五个方面,共 22 项具体措施,对全面运用风险管理理念推进进出口商品检验监管工作作出部署。这是今后一段时期我国开展进出口商品质量安全监管工作的综合性、基础性和战略性规划,具有重要的意义。

10.4.2 进出口商品风险预警机制的内容、管理机构及其义务

1. 进出口商品预警机制的管理机构

国家质检总局统一管理全国进出口商品的风险预警及快速反应工作。国家质检总局设立出入境检验检疫风险预警及快速反应工作办公室(以下简称预警办公室),负责风险预警及快速反应的信息管理工作。

2. 进出口商品预警机制的内容

进出口商品预警机制包含以下几个方面的内容:

(1) 信息收集:国家质检总局要根据进出口货物的特点建立固定的信息收集网络,通过

检验、监测、市场调查获取的信息,其他国家政府部门、国际组织和有关机构发布的信息,国内外团体、消费者反馈的信息等渠道,组织收集整理相关的信息,并对收集的信息进行筛选、确认、分析和反馈。

(2)风险评估:根据收集的信息,进行风险评估,确定风险的类型和程度。这里的"风险的类型和程度"由国家质检总局根据有关规定,参照国际通行做法,组织对筛选和确认后的信息进行风险评估予以确定。

(3)采取风险预警措施及快速反应措施:根据评估后确定的风险类型和程度,国家质检总局可对出入境的货物采取风险预警措施及快速反应措施。

风险预警措施是指在进出口商品对人类健康和安全、消费者的合法权益、人类生存环境和国家安全等可能存在风险或者潜在危害时,采取的预防性安全保障措施。风险预警措施包括:发布风险警示通报,发布通告,对特定进出口商品有针对性地加强检验和监测。

对风险已经明确,或者经风险评估后确认有风险的出入境货物,国家质检总局可采取快速反应措施。快速反应措施包括:检验措施、紧急控制措施、准入限制措施和警示解除。

3. 责任与义务

《商检法》及其实施条例均要求国家质检总局和出入境检验检疫机构收集并适时向有关企业和社会各界提供进出口商品检验的信息,并承担以下及时向有关方面提供进出口商品检验方面信息的义务和责任:

(1)国家质检总局应将重要进出口商品质量安全信息及时上报国务院,通报各有关部门。各地出入境检验检疫机构在检验监督管理工作中,掌握进出口商品检验方面的信息,要及时上报省市区人民政府,通报有关部门。

(2)为便于有关方面了解运用这些信息,及时采取相应措施,维护国家利益,进出口商品检验方面的信息主要由国家质检总局以公告或者通知等形式发布或者提供给有关方面,各地出入境检验检疫机构也可就其所掌握的信息,以通知或者其他方式在有关媒体上予以发布或者直接提供给有关方面。

10.4.3　实施程序及监督管理

1. 实施程序

(1)信息收集与风险评估。

国家质检总局根据进出口货物、物品的特点建立固定的信息收集网络,组织收集整理与出入境货物、物品检验检疫风险有关的信息。风险信息的收集渠道主要包括:通过检验检疫、监测、市场调查获取的信息,国际组织和国外机构发布的信息,国内外团体、消费者反馈的信息等。

预警办公室负责组织对收集的信息进行筛选、确认和反馈。根据有关规定,并参照国际通行做法,国家质检总局组织对筛选和确认后的信息进行风险评估,确定风险的类型和程度。

(2) 风险预警措施。

根据确定的风险类型和程度,国家质检总局可对出入境的货物、物品采取风险预警措施。风险预警措施包括:向各地出入境检验检疫机构发布风险警示通报,检验检疫机构对特定出入境货物、物品有针对性地加强检验检疫和监测;向国内外生产厂商或相关部门发布风险警示通告,提醒其及时采取适当的措施,主动消除或降低出入境货物、物品的风险和向消费者发布风险警示通告,提醒消费者注意某种出入境货物、物品的风险。

(3) 快速反应措施。

对风险已经明确,或经风险评估后确认有风险的出入境货物、物品,国家质检总局可采取快速反应措施。快速反应措施包括:检验检疫措施、紧急控制措施和警示解除。

其中检验检疫措施包括:加强对有风险的出入境货物、物品的检验检疫和监督管理;依法有条件地限制有风险的货物、物品入境、出境或使用和加强对有风险货物、物品的国内外生产、加工或存放单位的审核,对不符合条件的,依法取消其检验检疫注册登记资格。

紧急控制措施包括:根据出现的险情,在科学依据尚不充分的情况下,参照国际通行做法,对出入境货物、物品可采取临时紧急措施,并积极收集有关信息进行风险评估;对已经明确存在重大风险的出入境货物、物品,可依法采取紧急措施,禁止其出入境;必要时,封锁有关口岸和对出入境货物、物品风险已不存在或者已降低到适当程度时,国家质检总局发布警示解除公告。

对经采取有效措施,已消除风险或使风险降低到适当程度的,国家质检总局在进行评估之后,将及时发布警示解除公告,以保障对外贸易的正常进行。

2. 监督管理

(1) 国家质检总局对风险预警和快速反应措施实施情况进行定期或不定期的检查。

(2) 检验检疫机构应当及时向预警办公室反馈执行有关措施的情况和问题。

10.4.4 进出口商品风险预警机制的完善

国家质检总局在完善进出口商品风险预警机制方面的主要内容包括:

1. 进一步完善进出口商品风险预警和快速反应机制

(1) 完善质量安全风险预警。健全风险预警等级划分标准和动态调整规则,按照质量安全风险的危害性、紧急程度、影响范围等因素,将风险预警分为Ⅰ(特别严重)、Ⅱ(严重)、Ⅲ(较重)、Ⅳ(一般)四个等级,分别用红色、橙色、黄色和蓝色标示。根据风险评估结果、目标对象、预警范围等,对需实施口岸布控等快速反应措施的,发布风险警示通报。

(2) 健全快速反应措施。综合运用降低信用等级、追溯调查、缺陷召回、加严监管、限制或禁止进出口、查封扣押、退运、暂停销售、销毁等手段,实施与风险预警等级相适应的全国一体化快速反应措施,及时开展效果评价。

2. 进一步完善进出口产品的数据统计和质量分析制度

(1)统一检验监管数据、质量信息上报的内容和格式;采用信息化手段,建立进出口商品质量信息共享平台,以科学的方法分析相关数据和信息,为检验监管工作提供决策依据。

(2)建立重大案例通报机制,包括国外通报的案例、国外反映的案例、检验中发现的案例、消费者反映的问题等,认真处置涉及人身健康的、大众关心的、领导关注的敏感、重点商品的检验监管案例,提高对突发的、重大的工业产品风险事件的管理水平,制定发布《进出口工业产品风险预警和快速反应管理办法》。

(3)进一步加强信息收集、整理、筛选,确定风险的类别和程度,及时发布风险预警通报。国家质检总局将建立相对固定的信息网络,通过多种渠道,建立进出口商品国外技术法规信息通报机制,通过各种方式(包括国外通报、检验工作中收集国外客户的要求),随时关注国外动态,及时上报或下发通报。

10.5 进出口商品检验检疫标志或封识的加施

10.5.1 标志或封识的加施含义

对检验检疫合格的进出口商品,加施商检标志或者封识是商检机构对进出口商品实施监督管理的一项具体工作内容,也是《商检法》赋予商检机构的职责。

(1)商检标志是指出入境检验检疫机构根据国家法律、法规及有关国际条约、双边协定,加施在经检验检疫合格的进出口商品上的证明性标记,即在进出口商品上或者其外包装和小包装的明显部位加附我国规定的检验标志,以证明该商品符合国家技术规范的强制性要求。

(2)封识是指出入境检验检疫机构在出入境检验检疫工作中实施具有强制性和约束力的封存和控制措施而使用的专用标识,即对检验合格的出口商品,检验不合格需对外换货或者退货的进口商品以及保留待查样品或者凭样成交的样品等,采用国家规定的各种方式对进出口商品实施加封识别,以加强批次管理,保证货证相符。

10.5.2 标志或封识的加施条件及其特定作用

1. 标志或封识的加施内容

(1)加施商检验讫标志或者封识的主体是商检机构,即只有商检机构或者在商检机构的监督下才有权对进出口商品加施商检验讫标志或者封识,并对强制性产品认证标志的使用实施监督检查。

(2)加施商检验讫标志或者封识的前提条件必须是对经检验合格的进出口商品加施。对未经检验或者经检验不合格的进出口商品不能加施商检验讫标志。

2. 标志或封识的加施特定作用

检验检疫法律法规对此作了以下明确界定,确定了这种标志或封识的加施具有以下特定作用:

(1)商检验讫标志适用于进出口商品的检验。商检机构对检验合格的进出口商品,根据要求,予以加施商检验讫标志。商检封识适用于检验合格的以及其他需加封识的进出口商品。其他加封识的进出口商品主要是指易被掺假作伪或易发生批次混乱的商品,贵重商品,质量问题较多的商品,涉及安全、卫生的商品,凭样成交的样品,寄送国外的样品及进口索赔的鉴封样品,国外有规定要求鉴封的样品。商检机构根据不同的包装材料、储运条件,选用不同的封识材料和方法加施封识。

(2)商检验讫标志和封识的制发由国家商检部门规定。国家商检部门制定商检标志和封识的管理办法,由商检机构实施。使用商检标志必须向国家商检部门或者有关商检机构办理申请,经审查考核合格后方可使用。商检标志不得擅自加附、假冒或者转让。

(3)对实施强制性认证制度的进出口商品,根据现行管理体制,由国家认监委统一制定、发布认证标志,实施强制性认证的进出口商品必须获得国家认监委指定的认证机构颁发的认证证书,符合认证要求,方可使用认证标志;未加施认证标志的不得进出口。使用商检标志的进出口商品及其生产、加工企业,应当接受国家商检部门或者商检机构的监督管理。经商检机构加施封识的商品,不得擅自启封、涂改、移动和销毁。

10.5.3　标志的加施要求与监督管理

1. 标志的加施要求

(1)按照出入境检验检疫法律法规以及有关国际条约、双边协定、检验检疫协议等,需加施标志的进出口商品,经检验合格后才能加施。

(2)加施标志的基本加施单位、规格及加施部位,由国家质检总局根据进出口商品实际情况在相应的管理办法中确定。

(3)入境货物应当加施标志而未加施标志的,不准销售、使用;出境货物应当加施标志而未加施标志的,不准出境。

(4)入境货物需要在检验检疫地以外的销售地、使用地加施标志的,进口商应在报检时提出申请,检验检疫机构将检验检疫证书副本送销售地、使用地检验检疫机构,销售人、使用人持证书向销售地、使用地检验检疫机构申请监督加施标志。

（5）入境货物需要分销数地的，进口商应在报检时提出申请，检验检疫机构按分销批数分证，证书副本送分销地检验检疫机构。由销售人持证书向分销地检验检疫机构申请监督加施标志。

（6）出境货物标志加施情况由检验检疫地的检验检疫机构在检验检疫证书、《出口货物换证凭单》中注明，出境口岸检验检疫机构查验换证时核查。

2. 监督管理

检验检疫机构可采取下列方式对标志使用情况进行监督检查：

（1）流通领域的监督检查。

（2）口岸核查。

（3）在生产现场、港口、机场、车站、仓库实施监督抽查。检验检疫机构实施标志监督检查，有关单位应当配合并提供必要的工作条件。出入境货物应加施标志而未加施标志的，销售、使用应加施标志而无标志货物的，或者不按规定使用标志的，按检验检疫有关部门法律、法规，根据对诡诈的规定处理。

（4）伪造、变造、盗用、买卖涂改标志，或者擅自调换、损毁加施在进出口商品上的标志的，按照检验检疫法律、法规规定给予行政处罚；构成犯罪的，对直接责任人员追究刑事责任。

10.5.4 封识加施及启封要求

1. 封识加施要求

出入境检验检疫机构可以根据检验工作需要，对进出口商品加施封识。加施封识有以下几种情况：

（1）因口岸条件限制等原因，由出入境检验检疫机构决定运往指定地点检验的；

（2）进境货物在口岸已作外包装检验，需运往指定地点生产、加工、存放，并由到达地检验检疫机构检验和监管的；

（3）对禁止进境物作退回、销毁处理的；

（4）经检验不合格，作退回、销毁、除害等处理的；

（5）经检验合格，避免掺假作伪或者发生批次混乱的；

（6）凭样成交的样品及进口索赔需要签封的样品；

（7）外贸合同约定或者政府协议规定需要加施封识的；

（8）其他因检验需要施封的。

2. 封识的启封

（1）封识的启封，由出入境检验检疫机构执行或由出入境检验检疫机构委托的有关单位或者人员执行,并根据需要,由出入境检验检疫机构出具启封通知书。

(2) 未经出入境检验检疫机构许可,任何单位或者个人不得开拆或者损毁封识。

10.5.5 出口食品的检验检疫标志加施

2007 年 6 月 1 日,国家质检总局为保证我国出口食品质量安全,打击食品非法出口行为,维护我国出口食品声誉,发布 2007 年 85 号公告决定自 2007 年 9 月 1 日起,对所有经出入境检验检疫机构检验检疫合格的食品加施检验检疫标志。

1. 出口食品加施标志范围

所有经出入境检验检疫机构检验合格的出口食品,销售包装上必须加施检验检疫标志。加施检验检疫标志的出口食品范围是:水产品及其制品、畜禽、野生动物肉类及其制品、肠衣、蛋及蛋制品、食用动物油脂,以及其他动物源性食品;大米、杂粮(豆类)、蔬菜及其制品、面粉及粮食制品、酱腌制品、花生、茶叶、可可、咖啡豆、麦芽、啤酒花、籽仁、干(坚)果和炒货类、植物油、油籽、调味品、乳及乳制品、保健食品、酒、罐头、饮料、糖与糖果巧克力类、糕点饼干类、蜜饯、蜂产品、速冻小食品,食品添加剂等。这些食品凡有销售包装,必须在销售包装上加施;运输包装如为筐、麻袋等无法加施的不要求加施,散装食品不要求加施。

2. 标志加施要求

(1) 所有经出入境检验检疫机构检验合格的出口食品,运输包装上必须注明生产企业名称、卫生注册登记号、产品品名、生产批号和生产日期,并加施检验检疫标志。出入境检验检疫机构要在出具的证单中注明上述信息,以确保货证相符,便于追溯。

(2) 口岸检验检疫机构在对出口食品进行查验时如发现货证不符,或未加施检验检疫标志,一律不准出口。

(3) 有关加施检验检疫标志的其他事宜按《出入境检验检疫标志管理办法》(国家质检总局 2000 年第 23 号令)执行。

10.6 对经许可的检验机构检验的商品实施抽查检验

对经许可的检验机构检验鉴定的进出口商品实施抽查检验是《商检法》及其实施条例赋予国家质检总局和出入境检验检疫机构的职责。

国家质检总局和出入境检验检疫机构按国家有关规定,通过考核,许可符合条件的国内外检验机构承担委托的进出口商品检验鉴定义务,并依法对其经许可的商品检验监督业务活动进行监督,对检验的商品进行抽查检验,这不仅对其从事的进出口商品检验鉴定业务的合法性、真实性、科学性和工作质量实施有效的监督,同时也可以有效地防止检验鉴定业务活动中弄虚作假的行为,从而保证这一技术性服务市场能够得到健康、有序的发展。

有关被指定承担检测或许可从事检验鉴定的国内外检验机构的条件及其业务范围可参见本书第9章的内容。

被指定的检测机构的工作质量直接影响出入境检验检疫机构检验结果的准确性。因此,出入境检验检疫机构有必要对其进行定期或不定期的监督检查;同时,还应明确指定项目的检测流程要求,做好样品和单证的交接登记手续,严格检验检测结果。如果被指定的检测机构经检查不符合规定要求的,国家质检总局或者出入境检验检疫机构可以取消其指定资格。

10.7 进出口食品、化妆品的安全监管

10.7.1 进出口食品的安全监管

1. 概述

我国高度重视食品安全,早在1995年就颁布了《中华人民共和国食品卫生法》。

自2001年4月国家质检总局成立后,加强了进出口食品安全监管急需制定的规章规范管理工作。例如:2002年,国家质检总局根据中央经济工作有关加强食品质量安全监管,严厉打击食品制造假售行为的工作部署,针对国内食品生产加工企业普遍存在的问题,经半年多的深入研究、探索,借美国、日本、德国、英国等发达国家对食品等涉及安全、健康的产品实施严格监管的经验,制定了我国食品质量安全市场准入制度。实行食品质量安全市场准入制度,将从食品生产加工的源头上确保食品质量安全。

在对国内食品生产企业实施市场准入制度的同时,国家质检总局依据《商检法》采取加强进口风险分析和风险评估工作,制定科学的检验检疫措施;严格口岸查验,明确检测项目;统一管理检验检疫审批,开展国外预检、监装和指定入境口岸工作;加大对不合格食品治理力度,发挥好风险预警及快速反应机制的作用;对进口食品企业实施卫生注册制度;积极推行HACCP①、GMP② 等先进的食品质量安全控制技术等六项措施,确保进出口食品质量安全。

根据国内外食品形势要求,国外特别是发达国家对食品的要求,形成非关税技术壁垒,对我国食品出口产生了重大影响,国内需求进口食品逐年增多,越来越多进入到消费者的日常生活。为此,国家质检总局先后制定了进出境肉类产品、进出境水产品、进出口饲料添加剂等涉及进出口食品的规章。

2009年,我国颁布了《食品安全法》及其实施条例,从制度上解决现实生活中存在的食品安全问题。有关"进出口食品"虽作为《食品安全法》中一个重要章节,但没有一部全面的

---

① HACCP:译为"危害分析关键控制点"。
② GMP:译为"良好操作规范"。

配套规章。

2011 年 9 月,国家质检总局颁布的《进出口食品安全管理办法》共 60 条,分为六章,即,总则、食品进口、食品出口、风险预警、法律责任和附则。作为《食品安全法》配套的一部比较系统、全面的部门规章,是对我国食品安全监管法律体系的进一步完善,对于中国加强进出口食品质量安全监管具有重要的意义。

2012 年 2 月,国家质检总局为加强进出口预包装食品标签检验监督管理,保证进出口食品安全,发布《关于实施〈进出口预包装食品标签检验监督管理规定〉的公告》(2012 年第 27 号公告),自同年 6 月 1 日起,对进出口预包装食品标签实施检验监督。①

2012 年 3 月,国家质检总局以总局令第 145 号公布《进口食品境外生产企业注册管理规定》②,自同年 5 月 1 日起施行,同时废止原《进口食品国外生产企业注册管理规定》。

2. 进口食品的安全监管制度

(1) 输华食品境外进口商或者代理商的备案管理制度。

向中国境内出口食品的进口商或者代理商应向国家质检总局申请备案。具体操作可由相关食品的境内进口商/收货人协助其境外贸易伙伴,按要求填写《进口食品境外出口商或代理商备案信息表》的电子表格③,向所在地检验检疫机构直接申请备案。

表 10.1　进口食品境外出口商或者代理商备案信息表④

□初次备案 Initial Filing　□修改备案信息 Amending the filed information
第 1 项——企业信息　Section 1-Applicant's Information
＊企业名称(中英文) (in Chinese/English)
＊企业地址(中英文)Address(in Chinese/English)
＊企业类型 Company Type:□出口商 Exporter □代理商 Agent
＊国家/地区 Country/Region：　　　　　　＊邮政编码 Postal Code
＊联系人姓名 Contractor Name：
＊联系人电话/传真(请注明国家/地区代码及区域码)或手机 Contractor Telephone/Fax (Include Area/Country/Region Code) or Cell Phone：
联系人电子邮件信箱 E-mail：

---

① 具体操作见本书 8.6.4。
② 具体要求详见本书 10.2.1。
③ 涉及多家境外出口商或者代理商,须按企业分别填写"备案信息表"。
④ 加"＊"号项目为必填项。已取得备案编号的企业可免于重复备案。

续表

第2项——经营食品种类（多选项）Section 2-Food Category of Operation

□粮食类 Grain　　　　　　　　　　　　□水产品类 Fishery products
□蔬菜类 Vegetable　　　　　　　　　　□肉与肉制品类 Meat and meat products
□坚果炒货类 Nut and Edible Seed products　□蛋与蛋制品类 Shell Egg and egg products
□食用油类 Edible oil　　　　　　　　　□乳与乳制品类 milk and milk products
□酒类 Alcoholic Beverages　　　　　　　□罐头类 Canned foods
□饮料类 Soft drinks and waters　　　　　□特殊食品 foods for special dietary uses
□蜂产品 bee product　　　　　　　　　　□调味品 flavorings
□糕点饼干类 pastry biscuit; cracker　　　□糖及糖果、巧克力类 candy; chocolate
□蜜饯类 candied (preserved) fruit
□其他，请描述　others, please description ＿＿＿＿＿＿＿＿＿＿＿＿＿＿

第3项——中国贸易伙伴信息　Section 3-Information of the Chinese Trade Partner to be contracted with：

企业名称（中文）Name (in Chinese)：

企业地址（中文）Address (in Chinese)：

联系人 Contact person：

电话/传真 Telephone/Fax：

电子邮件信箱 E-mail：

第4项——承诺书　Section 4-letter of commitment

　兹承诺：上述资料信息准确、真实。I hereby commits：The information we submit is authentic, and accurate.

＊填表人姓名（印刷体）Contractor name (the printing version)：

＊填表人电话/传真或手机 Contractor's office Telephone/Fax or cell phone：

填表人电子邮件信箱 Contractor's E-mail Address：

＊填表日期 Date：

此页由检验检疫机构填写：

第5项——备案受理信息

备案编号：＿＿＿＿＿＿＿＿＿
（注：备案编号为14位数字，前3位为出口商国家代码；中6位为检验检疫机构代码，后5位为受理流水号。）

受理机构：　　　　　　　　　受理人：

受理日期：

（2）进口食品的进口商①备案管理制度。

企业下载填写食品企业备案信息表及进口食品信息附表电子表并随下述附件，向所在地检验检疫机构申请办理备案手续。

① 工商营业执照、组织机构代码证书、法定代表人身份证明、对外贸易经营者备案登记表等的复印件并交验正本；

② 企业质量安全管理制度；

③ 与食品安全相关的组织机构设置、部门职能和岗位职责；

④ 拟经营的食品种类、存放地点；

⑤ 2 年内曾从事食品进口、加工和销售的，应当提供相关说明（食品品种、数量）；

⑥ 自理报检的，应当提供自理报检单位备案登记证明书复印件并交验正本。

（3）进口食品境外生产企业的注册制度。

参见本书 10.2.1 的内容。

（4）检验检疫审批制度。

进口食品需要办理进境动植物检疫审批手续的，须取得《中华人民共和国进境动植物检疫许可证》后方可报检。具体申请办理手续参见本书 3.2 的内容。

（5）检验检疫结果的处理。

① 检验检疫机构对检验检疫合格的进口食品，出具合格证明，准予销售、使用；对检验检疫不合格的，出具不合格证明。其中，涉及安全、健康、环境保护项目不合格的，责令当事人销毁，或者出具退货处理通知单，由进口商办理退运手续。其他项目不合格的，可在检验检疫机构的监督下进行技术处理，经重新检验合格后，方可销售、使用。

② 检验检疫机构发现不符合法定要求的进口食品时，将不符合法定要求的进口食品境外生产企业和出口商、国内进口商、报检人、代理人列入不良记录名单；对有违法行为并受到行政处罚的，将其列入违法企业名单并对外公布。

3. 出口食品安全监管制度

（1）出口食品生产企业的备案管理制度。

参见本书 10.2.2 的内容。

（2）出口食品原料种植、养殖场的备案管理制度。

实施备案管理的原料品种目录和备案条件由国家质检总局制定。出口食品的原料列入目录的，应来自备案的原料种植、养殖场。

（3）出口食品的分类管理制度。

参见本书 10.2.2"出口商品企业的分类管理"。

---

① 进口商：也称为收货人，一般是指与外方签订进口食品外贸合同的境内买方企业。

4．进出口食品的风险监测制度

（1）国家质检总局组织制定和实施年度进出口食品安全风险监控计划。

（2）根据国家质检总局进出口食品安全风险监测计划，检验检疫机构组织对进口食品进行风险检测，上报结果。

（3）根据进出口食品安全风险监测结果，检验检疫机构在风险分析的基础上调整和相关进口食品的检验检疫和监管措施。

5．进出口食品的风险预警制度

参见本书 10.4 的内容。

10.7.2 进出口化妆品的安全监管

1．概述

化妆品的卫生安全关系着人类健康，各国都十分重视化妆品的卫生安全，并制定相关法规。2000 年，国家质检总局以第 21 号令发布《进出口化妆品监督检验管理办法》。

国家质检总局对进出口化妆品生产企业实施卫生注册登记管理制度，并根据进出口化妆品的风险程度，公布和调整实施进出口化妆品卫生注册登记的产品目录。凡生产目录内进出口化妆品的企业，必须取得卫生注册登记证书。出入境检验检疫机构对未经卫生注册登记企业的进出口化妆品，不予受理报检。

近 30 年，我国化妆品销售额从 1980 年的 3.5 亿元，到 2007 年已超过 1 200 亿元，增长高达 342 倍，成为世界第三大化妆品消费市场。我国进出口化妆品贸易额及检验检疫业务量也呈急剧增长的态势。2010 年，全国进口化妆品总批次货值 15.82 亿美元、重 9.96 万吨、14.60 万批，与上年相比分别增长 39.02％、42.08％和 28.87％。2010 年，全国出口化妆品总批次货值 17.58 亿美元、重 41.53 万吨、11.11 万批，与上年相比分别增长 33.69％、29.72％和 26.85％。

进出口化妆品的原有管理办法，虽适应当时检验检疫的需要。但是，随着业务发展，许多工作制度及规定，如分类管理、与有关部门的信息通报与交流、企业诚信、企业责任等问题，未在原有管理办法中体现。此外，一些实际工作，如标签审核，已作调整，急需将这些规定补充修订到管理办法中，以适应不断发展的进出口化妆品检验检疫监督管理工作要求。2011 年 8 月，国家质检总局第 143 号令《进出口化妆品检验检疫监督管理办法》（以下简称新《办法》）颁布，于 2012 年 2 月 1 日起施行。新《办法》的颁布标志着进出口化妆品质量安全监管有了新的法律依据。

修订后的新《办法》全文分七章，共计 50 条，根据国际通行的做法和我国相关规定，引入了风险预警与快速反应机制、诚信制度、进出口化妆品生产经营单位备案管理制度、质量安全监控（监测）制度、指定的场所存放等规定，将分级管理改为分类管理、并明确了对进口化妆品收货人和出口化妆品生产企业实施备案管理及对非贸易性物品、免税化妆品以及来料加工全部复出口的化妆品的管理等,填补了在这方面规定上的空白。

新《办法》将标签审核改为标签检验,进一步明确了自2004年进出口化妆品标签审核被取消行政许可,化妆品标签检验作为日常检验监管的做法。同时还明确了进出口化妆品的工作程序、检验检疫机构的义务和责任、从报检、检验检疫、合格不合格处理等每一个环节的规定、程序清楚、内容全面、可操作性强。

2. 进口化妆品安全监督管理制度

(1) 进口化妆品的收货人①实施备案管理。

收货人备案应具备以下条件:

① 应有化妆品或美容美发等化妆品类经营范围;

② 应为进口时货物的真实货主,并能提供所有产品的详细信息包括货物清单、产品配方等。

③ 应如实记录进口化妆品流向,记录保存期限不得少于2年。

④ 应按规定报检,同时提供收货人备案号。

(2) 进口化妆品的检验检疫制度。

进口化妆品由口岸检验检疫机构实施现场和实验室检验检疫。

根据便利贸易和进口检验工作的需要,国家质检总局可以指定在其他地点检验。

(3) 进口化妆品的指定场所存放制度。

进口化妆品在取得检验检疫合格证明之前:

① 应存放在检验检疫机构指定或者认可的场所;

② 未经检验检疫机构许可,任何单位和个人不得擅自调离、销售、使用。

(4) 进口化妆品成品的标签检验制度。

① 进口化妆品成品的标签标注应符合我国相关的法律、行政法规及国家技术规范的强制性要求。

② 检验检疫机构对化妆品标签内容是否符合法律、行政法规规定要求进行审核,对与质量有关的内容的真实性和准确性进行检验。

(5) 进口化妆品的抽样及样品保管制度。

① 进口化妆品抽样的样品数量应满足检验、复验、备查等使用需要。

② 检验检疫机构出具印有序列号、加盖检验检疫业务印章的《抽/采样凭证》,并由抽样人与收货人或者其代理人的双方签字。

③ 合格样品保存至抽样后4个月,特殊用途化妆品合格样品保存至证书签发后1年;

---

① 收货人:进出口化妆品的经营或生产企业。

④ 不合格样品应当保存至保质期结束。

⑤ 涉及案件调查的样品,应当保存至案件结束。

(6) 进口化妆品检验检疫结果的处理制度。

① 进口化妆品经检验检疫合格的①,检验检疫机构出具《入境货物检验检疫证明》,并列明货物的名称、品牌、原产国家(地区)、规格、数/重量、生产批号/生产日期等。

② 进口化妆品取得《入境货物检验检疫证明》后,方可销售、使用。

③ 进口化妆品经检验检疫不合格,涉及安全、健康、环境保护项目的,由检验检疫机构责令当事人销毁,或者出具退货处理通知单,由当事人办理退运手续。

④ 其他项目不合格的,可以在检验检疫机构的监督下进行技术处理,经重新检验检疫合格后,方可销售、使用。

3. **出口化妆品安全监督管理制度**

(1) 出口化妆品生产企业实施备案管理。

① 备案企业的基本条件。

A. 保证其出口化妆品符合进口国家(地区)标准或者合同要求;②

B. 建立质量管理体系并持续有效运行;

C. 建立原料采购、验收、使用管理制度,要求供应商提供原料的合格证明;

D. 建立生产记录档案③,如实记录化妆品生产过程的安全管理情况;

E. 建立检验记录制度④,依照相关规定要求对其出口化妆品进行检验,确保产品合格。

② 备案申请材料。

备案企业向所在地直属检验检疫局提出申请并提交以下有关材料:

A. 出口化妆品生产企业备案申请书;

B. 企业法人营业执照复印件;

C. 卫生质量体系文件;

D. 厂区平面图、车间平面图、工艺流程图以及生产工艺关键部位的图片资料。

③ 备案程序。

直属检验检疫局根据申请单位提交的材料是否齐全、是否符合法定形式作出受理或不予受理的决定,并按规定出具书面凭证。受理申请后,直属检验检疫局组织评审组按规定对申请材料内容进行具体审查,对申请单位的出口化妆品生产、加工、储存条件进行现场评审,作出准予许可或不予许可的决定。准予许可的,于 10 个工作日内颁发备案证书;不予许可

---

① 根据《进出口化妆品检验检疫监督管理办法》(国家质检总局令第 143 号)的规定,自 2012 年 2 月起,经检验检疫合格的进口化妆品不再加贴检验检疫标志。

② 进口国家(地区)无相关标准且合同未有要求的,可以由国家质检总局指定相关标准。

③④ 保存期不得少于 2 年。

的,书面说明理由。

（2）出口化妆品的检验检疫制度。

① 产地检验检疫机构实施现场查验和实验室检验检疫；

② 口岸检验检疫机构实施口岸查验。

（3）出口化妆品的抽样及样品保管制度。

参见进口化妆品。

（4）出口化妆品检验检疫结果的处理制度。

出口化妆品经检验检疫合格的,由检验检疫机构按照规定出具通关证明。进口国家（地区）对检验检疫证书有要求的,应按照要求同时出具有关检验检疫证书。

出口化妆品经检验检疫不合格的,可以在检验检疫机构的监督下进行技术处理,经重新检验检疫合格的,方准出口。不能进行技术处理或者技术处理后重新检验仍不合格的,不准出口。

4. 进出口化妆品生产经营者的分类管理制度

检验检疫机构对进口化妆品的收货人、出口化妆品的生产企业和发货人实施诚信管理；对有不良记录的,实施加强检验检疫和监督管理。

5. 进出口化妆品安全的风险监测制度

参见 10.7.1 进出口食品的风险监测制度。

6. 进出口化妆品的风险预警与快速反应机制

参见本书 10.4 的内容。

10.8 进出口商品的查封、扣押制度

10.8.1 概述

进出口商品的查封、扣押制度是出入境检验检疫机构依法行政的强制性措施。其中,查封是指行政机关依法对调查的或者需要进行处理的财产、物品就地封存,不许持有人使用、处分的一项强制性措施。扣押是指行政机关依法扣留可以用作证据或者与案件有关须作其他处理的物品、文件等的一项强制性措施。

为规范出入境检验检疫查封、扣押工作,维护国家利益、社会公共利益和公民、法人、其他组织的合法权益,保证检验检疫机构依法履行职责,国家质检总局依照"四法四条例"及《国务院关于加强食品等产品安全监督管理的特别规定》的规定,制定《出入境检验检疫查封、扣押管理办法》（总局第 108 号令）,于 2008 年 6 月 25 日公布,并自同年 10 月 1 日起执行。

检验检疫机构采取查封、扣押的强制措施,必须遵守国家质检总局公布的《出入境检验

检疫查封、扣押管理办法》规定。查封或者扣押的商品要妥善保管,可以要求当事人对封存的商品进行保管,也可以由检验检疫机构保管或者委托第三人保管,未经实施查封的检验检疫机构许可,任何单位和个人不得启封、使用和损坏;当事人对检验检疫机构实施的查封、扣押不服的,有权依法申请行政复议,或者依法提起行政诉讼;对检验检疫机构违法实施查封、扣押造成损害的,有权依法要求赔偿。

10.8.2　进出口商品查封、扣押的实施

1. 实施要求

(1) 实施机构。

① 国家质检总局负责全国出入境检验检疫查封、扣押的管理和监督检查工作。

② 国家质检总局设在各地的检验检疫机构负责查封、扣押的实施。

(2) 实施原则。

① 查封、扣押一般由违法行为发生地的检验检疫机构按照属地管辖的原则实施。

② 需要异地实施查封、扣押的,检验检疫机构应当及时通知异地检验检疫机构,异地检验检疫机构应当予以配合。

2. 适用范围

《商检法实施条例》第四十一条规定:"国家质检总局、出入境检验检疫机构实施监督管理或者对涉嫌违反进出口商品检验法律、行政法规的行为进行调查,有权查阅、复制当事人的有关合同、发票、账簿以及其他有关资料。出入境检验检疫机构对有根据认为涉及人身财产安全、健康、环境保护项目不合格的进出口商品,经本机构负责人批准,可以查封或者扣押,但海关监管货物除外。"因此,检验检疫机构对进出口商品查封、扣押的实施有两种情况。

(1) 适用范围。

有下列情形之一的,检验检疫机构可以实施查封、扣押:

① 法定检验的进出口商品经书面审查、现场查验、感官检查或者初步检测后有证据证明涉及人身财产安全、健康、环境保护项目不合格的;

② 非法定检验的进出口商品经抽查检验涉及人身财产安全、健康、环境保护项目不合格的;

③ 不符合法定要求的进出口食品、食用农产品等与人体健康和生命安全有关的产品,违法使用的原料、辅料、添加剂、农业投入品以及用于违法生产的工具、设备;

④ 进出口食品、食用农产品等与人体健康和生命安全有关的产品的生产经营场所存在危害人体健康和生命安全重大隐患的;

⑤ 在涉及进出口食品、食用农产品等与人体健康和生命安全有关的产品的违法行为中,存在与违法行为有关的合同、票据、账簿以及其他有关资料的。

（2）例外。

检验检疫机构认为应当实施查封、扣押，但属于海关监管的或者已被其他行政机关查封、扣押的，检验检疫机构暂不实施查封、扣押，并应当及时书面告知海关或者实施查封、扣押的其他机关予以必要的协助。

3. 工作程序

实施查封、扣押的程序包括：收集证据材料、报告、审批、决定、送达、实施等。

（1）证据材料的收集。

查封、扣押的证据材料一般包括：现场记录单、现场笔录、当事人提供的各种单证以及现场抽取的样品、摄录的音像材料、实验室检验记录、工作记录、检验检疫结果证明和其他证明材料。

（2）报告、审批、实施。

① 实施查封、扣押前应当向检验检疫机构负责人书面或者口头报告，并填写《实施查封、扣押审批表》，经检验检疫机构负责人批准后方可实施。

② 案件重大或者需要对数额较大的财物实施查封、扣押的，检验检疫机构负责人应当集体讨论决定。

③ 紧急情况下或者不实施查封、扣押可能导致严重后果的，检验检疫机构可以按照合法、及时、适当、简便和不加重当事人负担的原则当场作出查封、扣押决定，并组织实施或者监督实施。

（3）查封、扣押决定书的制作。

制作《查封、扣押决定书》应当载明下列事项：

① 当事人姓名或者名称、地址；

② 查封、扣押措施的事实、理由和依据；

③ 查封、扣押物品的名称、数量和期限；

④ 申请行政复议或者提起行政诉讼的途径和期限；

⑤ 行政机关的名称和印章；

⑥ 行政执法人员的签名和日期。

（4）《查封、扣押决定书》的签收。

《检验检疫查封、扣押决定书》应及时送交当事人签收，由当事人在《送达回证》上签名或者盖章，并注明送达日期。当事人拒绝签名或者盖章的，应当予以注明。

（5）实施时限。

检验检疫机构依法按下述时限实施查封、扣押：

① 30 日内依法对查封、扣押的进出口商品或者其他物品（场所），作出处理决定。情况复杂的，经检验检疫机构负责人批准，可以延长时限，期限不超过 30 日。

② 对于保质期较短的商品或者其他物品,应在 7 日内作出处理决定。

③ 涉及行政处罚的,期限遵照相关规定。法律对期限另有规定的除外。

④ 需要进行检验或者技术鉴定的,检验或者技术鉴定的时间不计入查封、扣押期限。检验或者技术鉴定的期间应当明确,并告知当事人。检验或者技术鉴定的费用由检验检疫机构承担。

⑤ 对经查实不涉及人身财产安全、健康、环境保护项目不合格的进出口商品和其他不再需要实施查封、扣押的物品(场所),检验检疫机构应当立即解除查封、扣押,并制作《解除查封、扣押决定书》和《解除查封、扣押物品清单》送达当事人。

⑥ 在查封、扣押期限内未作出处理决定的,查封、扣押自动解除。被扣押的进出口商品或者其他物品,应当立即退还当事人。

10.8.3 实施查封、扣押的法律责任

检验检疫机构在实施查封、扣押过程中应依法履行职责。若有下述未依照法定职权和法定程序严格执法或滥用职权谋取私利、玩忽职守等违法行为,须立即依法纠正或责令纠正,情节严重构成犯罪的,依法追究刑事责任。

1. 纠正或责令纠正

有下列情形之一的,实施查封、扣押的检验检疫机构应当及时纠正或者由上级检验检疫机构责令改正:

(1) 没有法律、法规依据实施查封、扣押的;

(2) 改变法定的查封、扣押方式、对象、范围、条件的;

(3) 违反法定程序实施查封、扣押的。

2. 纠正并给予赔偿或追究刑事责任

有下列情形之一的,实施查封、扣押的检验检疫机构应当及时纠正并依法给予赔偿,情节严重构成犯罪的,依法追究刑事责任:

(1) 违法实施查封、扣押的;

(2) 使用或者损毁查封、扣押的财物,给当事人造成损失的;

(3) 对依法应当退还扣押的物品不予退还,给当事人造成损失的。

3. 追究刑事责任

(1) 检验检疫机构将查封、扣押的财物截留、私分或者变相私分的,由上级检验检疫机构或者有关部门予以追缴。情节严重构成犯罪的,依法追究刑事责任。

(2) 检验检疫机构工作人员利用职务便利,将查封、扣押的财物据为己有,情节严重构成犯罪的,依法追究刑事责任。

10.9　进出口商品的复验制度

10.9.1　进出口商品的复验制度概述

所称的复验是进出口商品的报检人对出入境检验检疫机构作出的检验结果有异议,向作出检验结果的出入境检验检疫机构或者其上级出入境检验检疫机构以至国家质检总局申请重新检验,由受理的出入境检验检疫机构或者国家质检总局重新作出检验结论的一种制度。

《商检法》明确规定,进出口商品的报检人对出入境检验检疫机构作出的检验结果有异议的,可以向原出入境检验检疫机构或者其上级出入境检验检疫机构以至国家质检总局申请复验,由受理复验的出入境检验检疫机构或者国家质检总局作出复验结论。报检人对检验检疫机构、国家质检部门作出的复验结论不服,可以依法申请行政复议,也可以依法向人民法院提起申诉。

因此,检验检疫部门实施复验制度是保证报检人的正当权利,正确处理和解决报检人对商检机构检验结果产生异议这一问题的一项重要措施,是法律授予报检人的权利,同时也是出入境检验检疫机构的一项义务,有利于促进出入境检验检疫机构依法行政,提高检验技术,提高工作质量,保证检验结果的真实性、准确性,真正做到加强检验把关、维护对外贸易各方的合法权益。

2005年,为规范进出口商品复验行为,维护对外贸易有关各方的合法权益,国家质检总局修订出台了《进出口商品复验办法》(以下简称《办法》),并于10月1日施行。与原《进出口商品复验办法》相比较,新《办法》规定,申请复验应在收到检验结果之日起15日内提出,因不可抗力或者其他正当理由不能申请复验的,申请期限中止。从中止的原因消除之日起,申请期限继续计算。检验检疫机构或者国家质检总局对同一检验结果只进行一次复验,不再是过去的两次复验。

出入境检验检疫机构或者国家质检总局自收到复验申请之日起15日内,对复验申请进行审查并作出是否受理的答复。受理复验的出入境检验检疫机构或者国家质检总局应当自受理复验申请之日起60日内作出复验结论。技术复杂,可以适当延长,但是延长期限最多不超过30日。复验申请人对复验结论不服的,仍然可以申请行政复议或者提起行政诉讼。不再是原办法中规定的"国家商检局的复验结论为终局结论"、"法院已经受理的,不得申请复验"。复验申请人对出入境检验检疫机构或者国家质检总局作出的复验结论不服的,可以依法申请行政复议,也可以依法向人民法院提出诉讼。需强调的是,复验是提起行政复议、行政诉讼的前提条件,当事人对出入境检验检疫机构出具的检验结果不得直接提出行政复议、行政诉讼,而必须先经复验程序后才可提出。

10.9.2 复验申请人及申请复验要求

1. 复验申请人

申请复验的"报检人",应局限于《商检法》规定必须经出入境检验检疫机构检验的进出口商品的报检人。对于其他对外贸易关系人,如出口商品的国外买方和进口商品的卖方,申请复验时,应按委托鉴定业务办理。

2. 复验申请要求

(1) 报检人申请复验,应在收到出入境检验检疫机构的检验结果后 15 天内提出。通过信函申请复验的时间,以寄出信函的时间为准。

(2) 申请复验时应填写复验申请表,提供原出入境检验检疫机构签发的商品检验证书正本并附相关单证,并且对申请复验的商品保持原有的包装、铅封、质量、数量、标志,不得改变和更换。

(3) 检验检疫机构或国家出入境检验检疫局接到申请后,经审核符合条件的接受复验。受理复验的商检机构应当自收到复验申请之日起 45 日内作出复验结论。报检人对复验结论仍有异议的,可以自收到复验结论之日起 15 日内向国家商检部门申请复验,国家商检部门应当在 60 日内作出复验结论。

(4) 报检人申请复验应按规定交纳复验费用。复验结果与原检验结果不一致时,受理复验的商检机构或者国家商检部门应对原检验工作予以评价。如属作出检验结果的原商检机构责任的,其复验的费用由原商检机构承担。

10.9.3 进出口商品的复验操作程序

1. 申请

(1) 复验申请人应在收到检验结果之日起 15 日内提出,并按规定如实填写复验申请表,提供必要的证单及资料,同时对其真实性和有效性负责。

(2) 复验申请人有义务配合复验专家组的复验工作,应当保证(持)原报检商品的质量、重量、数量符合原检验时的状态,并保留其包装、封识、标志,不得变化更换。

(3) 作出原检验结果的出入境检验检疫机构应向复验专家组提供原检验记录和其他有关资料。

2. 审查

出入境检验检疫机构或者国家质检总局自收到复验申请之日起 15 日内,对复验申请进行审查并作如下处理:

(1) 复验申请符合规定的,予以受理,并向申请人出具《复验申请受理通知书》。

（2）复验申请内容不全或者随附证单资料不全的，向申请人出具《复验申请补正告知书》，限期补正。逾期不补正的，视为撤销申请。

（3）复验申请不符合规定的，不予受理，并出具《复验申请不予受理通知书》，书面通知申请人并告知理由。

3. 组织实施

（1）出入境检验检疫机构或者国家质检总局受理复验申请后，应当在 5 日内组成复验工作组，并将工作组名单告知申请人。

（2）复验申请人认为复验工作组成员与复验工作有利害关系或者有其他因素可能影响复验公正性的，应当在收到复验工作组成员名单之日起 3 日内，向受理复验的检验检疫机构或者国家质检总局申请该成员回避并提供相应证据材料。

（3）受理复验的出入境检验检疫机构或者国家质检总局应当在收到回避申请之日起 3 日内作出回避或者不予回避的决定。

复验专家组有权调取原检验检疫机构检验记录和其他有关资料，并首先审查复验申请人的复验申请表、有关证单及资料。经审查，若不具备复验实施条件的，可书面通知申请人暂时中止复验并说明理由。经申请人完善重新具备复验实施条件后，应当从具备条件之日起继续复验工作；其次审查原检验依据的标准、方法等是否正确，符合相关规定。在此基础上制定复验方案实施复验，并作出复验结论。

4. 复验结论的处理

（1）受理复验的检验检疫机构或者国家质检总局应当自受理复验申请之日起 60 日内作出复验结论。技术复杂，不能在规定期限内作出复验结论的，经机构负责人批准，可以适当延长，但是延长期限最多不超过 30 日。

（2）复验申请人应当按照规定交纳复验费用。受理复验的出入境检验检疫机构或者国家质检总局的复验结论认定属原检验的出入境检验检疫机构责任的，复验费用由原实施检验的出入境检验检疫机构负担。

（3）复验申请人对复验结论不服的，可以依法申请行政复议，也可依法向人民法院提起行政诉讼。

案例评析

案例 1　冒用卫生注册号出口冷冻食品

案情介绍

2002 年 1 月 15 日，广东省 A 检验检疫机关接到举报，X 公司涉嫌冒用 P、Q 两家食品公司的检疫卫生注册号出口冷冻食品。对此，A 检验检疫机关抽调涉案公司卫生注册档案，经初步核查,P、Q公司坦白承认了违法事实,并积极配合案件调查工作。继后以P公司所承认的违法事实作为突破口,利用手中掌握的证据及材料,对X公司进行全面调查。经查实,2001年10月至12月期间,X公司向P、Q两家食品公司生产提供了3批冷冻点心共810箱,价值38 680元人民币。其中一批冷冻点心由P食品公司上门提货,并利用其卫生注册号报检出口。

案情分析

鉴于以上3家公司均不同程度违反检验检疫法的事实,A检验检疫机关根据《商检法实施条例》有关条款,依法对3家公司作出以下行政处罚决定:对于冒用卫生注册号出口的X公司处以警告及有关商品总值的30%计7 164元的罚款;对于P公司给予警告并处有关商品总值70%计16 716元的罚款;Q公司因其卫生质量控制体系已严重不符合卫生要求被暂停报检,并建议上一级检验检疫机关吊销其卫生注册资格。当事人均对以上送达的行政处罚决定书表示接受。

检验检疫机构对进出口食品的生产企业实施卫生注册登记管理,获得卫生注册登记的进出口食品生产企业方可生产、加工、储存进出口食品,《商检法实施条例》第三十二条对此作了详细规定。因此,上述涉案企业为了自身利益,不顾国家的法律法规的规定,采取种种非法手段逃避检验检疫,理应受到严厉处罚。

案例2　不如实申报逃避"CCC"认证

案情介绍

2004年5月9日,A地检验检疫局在对B口岸检验检疫局转来的一批全自动滚桶式洗衣机进行检验时,发现申报人F公司提供的3C目录外商品确认审批记录和技术咨询报告与进口单证及实际货物不符,随即再次派员赴该批货物存放地进行查验,发现除该批108台洗衣机外,申请人曾于同年4月22日以同样方式报检了一批72台全自动滚桶式洗衣机和178台电子控制微波炉。经查验认定,该两批货物涉嫌提供虚假证明骗取3C目录外商品确认,逃避3C认证的违法行为。

该两批货物共180台洗衣机和178台电子控制微波炉均属3C目录范围内商品。货物实际收货人为E公司。E公司知道其进口的洗衣机和微波炉均属于3C认证目录范围内商品,而该型号洗衣机和微波炉均未获得3C认证,无法报检进口,便联系了D公司。D公司表示可以采取申办临时证或一次性方式进口这些未获证的商品。故E公司便将该两批进口货物单证交由D公司办理3C目录外商品确认、报检、报关事宜。

2004年3月底,该两批货物到A地口岸,F公司将海运单、洗衣机和微波炉的原始技术资料,并提供了全套贸易单证、空白的报检委托书、报关委托书及根据D公司要求提供了加盖F公司印章的空白"情况说明",交D公司办理进口报检手续。4月12日,D公司持F公司"情况说明"和伪造的洗衣机和微波炉的技术资料骗取了 3C 目录外商品确认后,分别于 4 月 20 日和 4 月 22 日以伪造的工业用洗衣机和微波炉向检验检疫机构申报,以实际情况向海关申报民用洗衣机、微波炉进口。

根据上述违法事实,A 地检验检疫局依据《中华人民共和国认证认可条例》第六十七条规定,对上述 F 公司擅自进口未获得 3C 认证商品的违法行为作出了罚款 10 万元和责令改正的处罚决定;同时依据《商检法实施条例》第五十一条第六款的规定,对 D 公司不如实申报、骗取"3C 认证目录外确认审批"和"入境货物通关单"的违法行为作出了罚款 6 万元的处罚决定,并根据报检单位管理规定对 D 公司作出了暂停报检的处理决定。

案情分析

本案中货物的实际收货人为 E 公司,而 F 公司为其外贸代理人。货物进口报检、报关等手续均由 F 公司委托办理,外贸合同是由 F 公司与发货方签订,在办理 3C 目录外确认时也是以 A 公司名义申请办理。尽管货物进口以后使用、销售等行为是 E 公司,但对擅自进口未获得强制性认证货物的违法行为主体的认定是 F 公司。

作为代理报检单位的 D 公司通过提供虚假材料等违法手段,骗取有关"不在中国强制性认证商品适用范围之内的入境物品"的审批单证和进口货物通关单,其不如实申报、骗取检验检疫单证的违法行为,事实清楚,证据确凿。

货物的实际进口单位在进口前已经了解了该类货物是需要办理"CCC"认证方可进口的,而货物本身并未取得合法的"CCC"认证。在这种情况下,进口方却通过代理单位采用不正当手段骗取有关审批单证、蒙混过关,企图逃避法律法规的监督,性质严重,理应受到法律的制裁。同时,检验检疫机构作为国家执法把关部门,应不断加强相关法律法规的宣传,切实提高企业遵纪守法意识,引导企业合法、诚信经营,对违法检验检疫法律法规的行为予以坚决打击,维护法律的尊严。

代理报检单位是检验检疫机构与企业联系的桥梁,作为专业的报检单位是十分了解检验检疫法律法规的,在本案中却恰恰是代理报检单位利用了其熟悉检验检疫监管流程,为了自身利益,通过违法手段,代理进口企业完成审批、报检、报关等口岸通关手续。因此,这种在代理报检过程中严重违法检验检疫法律法规的机构,应予以取缔。

案例 3　不如实提供进出口商品真实情况取得证单案

案情介绍

2008 年 7 月,苏州 A 服装公司(以下简称 A 公司)向苏州检验检疫局报检出口一批棉制女裙。苏州检验检疫局派员到该企业检验时,发现这批女裙并非该公司生产,实际是苏州 B 服装公司(以下简称 B 公司)生产。由于 A 公司已涉嫌不如实报检,苏州检验检疫局遂对此事立案调查。据查,B 公司为三类出口企业,而 A 公司为二类出口企业,B 公司之所以请求

A公司为其冒名出口,目的是为了逃避检验。

案情分析

(1) A公司不如实提供出口商品的真实情况,取得检验检疫机构的有关证单,苏州检验检疫局依据《商检法实施条例》第四十八条第一款,对其处以罚款,并将其降为三类出口企业。

(2) 为实现科学管理、监管有效、促进出口的目标,根据企业的生产条件、管理水平、检测能力、产品质量状况和产品风险程度,国家对出口工业产品生产企业采取了不同检验监管模式的分类管理。根据《出口工业产品生产企业分类管理办法》的规定,对三类企业要批批检验,而对一类企业和二类企业则实施不同比例的抽批检验。该案中,B公司请求A公司代为报检出口就是为了降低被检验的批次,以达到逃避检验的目的。A公司碍于情面或为利所诱,不惜冒险试法,结果受到法律的惩处。此类扰乱国家分类管理秩序的违法行为需引起检验检疫机构的重视。同时也提醒出口生产企业要增强诚信和自律意识,而对那些已列入一类或二类企业管理的出口企业,一定要珍惜获得的信任,切莫铤而走险,违反国家法律法规,给企业带来损失和不良影响。

本章小结

对进出口商品及检验检疫工作实施监督管理,是检验检疫机构的重要职能。依据检验检疫法律法规要求,检验检疫部门建立包括"四项"制度和"九种"监管模式在内的一整套适应社会主义市场经济体制、符合国际通行规则的检验检疫监管模式,在促进对外经济贸易关系的顺利发展中发挥了重要作用;与此同时,对进出口商品的检验检疫审批、注册登记、复验申请等行政许可作了必要的修订,使进出口商品检验检疫监督管理得到进一步的健全和完善。

思考题

1. 试述进出口商品检验检疫监督管理简史。
2. 简述进出口商品检验检疫监督管理的"四项"制度的内容。
3. 什么是检验监管模式? 进出口商品的"九种"检验监管模式包括哪些内容?
4. 进出口商品的安全质量监督管理内容包括哪些? 试举例说明具体实施步骤。
5. 如何办理进出口商品的免验申请?
6. 为什么不是所有法定检验的商品都能办理免验申请?
7. 试述出口食品生产企业的卫生注册登记制度的变化。
8. 出口商品企业的分类管理的原则是什么?

9. 列入分类管理的一类企业应具备哪些条件?

10. 列入分类管理企业的监督管理原则有哪些?

11. 出厂前检验与质量监督管理制度有何根本变化? 简述实施的内容及其意义。

12. 什么是风险预警及快速反应机制? 进出口商品预警机制包括哪些内容?

13. 什么是商品检验检疫标志或封识? 举例说明标志或封识的加施作用。

14. 什么是进出口商品的复验工作? 简述进出口商品复验制度的变化。

15. 某企业向欧盟出口一批纸箱包装的点火枪和皮鞋,向美国出口一批木质包装的家具,从澳大利亚进口一批洗衣机,试问哪些商品检验合格需要加施标识、什么类型的标识、加施的部位?

16. 某企业分别向美、日、韩和欧盟准备用船舶和集装箱装运出口易燃烧爆炸物品、易破碎损坏物品、易腐烂变质食品和易受潮物品,试问承运人或装箱单位在装载哪种物品前需向检验检疫机构申请适载检验?

17. 关于复验,在列举的表述中:

(1) 报检人只能向作出检验检疫结果的检验检疫机构的上级机构提出复验申请;

(2) 应当在收到检验结果之日起 60 日内提出复验申请;

(3) 检验检疫机构对同一检验结果只进行一次复验;

(4) 对复验结论不服的,可依法申请行政复议,但不能直接向法院提出行政诉讼。

试问哪种表述是正确的?

11 进出口商品的原产地证业务

学习目的

首先从理论上认识到原产地证业务是进出口商品检验检疫中一项重要工作,也是法律赋予检验检疫机构的一项重要职能,其次基本掌握一般原产地证和普惠制证的申请程序及其填制要点。

知识要点

我国如何完善原产地证的立法,原产地证书的签发种类、重要性、申请程序及其基本填制要求。

11.1 原产地证业务管理概述

在现代国际贸易中,产品进入流通领域成为商品时需要一种表明其产地来源的自然属性的标记,称为原产地标记,这就是原产地证明书(简称原产地证)。它是由出口国(地区)根据原产地规则和有关要求签发的,明确该证书中所列货物原产于某一特定国家(地区)的书面文件,是证明货物的原产地,也就是货物的"国籍",具有法律效力的证明文件。确定货物的原产地最早是出于对一国贸易进行统计的需要。后来,随着国际贸易的不断发展,原产地适用的目的也越来越广泛。目前已涉及最惠国待遇、反倾销税和反补贴税、保障措施、原产地标记要求、歧视性数量限制或关税配额,以及政府采购等领域。

我国的原产地证书的签发已有 50 余年的历史。1954 年,中央人民政府对外贸易部发布的《关于商品检验局签发产地证明书的几项原则规定》中明文规定,"为办理国际贸易输入通关手续或证明出口商品品种特性所需之产地证明书,除商品输往国在我国设有领事馆者,根据国际惯例得由该国驻华领事馆签发外,其余一律应由我国商品检验局办理。"同时也规定产地证书与商检的其他各种证书同时签发。根据经贸部的规定,在当时检验检疫机构成为我国原产地证明书的唯一签发机构。原产地证明书的签发与出口商品的其他证书一并签发,出口企业不需单独申请原产地证明书,此做法一直持续到 1983 年。这就为原产地证明和原产地标记工作奠定了法律基础。

1983 年,中国国际贸易促进委员会(以下简称贸促会)、对外经济贸易部联合发文,重申出口商品产地证工作重要性,并首次提出了"产地证本身是一项法律文件",产地证涉及进口国征收关税、确定配额和外汇限制及海关统计等问题,需慎重办理,并规定:信用证指定由官方出具产地证者,由商检局签发;信用证指定由商会出具产地证者,由贸促会签发;凡信用证未指明签证机构的,商检局、贸促会均可签发。

为使我国的原产地证书的签发工作做到有法可依、有章可循,1992 年 3 月 8 日,国务院颁布了《中华人民共和国出口货物原产地规则》,同年 4 月 1 日对外经济贸易部颁布实施《中华人民共和国货物原产地规则实施办法》,同年 5 月 1 日颁布实施《中华人民共和国含进口成分出口货物原产地标准主要制造、加工工序清单》,同时又于 1996 年 1 月 1 日颁布了《中华人民共和国出口货物原产地证明书管理规定》(试行)。这些规则、条令的颁布,不仅表明我国政府十分重视原产地证业务的开展,也是我国加快对外经济贸易改革步伐,为建立一套既有中国特色,又符合国际贸易规范要求的原产地制度而实行的一个重要步骤。

目前,我国所签发的原产地证,已成为国际贸易中的一个重要环节,货物进口国据此对进口货物给予不同的关税待遇和决定限制与否。出入境检验检疫机构是政府授权签发原产地证的官方机构,并依据我国《原产地规则》规定出具中国原产地证。出口企业申请办理原产地证,首先要在当地办理企业注册登记,然后才有资格申请签证。

原产地标记是原产地规则的重要组成部分,历来受到世界各国的高度关注。1999 年我国以技术标准形式公布了 GB17924-1999《中华人民共和国国家标准原产地域产品通用要求》,本标准从标准的定义、构成地理标志产品的基本结构、产品及其原材料的确定和地理标志产品标准要求等方面作出了明确的规定,是原产地标志认证工作的技术标准。2001 年 3 月 14 日,根据《中华人民共和国进出口商品检验法》及其实施条例、《中华人民共和国出口货物原产地规则》等有关法律法规和 WTO《原产地规则协议》等国际条约和协议的规定,国家质检总局制定颁布了《原产地标记管理规定》和《原产地标记管理规定实施办法》,从立法的角度规范原产地标记工作,以达到与国际《原产地规则协议》接轨的目的。这对于规范原产地标记的使用,保护生产者、经营者和消费者的合法权益,产生了重要的作用。

国家质检总局统一管理全国原产地标记工作,负责原产地标记管理办法的制定、组织协调和监督管理。国家质检总局设在各地的出入境检验检疫机构负责其辖区内的原产地标记申请的受理、评审、报送注册和监督管理。①原产地标记的使用范围包括,标有"中国制造/生

---

① 《商检法实施条例》第四十三条规定,出入境检验检疫机构依照有关法律、行政法规的规定,签发出口货物普惠制原产地证明、区域性优惠原产地证明、专用原产地证明。办理原产地证明的申请人应当依法取得出入境检验检疫机构的注册登记。出口货物一般原产地证明的签发,依照有关法律、行政法规的规定执行。

产"等字样的产品;名、优、特产品和传统的手工艺品;申请原产地认证标记的产品;涉及安全、卫生、环保及反欺诈行为的货物;涉及原产地标记的服务贸易和政府采购的商品;根据国家规定需标明来源地的产品。

国家对原产地标记实施注册认证制度。原产地标记的注册坚持自愿申请原则,原产地标记经注册后方可获得保护。涉及安全、卫生、环保及反欺诈行为的入境产品,以及我国法律、法规、双边协议等规定需使用原产地标记的进出境产品或者服务,按有关规定办理。经国家质检总局批准注册的原产地标记为原产地认证标记,列入《受保护的原产地标记产品目录》,由国家质检总局定期公布,并在检验检疫、放行等方面给予方便。取得原产地标记认证注册的产品或服务可以使用原产地认证标记,原产地认证标记包括图案、证书或者经国家质检总局认可的其他形式。申请出境货物原产地标记注册,申请人应向所在地检验检疫机构提出申请,并提交相关的资料。申请入境货物原产地标记注册的,申请人应向国家质检总局提出申请,并提交相关的资料。

检验检疫机构受理原产地标记注册申请后,按相关程序组织评审。经评审符合条件的,由检验检疫机构批准注册并定期发布《受保护的原产地标记产品目录》。使用"中国制造"或"中国生产"原产地标记的出口货物需符合下列标准:在中国获得的完全原产品;含有进口成分的,需符合《中华人民共和国出口货物原产地规则》要求,并取得中国原产地资格。取得原产地认证标记产品、服务及其生产经营企业,应接受检验检疫机构的监督检查。对违反本规定使用原产地标记行为,将依法追究其法律责任。

原产地是指货物的生产地,在国际贸易中原产地的概念是与原产国通用的,也就是国际贸易中交易货物的生产地(国),即货物的"国籍"。这种国籍不是政治意义上的,而仅仅是经济意义上的,可以称为货物的经济国籍。按照《WTO原产地规则协议》的规定,原产地规则是指:各国为确定货物原产地而实施的普遍适用的法律、法规和行政裁定。

按照适用范围不同,原产地规则分为优惠性和非优惠性的。《WTO原产地规则协议》所规定的就是非优惠性的原产地规则,其适用范围包括:最惠国待遇、反倾销税和反补贴税、保障措施、原产地标记要求、歧视性数量限制或关税配额,以及政府采购和贸易统计等。优惠性原产地规则则是在最惠国原则以外由一国单方面实施,或由两个以上国家或地区通过谈判达成协议后相互适用的原产地规则。简单地说,非优惠原产地规则适用于所有贸易对象国或地区,优惠原产地规则只适用于签订协定或由协定规定的贸易对象国或地区。

在经济全球化和区域经济一体化加速发展的今天,原产地规则在国际贸易领域的重要性日益显著。我国对进出口货物原产地的认定,分别依据1986年海关总署发布的《关于进口货物原产地的暂行规定》和1992年国务院发布的《出口货物原产地规则》,前者属于部门规章,后者属于行政管理法规,两者立法层级不一致,进口、出口分离,已不适应这种新形势的需要。为此,2004年8月18日国务院颁布了《中华人民共和国进出口货物原产地条例》(以下简称新《条例》),并自2005年1月1日起施行,原《中华人民共和国出口货物原产地规则》和《中华人民共和国海关关于进口货物原产地的暂行规定》同时废止。

新《条例》共 27 条,分别对立法宗旨、适用范围、原产地确定原则、原产地证书签发及核查、违反条例的法律责任等作了比较明确的规定。与原有的立法相比,新《条例》具有以下特点:

首先,新《条例》适用的范围更加广泛。进出口货物原产地管理不仅限于进口货物税率适用、贸易统计等方面,新《条例》将广泛适用于最惠国待遇、反倾销和反补贴、保障措施、原产地标记管理、国别数量限制、关税配额等非优惠性贸易措施的实施,以及政府采购时对进出口货物原产地的确定。需要特别指出的是,新《条例》仅适用于非优惠条件下进出口货物的原产地确定。有关优惠性贸易措施的进出口货物原产地的确定办法,将依照中华人民共和国缔结或者参加的国际条约、协定的有关规定另行制定。

其次,新《条例》统一了进出口货物原产地的确定规则,即把"完全获得标准"和"实质性改变标准"作为判定进出口货物原产地的共同标准。同时,新《条例》进一步明确,实质性改变标准是以税目号归类①改变为基本标准,从价百分比②标准和制造加工工序等为补充标准,从而明确了确定实质性改变标准的适用顺序,纠正了以往进出口货物实质性改变确定标准不一致的现象。

第三,新《条例》引入了反规避条款,即规定"如果对货物所进行的任何加工或处理是为了规避中华人民共和国关于反倾销、反补贴和保障措施等有关规定的,海关在确定该货物的原产地时可以不考虑这类加工和处理"。这里的"规避"是指出口商通过各种形式、手段来减少或避免被征收反倾销税等的方法或行为。在原产地条例中引入反规避条款为我国限制国外出口商逃避我国反倾销、反贴补和保障措施等有关规定提供了相应的法律保障。

第四,新《条例》明确界定在原产地管理中行政机关和管理相对人的权利与义务及应遵循的程序规则。比如规定了进口货物收货人有如实申报货物原产地的义务;提出对将要进口货物的原产地作出预确定的申请人应向海关提供海关用于确定原产地所需的资料,即申请人承担举证责任;海关在审核确定进口货物原产地时可以要求进口收货人提交进口货物的原产地证书,并予以审验,必要时可以请求该货物的出口国(地区)的有关机构对该货物的原产地进行核查;进口相同的货物应当适用相同的行政裁定。

第五,首次明确提出原产地规则下的原产地标记管理。即货物或者其包装上标有原产地标记的,其原产地标记所表明的原产地应当是真实的,并且与依照新《条例》所确定的原产地相一致。这一规定旨在防止不法商人通过虚假的原产地标记达到伪报货物原产地或者在

---

① 税目号归类:在某一国家(地区)对非该国(地区)原产材料进行制造、加工后,所得货物在《中华人民共和国进出口税则》中某一级的税目归类发生了变化。

② 从价百分比:在某一国家(地区)对非该国(地区)原产材料进行制造、加工后的增值部分,超过所得货物价值一定的百分比。

消费领域进行欺诈的目的。

第六，新《条例》设置了保密原则。即用于确定货物原产地的资料和信息，除非按照有关司法程序的规定可以提供或者经提供该资料和信息的单位、个人的允许，否则海关、签证机构应当对该资料和信息予以保密。

此外，对于提供虚假材料骗取出口货物原产地证书或者伪造、变造、买卖或者盗窃出口货物原产地证书的，新《条例》规定，由出入境检验检疫机构、海关处 5 000 元以上 10 万元以下的罚款；骗取、伪造、变造、买卖或者盗窃作为海关放行凭证的出口货物原产地证书的，处货值金额等值以下的罚款，但货值金额低于 5 000 元的，处 5 000 元罚款。有违法所得的，由出入境检验检疫机构、海关没收违法所得。构成犯罪的，依法追究刑事责任。

新《条例》是我国为履行加入 WTO 承诺，根据 WTO《原产地规则协议》要求，在总结进口货物原产地暂行规定和出口货物原产地规则实施经验的基础上制定的，是我国第一部进出口货物完全统一的、与国际接轨的货物原产地认定行政法规。因此，新《条例》的颁布实施，不仅大大提高了原产地管理的科学化、法制化水平，也有利于企业强化原产地意识，逐步学会运用原产地规则处理国际贸易中的纠纷，有效维护自己的产品声誉和合法权益，为进一步开拓国际市场创造条件。

11.2　原产地证明书及其签发种类

11.2.1　原产地标记与原产地证明书

1. 概念

(1) 原产地标记是证明产品进入流通流域成为商品的一种产地来源的自然属性。它的真实性是需要通过证明来实现的，这种证明就是原产地证明书。因此，原产地证书就是对原产地标记进行证明的检验或认定业务。原产地注册标志就是对原产地标记确认或证明的表示，它是通过注册认定来实现。但不管是证明活动还是认定注册活动，都需要经过必要的审核、检验或检疫等程序过程，这是确保证明或注册的真实性的必不可少的环节，也是注册产品受到相关法律保护的必不可少程序，是国际通用的对产品进行合格评定的重要手段。

正因为货物原产地证明，包括原产地注册认定标志，是通过检验来实现的，因此这种检验必须是公正的、独立的。证明业务不论是公证还是私证，都必须公正，只有这样才能起到民事上的居间证明和法律上的举证作用。

(2) 货物的原产地证明是进口国要求出口国出具商品生产和制造"原籍"的一种证明文件，即原产地证书。它是证明商品原产地，即货物的生产或制造地的一种证明文件，是商品进入国际贸易领域的经济"国籍"，是进口国对货物确定税率待遇，进行贸易统计，实行数量限制(如配额、许可证等)和控制从特定国家进口(如反倾销税、反补贴税)的主要依据之一,并成为国际惯例。

货物的原产地证明,可以是第一方证明,即制造厂商对货物原产地的自我证明(这种证明通常被视为声明,并不具有真正意义上的证明);也可以是第二方证明,即采购人的证明、贸易关系人的证明等;但是在国际贸易中,更多的却是第三方证明,即独立的,与货物无利害关系的第三方的居间证明。这种第三者的检验机构,不论是官方的,还是经政府批准注册的独立检验机构,都是以事实为依据,以法律为准绳,通过检验来实现证明的程序的。因此,它的证明具有相当的权威性和独立性,具有居间证明的公正性和仲裁的举证性。

2. 原产地标记的意义

原产地标记之所以受到世界各国的重视,其根本原因有两个:一是原产地规则直接关系到各国的经济利益和民族利益,是国家主权的象征;二是国际贸易游戏规则中,它是唯一没有统一的国际规则。因此,它具有以下重要意义:

(1)商品质量的重要标示。

商品进入国际贸易领域时,原产地标记包括地理标志在货物的通关入境、市场准入、国际名牌的名优效应,可打破发达国家的设限。壁垒和普惠制"毕业"机制贸易保护措施的限制及调节国际贸易商务谈判方面发挥着重要的作用,因为产地既有时空的概念,又有地域界限,尤其是对产地病虫害的检疫管理尤其需借助原产地证明和地理标志来实施。例如,检验检疫部门对来自疫区的动植物产品、食品实施市场准入,将带有有害生物的动植物产品、食品拒之国门之外,就需要原产地证书,核实特定产品的特定原产地,实施地理标志管理,这是地理标志管理在检验检疫具体业务中的实际运用和体现。

(2)产地证书的转换形式。

原产地标记包括地理标志是原产地证明的一种表现形式,涉及的是原产地方面的具体业务,应由原产地证明具体主管部门统一负责,体现一口对外的原则。原产地证书实质上是原产地标记的一种证明形式,或者说原产地标记是原产地证书的另一种转换形式,是国际贸易中产品的"护照"。因为仅对每批进出口货物签发一份原产地证明书,作为最终消费者从一件商品上无从知晓其真实的产地来源。

(3)一种无形的知识产权。

使用原产地标记后,如果商品的品位、质量和信誉经得起时间考验和消费者检验,这个原产地标记就成为一种无形资产,将和它的牌号、字号共存共荣。正是由于原产地标记对企业和产品具有上述特殊意义,世界发达国家都将获得和保护原产地标记作为政府和企业的共同义务。

中国已经加入WTO,中国企业所面临的是国内外并轨的统一市场,原产地标记包括地理标志都是因为与国际贸易有关方存在才得以发展,没有贸易,就不会有原产地标记的保护。例如在欧盟,知识产权问题包括地理标志保护由对外贸易总司负责。2001年欧盟颁布了 2388/2000 号条例,规定出口至欧盟的特定葡萄酒凭政府签证机构签发的原产地名称证书(certificate of designation of origin),可享受特定关税优惠待遇。根据欧盟要求,国家质检总局已将各地检验检疫局的签证机构名称、签证印模等向欧盟委员会进行了注册备案。欧盟所称的"原产地名称",即是地理标志的另一称谓。

3. 原产国标记与地理标志的共性

(1) 同属产品的来源。

原产国标记与地理标志归根到底是产品的原产地问题或某项服务的来源地问题,是组成原产地规则的不可分割的有机整体。其同一属性都是表示产品的来源,是同一事物的两个不同层面,具有外在联系的不可分割性和内在关系的必然性。前者是产品的"籍贯"或"原籍",后者则是产品的"国籍"。"籍贯"或"原籍"自然包括在"国籍"之中。如"中国镇江香醋","中国"(原产国)是香醋的"国籍",而"镇江",则是香醋的"籍贯",产源地为镇江。

(2) 同属国际贸易领域范畴。

原产地标记包括地理标志属国际贸易领域范畴,被纳入 WTO 原产地规则协定基础管理范围。WTO《原产地规则协定》明确了原产地规则的适用范围,其中包括原产地标记。地理标志,是特殊产品的特殊原产地问题,WTO《与贸易有关的知识产权保护协定》首次将与产品的特定质量、声誉密切相关的地理标志上升为知识产权保护的高度,是原产地标记的组成部分,也是原产地工作的重要内容。申请保护的地理标志产品,必须经认定、检验、检疫等产品合格评定程序。

(3) 同属一个管理机制。

原产地标记(包括原产国标记和地理标志)统归国家质检总局管理。在国际贸易中,产品的来源问题更多地表现为原产国标记,而非地理标志。地理标志只是其中的一小部分,仅是特殊产品的特殊原产地问题。

因此,地理标志不能单独存在,它必须与原产国标记同时使用。如"景德镇陶瓷"是典型的地理标志产品,但当它输往国外时,就需要检验检疫机构对其实施检验、检疫,签发原产地证明书,且在包装上标明原产国标记"中国制造"。这种对出口产品的合格评定程序和环节按照国际通用做法是必不可少的。如果在这一环节中再增加一个专为"地理标志"进行管理的机制,必然造成工作程序的交叉,增加贸易关系人的麻烦,不利于贸易的发展。

4. 我国原产地证明书的签证管理机构

(1) 国家质检总局负责全国原产地证明书的签证管理工作,这是检验检疫法律赋予的一项重要职责。国家质检总局设在各地的检验检疫机构负责辖区进出口货物原产地的判定和签发原产地证明书的各项工作。

从广义角度说,各地检验检疫机构对外签发的各类证书中一般都列有原产地,诸如品质证书、重量证书、检疫证书中一般都列明证明产品的原产地。在我国出口商品大量见之于货物或其包装上的"made in China"(中国制造)字样,按照国际上通用的解释,这就是"原产国标记";纺织品标识查验中的"标识",其实就是专指"原产国标记",是对纺织品原产于何国的查核,防止原产于我国的产品冒充他国的产品。

(2)国家商务部对全国出口货物原产地工作实施统一监督管理,并负责与外国政府和国际组织关于原产地规则的谈判及有关原产地规则协议的签署工作。省、自治区、直辖市人民政府对外经济贸易主管部门负责协调本行政区域内的出口货物原产地工作,各地贸促会及经商务部指定的其他机构签发原产地证。

(3)原产地证明工作体系。

图11.1所示的是我国原产地证明工作体系。它的协调是保证整个体系正常运作不可缺少的机制。我国的原产地标记工作,是原产地证明工作体系的有机整体。

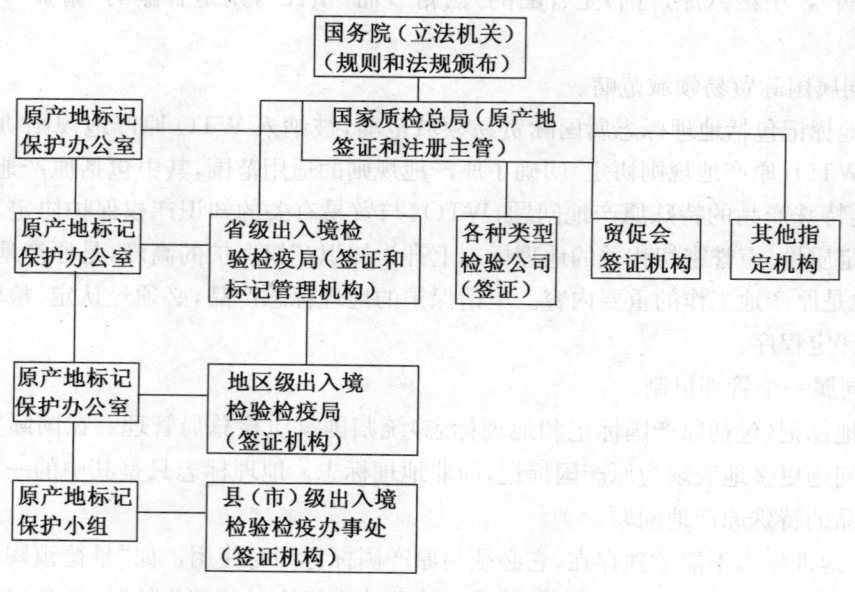

图11.1 我国原产地证工作体系

11.2.2 原产地规则及其作用

1. 原产地规则概念

原产地规则主要包括制定原则、适用范围、原产地标准、程序规则、管理机构、罚则以及争端解决等部分。它是国际贸易中许多关税和非关税措施的基础,也是国际贸易中一个非常重要的贸易规则,并且成为各给惠国出口产品享受普惠制待遇必备条件的规定。按照《原产地规则协议》的解释,原产地规则系指一国家、国家集团或地区为确定货物原产地而实施的法律、规章和普遍适用的行政命令。简言之,是确定货物原产地的法规。货物的原产地被形象地称为商品的经济"国籍"的规则。

原产地规则分为优惠原产地规则和非优惠原产地规则两种。优惠原产地规则可以是由进口国单方面赋予出口国优惠的原产地规则(如普惠制),也可以是通过互惠的双边或地区性《贸易协定》签订的原产地规则(如北美自由贸易协定等)。

2. 原产地规则的作用

原产地规则的产生起源于国际贸易领域对国别贸易统计的需要,然后伴随着国际贸易中关税壁垒与非关税壁垒的产生与发展,原产地规则的应用范围也越来越广,从原有的贸易统计需要涉及关税计征、最惠国待遇、国别配额、反倾销、手工制造、纺织品、政府采购,甚至濒危动植物的保护等诸多范畴。因此,许多国家都分别制定了繁琐、苛刻的原产地规则。原产地标准往往带有浓厚的保护主义色彩。原产地规则已不是单纯的海关的技术性(统计)问题,实际上已发展成为西方各国实施其贸易政策的有力工具,在一定程度上演变成非关税壁垒的措施之一。因此,原产地规则在国际贸易中具有的重要作用可归纳如下。

(1) 利用原产地规则,可以保护名特产品。

按照 WTO 多边贸易规则,如果产品在本国未得到原产地保护,其他国家也就没有对其保护的义务,反之,则可以得到保护。例如在 20 世纪 80 年代风行中国的"香槟"酒在90 年代全部消失,就是因为"干邑""香槟"是经法国有关原产地标记主管部门认定的原产地标志,我国在签署《保护工业产权巴黎公约》后,不得不对它尽保护义务。我国的许多地方名特产品,如"涪陵榨菜""贵州茅台""龙井茶"等,都属于原产地地域产品,可以而且应该得到原产地保护。然而,目前我国仅有的"贵州茅台""龙井茶""高邮鸭蛋"等 13 种产品申请获得了原产地保护,多数地方名特产品,如享誉世界的"涪陵榨菜"却未在此列。

(2) 利用原产地规则,可以避免不必要的麻烦或损失。

目前,原产地标记已被许多国家列为维护本国利益的主要管制内容,其中很多国家都以原产地标志或者证书作为通关的重要条件。美国对原产地标记的管理更为典型和严格。据1992 年美国海关公布的月报统计,在几千宗进口商品违例案中,其中缺少原产国标记,或标记内容或方法不符合要求被扣关的,占整个扣关商品的 1/4。此外,原产地证明还被用来证明产品是否为"全人工"的手工制品,含有来自饲养的而非野生的濒危动植物的产品,涉及安全、卫生及环境保护的产品等。在国际贸易中,原产地标志和原产地证书已成为不可缺的"护照"。

(3) 利用原产地规则;可以享受"普惠制"优惠。

普惠制是发达国家给予发展中国家出口的制成品和半制成品(包括初级产品)的普遍的、非歧视的、非互惠的关税优惠待遇。在普惠制下,出口产品关税比最惠国税率低约 1/3。目前给予我国普惠制待遇的国家共 36 个:欧盟 25 国(比利时、丹麦、英国、德国、法国、爱尔兰、意大利、卢森堡、荷兰、希腊、葡萄牙、西班牙、奥地利、芬兰、瑞典、波兰、捷克、斯洛伐克、拉脱维亚、爱沙尼亚、立陶宛、匈牙利、马耳他、塞浦路斯、斯洛文尼亚)、挪威、瑞士、土耳其、俄罗斯、白俄罗斯、乌克兰、哈萨克斯坦、日本、加拿大、澳大利亚和新西兰。

普惠制方案①由原产地标准、直运规则和书面证明三部分内容组成,其中普惠制原产地规则是核心内容,是各给惠国关于受惠国出口产品享受普惠制待遇必备条件的规定,一旦确定了原产地,就直接确定了其依照进口国的贸易政策所适用的关税和非关税待遇。由于普惠制的优惠是单方面的,所以,给惠国往往根据自己对普惠制的理解来发布给惠方案,以决定受惠国出口产品可否取得原产地资格、享受普惠制关税的待遇,力图在普惠制突破其关税壁垒后设置起又一道壁垒。

在我国的出口产品中,有很多是"含有进口成分的原产地产品",由于不同给惠国的给惠方案中部分原则的不同,这就要求企业在引进新项目,开发新产品之前,充分了解和研究给惠国的给惠方案,组织引进开发,就能享受普惠制优惠,获取经济效益。因此,加入 WTO 后的中国,国际贸易将大大发展,中国的名特产品和加工制成品要畅行国际市场,关注原产地规则,注册原产地标志,是一项不可忽视的工作。

11.2.3 原产地证明书的签发种类

原产地证明书主要分为特殊原产地证和一般原产地证。其中特殊原产地证明主要包括普惠制原产地证明、区域性优惠原产地证明和专用原产地证明等。

1. 普惠制原产地证明书

普遍优惠制原产地证明书简称为普惠制产地证(generalized system of preferences certificate of origin FORM A),是根据普惠制度②给惠国的原产地规则和有关要求,由普惠制受惠国政府机构出具有法律效力的证明文件。它是使受惠国的出口产品在给惠国享受减免进口关税优惠待遇的凭证。出入境检验检疫机构是我国签发普惠制原产地证明的唯一机构。申请人在向出入境检验检疫机构申请领取普惠制原产地证书前,应当在申请签发原产地证书的签证机构办理注册登记手续。注册登记内容包括签证机构对申请人及其申报产品、原产地标记、原产地证申报员等方面所进行的合格评定。申请单位领证时需提交以下资料,并缴纳签证费:

(1)《原产地证明书申请书》一份;

---

① 普惠制方案:亦称给惠方案,是各给惠国政府或国家集团为实施普惠制而制定的具体执行办法,定期或不定期地以政府法令的形式公布。各给惠国的方案不尽相同,但其内容都有如下几个共同要素:给惠产品范围、关税削减幅度、保护措施、原产地规则、受惠国家(受惠地区)名单和有效期。

② 普惠制度:即"普遍优惠制",是发达国家给予发展中国家出口制成品和半制成品(包括某些初级产品)普遍的、非歧视的、非互惠的一种关税优惠制度。它是一项有利于发展中国家和地区扩大出口的关税优惠制度,也是世界上关税最低、最有吸引力的一种关税制度。

（2）《普惠制原产地证明书》（FORM A）一套；

（3）正式出口商业发票正本一份，如发票内容不全，另附装箱单；

（4）含有进口成分的产品，必须提交《产品成本明细单》；

（5）复出口日本的来料加工产品或进料加工产品需提交《从日本进口原料证明书》；

（6）签证机构需要的其他单据。

2. 区域性经济集团互惠原产地证书

区域优惠原产地证书是签订区域性贸易协定的经济集团内的国家官方机构根据各自的原产地规则和有关要求，对贸易协定项下货物签发的原产地证明文件。它是协定成员之间货物享受互惠与减免关税的凭证。截至 2011 年底，我国主要签发的区域性贸易协定原产地证书已有八种，分别为《亚太贸易协定》、中国—东盟自贸区、中国—巴基斯坦自贸区、中国—智利自贸区、中国—新西兰自贸区、中国—新加坡自贸区、中国—秘鲁自贸区和中国—哥斯达黎加自贸区等区域优惠原产地证书。①

（1）中国—东盟自由贸易区优惠原产地证。②

2003 年 11 月中国与东盟共同签署了《中国—东盟全面经济合作框架协议》，这标志着中国—东盟自由贸易区的正式建立。根据《货物贸易协议》规定，从 2005 年 7 月 20 日起，中国和东盟全面实施中国—东盟自由贸易区《货物贸易协议》，对原产于中国和东盟的约 7 000 项产品相互给予优惠关税。泰国、马来西亚、缅甸、印度尼西亚和文莱 5 个国家给出了降税清单。新加坡最惠国税率为零。

（2）《亚太贸易协定》原产地证。

《亚太贸易协定》是由《曼谷协定》③于 2005 年 11 月 2 日正式更名而来的。这是我国加入的第一个具有实质性意义的区域性优惠贸易集团。现有成员国为中国、印度、韩国、孟加拉国、斯里兰卡和老挝。根据《亚太贸易协定》，从 2006 年 7 月 1 日起，各国将提供合计 4 000 多个税目产品的关税削减。根据 2005 年海关税则计算，我国可享受优惠关税的有印度的 570 项 6 位税目、韩国的 1 367 项 10 位税目和斯里兰卡的 427 项 6 位税目的产品，同时新增加了孟加拉国的 209 项 8 位税目产品的优惠关税。享受优惠税率的产品分别是化工产品、木制产品、塑料制品、皮革、金属制品、机械电气产品和纯棉织物等。以输往印度的塑料玩具为例，目前

---

① 本书篇幅有限，仅对其中做简述，详见参考文献：《原产地证书申领实用教程》。

② 根据中国东盟 2003 年全面经济合作协定框架协议，从 2004 年 1 月 1 日起，我国出口到东盟有关国家的"早期收获"方案项下的产品均可享受东盟 10 国给予的关税优惠待遇。自 2004 年 1 月 1 日起，国家质检总局设在各地的出入境检验检疫机构开始办理签发《中国与巴基斯坦优惠贸易安排》出口货物优惠原产地优惠证明书。

③ 《曼谷协定》：签订于 1975 年，全称为《亚太经社会发展中成员国贸易谈判第一协定》。自 2001 年 5 月 23 日起，中国正式成为《曼谷协定》成员，并于 2002 年 1 月 1 日实施《曼谷协定》。至 2000 年底，成员间相互提供优惠关税减让的税号已达 663 个，并对最不发达国家提供了 74 个税号的特惠减让。2003 年 10 月 1 日起，我国正式启动《曼谷协定》的优惠原产地证工作。

《亚太贸易协定》最大关税优惠幅度为 43%,输往韩国的服装最大优惠幅度为 50%。

(3)《中国与巴基斯坦优惠贸易安排》出口货物优惠原产地证。

中国与巴基斯坦伊斯兰共和国于 2003 年 11 月 3 日签订《中国与巴基斯坦优惠贸易安排》,自 2004 年 1 月 1 日起,国家质检总局设在各地的出入境检验检疫机构开始签发《中国与巴基斯坦优惠贸易安排》出口货物优惠原产地证明书。

对巴基斯坦可以签发的《中国与巴基斯坦优惠贸易安排》优惠原产地证明书,给予关税优惠的商品其关税优惠幅度从 1% 到 10% 不等。中国—巴基斯坦优惠原产地证书目前暂时用 FORM A 证书代替,申办手续同 FORM A。

凡申请办理《中国与巴基斯坦优惠贸易安排》优惠原产地证明书的单位,必须预先在当地检验检疫机构办理注册登记手续。申请签证时,必须提交《中国与巴基斯坦优惠贸易安排优惠原产地证明书申请书》,正确填制《中国与巴基斯坦优惠贸易安排》原产地证明书,并提交出口商品的商业发票副本以及必要的其他单证。

(4)《内地与香港关于建立更紧密经贸关系的安排》原产地证书。

《内地与香港关于建立更紧密经贸关系的安排》(简称 CEPA)协议规定自 2004 年 1 月 1 日起,273 种香港的原产货物,包括高级成衣、化妆品、首饰、钟表等,进入内地市场开始实行零关税。此后两年内,其他 2 000 多种香港原产货物也将同样享受零关税待遇。而其他 WTO 成员出口到内地的货物在 2008 年后仍需交约 8% 的关税。进口商必须提供合法原产地证书才能享受 CEPA 的零关税优惠,否则,即使是属于 CEPA 项下的商品也无法得到规定的优惠。

(5)中国—智利自由贸易区原产地证(FORM F)。

《中国—智利自由贸易区协定》(简称《协定》)是我国与拉美国家签署的第一个自由贸易协定。《协定》的主要内容包括货物贸易自由化和合作两部分,共分 14 章,121 条。该《协定》已于 2006 年 10 月 1 日起正式实施。根据《协定》,占两国税目总数 97% 的产品将于 10 年内分阶段降为零关税。智利对原产于我国的 5 891 种产品,及我国对原产于智利的 2 806 种产品的关税同时降为零。另外,中国对智利的 1 947 种产品的关税于 2007 年 1 月 1 日起降为零。《协定》所涉及的产品包括纺织品、玻璃制品、钢铁制品、机械设备等,这些产品的降税幅度达到了 50%,其中玻璃制品和纺织品为零关税。

3. 专用原产地证明

专用原产地证明是国际组织或者各个国家根据政治和贸易措施的特殊需要针对某一特定行业的特定产品规定的原产地证书,这些产品应符合特定的原产地规则。如为共同遏制非洲"冲突钻石",根据国际要求,国家质检总局、海关总署、外经贸部、国家经贸委、外交部和国土资源部 2002 年发布第 132 号联合公告,宣布我国实施金伯利进程国际证书制度的有关规定和签证要求,国家质检总局还制定发布了《中华人民共和国实施金伯利进程国际证书制度》(第 42 号局令)。还有:输欧蘑菇罐头原产地证明书、输欧烟草真实性证明书、《原产地名称证书》、纺织品配额原产地证、限制禁运产地证、手工制品原产地证、濒危动植物原产地证书等也属于专用产地证的范畴。

（1）金伯利进程国际证书。

2003年1月1日起在中华人民共和国实施金伯利进程国际证书制度，将金伯利进程毛坯钻石国际证书制度规定的毛坯钻石列入我国《实施检验检疫的进出境商品目录》，归类在HS编码7102.10、7102.21、7102.31项下的毛坯钻石，属于《中华人民共和国货物进出口管理条例》中限制进出口货物，其进出口仅限于"金伯利进程"成员之间进行，以履行我国的国际义务，制止"冲突钻石"非法交易，维护非洲地区的和平与稳定。

《金伯利进程国际证书制度》的39个成员国和地区为（含1个区域性经济集团）：安哥拉、澳大利亚、博茨瓦纳、巴西、布基纳法索、加拿大、科特迪瓦、中非共和国、中国、刚果民主共和国、欧洲共同体、加蓬、加纳、几内亚、印度、以色列、韩国、莱索托、毛里求斯、墨西哥、纳米比亚、挪威、菲律宾、俄罗斯联邦、塞拉里昂、南非、斯威士兰、瑞士、坦桑尼亚、泰国、乌克兰、阿拉伯联合酋长国、美国、津巴布韦、塞浦路斯、日本、马耳他、斯里兰卡、越南。

毛坯钻石入境前，申请人应向其注册登记地检验检疫机构提供中华人民共和国金伯利进程国际证书注册登记证、中华人民共和国进口毛坯钻石申报单和毛坯钻石出口国政府主管机构签发的《金伯利进程国际证书制度》等资料，申请办理入境申报手续；

毛坯钻石出境前，申报人应向负责企业注册登记的检验检疫机构提供中华人民共和国金伯利进程的注册登记证，中华人民共和国出口毛坯钻石申报单、合同、发票及价值证明文件和其他证明毛坯钻石合法性的有关资料。

（2）烟草真实性证书。

欧盟对品目号2401项下部分烟草享受普惠制关税优惠待遇时要求受惠国签发的原产地证。《输欧盟农产品原产地证明书》（输欧盟蘑菇罐头原产地证明书）系欧盟在进口蘑菇罐头时要求出口国签证机构签发的官方原产地证明。

（3）原产地命名证书。

欧盟规定的对葡萄、葡萄酒、奶酪等特定产品享受其特定关税优惠待遇，由受惠国签证机构签发官方原产地证明。

（4）原产地标记证书。

原产地标记证书是证明货物符合《原产地标记管理规定》《原产地标记管理规定实施办法》《中华人民共和国出口货物原产地规则》《中华人民共和国出口货物原产地规则实施办法》，具有使用已注册原产地标记的资格的官方证明文件。

原产地标记包括原产国标记和地理标志。原产国标记是指用于指示一项产品或服务来源于某个国家或地区的标识、标签、标示、文字、图案以及与产地有关的各种证书等。地理标志是指一个国家、地区或特定地方的地理名称，用于指示一项产品来源于该地，且该产品的质量特征完全或主要取决于该地的地理环境、自然条件、人文背景等因素。

申请原产国标记注册需提供的资料包括：证明产品所有权文件，产品的技术标准、检测标准、评定标准和证明产品符合原产地规则的文件。

申请地理标志注册需提供的资料包括：有关政府出具的地理位置范围界定文件、产品使用的范围说明；产品的地理位置说明；产品生产和形成时所用的原材料、生产工艺、工序、主要质量特性等相关资料；注册产品固有的标准；产品质量与地理标志自然环境以及人文因素历史渊源等相关的背景资料；法律法规有要求的相关资料，其中包括营业执照、许可证、商标牌号等，以及签证机构要求提供的其他相关资料。

4. 一般原产地证明书

一般原产地证书(C/O)是各国根据各自的原产地规则和有关要求签发的原产地证书，是进口国海关对进口货物实施征税，进行贸易统计，实施数量限制等管理的重要证明文件。我国的一般原产地证明的正确名称是："中华人民共和国原产地证明书"(certificate of origin of the People's Republic of China)。它是证明中国出口货物符合中华人民共和国出口货物原产地规则，货物系中华人民共和国原产的证明文件。

出口货物一般原产地证明的签发以及注册登记，依照《中华人民共和国进出口货物原产地条例》的规定执行。目前我国一般原产地证明的签发机构有出入境检验检疫机构和中国国际贸易促进委员会及其地方分会。申请单位领证时需提交以下资料：

(1)《原产地证明书申请书》一份；

(2)《一般原产地证明书》(C/O)一套；

(3) 正式出口商业发票正本一份，如发票内容不全，另附装箱单；

(4) 含有进口成分的产品，必须提交《产品成本明细单》；

(5) 签证机构需要的其他单据。

11.3 原产地证明书的申请与管理

检验检疫机构可以签发普惠制产地证和一般产地证。检验检疫机构是我国政府授权签发普惠制产地证的唯一机构，也是我国政府授权签发一般产地证的唯一官方机构。

11.3.1 一般原产地证的申请

在中华人民共和国境内依法设立，享有对外贸易经营权的企业，从事"来料加工"、"来样加工"、"来件装配"和"补偿贸易"业务的企业、外商投资企业，可以向签发机构申领原产地证。

1. 申请流程

(1) 注册登记。

凡符合上述规定企业需办理产地证签证时，应持政府主管部门授予企业进出口经营权的文件、企业营业执照副本、填妥规定格式的《注册登记表》①(一式二份)和产品原材料来源的有关证明等文件,向所在地签证机构办理注册手续。申请单位的印章和申领人员的姓名在申请单位注册时应进行登记。证书申领人员应经检验检疫机构培训,考核合格后持有申领员证。

(2) 申请签证。

申请单位应至少在货物出运前 3 天,持原产地证申请书一份,缮制正确、清楚并经申请单位手签人员手签和加盖公章的一般原产地证一式四份,出口商的商业发票副本一份,含有进口成分的产品还得提交产品成本明细单等文件,向检验检疫机构申请签证,签发机构需审核申请书内所填货物之内容及核阅其他有关文件,签发时间一般应在三个工作日内完成。

2. 年审

自注册之日起满一年申请单位需办理年审。产地证年审的要求如下:

(1) 每年 3 月从网上下载并填写《原产地证注册登记表》,携带产地证注册登记证;

(2) 同时提交营业执照副本、资格证书或批准证书(复印件);

(3) 其他需要资料;

(4) 连续两年不办理年审的单位,将取消其产地证注册。

11.3.2　普惠制原产地签证的申请

1. 概述

自我国 1979 年开始享受普惠制待遇以来,国家质检总局与有关部门一起,在推动我国出口企业充分利用普惠制关税减免优惠待遇、降低成本、增强市场竞争力方面做了大量行之有效的工作。多年来,中国检验检疫机构一直与欧盟各成员国海关在普惠制产地证退证查询"未再加工证明"等方面保持着良好的合作关系,为扩大我国出口产品在国际市场的份额,促进整个外贸发挥了重大作用。

2000 年,为适应我国电子商务迅速发展的趋势,检验检疫部门制定了《产地证电子签证管理办法》,全面推广产地证电子签证②业务,为外贸企业提供了更加便利、快捷的服务,缩短了签证周期,节省了外贸企业的时间和费用,提高了产地证签证水平。

2001 年 5 月 23 日,我国正式成为《曼谷协定》成员,与我国正式签订双边协议的韩国、斯里兰卡、印度已对我国实施了《曼谷协定》项下的货物原产地规则及关税减让。商品取得关税优惠必须符合《曼谷协定》项下进口国给予关税优惠的商品范围与优惠原产地规则,并需

---

① 《注册登记表》可以向当地签证机构领取。

② 电子签证:电子签证是通过网络申报完成签发证书的一种行为。详见本书 14.3.2 的内容。

要检验检疫机构签发《曼谷协定》优惠原产地证书(暂时以普惠制原产地证书 FORM A 代替)。

与我国签订双边贸易关税协议的其他国家或地区,我国出口商品在入境时也可享受到关税减让待遇。中国与巴基斯坦于 2003 年 11 月 3 日签订的《中国与巴基斯坦优惠贸易安排》框架项下的特定产品,已于 2004 年 1 月 1 日起正式实施关税优惠。商品取得关税优惠必须符合《中国与巴基斯坦优惠贸易安排》原产地规则、直运规则,并需要检验检疫机构签发的《中国与巴基斯坦优惠贸易安排》原产地证明书,产地证明书采用统一格式 FORM A。

2005 年 1 月 1 日起,我国颁布实施《中华人民共和国进出口货物原产地条例》,原《中华人民共和国出口货物原产地规则》和《中华人民共和国海关关于进口货物原产地的暂行规定》同时废止,从立法上统一了我国进出口货物原产地的确定规则,即把"完全获得标准"和"实质性改变标准"作为判定进出口货物原产地的共同标准。同时进一步明确,以及实质性的改变标准是以税则归类改变为基本标准,从价百分比的标准和制造加工工序等为补充标准,从而明确了确定实质性改变标准的适用顺序,纠正了以往进出口货物实质性改变确定标准不一致的现象。

2. 申请办理普惠制产地证书的单位范围

(1) 有进出口经营权的国内企业;

(2) 中外合资、中外合作和外商独资企业;

(3) 国外企业、商社常驻中国代表机构;

(4) 对外承接来料加工、来图来样加工、来件装配和补偿贸易业务的企业;

(5) 经营旅游商品的销售部门;

(6) 参加国际经济文化交流活动需出售展品、样品等的有关单位。

3. 申请办理普惠制产地证书要求

(1) 普惠制产地证书的签发,限于给惠国已公布法令并正式通知对我国实行普惠制待遇的国家所给予关税优惠的商品。这些商品必须符合给惠国原产地规则及直运规则。

(2) 申请单位向检验检疫机构申请签发普惠制产地证书,应严格按照各给惠国普惠制实施方案及有关规定。切实做到申请和填报的内容真实、准确。

4. 普惠制原产地签证的申请程序

(1) 注册登记。

申请普惠制产地证的单位,必须事先持有审批机关批准其经营出口业务的证明文件、营业执照及其他有关文件,向当地检验检疫机构注册登记。从事来料加工、来件装配及补偿贸易的单位还得提交承办对外加工装配业务或补偿贸易的协议、合同副本及本批产品成本明细单等有关文件。检验检疫机构经过审核和调查,对符合注册登记条件的予以注册登记。手签人员应是申请单位的法人代表并应保持相对稳定,如有变动,应及时向检验检疫机构申报。

（2）申请签证。

申请单位应于货物装运前向检验检疫机构提出申请。申请签证时，必须向当地检验检疫机构提交《普惠制产地证书申请书》，填制正确清楚的普惠制产地证书和出口商品的商业发票副本，以及必要的其他资料。含有进口成分的产品还必须提交《含进口成分受惠商品成本明细单》。

申请单位原则上向所在地检验检疫机构申请办理签证，特殊情况需在异地申请签证时，必须提供所在地检验检疫机构注册登记的证明文件。对使用外国商标的商品，凡符合原产地规则的，可以申请签证。但是，该商品及其包装不得标有香港、台湾、澳门及中国以外的产地制造的字样。申请单位若需要申请后发证书，必须向检验检疫机构提交货物确已出运的证明文件。

（3）制证。

普惠制原产地证书采用联合国贸发会议规定的统一格式，由申请单位填制。申请单位的手签人员应熟悉各给惠国普惠制实施方案采用的商品名称和编码及填制普惠制证书的方法；熟悉所经营的出口受惠商品，尤其是含有进口成分的商品的原材料构成情况；自觉执行有关规定，切实保证普惠制产地证书的真实性和准确性，证面保持清洁美观。证书一般使用英文填制，如给惠国有要求，也可以使用法文。

（4）签证。

检验检疫机构在接受申请时，要查看单证资料是否齐全，填写是否完整，文字是否清晰，印章、签字有无错漏。如发现不符合规定不接受申请。检验检疫机构证书签发人，必须经过严格培训并向给惠国主管当局注册备案。

（5）调查。

为确保普惠制原产地证书的真实性和准确性，检验检疫机构将进行的调查包括：在申请单位申请注册登记时，检验检疫机构审核有关书面材料并对其产品的原料及加工情况进行查核；签证过程中所进行的调查。检验检疫机构在接受办理普惠制产地证书的申请后，审核《含有进口成分受惠商品成本明细单》，并对含进口成分的商品进行实地调查；签证后所进行的调查。检验检疫机构对所签发的证书项下的商品，进行不定期抽查；给惠国查询的调查。在收到给惠国主管当局的退证查询时，检验检疫机构将会同有关部门对产品的原料、零部件来源，成本构成情况及加工工序等进行核查，并在规定时限内将核查结果答复给惠主管当局。被调查的有关单位应及时提供有关资料、证件。

（6）签证的更改或换发。

如果已签发的证书正本遗失或损毁，申请单位必须向检验检疫机构书面申明理由和提供依据。经检验检疫机构审核确认后方准予申请重发证书，同时声明原证书作废。申请单位要求更改已签发证书的内容，必须申明更改的理由和提供依据，经检验检疫机构核实并收回原发证书后方准予换发新证书。

申请重发或更改证书内容,申请单位均需重新履行申请手续。

经香港转运至给惠国的产品,在获得检验检疫机构签发的普惠制产地证书后,凡给惠国要求签署"未再加工证明"的,申请人需持上述证书及有关单证,向中国检验有限公司(香港)申请办理。

(7)申请签发后发证书。

签发机构通常不接受货物出运后才递交的原产地证申请。但如属特殊情况,如由于非故意的疏忽或其他特殊原因,货物出运前未能及时申请签发产地证书,申请单位亦可在货物发出后申请签发后发证书。申请人应在申请单上注明"申请后发"。取单时提交原产地证和申请书时,还需提交解释迟交申请书原因的函件和原产地证内所列货物的商业发票副本及提货单/航空提单/邮政收据等证明文件。

11.3.3 原产地证明书的签证管理

1. 申请单位的监督管理

(1)货物运抵香港的,对申请办理"未再加工证明"项下的商品进行任何加工的,或伪造、变造"未再加工证明"的,国家质检总局授权中国检验有限公司(香港)收回普惠制产地证书并停止对其签署"未再加工证明"。

(2)由于申请单位填报内容有误或不真实而导致签证差错造成不良后果,视情节轻重给予批评、通报或罚款处理。

(3)申请单位和人员隐瞒产品原材料来源或进口成分;或在申请书、证书内填报打印虚假情况,伪造、变造证书;或擅自涂改、加添证书内容,按情节轻重,对直接责任人员比照新《商检法》第三十六条的规定追究刑事责任;情节轻微的,由检验检疫机构处以罚款和通报。

2. 签发机构的监督管理

(1)签发机构违反规定签发或无正当理由拒绝签发原产地证的,可以区别情况通报批评或者暂停其原产地证签发权。

(2)凡签证人员玩忽职守,给国家造成政治影响或经济损失者,应给予批评教育,直至比照《商检法》第三十八条的规定追究刑事责任。

11.4 原产地证明书格式的填制说明(8种格式)

有关原产地证明书种类已在本章第2节中作了介绍,本节从中选择有代表性的8种原产地证书格式作较详的填制说明。

11.4.1　一般原产地证(C/O)格式的填制说明

1. C/O格式的填制要求

一般原产地证是证明中国出口货物符合《中华人民共和国出口货物原产地规则》,货物确系中华人民共和国原产的证明文件,是进口国海关据此对该进口商品适用何种税率的依据。该文件具有法律效力,也是通关、结汇、进行贸易统计的重要证明文件。各地出入境检验检疫局均可签发此种原产地证。

2. C/O格式的填制说明

中国原产地证明书共有12栏(不包括右上角证书名称和证书号码栏)。

(1) 第1栏:exporter(full name, address, country)为出口商名称、地址、国家栏。

出口商名称是指具有对外贸易出口经营权的单位,也就是指经国务院对外贸易主管部门或者其他委托的机构备案登记的专业外贸公司、工贸公司、自营出口的企业、中外合资企业、外商独资企业的正式名称,一般填有效合同的卖方,要同出口发票上的公司名称相一致。①此栏必须填明,不得留空。公司名称一定要填全称。地址要填明详细地址,包括街道名称、门牌号码,例如:上海市丝绸进出口公司,中国上海中山东一路17号,SHANGHAI SILK IMPORT AND EXPORT CORP. , 17 ZHONG SHAN ROAD(E. I.), SHANGHAI CHINA。

(2) 第2栏:consignee(full name, address, country),为收货人名称、地址、国家栏。

此栏一般应填明最终收货人名称、地址、国家,一般是外贸合同中的买方或信用证上规定的提单通知人,但往往由于贸易的需要,不知道最终收货人是谁,或者由于信用证规定所有单证收货人一栏留空,则为了方便外贸的需要此栏可以填上 To order 或 To whom it may concern(致有关人)。

(3) 第3栏:means of transport and route,为运输方式和路线栏。

此栏一般应填明装货港,到货港及运输方式(例如:海运、空运、陆运)。如经转运也应注明转运地,例如:从上海通过海运经香港转运至鹿特丹,英文为 From Shanghai to Rotterdam Via Hong Kong by vessel。

(4) 第4栏:destination port,为目的地栏。②

此栏目的地是指货物最终运抵港。

(5) 第5栏:for certifying authority use only,为签证机构使用栏。

出口申报单位应将此栏留空。签证机构根据需要加注内容。例如:证书更改、证书丢

---

① 注意:不能填境外的中间商,即使信用证有此规定也不行。

② 注意:不要填中间商国家名称。最终目的地即最终进口国,一般与最终收货人或最终目的地港国别一致。

失、重新补发,声明××××号证书作废等情况。

(6) 第 6 栏:marks and numbers of packages,为货物唛头及包件号码栏。

此栏按照发票或提单上所列唛头填完整的图案、文字标记或包件号码。货物系散装或无唛头,则应填无唛头,英文为"NO MARK"简写为 N/M。如果唛头多,此栏填不下,可填在证书第 7、8、9、10 栏空白处。如还填不下,则可另加附页,并在第 6 栏中填上"见附件"("see attachment"),附页用纸应小于证书尺寸,裁剪整齐后贴在证书背面中间,由签证机构加盖骑缝章。唛头如是复杂的图案或几何图形,也可复印下来贴在背面。

(7) 第 7 栏:description of goods; number and kind of packages,为商品名称,包件数量及种类栏。商品名称要求填具体名称,例如:睡袋(sleeping bags)、乒乓球(table tennis ball)、大麻籽(hemp seed)、核桃(walnut)等,要同发票、提单上的品名相一致。

包件数量及种类要求填明多少包、桶、袋等。例如:100 箱彩色电视机,填为 100(one hundred)cartons of Colour TV set.①此栏内容填完毕后,要在末行加上表示结束的符号＊＊＊＊或××××,以防再添加内容。有时国外信用证要求在所有单证内加注合同号、信用证号码或其他特殊条款等,则可加在此栏内结束符号的下边。

(8) 第 8 栏:HS code 为商品 HS 编码栏。

此栏要求填四位数的 HS 品目号,例如:出口商品为电风扇,其 HS 品目号为 84.14 则填84.14 即可。②

(9) 第 9 栏:quantity of weight 为数量或重量栏。

此栏应以商品的计量单位填,如"只"、"台"、"打"、"米"、等,例如:电视机以台计算,则可填 100 sets。以重量计算的则可填重量,但要注意注明毛重或净重,例如:毛重 2 000 吨,即2 000 metric tons gross weight。

(10) 第 10 栏:number and date of invoice,为发票号码和日期栏。

此栏必须按照所申请出口货物的商业发票填。此栏不能留空,也不能填中间商的发票号码,即使信用证有此规定也不行。为避免月份、日期的误解,月份一律用英文表示,例如:2007 年 8 月 9 日(Aug. 9, 2007)。

(11) 第 11 栏:declaration by the exporter,为出口商声明、签字、盖章栏。

出口商声明内容为:"下列签署人在此声明:上述货物详细情况和声明是正确的,所有货物均在中国生产,完全符合中华人民共和国原产地规则。"

申请单位的证书手签人员应是本申请单位的法人代表或由法人代表指定的其他人员。手签人员应保持相对稳定,手签人的字迹必须清楚。申请单位在此栏盖的印章要使用中英

---

① 注意:要在阿拉伯数字后面用括号加注英文数字。如货物系散货填写的商品名称后要加注"散装"(in bulk)。例如:1 000 公吨生铁,填为(1 000)one thousand M/T of pig iron in bulk。

② 注意:此栏商品品目号必须准确无误。

文对照章。手签人签字与公章在证面上的位置不得重合。手签人员和公章在签证机构办理登记注册手续时,必须在签证机构进行登记。

此栏还必须填申报地点和日期,例如 Shanghai Aug. 9,2007,注意申报日期不得早于发票日期,最早为同日,例如:发票日期为 7 月 23 日,则最早与发票同日也为 7 月 23 日。

(12) 第 12 栏:certification,为签证机构证明、签字、盖章栏。

签发日期不得早于发票日期(第 10 栏)和申请日期(第 11 栏)。签证机构证明内容为"兹证明出口商声明是正确的"。

11.4.2　普惠制原产地证明书(FORM A)的填制说明

1. FORM A 的填制要求

普惠制原产地证明书标题栏(右上角),填上检验检疫机构编码的证书号。在证头横线上方填上"在中华人民共和国签发",国名必须填外文全称,不得简化。ISSUED IN THE PEOPLE'S REPUBLIC OF CHINA①。

2. FORM A 的填制说明

普惠制原产地证明书 FORM A 有 12 栏,各栏填写方法如下:

(1) 第 1 栏②为:出口商的业务名称、地址、国别。例如:SHANGHAI SILK IMPORT AND EXPORT CORP. 17 ZHONG SHAN ROAD(E. 1),SHANGHAI,CHINA。

(2) 第 2 栏③:收货人的名称、地址、国别。例如:JEBSON & JESSEN, LANGE MUHREN 9,F-2000,HAMBURG,F. R. G. 。

(3) 第 3 栏④为:运输方式及路线(就所知而言)。例如:FROM SHANGHAI TO HAMBURG BY SEAFREIGHT。

(4) 第 4 栏⑤为:供官方使用。

---

① 国内印制的证书,已将此印上,无须再填。

② 注意:此栏是带有强制性的,出口商名称必须填明在中国境内的出口商详细地址,包括街道名、门牌号等。如果出口单位是其他国家或地区某公司的分公司,申请人要求填境外公司名称时可填写。但需在中国境内的出口商名称后加上 on behalf of (O/B)或 care of (C/O)再加上境外公司名称。

③ 注意:一般应填给惠国最终收货人名称(即信用证上规定的提单通知人或特别声明的收货人),如最终收货人不明确,可填发票抬头人。但不要填中间转口商的名称。在特殊情况下,欧洲经济共同体国家的进口商要求将此档留空,也可以接受。

④ 注意:一般应填装货、到货地点(始发港、目的港)及运输方式(如:海运、陆运、空运、陆海联运等)。如到货港不清楚,可填进口国名或地区(仅限欧盟,如 EU),如系转运商品,应加上转运港,如"VIA HONGKONG",此栏日期不应早于签证日期。即,离境日期需 on 或 after,不能用 before 或 about。

⑤ 注意:日本一般不接受"后发"证书,除非有不可避免的原因。附有日本原材料证明的 FORM A,应由申请单位在此栏加上"附件参考号×××"(Annex Ref No. ×××)。

此栏由签证当局填写,申请签证的单位应将此栏留空。检验检疫机构根据下述特殊情况签证需要:如果货物已出口,签证日期迟于出口货物日期,签发"后发"证书时,此栏加盖"ISSUED RETROSPECTIVELY"红色印章;如果证书遗失、被盗或损毁签发"复本"证书时,应在此栏注明原发证书的编号和签证日期并声明原发证书作废,其文字是:THIS CERTIFICATE IS IN REPLACEMENT OF CERTIFICATE OF ORIGIN NO . . . DATED . . . WHICH IS CANCELLED. 并加盖"DUPLICATE"红色印章。正常情况下,此栏空白。

(5)第5栏为:商品顺序号。

在收货人、运输条件相同的情况下,如同批出口货物有不同品种,则可按不同品种、发票号等分列"1""2""3"……。单项商品,此栏填"1"。

(6)第6栏为:唛头及包装号。

填写的唛头应与货物外包装上的唛头及发票上的唛头一致;唛头不得出现中国以外的地区或国家制造的字样,也不能出现香港、澳门、台湾原产地字样(如 MADE IN TAIWAN,HONG KONG PRODUCTS 等);如果货物无唛头应填"无唛头",即"N/M"或"NO MARK"。如果唛头太多,此栏不够填写,可填在第7、8、9、10栏截止线以下的空白处。如还不够,此栏上(SEE THE ATTACHMENT),用附页填所有唛头(附页的纸张要与原证书一般大小),在附页右角打上证书号,并由申请单位和签证当局授权签字人分别在附页末页的右下角和左下角手签、盖印。附页手签的笔迹、地点、日期与证书第11、12栏一致。

(7)第7栏为:包件数量及种类①,商品说明。

此栏应首先填明详细的商品名称及原材料。在商品名称后需加上大写的英文数字以及阿拉伯数字及包装种类或度量单位。例如:160(ONE HUNDRED & SIXTY)CARTONS OF WORKING GLOVES。

(8)第8栏为:原产地标准。②

此栏用字最少,但却是国外海关审证的核心项目。对含有进口成分的商品,因情况复杂,国外要求严格,极易弄错而造成退证,应认真审核。一般规定说明如下:

"P":完全原产品,不含任何非原产成分。

---

① 注意:请勿忘记填上包件种类及数量,并在包装数量的阿拉伯数字后用括号加上大写的英文数字。应具体填明商品名称,其详细程度应能在 HS 的四位数字中准确归类。不能笼统填"MACHINE""METER""GARMENT"等。但商品的商标、牌名(BRAND)、货号(ART. NO.)也可不填,因这些与国外海关税则无关。商品名称等项列完后,应在末行加上表示结束的符号,以防止外商加填伪造内容。国外信用证有时要求填合同、信用证号码等,可加在此栏结束符号下方的空白处。

② 注意:含有进口成分的商品发往挪威、瑞士、芬兰、瑞典、奥地利、欧洲共同体、日本时,都填写"W",并在大写字母后面标上产品的 HS 税则号。例如"W"96.01。发往加拿大的商品,只填"F"即可,发往澳大利亚、新西兰的商品,此栏可以留空。出口俄罗斯、白俄罗斯、捷克、斯洛伐克、乌克兰的含进口成分的商品(其进口成分不得超过离岸价的 50%),填"Y"字样,并在字母后面打百分比,如"Y"38%。

"W"：含有非原产成分，但符合原产地标准。

"F"：加拿大出口商品，含有进口成分（占产品出厂价的40%以下）。

（9）第9栏为：毛重或其他数量。①

例如：6270 KGS 或 3200 DOZ 等。

（10）第10栏为：发票号及日期。②例如：SK 530016。date 18，Jan. 2007。

（11）第11栏为：签证当局的证明③，有填签署地点、日期。

例如：SHANGHAI Jan. 19，2007 及授权签证人手签、检验检疫机构印章。

（12）第12栏为：出口商的申明。④

生产国的横线上应填"中国"（CHINA）。进口国横线上的国名一定要填准确。进口国一般与最终收货人或目的港的国别一致。如果难以确定，以第3栏目的港国别为准。凡货物运往共同体15国范围内，进口国不明确时，进口国可填 E. E. C. 。

申请单位的手签人员应在此栏签字，加盖中英文对照的印章，填上申报地点、时间。例如：SHANGHAI Jan. 19，2007。在证书正本和所有副本上盖章时避免覆盖进口国名称和手签人姓名。

3. 关于出国展览会中销售的展品和小卖品填证时应注意的几个问题

（1）第2栏：收货人的名称、地址、国家。

如果展品确定由展览团自己在国外直接销售，此栏可填举办展览团全称，展出国名及城市名称。例如：中华人民共和国展览团，英国，伦敦。

（2）第7栏：包件数量及种类，商品说明。

展品⑤的品种规格繁多，而每种商品的数量又很少，故此栏可填：展览品见所附清册（第×页至×页）。含有进口成分的产品，按要求另列。整个展品的包件数量，按照运输提单的数量填写。有些国家规定，要注册展览会的名称、地址，则填在此栏的最下面。例如：1986年温哥华太平洋全国展览会。

（3）第5栏、第10栏：可不填。

（4）其他各栏按正常要求填写。

---

① 注意：此栏应以商品的正常计量单位填，如"只""件""匹""双""台""打"等。以重量计算的则填毛重，只有净重的，填净重。但要标上：N. W. (NET WEIGHT)。

② 注意：此栏不得留空，必须照正式商业发票填具体。为避免月份、日期的误解，月份一律用英文缩写 Jan. Feb. Mar. 表示。发票内容必须与证书所列内容和货物相符。

③ 注意：签证当局只签一份正本，不签署副本。此栏签发日期不得早于发票日期（第10栏）、申报日期（第12栏），但不迟于提单日期，手签人的字迹必须清楚。手签与签证章在证面上位置不得重合。

④ 注意：时间不得早于发票日期；国名应是正式的和全称的。

⑤ 注意：一般展品清册都有几十页甚至上百页，作为证书的附件时，应在清册封面右上方填上证书编号，清册的首页及末页由主办单位和检验检疫机构同时盖章、签字。

4. 小额邮寄商品的出证问题

（1）小额邮寄商品，只要在给惠国所规定的限额内，凭出口单位自己签发的格式 APR 证书，即可享受优惠待遇，接受这种证书的有奥地利、芬兰、挪威、瑞典、瑞士和欧洲经济共同体成员国等给惠国，这些国家也可接受格式 A，以代替格式 APR，日本和加拿大不接受格式 ARP。

（2）日本使用的附加证明：日本规定，要想享受其给惠国成分特殊待遇，必须加附件。即："从日本进口原料证书"（certificate of materials imported from Japan）。该证书注有 FORM A 证书的编号，而有关的 FORM A 证书的第 4 栏上需注明该附件的编号，例如：AN-NEX NO⋯⋯申请单位同时需提交从日本进口原料时日方出具的发票、装箱单等单据，供商检局签发证书时审核用。

11.4.3 《中国与巴基斯坦优惠贸易安排》项下产品签发优惠原产地证书的填制要求

《中国与巴基斯坦优惠贸易安排》原产地证明书采用规定的统一格式 FORM A。

1. 一般填制要求

（1）《中国与巴基斯坦优惠贸易安排》优惠原产地证明书的签发，必须符合《中国与巴基斯坦优惠贸易安排》原产地规则、直运规则和签证要求。产品范围限于国家已公布的《中国与巴基斯坦优惠贸易安排》框架项下所给予关税优惠的商品。

（2）凡申请办理《中国与巴基斯坦优惠贸易安排》优惠原产地证明书的单位，必须预先在当地检验检疫机构办理注册登记手续。申请签证时，必须提交《中国与巴基斯坦优惠贸易安排优惠原产地证明书申请书》，填制正确的《中国与巴基斯坦优惠贸易安排》原产地证明书和出口商品的商业发票副本以及必要的其他单证。

（3）经香港、澳门转口至巴基斯坦的产品，在获得检验检疫机构签发的中国与巴基斯坦优惠贸易安排优惠原产地证明书后，申请人需持上述证书及有关单证，向香港中国检验有限公司或澳门中国检验有限公司申请办理"未再加工证明"。

（4）根据海关总署 2003 年第 78 号公告的要求，凡经香港或澳门转运至内地的上述优惠贸易协定项下的进口货物向海关申报时，需提供香港中国检验有限公司或澳门中国检验有限公司签发的"未再加工证明"。

（5）除第 8 栏外，其他填制法与第 11.4.2 节所述普遍优惠制原产地证书 FORM A 相同。

2. 第 8 栏的填制方法

《中国与巴基斯坦优惠贸易安排》优惠原产地证明书第 8 栏的填制，应遵循下述原则：

（1）完全原产或完全获得产品：在第 8 栏填写字母"A"；

（2）对于符合原产地标准的产品，第 8 栏应填写字母"B"，字母 B 后还应填上非中国原产或产地不明的原材料、零部件占产品 FOB 总值的百分比（例如"B"50％）。

11.4.4　《曼谷协定》优惠原产地证明书的填制要求

1．一般填制要求

（1）《曼谷协定》优惠原产地证书的格式，暂以普遍优惠制原产地证书 FORM A 代替，第 4 栏应注明"曼谷协定"（Certificate of Origin under the Bangkok Agreement）。出口商申请签证时，必须向检验检疫机构提交申请书、填制正确清楚的《曼谷协定》优惠原产地证书和出口货物的商业发票正本，以及必要的其他资料。

（2）《曼谷协定》优惠原产地证书共有 12 栏，除第 8 栏外，其余各栏填法与第 11.4.2 节所述普遍优惠制原产地证书 FORM A 相同。

2．第 8 栏填制方法

（1）完全原产于出口成员国的货物，填写"P"（货物出口到印度的，同时在证书第 7 栏填上"The goods described in this certificate have been wholly produced/manufactured within the territory of the People's Republic of China"）。

（2）货物运往韩国，含有非原产成分，填写"W"，并在字母后面标上产品的 6 位数编码，如："W"9503.70。

（3）货物运往斯里兰卡，含有非原产成分，填写"Y"，并在字母后面标上非原产成分占产品 FOB（离岸价）的百分比率，例如："Y"45％。

（4）货物出口到印度的：符合《曼谷协定》原产地规则第 1 段第 2 款规定，即部分/完全原产自中国的货物，填写大写字母"P/Q"；在中国完成最后加工工序的货物，填写大写字母"FP"；含有非原产成分，对于在中国的生产和劳务支出不少于产品出厂价 50％的货物，填写大写字母"V≥50％"，并在证书填上"The expenditure on all goods produced and labor performed within the territory of the People's Republic of China in the manufacture of the goods described in this certificate is not less than fifty per cent of the ex-factory or ex-works cost of the goods in their finished state"。对于在生产中使用了一个或多个《曼谷协定》成员国原材料并取得中国原产资格的货物，填写大写字母"SC"。

11.4.5　《烟草真实性证书》填制要求

1．填制说明

本证书应与普惠制产地证书 FORM A 同时使用方有效。本证书用英文或法文填制。

2．填制方法

（1）第 1 栏：出口商。

填写出口商的名称、详细地址及国家(地区)。

(2) 第 2 栏:证书编号。

与所附 FORM A 证书相同。

(3) 第 3 栏:签证机构。

填写签发机构的具体名称,应注明国别,如 THE PEOPLE'S REPUBLIC OF CHINA, SHANGHAI ENTRY-EXIT INSPECTION AND QUANRANTINE BUREAU。

(4) 第 4 栏:收货方。

应填写最终收货方的名称、详细地址及国家(地区)名。

(5) 第 5 栏:运输方式。

一般应填装货、到货地址(始运港、目的港)及运输方式(如海运、陆运、空运)。转运商品应加上转运港,如 VIA HONGKONG。

(6) 第 7 栏:唛头及包装号、包装数量及种类。

唛头及包装号应与所附普惠制原产地证书第 6 栏一致;包装数量必须用文字和阿拉伯数字同时表示。

(7) 第 8 栏:毛重(公斤)。

以公斤计算,用数字表示。

(8) 第 9 栏:净重(公斤)。

以公斤计算,用数字表示。

(9) 第 10 栏:净重(公斤)。

用文字表述商品的净重,用公斤计算。

(10) 第 11 栏:签证机构的证明。

此栏填写签证地点、日期。经审核后签证人在此栏(正本)签名,盖 FORM A 签证章。

11.4.6 《中国东盟自由贸易区》优惠原产地证明书 FORM E 的填制要求

1. FORM E 格式填制条件

在中国—东盟自由贸易区优惠关税方案下,同意以此格式作为享受优惠关税的成员国有:文莱、柬埔寨、中国、印度尼西亚、老挝、马来西亚、缅甸、菲律宾、新加坡、泰国、越南。在中国—东盟自由贸易区优惠关税方案下,输往上述任何一个成员国的货物,有权享受优惠关税待遇的主要条件是:

(1) 必须是目的国规定的可享受优惠关税待遇的产品减让表中所规定的产品;

(2) 必须符合由一个成员国直接运至进口成员国的直运规则,但如果由于地理方面的原因或因运输方面的要求而出现经由一个或数个非成员国的过境、转运或临时存储,也被认为是可以接受的;并且符合下述原产地标准的规定。

2. 原产地标准:输往上述成员国的货物,还需符合下述条件之一才能享受优惠关税待遇

(1) 原产地规则中规则 3 所定义的完全原产于出口成员国的产品;

(2) 依据上条,为履行中国—东盟原产地规则中规则 2(b)的条款,在产品的生产加工过程中,所使用的非成员国或不明原产地的原料、部件的价值不超过所加工获得的生产品离岸价的 60%,且最后加工工序是在出口成员国境内完成的产品。

(3) 符合中国—东盟自由贸易区原产地规则中规则 2 所列的原产地标准的产品,被另一成员国用于其最终产品中,只要此最终产品的中国—东盟自由贸易区成分累计不低于 40%,则此最终产品应被视为是原产于进行最后加工工序的成员国的产品;或符合中国—东盟自由贸易区原产地规则附件 B 所列特定产品规则的产品被认为是由缔约方经过了实质性改变的产品。

如果货物符合上述标准,出口商必须在本格式的第 8 栏中填明所符合的原产地标准,以申明其货物符合优惠关税方案,第 8 栏的填写方式如表 11.1:

表 11.1

在本格式第 11 栏中提及的第一个国家的生产或制造的状况	在第 8 栏中填入
(a) 完全原产于出口国的产品(见第 11.4.6 节所述)	"×"
(b) 非完全原产于出口成员国,但在该国的生产符合上述第 11.4.6 节所述的产品	第一国家原产成分的百分比,例如:40%
(c) 非完全原产于出口成员国,但在该国的生产符合上述第 11.4.6 节所述的产品	东盟国家原产成分累计的百分比,例如:10%
(d) 满足特定产品规则条件的产品	特定产品规则

(4) 每件商品必须符合的条件:应该注意到同一批货物中的所有产品都必须符合原产地标准,特别是不同规格或备件的相类似的商品。

(5) 货物描述:对货物的描述(包括制造商的名称和认可的唛头标记)必须充分详细,以便于海关官员在实施查验时能清楚辨别该货物。

(6)《商品名称和编码协调制度》编码的使用应以进口成员国的为准。

(7) 第 11 栏中所指的"出口商"可以包括制造商或生产商。

(8) 官方使用栏:进口成员国的海关当局必须在第 4 栏的相关方格中用(√)标明是否给予该产品享受优惠关税的待遇。

3. FORM E 格式的填制要求

(1) Form E 必须用英文填制。证书应由下列颜色的一份正本及三份副本组成:正本——米黄色,交给进口商;第一副本——浅绿色,检验检疫机构留存;第二副本——浅绿色,交给进口商,货物在进口国通关后交还检验检疫机构;第三副本——浅绿色,出口商留存。

(2) 每份原产地证书应注明其发证单位的单独编号。

(3) 证书的第 1、2、3、5、6、9、10、11 栏内容和填制要求参见普惠制原产地证明书，FORM A 相应各栏的填制要求。

(4) 第 4 栏：官方使用。

进口成员国的海关当局必须在第 4 栏的相关方格中用(✓)标明是否给予该产品享受优惠关税的待遇。

(5) 第 7 栏：货物名称和 HS 品目号。

货物品名必须详细，以便验货的海关官员可以识别。生产商的名称及商标也应列明；HS 品目号为国际上协调统一的 HS 品目号，填 4 位数 HS 品目号。

(6) 第 8 栏：原产地标准。

按第 11.4.6 节所述要求填写。

(7) 第 11 栏：所指"出口商"可以包括制造商或生产商。

(8) 第 12 栏：官方证明。

此栏填签证机构的签证地点、日期。检验检疫局签证人员经审核后在此栏(正本)签名，盖签证印章。当申请单位申请后发证书时，需在此栏上应加注"ISSUED RETROACTIVE-LY"；当申请单位申请重发证书时，需在此栏上应加注"CERTIFIED TRUE COPY"。

11.4.7 转口证明书填制要求

1. 填制要求

(1) 转口证明书的作用。

转口证明书(CERTIFICATE OF RE-EXPORT)，是根据《中华人民共和国出口货物原产地规则》第十二条规定签发的证书。其主要用途是证明别国或地区的出口货物经中国转运或出口。各地出入境检验检疫局均可签发转口证明书。

(2) 使用此证的主要原因是，如果别国或地区的货物卖给中国某外贸单位，中国外贸单位再转卖到其他国家或地区，中国外贸单位将给第三国外商开列一套外贸单据，货物到达第三国后，如果没有证明该批货物系经中国转卖的别国货物，进口国海关有可能视该批货物为中国原产，那么在贸易统计上就会发生偏差，甚至导致其他问题。

2. 填制方法

(1) 此证共有 15 栏(不包括证书名称和编号栏)。第 1、2、4、10、11、12、13、14 栏内容和要求与中国原产地证明书的第 1、2、4、6、7、8、9、10 栏的填制要求相同。

(2) 证号栏：应在证书右上角填上证书编号，不得重号。

(3) 第 3 栏(离港日期)：指货物离开中国的日期。

一般可以提单日期为准或信用证规定的日期。此栏日期为大约日期，但注意不要与实际离港日期相差太远，一般可相差 1—2 天。

（4）第5栏（运输工具名称及号码）：此栏按照实际运输工具填制，例如船、飞机、卡车及其号码。

（5）第6栏（装运港）：此栏按实际装运港填制。如，上海港（SHANGHAI CHINA），大连港（DALIAN CHINA）等。

（6）第7栏（卸货港）：此栏可按照合同、信用证或其他单据规定的卸货港填制，例如：伦敦、鹿特丹等。

（7）第8栏（最终目的港）：此栏是指货物最终运抵港，一般来讲此栏与第7栏（卸货港）是一致的。

（8）第9栏（货物原产地）：此栏应按照货物的实际原产地国填制，例如日本、蒙古、菲律宾等。可按照货物进口合同或其他能证明货物原产国的单据填写。

（9）第15栏（签证机构证明、签字、盖章）：此栏应如实填写货物原产国或地区，与第9栏一致。签证机构证明内容为"兹证明上述货物系来自某国或地区，经中国复出口"，其填制要求与中国原产地证明书相同。填写签证地点和日期，由签证机构签字、盖章。签字和盖章不得重合，签发日期不得早于第3栏离港日期及第14栏发票日期。

3．填制注意事项

（1）当申请人在产地证缮制过程中发生差错，为了节省重新缮制时间和及时结汇，可以在错误处修改一次，但为了保持产地证的书面整洁，签证机构只能在证书修改处加盖一次校正章。

（2）唛头、HS编码、数量、发票号码、日期不得加盖校正章，如这些栏目在填制中发生差错，必须重新填制。

11.4.8 加工装配证明书填制要求

1．加工装配证明书的作用

加工装配证明书（certificate of processing）是根据《中华人民共和国出口货物原产地规则》第十一条之规定签发的证书。其主要用途是证明出口货物在中国工厂、企业使用别国的原料、零部件进行了加工、装配，但该货物在中国进行的制造工序不足，不符合"中华人民共和国含有进口成分出口货物原产地标准主要制造加工工序清单"的要求，其原产地不属于中国，不能取代中国原产地证。

2．填制方法

（1）加工装配证明书共计有13栏，第1—10栏的填制要求与中国原产地证明书的填制要求相同。

（2）证书右角上应填上证书号，不得重号。

（3）第11栏：country/territory of manufacture，为制造国或地区栏。

制造国或地区,是指所加工装配产品的材料,零部件原制造国或地区。例如:出口的电视机,其加工工序按照中华人民共和国含有进口成分出口货物原产地标准主要制造加工工序清单要求,必须经"插件"和"焊接"工序,但该电视机使用的全部是从日本进口的零部件,在中国仅经简单组装,未经"插件"工序,不符合加工工序要求,其产品制造国应为日本,此栏即可填写"日本"。

(4) 第 12 栏:为在中国进行加工装配栏。此栏应填明主要加工工序。此栏申请人还需填地点和日期,地点指加工装配地点,并要签字盖章。

(5) 第 13 栏:为签证机构证明、签字、盖章栏。签证机构证明内容为:"兹证明上述货物系在中华人民共和国加工装配"。签证机构审核人员审核无误后,加注签证日期和地点,并签字、盖章。签发日期不得早于发票日期(第 10 栏)和申请日期(第 12 栏)。

案例评析

案例 1 原产地证退证查询

分析以下案例背后的原因不难看出,国外海关退证查询经常带有一定的针对性,其背后隐藏着国外贸易管理机构对我国出口货物的一些怀疑。因此,我国签证机构应坚持公正、实事求是,涉案企业有义务予以积极配合,有针对性地进行调查,作出令人信服的答复,既可以保护我国出口的商业利益,又体现我国签证机关的权威和诚信。

(1) 商品 HS 编码的任意填报惹国外查询。

案情介绍

2001 年,A 检验检疫局收到一份从德国海关发来的国外查询,对某公司申领的一份产品为不锈钢保温杯的证书第 8 栏提出质疑,认为不锈钢保温杯的 HS 编码应为 96.17 而非 73.23。此前,企业由于种种原因随意填写 HS 而引起改单、退单现象屡有发生,故惹德方发函查询。

案例评析

此案例主要发生在不锈钢制品、滑板车等出口产品的编码上。在目前的国内退税中,73 章退税比 96 章高,企业为了能享受更高的退税,只要是不锈钢制品,在出口时统统申报 7323.9300(其他不锈钢家用器具及其零件)。

案例启示

国际贸易商品分类是各个国家制定的贸易政策,是征收关税、进行贸易管理和贸易统计所需要的,而且分类制度在全球范围内的统一已成为必然趋势。对企业而言,如何正确填制、申报商品编码而顺利出口也显得尤为重要。

（2）比利时海关搞不清我国的签证印章。

案情介绍

2001年9月，B检验检疫局接到比利时经贸部发来的退证查询函，信函通篇都是法文，一时之间无法正确理解其内容，只能先根据退回的原产地证书找出留档的签证资料。这是一份一般原产地证书，出口的商品是7 000多条男童裤，由B地生产厂家生产，产品属完全原产。从资料上看，证书的内容每一栏都很清楚准确，印章、签名都没有问题。该份函文经译后的结果令B检验检疫局很惊讶，信上说"比利时海关怀疑此份证书的有效性是基于以下原因：印章与在欧盟委员会备案的印模不相符合"。

案例评析

根据我国签证规定，检验检疫机构签发普惠制原产地证书和一般原产地证书使用的是不同的签证印章：普惠制原产地证书的签证印章上体现直属局的名称，如"上海"，并有"FORM A"的字样；而签发一般原产地证书用的是检验检疫证书的签证印章。因此，我国在欧盟委员会备案的是普惠制原产地证书的签证印章，而一般原产地证书的签证印章印模是不需到欧盟委员会备案的。

比利时海关不可能知道上述情况，将一般原产地证书上的印章与备案的普惠制原产地证书签证印模对照，得出了证书印章与备案印模不相符合的结论。为此，B检验检疫局即刻给比利时经贸部一份信件，大意是说明了中国签证机关签发一般原产地证书使用与普惠制原产地证书不同的签证印章，而根据中国、欧盟政府间合作协定，只有普惠制原产地证的签证印模才拿到欧盟委员会备案。从此以后，B检验检疫局再没有接到类似的退证查询。

案例启示

从上述案例可以看出，国与国政府机构间缺乏有效沟通，哪怕是一点技术细节上的误会，就可能造成国际贸易中不必要的麻烦，而答复产地证查询，正是一种有效的沟通渠道，认真对待，有助于消除误会，促进对外贸易的发展。

（3）公司名称惹人疑。

案情介绍

2002年9月，C检验检疫局接到意大利LIVORNO海关的退证查询，一改平日退证查询的官样文章口吻，言辞恳切。大意是：贵方签发的这份FORM A上所列货物（聚酯切片），我国针对别国来的同类货物发起了一项反倾销税，可是产地证和发票上显示贵国出口商是一个国际贸易公司，我方希望贵方能帮助确认该批货物确实原产于中国，以洗清贵国出口商帮助别国货物规避反倾销税的嫌疑等。

为此，C检验检疫局立即查询备案的证书资料，原来这批聚酯切片是江苏三房巷集团公司生产的。三房巷集团是一个大型企业集团，旗下有大大小小数十个子公司，其中生产聚酯切片的子公司叫做"兴业塑化有限公司"，而出口则用集团公司下属"江苏三房巷国际贸易有限公司"的名义,其实这个子公司所做的"国际贸易"基本上都是出口本集团自产的产品,进口本集团自用的原料和设备。

为了确保万无一失,C检验检疫局到三房巷作了一次调查,原产地证上所指的这批货物的生产、发货记录俱在,报关出口资料齐全,不可能是进口了别国的货物再以自己名义出口。调查确认无误后,C检验检疫局回函意大利海关,解释了生产厂家、出口商的情况和彼此的关系,附上了进料、生产的记录和出口发票的复印件,并再一次确认原产地证书的真实性和可靠性。

案例评析

这是一个典型的以集团公司下属外贸公司名义出口自产产品而被国外海关怀疑规避反倾销税的退证查询案例。众所周知,大型企业集团成立自己的外贸公司,以出口本集团自产产品为主要业务,这种现象在国内很常见。关键在于集团公司如何正确处理同类业务,规避国际贸易风险。

案例启示

征收反倾销税是国际贸易中很常见的一种贸易保护措施,一旦我国出口商被国外海关怀疑帮助别国货物规避反倾销税,原产地证的签证机关就应向国外海关作好解释、说服工作,帮助出口商洗清这种嫌疑;如果置之不理,或者不能作出令人信服的说明,可能会使出口商丧失信誉,甚至丧失一个市场。

(4) 价格低得让人怀疑不真实。

案情介绍

2003年5月,D检验检疫局收到国家质检总局转来的一封西班牙 VALLADOLID 海关退回 FORM A 查询。退证查询中语气严峻,要求也很高,除了提醒我方应按"中欧政府间优惠问题协定"的条款规定确认内容的真实性与准确性之外,还加了这样一段话:鉴于进口商在一些进口业务中的严重违规行为(如虚假报关、提供虚假发票),我方要求,如果可能的话,请确认发票的真实性,尤其是发票中所列货物的等级、性质、数量、价格是否真实。这样看来,是西班牙的进口商曾经做过不规矩的事,在海关留有"案底",这次可能出口产品的价格很低,更引起西班牙海关怀疑进、出口商勾结起来低报价格以逃避一部分关税。

为此,D检验检疫局将签证资料调出来一看,出口商申请签证时提供的发票与西班牙海关退回的发票是一模一样的,可是发票上价格确实是低了一点,出口的货物是加工首饰用的部件:24 000 袋项链和手镯上的紧固件,每袋才 0.3 美元;12 000 卷细钢丝,每卷还不到 0.3 美元。出口商是 D 地的一个外贸公司。D检验检疫局马上把该公司申请签证的业务员找来问情况。他说,他也是第一次和这个客户做生意,不过据他了解,这个西班牙商人以前从日本和中国台湾进口同样的货物,价格是他报价的 10 倍。之所以不报高一点,关键是少赚一点来抢市场。商人的市场营销策略,产地证签证机构是管不了的。经问发票事宜,他说正规发票是没有的,都是家庭作坊做出来的东西,这么低的价格,怎么可能有进口成分呢? 最后查看他的义乌经销商的原始报价单,确实不是什么值钱的东西,进价也低得吓人,出口商还是有一定的利润空间。

证实出口商言无虚假,D 检验检疫局回函西班牙 VALLADOLID 海关:根据我方调查,原产地证及发票都是真实可信的,货物确实原产于中国;同时还补充说明了货物是从浙江义乌小商品批发市场采购,在江苏江阴包装,成本远远低于日本、中国台湾的同类货物。

案例评析

我国出口到欧美的轻工产品的价格往往非常低,绝大部分利润被国外经销商赚走了,而出口商品价格太低了,还要被人家怀疑价格欺诈或倾销,上述就是一个很好的例证。因此,出口经销商或企业如何盘询出口商品价格,是国际贸易中的营销学问,值得推敲。

案例启示

出口商品定价多少,是否合理,原产地证签证机构无权干涉。但碰到本案例中的情况,签证机构应本着实事求是的态度,查明情况,如实答复。如果不存在故意低报价格的事实,我方当然应向国外海关当局解释清楚,以维护我出口商的合法权益。反之,如果真的是中外商人勾结虚报价格,签证机构也不应隐瞒护短,丧失自身的公正立场和信誉,而应依法对申请签证的出口商进行相应的行政处罚。

（5）产地标识要明确。

案情介绍

2004 年 6 月底,E 检验检疫局接到波兰 GDYNIA 海关发来的退证查询,同时退回 3 份一般原产地证。这是同一家公司申请的签证,产品是女式羊毛衫,2003 年 7 月签的证书。初看,这是一次例行查询,信的内容很简单,要求我方证实证书的真实性,并确认货物确实原产于中国。

为什么例行查询要同时退回 3 份原产地证书,而且是同一个出口商申请的签证呢？带着这个疑问,E 检验检疫局调出签证资料仔细查看,发现了一个问题:这三批货物的进口商是同一个波兰公司,三批货物的外包装唛头中没有"MADE IN CHINA"之类的标识,反倒出现了波兰公司的名称缩写、地址和波兰的国名。

E 检验检疫局到生产厂家(同时也是出口商)调查,发现货物确实完全是原产品,所有原料都来自国内生产厂商,进料记录很齐全。但是羊毛衫的各种标签、包装标识中都未标明生产厂家和产地。经过同公司业务人员交流,才知道标签、唛头内容都是波兰公司指定的,波兰的有关法律并未明确规定进口货物一定要标明产地。至此,问题就很清楚了。E 检验检疫局复函波兰方面,绝口不谈产地标识的问题,只是强调原产地证是真实可靠的,货物确实是完全原产于中国。

案例评析

上述案例涉及的货物内、外包装上没有标明货物产于中国,但也没有标明货物产于其他国家,不算弄虚作假;只是在包装唛头上标出了进口商的地址和国名,虽不违法,却容易产生误导。至于波兰进口商在国内是否将这些货物冒充本国产品销售,或转销他国,与我出口商无关,签证机构也无法过问。

案例启示

国外海关退证查询经常带有一定的针对性,其背后隐藏着国外贸易管理机构对我国出口货物的一些怀疑。本案所涉及的出口商后来接受了 E 检验检疫局建议:即出口商与波兰客户协商,在唛头中加入"MADE IN CHINA"的字样或去除波兰公司名称、地名和国名,以免引起波兰海关的怀疑。在以后的业务往来中,也就再未发生本案这样的问题。

案例 2 企业逃避原产地调查

案情介绍

2005 年 11 月,A 地某出口企业向 A 检验检疫局申报两批出口货物的普惠制原产地签证。细心的签证工作人员在审查签证申请单时,发现其中一批货物有两个英文品名,却填写了与该两个英文名均不对应的一个中文品名。同时,生产厂家的英文名称为两家 B 地企业,但中文名却为一家 A 地企业。另一批货物有三个品名,而生产厂家却只有一个。签证人员判断这两批货物可能存在虚报品名和生产厂家的情况,立即联系法制工作人员对此进行立案调查。

经调查,该企业出口的两批货物中,第一批货物的两种产品分别由两家 B 地企业生产,第二批的三种产品中只有一种由 A 地一家企业生产,另外两种分别由两家 C 地企业生产。该出口企业虚报了货物品名,并将外地生产企业虚报为 A 地企业,企图骗取原产地签证。

案情分析

按照我国《普惠制原产地证明签证管理办法》及其实施细则的规定,原产地证书签证申请人向检验检疫机构申请签发普惠制产地证书时,应切实做到申请和填报的内容真实、准确。根据《商检法》及其实施条例的规定,不如实向检验检疫机构申报,骗取有关单证的,检验检疫机构可以处以货值 5% 以上、20% 以下的罚款。根据所掌握的案件事实,A 检验检疫局对该出口企业处以货值金额 6% 罚款的行政处罚。

案例启示

(1) 本案的出口货物中一部分是 A 地企业生产的经常性出口产品,将同一批货物中的其他产品也以经常性出口产品的名义出口,就可免去首次出口的产地调查。另一方面,本案中绝大部分由外地企业生产的出口货物要在 A 地口岸出口,应当办理产地证的异地签证,而按照规定,申请异地签证的商品,应提交产地检验检疫机构出具的《普惠制原产地标准调查结果单》。对本案的企业来说,通过虚报本地生产企业,就可以逃避异地产地调查,省去企业相当一部分时间和成本。

(2) 作为产品在进口国享受优惠关税待遇的签证,普惠制原产地证、区域性优惠原产地证书通过检验检疫等部门的大力宣传,已逐渐为我国外贸企业所熟悉和重视,有效用于扩大出口、开拓国际市场。但是企业如果在利用政策的过程中,一时贪图自身利益,误入歧途,必将会影响我国正常的进出口秩序和出口产品的信誉。

案例3　电脑合成伪造证书

案情介绍

2004 年 1 月 30 日,W 地检验检疫局收到西班牙海关的查询函及相关材料,对 W 地出入境检验检疫局 2003 年 6 月签发的两份普惠制证书印章提出质疑,同时对于同一个发票号的货物,同年 12 月又签发了原产地证书,而没有注明是原证书的替代证书提出疑问。经 W 地检验检疫局调查发现,这两份证书是 W 地某实业有限公司对出口至西班牙两个集装箱阀门配件所出具的,确认证书的印章与签名模仿假冒痕迹明显,系伪造证书。

案情分析

2003 年 6 月,该公司由于出口前没有及时办理普惠制证书,在客户催要相关单证时,该公司具体承办人员才发现忘了办理产地证。由于该公司员工担心自己工作失职而受到处分,故抱着侥幸心理,找了一家复印社用电脑合成的方式制作了假的产地证书上的印章,证书伪造完毕后,寄至西班牙海关。当西班牙海关对证书提出质疑后,当事人害怕事情败露,才又于 12 月补办了证书。据此 W 地检验检疫局认定,该公司伪造普惠制证书一案事实清楚,证据确凿,根据《商检法》第三十六条有关规定,决定停止办理该公司产地证签证业务 3 个月,并处以 3 万元人民币的罚款,同时取消当事人普惠制资格。

案情启示

这起案件的发生,反映了部分外贸企业对检验检疫政策、法规还缺乏深刻认识。检验检疫机构对伪造证单予以严厉打击的同时,还应通过采取宣传教育,加强监管等方式避免类似事件再次发生。

案例4　买卖产地证书遭重罚

案情介绍

2005 年 6 月,F 检验检疫局(以下简称 F 局)接到意大利海关对 F 局签发的 2 份普惠制 FROM A 产地证的查询。这两份 FROM A 证书是由某市 A 经贸公司分别于 2005 年 1 月

20 日和 27 日向 F 局申领的。F 局在进行产地证退证查询时，发现 A 公司有买卖 FROM A 证书的违法行为。2005 年 8 月 7 日 F 局正式立案调查。

经查，A 公司将申领的两份证书有偿转让给某市 B 商贸公司，并最终提供给深圳市 C 进出口贸易有限公司和东莞 D 商贸公司使用，致使上述两公司出口的货物与产地证书不一致，造成意大利海关退证查询。通过调查获取了与案件相关的产地证申领资料、A 公司收费证明等证据，认定 A 公司买卖 FROM A 证书的违法事实。依据《中华人民共和国进出口货物原产地条例》第二十三条规定，对 A 公司处以 5 万元人民币的罚款。

案情分析

A 公司与 B 公司有业务往来，因 B 公司无外贸经营权。A 公司就按 B 公司的要求以"A 实业经贸公司"的名义申领 FROM A 证书，并以每份 150 元的价格卖给 B 公司。A 公司是 FROM A 证书的申领人，将证书出售给予其没有外贸代理关系的其他企业，据此 B 公司是买卖 FROM A 证书违法行为的实施主体，应依据法律予以处罚。

此案发生后，虽然 F 局及时补救产地证工作的涉外影响，回函意大利海关撤销了两份 FROM A 证书；但对 F 签证机关还是造成了一定的不良影响。

案例启示

此案是一起典型的买卖 FROM A 证书的违法行为。为维护我国普惠制原产地签证工作的严肃性和权威性，2005 年 1 月 1 日起施行的《中华人民共和国进出口货物原产地条例》在这方面提供了法律依据和保障。此案的查处对类似产地证方面可能对签证机关造成不良影响的违法行为具有威慑作用。

本章小结

原产地证是由出口国（地区）根据原产地规则和有关要求，签发证明商品原产地的具有法律效力的重要证明文件。它是进口国对进口货物确定税别待遇，进行贸易统计，实行数量控制和控制从特定国家进口的主要依据。原产地证分为一般原产地证与普惠制原产地证。后者是根据普惠制给惠国的原产地规则和有关要求，普惠制受惠国官方机构出具的联合国贸发会议规定的统一格式，具有法律效力的证书，是受惠国的出口产品在给惠国享受在最惠国税率基础上进一步减免进口关税的官方凭证。因此，当今出具原产地证已成为国际贸易中的一个重要环节。目前，我国的原产地证业务范围不断得到扩大，而且在立法上也得到不断的完善。出入境检验检疫机构是我国签发普惠制原产地证明的唯一机构，也是一般原产地证的唯一的官方签证机构。这是中国检验检疫法律赋予检验检疫机构的职责。

思考题

1. 我国如何从立法上完善原产地证业务？
2. 我国实施《中华人民共和国进出口货物原产地条例》具有哪些重要意义？
3. 产地证书有哪几类？它们之间的区别有哪些？
4. 什么是原产地标记？为什么世界各国十分重视原产地标记？
5. 什么是原产地规则？原产地规则在国际贸易中具有哪些重要作用？
6. 列举说明什么是区域性经济集团互惠原产地证书。
7. 什么是普惠制度？它对发展中国家有何意义？
8. 普惠制的原则和普惠制方案的主要内容是什么？
9. 哪些单位可以申请办理普惠制产地证书？
10. 如何办理普惠制产地证书？
11. 如何正确填制普惠制原产地证明书（FORM A）？
12. 对含有进口成分的产品，给惠国采取哪些标准进行评判？
13. 从个人理解的角度谈谈我国应如何利用普惠制来扩大出口创汇？
14. 从本章所列举的进出口商品原产地证违规案例中，你认为企业应吸取哪些教训？

12 进出口商品的检验检疫计费

学习目的

对我国进出口商品检验检疫计费特点、内容及其监督管理等方面有基本的了解，同时对检验检疫部门为减轻企业负担，改善我国投资环境，促进外贸进出口和社会经济的健康发展，对规范检验检疫计费所做的努力有进一步的认识。

知识要点

出入境检验检疫收费对象是向出入境检验检疫机构申请检验、检疫、鉴定等业务的货主及其代理人。检验检疫收费包括：出入境检验检疫费、考核、注册、认可认证、签证、审批、查验费、出入境动植物实验室检疫项目费、鉴定业务费、检疫处理费等。

12.1 检验检疫费用缴纳制度概述

出入境检验检疫机构实施法定检验检疫是行政执法行为，按照国家规定收取费用，所收取的费用全部上缴国库。而且执法工作所需费用纳入国家财政预算安排，实行"收支两条线"以保证执法的公正科学。出入境检验检疫的收费办法和收费标准，由国家制定并统一执行。因此，出入境检验检疫费用属于行政执法收入，依法收费是检验检疫机构的重要职责之一，依法缴费是出入境关系人①的基本义务。

2003 年 12 月 31 日，国家发改委和财政部依据"统一制定、简化减少、公开透明、公正合理"十六字基本原则，制定下发《出入境检验检疫收费办法》②，并于 2004 年 4 月 1 日正式实施。

---

① 出入境关系人：各级检验检疫机构及其所属事业单位，以及与出入境相关的货主及其代理人和其他相关单位、个人的简称。

② 依据《财政部国家发展改革委关于取消、停征和免征一批行政事业性收费的通知》（财税〔2014〕101 号）及国家质检总局《关于贯彻落实国家停征和免征行政事业性收费政策有关工作的通知》（国质检财〔2014〕686 号）要求，自 2015 年 1 月 1 日起，暂停征收出口商品检验检疫费，即对法定报检的所有出境货物、运输工具、集装箱及其他法定检验检疫物免收出境检验检疫费（不包括对出境人员预防接种和体检收取的费用，以及企事业单位承担与出境检验检疫有关的商业性自愿委托检测和鉴定、出境检疫处理、动物免疫接种工作收取的费用）。明细项目详见《国家发展改革委、财政部关于发布〈出入境检验检疫收费办法及其收费标准〉的通知》（发改价格〔2003〕2357 号）。

2007年9月1日起,我国降低出入境检验检疫标志(标记)成本费收费标准(急　发改价格〔2007〕2216号),2012年5月1日起免征入境航空煤油出入境检验检疫费(财综〔2012〕23号),2012年8月1日起暂停对进出口危险品、有毒有害货物加倍收取出入境检验检疫费(国质检财函163号),2012年12月11日财政部、国家发改委下发《关于降低部分行政事业性收费标准的通知》(发改价格〔2012〕3882号),决定自2013年1月1日起降低出入境检验检疫收费标准、简化出入境检验检疫计费方式,2015年1月1日起暂停征收出口商品检验检疫费。2017年4月1日起,根据财政部和国家发改委联合发布的《关于清理规范一批行政事业性收费有关政策的通知》(财税〔2017〕20号),取消或停征包括出入境检验检疫费在内的41项中央设立的行政事业性收费。

12.2　出入境检验检疫收费的监督管理

检验检疫机构依据对进出境货物、集装箱、运输工具、人员及其他法定检验检疫对象实施检验、检疫、鉴定、认证、监督管理等,按《出入境检验检疫收费办法》及其收费标准和有关减免收费政策规定收费,其他单位、部门和个人不得收取出入境检验检疫费。

检验检疫收取费用,按规定到指定的价格主管部门办理收费许可证,出具财政部规定使用的票据,主动公开,明示收费项目和收费标准,接受物价、财政等部门的检查监管,不擅自增加或减少收费项目,不擅自提高或降低收费标准,不重复收费。

出入境关系人可根据实际情况选择现金、支票/转账和刷银联卡等关款方式。在一些信息化工程较高的检验检疫机构已经实现了电子收费,即通过银行提供的信息平台和资金流通道,在检验检疫机构完成计费后,实现检验检疫费的自动缴纳,有关出入境关系人无需再到检验检疫窗口办理缴纳费手续。这种方式既减少了企业管理现金或银联卡的风险,又减少了办事环节和成本,大大提高了通关效率。

12.3　进出口商品的检验检疫电子计费

检验检疫电子计费是检验检疫机构利用检验检疫业务电子管理系统(简称CIQ2000系统)中针对检验检疫业务的收费业务进行计算机管理的子系统,即收费子系统通过计算机将计费、计算复核结束后的相关信息共享到收费窗口,使收费窗口人员通过计算机进行准确、规范、高效的收费业务处理。

12.3.1　收费子系统功能及其操作说明

1. 收费子系统功能

收费子系统的主要功能是完成对计费、计费复核结束后的报检单进行检验检疫费的收费处理、检验检疫收据(以下简称发票)和收费明细的打印、发票使用记录、各种异常情况的处理("发票更改"和"撤销收费")以及根据不同条件(收费时间、发票号码段、发票号、外拨费、已计费未收费报检单)对收费情况、发票使用的查询统计。

2. 计费管理子系统总体操作特点

(1) 在一个计费主页面(如图 12.1 所示)中提供与计费有关的多方数据信息,使用户对计费结果的产生能够一目了然。

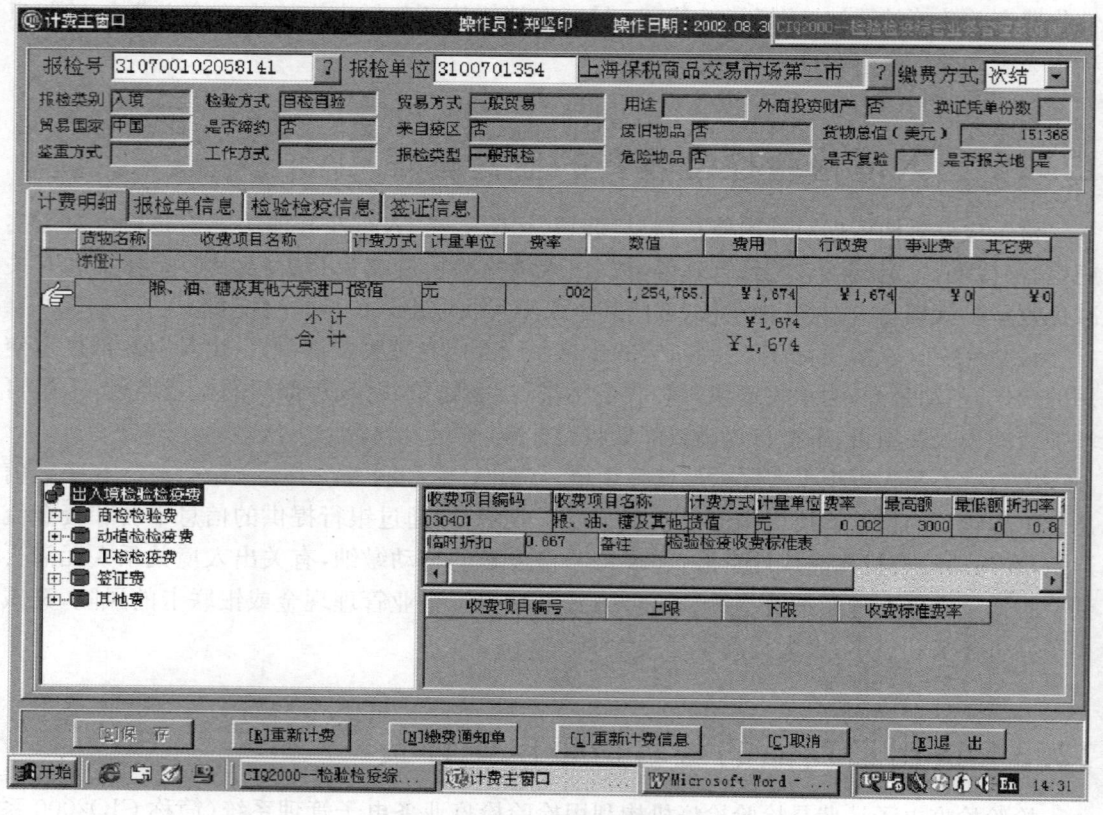

图 12.1　进口大宗食品计费图解

(2) 可以使用鼠标或键盘(如 Ctrl+D①、Ctrl+I②、Alt+S③、F4④)输入数据和操作功能。

---

① Ctrl+D:删除一条收费项目。
② Ctrl+I:增加一条收费项目。
③ Alt+S:存盘。
④ F4:快速查询。

（3）针对代码内容多的输入项采用模糊查询的方式。

（4）不退出本功能即可进入其他功能模块。

3. 计费管理子系统操作流程

计费分为预计费和计费复核两个流程。

（1）预计费是由报检录入人员或预计费人员根据有关数据，通过计算机的自动计费产生计费数据信息。

（2）计费复核是由计费复核人员对于预计费的信息进行复核，确认正确后直接将数据传送到收费环节进行收费处理。

12.3.2　计费主界面说明

以图 12.2 为例，其所示界面为计费主界面，界面分为上下两部分。

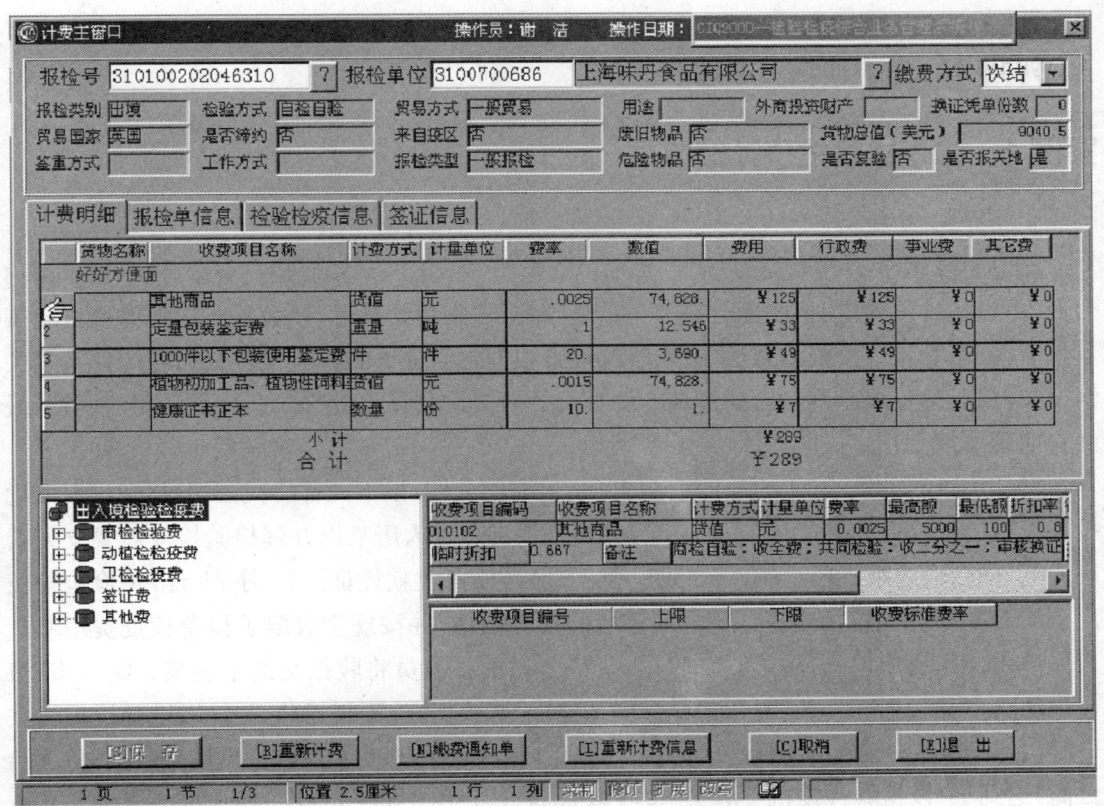

图 12.2　出口方便面食品检验检疫电子计费图解

（1）上半部分为影响计收费结果的主要数据，它们分别来自报检、检验检疫、签证等业务环节。界面中间部分分为四个标签页，分别为：

① 计收费项目明细部分，系统根据采集到的涉及计费结果的有关信息自动计算出的相应费用。

② 报检信息部分，显示报检时采集的报检数据以及报检货物有关的监管条件、计收费项目等信息。

③ 检验检疫信息部分，显示货物的检验检疫结果中影响计收费结果的数据信息。

④ 签证信息部分，显示签证种类、份数、语种等计费有关的数据。

（2）界面下部分为收费标准，界面的左下部为国家质检总局颁发的收费标准集，根据费用的分类采用树形结构组织表现，可以逐级展开或收缩，方便用户查询。界面的右下半部为对应某一具体的收费标准的收费明细说明，与左边的树形结构中的相关条目是联动的。

案例评析

案例1　涂改检验检疫计费收据

案情介绍

2003年2月底，A检验检疫局在受理台资企业——上海某塑胶建材有限公司(以下简称台商)的设备价值鉴定时，收到台商关于重复收费、多收费的投诉，并表示对内地的投资政策不理解，甚至有转移投资的想法。接此投诉后，根据台商提供的检验检疫收据复印件及相关情况，A检验检疫局分别对台商进口的两批设备的报检及计收费数据进行了全面的调查，最终查明了事情真相。

2002年10月份，台商委托上海某国际货运有限公司(以下简称货代公司)代理进口两批投资设备的报检业务。货代公司南市分公司报关部负责人唐某以办理检验检疫需要支付费用为名，向台商收取人民币10 990元现金，未出具任何收款凭证。10月21日，A检验检疫局下属B口岸分支机构受理了该货代公司的报检申请，并按规定收取了检验检疫费用共计人民币1 396元，同时出具了收费收据，货代公司的报检员将收据交给了唐某。2002年11月中旬，台商因财务做账需要，向唐某再三催讨计费收据，他不得已将A口岸检验检疫机关下属机构开具的货物包装箱检疫费用7元收据，涂改成10 990元检验检疫计费收据，传真给台商，达到了"以检验检疫机关名义"多收取台商近万元(9 594元)目的。经查，该收据是A检验检疫局下属B口岸分支机构开具的箱检费收据，实际金额为人民币7元。货代公司向台商收取运杂费时，不掌握唐某向台商收取代理检验检疫费用的实情。而唐某本人已于

2003 年 1 月 9 日因病去世。

案情分析

某些货代公司利用外(台)商对我政策不熟悉的情况,骗取了信任,在代理过程中,狮子大开口,从中赚取不义之财,加上个别外(台)商财务管理方面的不完善,手续不严,使一些不法之徒钻了空子。而个别货代公司疏于对业务人员或挂靠人员的管理,只知收取费用,对其具体行为不管不问。甚至发生假借国家行政执法机关的名义赚钱,既损害和败坏了国家行政机关的名誉,也违背了国家鼓励外(台)商投资的政策。

鉴于违法行为人和非法利益获得者唐某已于 2003 年 1 月 9 日病故,决定不再追究其违法责任,而货代公司内部管理不严,致使发生了借检验检疫机构名义向委托人收取额外费用的行为,违反了《出入境检验检疫代理报检管理规定》的规定。因此,检验检疫机关督促该货代公司引以为戒,按规定暂停其代理报检资格 3 个月,并向台商赔礼道歉。

案例 2　逾期缴纳罚款

案情介绍

2002 年 1—6 月期间,上海某报关有限公司(以下简称 A 公司)代理报检 3 批,计 737 立方米的原木和木材,货值 18.5 万美元,未经外高桥口岸检验检疫局(以下简称外高桥局)的检疫,擅自将货物运递。为此,外高桥局依法向 A 公司发出了处以 1.2 万元罚款的《行政处罚告知书》。上海 A 公司对这一处罚决定无异议,并由公司员工汪某签收了《行政处罚决定书》。外高桥局签发的《行政处罚决定书》明确告知 A 公司:"你(单位)应当在 2002 年 9 月 5 日前,携带本决定书将罚款交至上海市建设银行或上海市工商银行的具体代收机构;逾期交纳罚款的,依据《行政处罚法》第五十一条第一项的规定,每日按罚款数额的 3% 加处罚款。"

2002 年 10 月至 2002 年年底期间,外高桥局于多次向 A 公司询问缴款事宜,同时要求 A 公司速将缴款收据传真给外高桥局,回答均已缴纳,但迟迟未见传真。2003 年 1 月外高桥局在整理上交行政处罚档案之时,再次向 A 公司询问罚款缴纳事宜,并将《行政处罚》编号电告 A 公司。然而得到的最后答复仍是已缴纳罚款。

经查 A 公司受外高桥局处罚的同时,在上海吴淞口岸因逃避口岸检疫,也受到了吴淞检验检疫局的处罚。他们所说已缴纳的罚款是吴淞检验检疫局的并非外高桥局的,此时这笔罚款加处罚金已超过 6 万元。为此,外高桥局再次敦促其尽快去银行缴纳罚款。

案情分析

距《行政处罚决定书》发出半年后的 2003 年 2 月 27 日,A 公司向外高桥局提交了要求减免并延期交纳加处罚款的申请。申请书称:由于该公司财务人员变动交接不清,以致未按时缴纳罚款。逾期加处 3% 的罚款,给公司资金造成了重大的困难,现由于公司经营不佳,也难以承担巨额罚款。

鉴于此情,外高桥局向上海主管部门汇报。由于造成产生巨额加处罚款的原因是 A 公司自身管理上的问题,故主管部门未批准该公司要求减免的申请。3 月 25 日外高桥局及时向 A 公司反馈了主管部门的意见,并催促尽快履行其义务。此后,外高桥局又多次催问 A 公司,然而 A 公司采取了不理睬的态度。6 月 3 日外高桥局将 A 公司拒不履行处罚决定的情况,再次向主管部门汇报。主管部门于 6 月 4 日暂停了 A 公司代理报检资格。代理报检资格被暂停后,A 公司于 6 月 16 日到银行缴纳了 1.2 万元罚款和 10.2 万元的加处罚款,共计 11.4 万元。至此,这起历时 10 个月的行政处罚案件执行完毕。

本章小结

出入境检验检疫收费对象是向出入境检验检疫机构申请检验、检疫、鉴定等业务的货主及其代理人。检验检疫收费包括:出入境检验检疫费、考核、注册、认可认证、签证、审批、查验费、出入境动植物实验室检疫项目费、鉴定业务费、检疫处理费等。2004 年 4 月 1 日起,检验检疫机关执行新的出入境检验检疫收费标准及管理办法。同时与新办法不一致的收费规定一律废止。

思考题

1. 出入境货物检验检疫计收费的基本要求有哪些?
2. 货物总值如何折算成人民币? 如何计算货物检验检疫费的最低费?
3. 如何理解"批"概念和"同批货物检验检疫费超过 5 000 元的,超过部分按 80％计收"?
4. 申请复验如何计收费?
5. 口岸换证时,货值发生变化如何收费?
6. 对撤销检验检疫报检申请的,如何计收费?
7. 计费时,计费数量不足 1 个计费单位的,如何计收?

13 进出口商品检验检疫的签证与放行

学习目的

了解进出口商品检验检疫工作最后一个环节的重要性。检验检疫机构根据贸易关系人申请,对进出口商品或项目检验检疫或鉴定后,签发的各种出入境检验检疫证单,是国际经济贸易中具有法律约束力和经济效用的重要证明文件。同时对检验检疫证书种类及其适用范围、签发证书要求及其程序等内容也有基本了解和掌握。

知识要点

检验检疫证书种类及其适用范围,检验检疫证单的签发程序、更改、补充与重发、申请签证注意事项,检验检疫机构签发证单的重要性。

13.1 检验检疫证单的法律效用

13.1.1 检验检疫证单①简介

检验检疫机构根据发货人、收货人或报检(单位)人对法定检验检疫商品的报检,或对外经济贸易关系人和有关部门、机构的申请、委托,对进出口商品或项目检验检疫或鉴定后,签发的各种出入境检验检疫证单,在国际货物买卖活动中具有法律效用。这种法律效用是指凭单交接结算和凭证处理索赔的象征性交货制度中,国际贸易契约惯例和进出口国的法律赋予官方检验机构和独立的公证机构签发的各种证明以公证的法律效用。

1998年3月,根据第九届全国人大常委会第一次会议通过的国务院机构改革方案决定国家进出口商品检验局、农业部动植物检疫局和卫生部卫生检疫局"三检"合一组建了国家出入境检验检疫局。自2000年1月1日起,检验检疫机构与海关协调机制正式启动,检验检疫系统全面实行"先报检,后报关"的查验制度。为此,国家检验检疫局发布第28号公告,启用新的检验检疫证单和签证印章,以保证新的检验检疫通关制度实施。实行这一新的通关协调机制,可以全面加强出入境货物的前期监管和后续管理,能够有效控制出入境货物漏

---

① 检验检疫证单:检验检疫机构对入出境货物签发的各种检验检疫证书和检验检疫放行单的简称。

报检的现象,扩大检验检疫覆盖面。

　　公告规定:对检验检疫范围内的货物,正式启用"入境货物通关单"和"出境货物通关单",海关一律凭报关地的出入境检验检疫局签发的通关单验放,并自 2000 年 4 月 1 日起,原来以中华人民共和国卫生检疫局(CHF)、中华人民共和国动植物检疫局(CAPQ)、中华人民共和国国家进出口商品检验局(CCIB)名义对外签发的证书一律停止使用,各地检验检疫局正式启用出入境检验检疫证书(简称"CIQ"证书)。新的检验检疫证书抬头均冠以"中华人民共和国出入境检验检疫"字样,左上方印有"CIQ"标记,对外签发时需加盖签证地出入境检验检疫局的印章。

　　目前检验检疫证单由五大部分组成:申请单类、证书类、证单类、监管证明类和海峡两岸直航检验检疫专用证书,本书将其细分为 21 大类,133 种,其中大部分涉及进出口商品检验检疫。检验检疫证单的结构一般由标识(包括证单抬头和证单名称等)、识别、证体、签证、备注、免责条款等部分组成。其中免责条款按国际惯例和以往行政纠纷和司法案例加注免责条款,一般固定印刷在证单上。例如:我们已尽所知和最大能力实施上述检验,不能因我们签发本证书面免除卖方或其他方面根据合同和法律所承担的产品质量责任和其他责任。(All inspections are carried our conscientiously to the best of our knowledge and ability, This certificate does not in any respect absolve the seller and legal obligations especially when product quality is concerned.)又如:中华人民共和国出入境检验检疫机关及其官员或代表不承担签发本证书的任何财经责任。(No financial liability with respect to this certificate shall attach to the entry-exit inspection and quarantine authorities of the P. R. China or to any of its officers or representatives.)

13.1.2　检验检疫证单的法律效用的依据

　　检验检疫证单是对外贸易的重要单证,是进出口货物交接、通关、结算、索赔、经济诉讼仲裁的重要凭证,在国际货物买卖活动中具有法律约束力。它的法律效用是由出入境检验检疫机构的法律地位所决定的。

　　出入境检验检疫机构依据我国"四法四条例"等检验检疫法律法规,行使出入境检验检疫行政职能,按照有关国际贸易各方签订的契约规定或其政府的有关法规,以及国际惯例、条约的规定,对进出口商品实施检验检疫,并据此签发证书。因此,出入境检验检疫机构签发的检验检疫证明具有法律效用,对买卖双方都有约束力。

13.1.3　检验检疫证单的法律效用

　　出入境检验检疫证书(证明)的法律效用,主要体现在以下几个方面:

　　1. 作为出入境货物通关的重要凭证

　　(1)凡列入《出入境检验检疫机构实施检验检疫的进出口商品目录》范围内的进出口货

物（包括转关运输货物），海关一律凭货物报关地出入境检验检疫机构签发的《入境货物通关单》或《出境货物通关单》验放。

（2）对未列入《出入境检验检疫机构实施检验检疫的进出口商品目录》范围的进出口货物，国家法律、法规另有规定须实施检验检疫的，海关凭检验检疫机构签发的《入境货物通关单》或《出境货物通关单》验放。

（3）有些出口商品，对方进口国家的要求和管制较严，尤其是对有关社会公益，涉及安全、卫生、检疫、环保等方面的商品，通过国家法令或政府规定这些商品在进口时，必须提供检验检疫机构签发的证单（包括品质、植检、兽医、健康卫生、熏蒸消毒等证书）作为通关验放的首要条件。

2. 作为海关征收和减免关税的有效依据

（1）有些国家海关在征收进出境货物关税时，不只是凭商业发票上的数/重量计收，经常依据检验检疫证单上的检验检疫结果作为海关征税的依据。有的海关还委托检验检疫机构对货物的品种、质量成分等进行鉴定，以检验检疫证单作为把关或计收关税的凭证。

（2）对到货后因发货人责任造成的残损、短缺或品质等问题的入境货物，发生换货、退货或赔偿等现象时往往涉及免征关税或退税。检验检疫机构签发的证书可作为通关免税或者退税的重要凭证。

（3）检验检疫机构签发的普惠制产地证书、普通产地证书和价值证书是进出口海关凭以计算或减免关税的有效证件。一般产地证是确定最惠国税率的有效凭证，普惠制产地证是享受普惠制减免关税的有效凭证。

3. 作为履行交接、结算及进口国准入的有效凭证

（1）在国际贸易中，大多凭证单进行交易，为确保所交易的货物符合合约规定，需要一个证明文件作为交接的凭证，其中大多数进出口商品的合同、信用证规定，以检验检疫证书作为交货付款的依据。付款银行按照国外银行的委托，审核凭规定需要的单证及其内容在符合信用证规定的条件后方准予结汇。检验检疫机构所签发的各种检验检疫证书，就是这种有效的凭证。

（2）凡对外贸易合同、协议中规定以检验检疫证书为结算货款依据的，检验检疫证书列明的商品的品质、品位、等级、规格、有效成分、精度、公量、干态重量、净重、体积、容积、有害物质等检验鉴定结果，是交易双方计算货款的依据，有关检验检疫证书是双方结算货款的凭证。

（3）有的国家法令或政府规定要求，某些入境货物需凭检验检疫机构签发的证书方可入境。如凭检验检疫机构出具的品质证书、木质包装的熏蒸证和植物检疫证、兽医证书或农残证书等入境。对运输工具凭检验检疫机构出具的交通工具卫生证书及检疫证书入境。

4. 作为办理索赔和理赔①的有效证件

出入境检验检疫机构签发的进口商品品质、重量、数量和残损证明,是买方在合同规定的索赔有效期限内,向卖方提出索赔或换货、退货的凭证。如属保险人、承运人的责任的,也可以凭检验检疫机构的证明书提出索赔。有关方面也可以依据检验检疫机构的证明书进行索赔。

5. 作为国际贸易议付货款的有效凭证

在国际贸易的签约中,买方往往在合同和信用证中明确规定,以检验检疫证书作为交货付款的依据之一,议付银行开户银行的委托,审核信用证规定需要的证单及其内容,符合条件的方予结汇。

6. 作为对外经济贸易关系人证明情况或明确责任的重要凭证

承运人或其他贸易关系人申请检验检疫机构证明出入境货物的积载情况、验舱、舱口检视、水尺计重、证明液体商品的温度和密度、签封样品、对冷藏舱检温、冷冻货检温等,都是明确责任范围的证明文件。在发生商务纠纷或争议时,检验检疫机构签发的证书是证明事实状态,明确责任归属的重要凭证。

7. 作为经济诉讼、仲裁的重要凭证

贸易中的关系人如果发生商务纠纷,需要进行诉讼或仲裁时,申请检验检疫机构进行检验鉴定,检验检疫机构的检验鉴定证书是向法院或仲裁举证的重要凭证。有时,法院或仲裁部门委托或指定检验检疫机构检验鉴定,检验检疫机构签发的检验鉴定书是判决和仲裁的重要凭证。

8. 作为境外投资者办理验资的有效证明文件

对外商投资企业及各种对外补偿贸易方式、境外(包括港澳台地区)投资者以实物作价投资的,或外商投资企业委托国外投资者用投资资金从境外购买的财产,各地检验检疫机构办理外商投资财产鉴定工作,按规定出具鉴定证书。其价值鉴定证书是证明投资各方投入财产价值量的有效依据。各地会计师事务所凭检验检疫机构的价值证书办理外商投资财产的验资工作。

13.2　检验检疫证单的种类及使用范围

13.2.1　检验检疫证单种类及其适用范围

1. 含义

检验检疫证单的含义有广义与狭义之说。

---

① 索赔和理赔:在国际贸易中买卖双方有一方违反合同所应承担的义务,使另一方受到损害,受损害的一方向违约方提出赔偿的要求称为索赔;违约的一方受理遭受损害一方提出的赔偿要求称为理赔。索赔和理赔是一个问题的两个方面。在一般情况下,索赔多发生于进口方面。

广义上说,出入境检验检疫证单泛指国家质检总局公开发布的、具有固定格式和填制要求的各种证单,包括申请单,例如《入境货物报检单》、《出境货物报检单》、《出入境货物包装申请单》等;证书,例如出入境检验检疫机构对经检验不合格的进口货物签发品质检验证书,作为贸易相关方理赔的依据;证单,例如出入境检验检疫机构对经检验检疫合格的进出口货物签发入境货物通关单、出境货物通关单,供海关验证放行等;监督管理证明和专用证单等。本书提及的检验检疫证单,除特别说明外,均指广义的出入境检验检疫证单。

狭义的出入境检验检疫证单专指上述提及的"证单"类检验检疫证单。

2. 种类及其适用范围

(1) 申请单类:22 种格式。

"申请单"式出入境关系人为申请检验检疫事项而向检验检疫机构提交的,申请受检对象相关事项的法律文件。各种检验检疫申请单通常以固定格式的表格出现。其中主要的"申请单"已在本书相关章节中提及,在此不再赘述。

(2) 证书类:50 种格式。

"证书"所证明的内容更为详尽、专业,主要作为公证证明供国内外有关方面了解受检对象的状况,采取相应处理措施和举证、采信的依据。此类证书细分 11 类,共计 50 种格式。

① 出境货物检验类:8 种格式

格式 1—1《检验证书》:适用于出境货物(含食品)的品质、规格、数量、重量、包装等检验项目。

格式 1—2—1《生丝品级及公量证书》:适用于证明生丝的品级及公量。

格式 1—2—2《捻线丝品级及公量证书》:适用于证明捻线丝品级及公量。

格式 1—2—3《绢丝品质检验证书》:适用于证明绢丝的品质。

格式 1—2—4《双宫丝品级及公量证书》:适用于证明双宫丝的品级及公量。

格式 1—2—5《初级加工丝品质及重量证书》:适用于证明初级加工丝的品级及公量。

格式 1—2—6《柞蚕丝品级及公量证书》:适用于证明柞蚕丝的品级及公量。

格式 1—4《啤酒花证书》:适用于输往欧盟的啤酒[①]。

② 出境货物卫生类证书:2 种格式

格式 2—1《卫生证书》:适用于经检验符合卫生要求的出境食品以及其他需要实施卫生检验的货物。

格式 2—2《健康证书》:适用于食品以及用于食品加工的化工产品、纺织品、轻工产品等与人、畜健康有关的出境货物。

③ 出境兽医类证书:5 种格式

---

① 此证只有部分局可以签发。

格式 3—1《兽医(卫生)证书》:适用于符合输入国家或地区和中国有关检疫规定、双边检疫协定以及贸易合同要求的出境动物产品。

格式 3—2—1《兽医卫生证书》:适用于输往俄罗斯的牛肉。

格式 3—2—2《兽医卫生证书》:适用于输往俄罗斯的猪肉。

格式 3—2—3《兽医卫生证书》:适用于输往俄罗斯的动物性原料,包括皮革、角蹄类、肠衣、毛皮、羊皮和羊毛、鬃、马尾、鸡鸭鹅其他禽类羽毛和羽绒。

格式 3—2—4《兽医卫生证书》:适用于输往俄罗斯的禽肉制品。

④ 出境动物检疫类证书:1 种格式

格式 4—1《动物卫生证书》适用于:

符合输入国家或地区和中国有关检疫规定、双边检疫协定以及贸易合同要求的出境动物;出境旅客携带的符合检疫要求的伴侣动物或符合检疫要求的供港澳动物。

⑤ 植物检疫类证书:2 种格式

格式 5—1《植物检疫证书》:适用于符合检疫要求的出境植物、植物产品以及其他检疫物。

格式 5—2《植物转口检疫证书》:适用于从输出方运往中国转口到第三方(包括港澳台等地区)的符合检疫要求的植物、植物产品以及其他检疫物。

⑥ 运输工具检验检疫类证书:6 种格式

格式 6—1《船舶入境卫生检疫证书》:适用于入境卫生检疫时没有染疾的或不需要实施卫生处理的交通工具。

格式 6—2《船舶入境检疫证书》:适用于入境卫生检疫时需实施某种卫生处理或离开本港后应继续接受某种卫生处理以及来自疫区的船舶。

格式 6—3《交通工具卫生证书》(一正一副),适用于申请电讯卫生检疫的交通工具,包括船舶、飞机、火车等。

格式 6—4《交通工具出境卫生检疫证书》:适用于出境船舶的卫生检疫。

格式 6—5《除鼠/免于除鼠证书》:除鼠证书用于实施鼠患检查后,发现鼠患,并进行除鼠的交通工具;免于除鼠证书用于实施鼠患检查后,未发现鼠患亦未采取任何除鼠措施的运输工具。

格式 6—6《运输工具检疫证书》①:适用于经动植物检疫合格入境的运输工具和经卫生检疫合格入境的运输工具,如飞机、火车等。

⑦ 检疫处理类证书:2 种格式

格式 7—1《熏蒸/消毒证书》:适用于出入境动植物及其产品、包装材料、衬垫物、废旧物品以及其他需要实施检疫和消毒处理的货物。

---

① 入境国际航行船舶用格式 6—1 或格式 6—2 证书。

格式 7—2《运输工具检疫处理证书》(一正三副),适用于对出入境运输工具熏蒸、消毒、灭蚊,包括对交通工具员工及旅客用、食品饮用水以及运输工具的压舱水、垃圾、污水等项目实施检疫处理。

⑧ 国际旅行健康类证书:2 种格式

格式 8—1《国际旅行健康证书》:适用于对出入境旅客的健康证明。

格式 8—2《国际预防接种证书》:适用于对国际旅行人员的预防接种。

⑨ 入境货物检验检疫类证书:5 种格式

格式 9—1《检验证书》:适用于不符合检验要求的货物和报检人要求或交接、结汇、结算需要的情况。

格式 9—2《卫生证书》:适用于经卫生检验合格的或不合格的入境食品、食品添加剂。

格式 9—3《兽医卫生证书》:适用于经检疫不符合我国检疫要求的入境动物产品。

格式 9—4《动物检疫证书》:适用于经检疫不符合我国检疫要求的入境动物。

格式 9—5《植物检疫证书》:适用于经检疫不符合要求的入境植物、植物产品以及其他检疫物。

⑩ 空白证书:4 种格式

CE 格式 e—1《空白证书》:适用于规定格式以外的品质检验、鉴定等证书,如品质证书、重/数量证书、外商投资财产价值鉴定证书、冷藏车检验证书、输美陶瓷证书、恶喹酸证书等。

CE 格式 e—2《空白证书》:适用于规定格式外的涉及卫生检疫、食品卫生检验、动植物检疫等证书。如卫生证、健康证、兽医证、农残证书、奶槽车检验证书、冷藏车检验证书等。

CE 格式 e—3《空白证书》:适用于需要正反面打印的证书。如输欧盟水产品和肠衣的《卫生证书》等。

《证书续页》:适用于多页证书的情况,不能单独使用。

⑪ 原产地证书:13 种格式

原产地证书是产品的国籍证明文件,是签证机构签发的、证明出口货物符合相关原产地规则,产品是中华人民共和国原产的法律文件。有关出入境检验检疫机构签发的主要原产地证书种类及其适用范围,可参见本书第 11 章的内容。

(3) 证单类:28 种格式。

"证单"所证明的内容较为简略、概括,主要供出入境检验检疫机构内部使用或用于中国境内(不含港澳台)其他有关方面了解受检对象的状况。对受检对象采取相应处理措施和举证、采信的凭据。个别证单也可供在国外使用,例如某些国家要求提供的《国际旅行人员健康检查记录》等。此类证单又可细分为通关单、结果单、通知单和凭证等。

① 通关单:3 种格式

通关单是法定检验检疫的进出口货物通关放行的凭证。

编号 2—1—1《入境货物通关单》:适用于本地报关并实施检验检疫的入境货物通关,包括调离海关监管区。此单为三联,仅供通关用。

编号 2—1—2《入境货物通关单》:适用于本地报关,由异地检验检疫的入境货物的通关,包括调离海关监管区;需实施通关前查验,且经查验不合格但可进行有效处理合格的入境货物。此单为三联,其中第 2、3 联名称为《入境货物调离通知单》,可单独使用,对动植物及其产品,可作为运递证明。

编号 2—2《出境货物通知单》:适用于国家法律、行政法规规定必须经检验检疫合格的出境货物(包括废旧物品、集装箱、包装材料等)的通关。此单也是检验检疫机构对出境货物的放行单。

② 结果单:12 种格式

各种检验检疫结果单记载着检验检疫机构施检后得到的结果和得出的结论。

编号 3—1《进口机动车辆随车检验单》:适用于进口机动车辆检验,每车一单。

编号 3—2《出境货物运输包装性能检验结果单》:适用于检验合格的出境货物包装性能检验。

编号 3—3《出境危险货物包装容器使用鉴定结果单》:适用于证明包装容器适合装载出境危险货物。

编号 3—4《集装箱检验检疫结果单》:适用于装运出口易腐烂变质食品、冷冻品集装箱的适载检验,以及装载其他法检货物集装箱的检验和出入境集装箱的卫生检疫与动植物检疫。

编号 3—5《放射监测/处理报告单》:适用于对放射性物质实施监测或处理。

编号 0—7《艾滋病检验报告单》:适用于艾滋病病毒抗体检测后出具检验结果。

编号 0—7—1《HIV 抗体初筛阳性送检化验单》:适用于经艾滋病初筛实验血清学检测有反应,血样送确诊实验室确认检验。

编号 0—8《国际旅行人员健康检查记录》:是对出入境人员进行医学检查后的原始结果记录,也是某些国家所要求出具的健康检查证明。

编号 0—9《国境口岸及入/出境交通工具食品饮用水从业人员体检表》:是国境口岸公共场所和入出境交通工具、食品饮用水从业人员实施体格检查的结果记录。

编号 0—11《出入境人员传染病报告卡》:适用于在出入境人员传染病监测中发现的检疫传染病、监测传染病及传染病防治法规定的其他传染病,在规定时间内向有关部门上报疫情,并在传染病病例死亡或订正诊断结果时上报。

《就诊方便卡》:对来自检疫传染病和监测传染病疫区人员,检疫医师可以根据流行病学和医学检查结果,发给就诊方便卡,各地医疗单位对待有就诊方便卡的人员给予优先诊治。

《异地货物原产地调查结果单》:适用于出口商所在地与产地不一致的中国原产产品。

③ 通知单:4 种

各种通知单是检验检疫机构根据施检结果,通知有关部门或专业机构对受检对象作出相应处理的凭证。

编号 4—1《入境货物检验检疫情况通知单》：适用于入境货物分港卸货或集中卸货分拨数地的检验检疫；进境成套设备数量清点以后同意安装调试等。

编号 4—2《检验检疫处理通知书》：适用于对运输工具（含饮用水、压舱水、垃圾和污水等）、集装箱、货物、废旧物品、食品的检疫处理和射性检测；对入境废旧物品进行检疫处理；食品经检验检疫不合格，需进行检验检疫处理。

编号 4—3《出境货物不合格通知单》：适用于经检验检疫不合格的出境货物、包装等。

编号 4—6《提请提前出境书》：用于境外人员被发现有限制入境的疾病时签发，以通知和协同有关部门责令其限期出境。

④ 凭证类：9 种格式

各种凭证是证明受检对象业经检验检疫机构实施检验检疫或相关处理的凭据。

编号 5—1《入境货物检验检疫证明》：适用于经检验检疫后同意销售、使用或安装调试的法检入境货物（食品、食品添加剂暂用 C9—2《卫生证书》），作为入境货物检验检疫合格准予销售或使用的凭证。它也是检验检疫对入境货物的放行单。

编号 5—2《进口机动车辆检验证明》：适用于进口机动车辆换领行车牌证。

编号 5—3《出境货物换证凭单》及附页：适用于对未正式成交的经预检符合要求的货物以及产地检验检疫合格，口岸查验换证（单）的出境货物。此单仅用于检验检疫系统内部的换证。

编号 5—4《抽/采样凭证》：检验检疫机关抽取/采集样品时向被抽/采样单位出具的凭证。

编号 5—5《出入境人员携带物留验/处理凭证》：适用于出入境旅客携带动植物及其产品的留检处理。

编号 5—6《出入境人员留验/隔离证明》：用于对染疫人签发隔离证书或对染疫嫌疑人签发留验证书。

编号 5—7《境外人员体格检查记录验证证明》：适用于对外籍人士、港澳台人员、华侨和非居住在中国境内的中国公民在境外经全面体格检查后所出具的体检记录的验证，合格者签发此证书。

编号 5—8《预防接种禁忌证明》：适用于出入境人员中需实施预防接种而其本人以患有不适于预防接种之禁忌症者。

"附页"：适用于多页带底纹编号类凭单，不能单独使用。

（4）监管证明类：11 种格式。

监管证明是检验检疫机构实施行政许可或行政授权的证明文件，可细分为动植物检疫审批证明、口岸卫生监督证明、食品、化妆品监管证明、检验监管证明等类别 11 种，可参见本书第 3 章、第 10 章的内容。

(5)海峡两岸直航检验检疫专用证单:22种格式。

2009年4月1日,检验检疫机构正式启用海峡两岸直航交通工具检验检疫专用证单。该类证单可作为一个特殊类别的检验检疫凭证,本书不做赘述。

13.3 进出口商品检验检疫证单的签发

13.3.1 检验检疫证单的签发要求

1. 进出境货物的检验检疫证单签发

(1)凡法律、行政法规、规章或国际公约规定须经检验检疫机构检验检疫的出境货物,经检验检疫合格的,签发《出境货物通关单》,作为海关核放货物的依据;同时,国外又要求签发有关检验检疫证书的,检验检疫机构根据对外贸易关系人的申请,经检验检疫合格的,签发相应的检验检疫证书;经检验检疫不合格的,签发《出境货物不合格通知单》。

(2)凡法律、行政法规、规章或国际公约规定须经检验检疫机构检验检疫的入境货物,检验检疫机构接受报检后,先签发《入境货物通关单》,海关据以验放货物。然后,经检验检疫机构检验检疫合格的,签发《入境货物检验检疫情况通知单》,不合格的对外签发检验检疫证书,供有关方面对外索赔。需异地实施检验检疫的,口岸检验检疫机构办理异地检验检疫手续。

2. 出入境鉴定业务的检验检疫签证

(1)出境货物。检验检疫机构凭对外贸易关系人的委托,按照合同、信用证的要求,对外签发各种相应的检验检疫证书。对检验检疫鉴定不合格的出境货物,对内签发不合格通知单。其他鉴定业务按有关规定办理。

(2)入境货物。检验检疫机构根据有关合同和报检人的申请,对货物的品质、卫生、重量等项目进行检验检疫鉴定,对外签发相应的检验检疫证书。凭检验检疫机构的检验检疫结果进行结算的入境货物,检验检疫机构签发检验检疫证书。其他鉴定业务按照有关规定办理。

3. 国内外委托的检验检疫签证

经检验检疫签发委托检验检疫结果单。

13.3.2 检验检疫证单的签发程序

1. 签证工作流程

出入境检验检疫证书的签发程序包括审核、制证、校对、签署和盖章、发证/放行等环节。其中抽样记录、检验检疫结果记录、拟稿等环节在各个检验检疫施检部门完成,其他各环节均在检务部门完成,包括审核证稿及其全套单据、缮制各种证单,经过校对证单,签署和盖章后发证,完成签证工作的最后一个环节。

目前,检验检疫机关的检务①部门收到施检②部门的证稿后,出境签证在 2 个工作日、入境签证在 5 个工作日内完成,特殊情况除外。

2. 签证基本要求

(1)检验检疫证书一般为一正三副,对外签发其中一正二副,另一份副本作为签证机关留存备案。证书一般只签发一份正本。报检人要求签发两份或两份以上正本的,经报机构主管审批同意可以签发,但必须在证书备注栏内声明"本证书是 X 号证书正本的重本",并在证书号前加注"D"。

(2)检验检疫证单编号必须与报检单编号相一致。同一批货物分批出证的,可在原编号后加 1—2—3 等以示区别。

(3)检验检疫证单的签证日期一般应以检讫日期作为对外签发的日期。入境通关单以报检日期作为对外签发的日期。

(4)检验检疫人员需到现场签证的,经主管部门批准,施检人员可以直接签发证单,但必须及时办理登记和核销手续。

13.3.3 证单的更改、补发或重发

在检验检疫机构签发检验检疫证单后,报检人要求更改或补充内容的,应向原签发证书的检验检疫机构提出申请,经检验检疫机构核实后,按规定予以办理。任何单位或个人不得擅自更改检验检疫证书内容,伪造或变更检验检疫证书内容属于违法行为。

1. 更改证单

(1)纸质证单的更改。

① 检验检疫机构签发证书后,报检人要求更改证单内容的,应填写《更改申请单》,退还原发证书正副本,书面说明更改原因及要求,并附有关函电等证明单据。因特殊情况不能退回原发证书正副本的,申请人应书面说明理由,经法定代表签字、加盖公章,并在指定的报纸上声明作废,经审批后,方可重新签发。

② 品名、数(重)量、检验检疫结果、包装、发货人、收货人等重要项目更改后与合同、信用证不符的,或者更改后与输出、输入国法律法规的规定不符的,均不能更改。

③ 对更改证单,能够退回原证单的,签发日期为原证签发日期;不能退回原证单的,更改后的证单(REVISION)在原证编号前加"R",并在证单上加注"本证书/单系×××日签发

---

① 检务:受理报检、审核、制证、校对、签署等工作的简称。

② 施检:检验检疫机构对入出境货物实施检验检疫的简称。

的×××号证书/单的更正,原发×××号证书/单作废",签发日期为更改证单的实际签发日期。

(2) 电子通关单的更改。

① 通关单电子数据已被海关使用并比对成功的,不予受理企业的更改或撤销申请。

② 直通放行的出口货物需更改通关单的,企业应交回原通关单,在产地检验检疫机构办理更改手续。因特殊情况无法在产地领取更改后的通关单的,发货人或其代理人可向口岸检验检疫机构提出书面申请,口岸检验检疫机构根据产地检验检疫机构更改后的电子放行信息签发通关单,并收回原通关单。

2. 补充证单

检验检疫机构签发相应证书后,因交接、索赔、结汇等各种需要,或报检人要求补充检验项目,或发现该批货物的其他缺陷或产生缺陷的原因等,为了进一步说明这些情况,检验检疫机构可在原证单的基础上酌情补充证单内容,对原证单的不充分或遗漏部分做进一步说明或评定。申请人应按上述的"更改证单"要求办理申请手续,经检验检疫机构核准后据实签发补充证单。签发补充证单(Supplement)在原编号前加"S",并在证单上加注"本证书/单系×××日签发的×××号证书/单的补充",签发日期为补充证单的实际签发日期。补充证单与原证单同时使用时有效。

3. 重发证单

因故遗失或损坏,可以申请重发检验检疫证单。申请人应填写《更改申请单》,提供经法人代表签字、加盖公章的书面声明,并在检验检疫机构指定的报纸上声明作废。经原发证的检验检疫机构审核批准后,方可重新补发证书。

签发重发证单(DUPLICATE),能够退回原证单的,签发日期为原证签发日期;不能退回原证单的,在原证编号前加"D",并在证单上加注"本证书/单系×××日签发的×××号证书/单的重本,原发×××号证/单作废",签发日期为重发证单的实际签发日期。

13.3.4 申请证书签发需注意的有关事项

检验检疫证书是检验检疫机构在完成进出口商品检验检疫之后签发的最主要的证明文件。它是对外贸易关系人用于通关、结算、索赔等的凭证,是证明出入境货物等是否符合进、出国法律法规要求的法律文件。它的正确与错误、水平高低,不仅与对外经济贸易各方的合法权益、国家的利益密切相关,而且与检验检疫机构的信誉、检验检疫证书本身的信誉密切相关。因此,检验检疫证单的签发应符合国家有关法律法规和有关规定,以及国际惯例的有关要求,报检人在申请签发检验检疫证单时,必须事先了解签发检验检疫证单的有关规定和具体做法,做到有备无患,防患于未然。

1. 检验检疫证书文字

检验检疫证书使用国家质检总局制定或批准的格式,分别使用中文、英文,或中英文合璧方式签发。报检人有特殊要求需要使用其他语种签证的,应由申请人提出申请,经审核批准后予以签发,签发两个或多语种证书时,必须合璧缮制。入境货物索赔证书使用中英文合璧签发,根据需要也可使用中文签发。

2. 检验检疫证书文本

一般情况下,检验检疫机构只签发一份正本,特殊情况下,合同或信用证要求两份或两份以上正本,且难以更改合同或信用证的,经审批同意,可以签发,但应在第二份证书正本上注明"本证书是 X 号证书正本的重本"。

3. 签证日期

(1)检验检疫机构签发的证单一般以验讫日期作为签发日期。

(2)信用证要求装运港装船时检验的,签发证单日期为提单日期 3 天内签发(含提单日)。

4. 检验检疫证体语言

检验检疫证书的证体部分是指检验检疫结果和证明的内容,包括受检物的存在状态及包装情况,检验检疫方式的确定或抽样情况,实施检验检疫的情况及结果、结论、意见等。这一部分是检验检疫证书的核心。证体语言应达到以下质量标准:内容完整、文体得当,证题突出、证据充分,逻辑严谨、论证周密,科学定论、客观公正,字斟句酌、避免歧义,格式正确、语法规范。

(1)对证体语言的总体要求是"得体"。

所谓得体,就是要求做到客观性、规范性、公正性和科学性的统一。例如:We have drawn samples of the above mentioned for bacteriological analysis and we hereby certify that：The fishmeal is free salmonells and shigella and live insect pests and mammal bones and/or mammal bones slivers at time of shipment. 第一句对所做的工作的表述客观明确。第二句得出的结论恰如其分。尤其是其时间状语"at time of shipment"将前面对货物状态作出的结论进行了严格限制,不留任何产生歧义的余地,是体现证体客观性的典范。

(2)规范性是证体语言的生命。

所谓规范性主要体现在下述三方面:一是文词正确、语言洗练。在长期的检验检疫实践中形成行业特有的专业术语,具有明确而严格的含义,称为"行话"、"套话"。证体语言中尽量使用这些专业术语,不可随意自由发挥。例如:随机(at random)、校准之衡器(tested scales)、包装完好(packing intact/sound)、宰前宰后(ante-mortem and post-mortem)、加权平均结果(calculated average result)、毛重/净重/皮重(gross weight/net weight/tare)。二是文体得当、语言正式。正式文体的句子较长,结构却严谨、逻辑性强,非正式文体用词较口语化,句子简短、结构松散。三是句式恰当、术语专业。语体语言以主动句式为宜,如"兹证明……/We hereby certify that ...","我局施检人员抽取……/Our inspector drew ..."等。

　　(3)公正性是证体语言的灵魂。

　　检验检疫证书应对所证明的事物公正、准确地描述并作出结论。证体语言应不带偏见、不夹杂感情。例如:"上述进口货物品质缺陷系生产制造因素所致,应由卖方负责"。前半句表述检验检疫情况,无可辩驳非议,但后半句超出了检验检疫机构的职责。作出结论的人忘记了自己作为"第三方"的公正立场,俨然以仲裁法官自居。

　　(4)科学性是证体语言的归属。

　　检验检疫证书要客观、准确、公正、规范地反映所证明的事物。证体语言的科学性是客观性、公正性和规范性的必然要求和最终结果。证体各部分应前后呼应和相互支撑。例如:We hereby certify that the sodium citrate BP98 manufactured in ××× Company is suitable for human consumption.(兹证明×××公司生产的柠檬酸钠 BP98 适合人类食用)。经检验检疫的货物可能是该公司某个时期生产的某一批或几批次柠檬酸钠,而得出的结论是该公司生产的所有柠檬酸钠都是适合人类食用的,如此结论未免太"满"了。

　　(5)部分证单中固定用语的使用。

　　为了规范证体语言的使用,一些检验检疫证单,特别是我国与一些国家签订的检验检疫协议中规定的一些证单的证体部分采用固定的用语。例如,格式 e5—1 的《植物检疫证书》的证体部分使用以下中英文对照的用语:

　　兹证明上述植物、植物产品或其他检疫物已经按照规定程序进行检查和/或检验,被认为不带有输入国或地区规定的检疫性有害生物,并且基本不带有其他的有害生物,因而符合输入国或地区现行的植物检疫要求。

　　This is to certify that the plants, plant products or other regulated articles described above have been inspected and/or tested according to appropriate procedures and are considered to be free from quarantine pests specified by the importing country/region, and practically free from other injurious pests, and that they are considered to conform with the current phytosanitary requirements of the importing country/region.

　　5. 签证印章的加盖

　　签发单证时应加盖印章。中英文印章适用于各类证书、中外文凭单及国外关于签证的查询;中文印章用于签发通关单、换证凭单、检验检疫处理通知书、海关委托及国内关于签证的查询。审批专用章用于进口许可证初审,上述印章不得混用,如发现有误应立即更正。发证时应核对领证人的报检员证,由领证人在申请单中领证人栏处签字并填写领证日期后将证单交给领证人。

13.4　进出口商品检验检疫通关与放行

　　检验检疫通关放行是检验检疫机构依照法律、行政法规、国际公约的规定,对经检验检疫合格的受检对象准予出入境或者销售使用、或者出具相关证明文件供口岸海关和相关部门或口岸检验检疫机构办理监管验放手续;对经检验检疫不合格的受检对象不准出入境或者销售使用,并根据需要出具相关证明文件告知有关当事人或口岸海关和相关部门对受检对象进行相应处理的一种行政执法行为。

13.4.1　通关与放行的目的及其要求

1. 通关与放行之目的

(1) 保证出境货物的质量、安全、卫生符合国家法律行政法规的规定,贸易合同的要求,以及国际贸易有关规定,维护国家信誉,扩大出口,提高经济效益;

(2) 保证入境货物符合国家法律、行政法规和对外贸易合同规定要求,防止次劣、有害的货物入境,保障生产建设安全和人民健康、维护国家的权益。

2. 通关与放行的一般要求

(1) 对出入境运输工具,符合卫生检疫要求的,检验检疫机构签发运输工具检验检疫证书予以放行。

(2) 经卫生处理的,签发检验检疫证书放行。

(3) 对出入境货物,检验检疫机构签发《入境货物通关单》或《出境货物通关单》,海关凭《入境货物通关单》或《出境货物通关单》验放通关。

(4) 凡列入《出入境检验检疫机构实施检验检疫的进出境商品目录》的进出境商品,必须经出入境检验检疫机构实施检验检疫,海关凭出入境检验检疫机构签发的《入境货物通关单》或《出境货物通关单》验放。海关只受理报关地出入境检验检疫机构签发的《入境货物通关单》或《出境货物通关单》。

13.4.2　进出口商品《目录》内的进出境货物放行通关

1. 入境货物的放行通关

对于《目录》内的入境货物,实行验证放行的入境货物,所有进口食品、食品添加剂等,海关凭报关地检验检疫机构签发的《入境货物通关单》办理通关放行手续。

(1) 报关地施检的入境货物。

由报关地检验检疫机构施检的,签发《入境货物通关单》(三联),海关凭《入境货物通关单》验放。

(2) 目的地施检的入境货物。

需由目的地检验检疫机构施检的,报关地检验检疫机构签发《入境货物通关单》(四联)

供海关办理验放手续,并及时将通关单相关电子信息及《入境货物调离通知单》①传递给目的地检验检疫机构。通关单备注栏内注明目的地收(用)货单位的联系信息,以便目的地检验检疫机构联系检验检疫事宜。

(3)通关前需实施查验的入境货物。

经查验合格,或经查验不合格,但可以进行有效处理的,签发《入境货物通关单》,供海关办理放行手续;经查验不合格又无有效处理方法,需作退货或销毁处理的,检验检疫机构签发《检验检疫处理通知单》告知当事人和海关以及有关方面,海关和有关方面凭《检验检疫处理通知单》办理退运或销毁手续。

(4)通关后的入境货物。

入境货物通关后经检验检疫合格,或经检验检疫不合格,但已进行有效处理合格的,检验检疫机构签发《入境货物检验检疫证明》,进口食品、食品添加剂还需签发卫生证书,准许入境货物在国内销售使用,经检验检疫不合格需做退货或销毁处理的,检验检疫机构签发《检验检疫处理通知单》告知当事人和海关及有关方面,海关和有关方面凭《检验检疫处理通知书》办理退运或销毁手续。

2. 出境货物的通关放行

对于《法检商品目录》内的出境货物,实施验证管理的出境货物,所有食品、食品添加剂等,海关凭检验检疫机构签发的《出境货物通关单》办理通关放行手续。

(1)产地检验检疫,产地放行。

经产地检验检疫合格、在产地报关出口时,由产地检验检疫机构签发《出境货物通关单》和有关证书,海关凭《出境货物通关单》放行。

(2)产地检验检疫,口岸查验放行。

经产地检验检疫合格、需要在异地口岸报关出口的,产地检验检疫机构签发有关证书,并出具注明"一般报检"的《出境货物换证凭单》;实施电子转单的,产地检验检疫机构将报检信息和检验检疫结果等信息转发给出境口岸检验检疫机构,出具"出境货物转单凭条(换证凭条)",不再出具纸质的《出境货物换证凭单》。发货人在规定的期限内持《出境货物换证凭单》正本或出境货物转单凭条向口岸检验检疫机构提出换证申请。口岸检验检疫机构凭《出境货物换证凭单》正本或电子转单信息受理换证申请,按规定对货物进行口岸查验,查验合格的,签发《出境货物通关单》供口岸海关办理通关手续。

分批出境的货物,经口岸检验检疫机构核准在《出境货物换证凭单》正本上进行核销本批出境货物的数量并留下复印件存档,换证凭单正本退回报检人。办理分批核销的次数不得超过换证凭单栏目数量(八次)。整批货物全部出境后,最后换证的检验检疫机构收回《出境货物换证凭单》正本并存档。电子转单信息一次换证有效,不实行分批换证核销。

---

① 《入境货物调离通知单》:也称通关单流向联。

（3）预检验的出境货物通关放行。

出境货物的预检验是指检验检疫机构应出口企业的申请，对企业暂无出口任务的产品实施检验的方式。经预检验合格的出境货物，产地检验检疫机构出具标明"预检"字样的《出境货物换证凭单》。

检验检疫机构不得凭标明"预检"字样的《出境货物换证凭单》换发《出境货物通关单》或实施电子转单。经预检合格的出境货物在检验检疫有效期内需要出口时，报检人凭"预检"的换证凭单在原签发机构或产地所属直属检验检疫局辖区内授权的机构办理一般报检手续，换取"一般报检"的《出境货物换证凭单》后，方可换发《出境货物通关单》或实施电子转单。

（4）不予检验检疫通关放行的出境货物。

出境货物经检验检疫或口岸核查货证不合格的，检验检疫机构签发《出境货物不合格通知单》，不予放行。

检验检疫机构应出口企业的申请，对出口产品的生产原料实施检验，并出具注明"原料供应"字样的《出境货物换证凭单》。这种换证凭单仅作为出口产品生产原料的检验检测报告，检验检疫机构不予实施电子转单或凭以直接签发《出境货物通关单》。

（5）检验检疫快速放行措施。

实施电子监管等方式监管并符合快速核放条件的出境货物，检验检疫机构直接签发《出境货物通关单》或实施电子转单；对于实施绿色通道、直通放行等通关便利措施①的货物，口岸免于查验。

3.《入/出境货物通关单》的有效期

（1）《入境货物通关单》。

《入境货物通关单》的有效期为 60 天。

（2）《出境货物通关单》。

一般报检的《出境货物通关单》和"出境货物换证凭单"（含电子转单方式）的有效期，因商品不同有所区别。其有效期分别为：

① 一般货物为 60 天；

② 植物和植物产品为 21 天，北方冬季可适当延长至 35 天；

③ 鲜活类货物一般为 14 天；

④ 检验检疫机构有其他规定的，以《出境货物通关单》标明的有效期为准。

13.4.3 未列入《法检商品目录》的出入境货物通关放行

1.《法检商品目录》外非法检的入境货物

其他未列入《目录》的进口商品，除下述情况或国家质检总局另有文件规定的，如海关需

---

① 详见本书 7.1。

要企业提供有关进出口货物数量等检验证明时,也可接受国家质检总局指定、认可或审批的检验机构出具的检验证明外,海关一律凭检验检疫机构签发的《入境货物通关单》或《出境货物通关单》验放。

2.《法检商品目录》外须实施检验检疫的入境货物

(1)进口可再利用的固体废物。

对进口可再利用的固体废物,海关凭检验检疫机构签发的《入境货物通关单》办理通关放行手续。报检人应当提供出入境检验检疫机构或者经国家质检总局指定的检验机构出具的装运前检验证书。检验检疫机构对进口的固体废物依法实施检验,经检验合格的签发《入境货物通关单》,并在备注栏注明"上述货物经初步查验,未发现不符合环境保护要求的物质"。

(2)进口旧机电产品。

对进口旧机电产品,海关凭检验检疫机构签发的《入境货物通关单》办理通关放行手续。

报检人应当提供出入境检验检疫机构或者经国家质检总局指定的检验机构出具的装运前检验证书。检验检疫机构在签发《入境货物通关单》,并在备注栏注明《旧机电产品进口备案》。

(3)对外索赔的赔付货物。

进口货物发生短少、残损或其他质量问题需对外索赔时,其赔付货物的进境,海关凭检验检疫机构签发的《入境货物通关单》以及用于索赔的检验证书副本验放。

(4)尸体、棺柩、骸骨、骨灰等。

办理出入境尸体、棺柩、骸骨、骨灰等的托运人、承运人或者代理人,应向检验检疫机构提供死者的身份证明、死亡证明、防腐处理证明等文件。因患检疫传染病、炭疽死亡的尸体、骸骨,必须就近火化,不得移运,因患其他传染病死亡的,应采取相应的卫生控制措施,在口岸以及出入境交通工具上死因不明的尸体,应经国境检验检疫机构采取卫生检疫措施并签发证明后,方可移运。尸体、棺柩、骸骨、骨灰等入出境,海关凭报关地检验检疫机构签发的尸体、棺柩、骸骨、骨灰等入出境放行证明办理通关放行手续。

(5)进境植物繁殖材料。

输入植物繁殖材料须事先办理检疫审批手续,并在贸易合同中列明检疫审批提出的检疫要求,进境前报检人或者代理人到指定的口岸直属检验检疫机构备案,并向指定的检验检疫机构报检。进境植物繁殖材料经检疫后,根据检疫结果分别作如下处理:

① 属于低风险的进境植物繁殖材料,经检疫未发现危险性有害生物,或者限定的非检疫性有害生物未超过有关规定的,给予放行。经检疫发现危险性有害生物,或者限定的非检疫性有害生物超过有关规定,但经有效地检疫处理的,给予放行;未经有效地检疫处理的,不准入境。

② 属于高、中风险的进境植物繁殖材料,经检疫未发现检疫性有害生物,或者限定的非检疫性有害生物未超过有关规定的,运抵指定的隔离检疫场(圃)隔离检疫。经检疫发现检疫性有害生物,或者限定的非检疫性有害生物超过有关规定,但经有效地检疫处理的,运抵指定的隔离检疫场(圃)隔离检疫;未经有效地检疫处理的,不准入境。

(6) 携带、邮寄物。

① 携带、邮寄植物种子、种苗及其他繁殖材料入境,未依法办理检疫审批手续的,由检验检疫机构作退回或者销毁处理。作退回处理的携带、邮件,由检验检疫机构在邮件及发递单上批注退回原因;作销毁处理的携带、邮件,由检验检疫机构签发《检验检疫处理通知单》告知携带人或寄件人。

② 携带动植物、动植物产品和其他检疫物进境,经口岸检验检疫机构检疫合格的,当场放行;需要作实验室检疫或者隔离检疫的,由检验检疫机构签发截留凭证。截留检疫合格的,携带人持截留凭证在规定时间内,向检验检疫机构领回,逾期不领回的,作自动放弃处理。

此外,携带动物进境的,需持有输出动物的国家或者地区政府动植物检疫机关出具的检疫证书;携带犬、猫等进境的,还必须持有疫苗接种证书。没有检疫证书、疫苗接种证书的,由检验检疫机构作限期退回或者没收销毁处理。作限期退回处理的,按上述截留物要求处理。

③ 邮寄进境的动植物、动植物产品和其他检疫物,检验检疫机构在国际邮件交换局实施现场检疫,经现场检疫合格的,检验检疫机构加盖检疫放行章,交邮局运递;需作实验室或者隔离检疫的,检验检疫机构向国际邮件交换局办理交接手续。经检疫不合格又无有效方法作除害处理的,作退回或者销毁处理,并签发《检验检疫处理通知单》告知邮寄人。

(7) 其他货物与特殊物品。

对于此类物品,海关一律凭检验检疫机构签发的《入境货物通关单》或《出境货物通关单》验放。

13.4.4　木质包装

1. 木质包装检验检疫

参见本书8.2的内容。

2. 木质包装的检疫处理

进境货物使用木质包装的,货主或其代理人应按规定向检验检疫机构报检。检验检疫机构按照以下情况作出相应的处理:

(1) 放行。

对已加施IPPC专用标识的木质包装,按规定抽查检疫,未发现活的有害生物的,立即予以放行;发现活体有害生物的,监督货主或其代理人对木质包装进行除害处理后放行。

(2) 除害或销毁处理。

对未加施 IPPC 专用标识的木质包装,监督货主或其代理人对木质包装进行除害或者销毁处理。

(3) 放行或除害、销毁处理。

对报检时不能确定木质包装是否加施 IPPC 专用标识的,经抽查确认木质包装加施了 IPPC 专用标识,且未发现活体有害生物的,予以放行;发现活体有害生物,监督货主或其代理人对木质包装进行除害处理,经抽查发现木质包装未加施 IPPC 专用标识的,对木质包装进行除害或者销毁处理。

(4) 其他处理方式。

经我国港澳地区中转的未使用木质包装的货物入境时,如果提交了经国家质检总局认定的港澳地区检验机构出具的证明文件,不再检查木质包装,必要时进行抽查。

13.4.5 包装物

参见本书 8.5 的内容。

13.4.6 运输工具、集装箱

参见本书 8.1 的内容。

案例评析

案例 1 骗取证单

案情介绍

2005 年 4 月 5 日,武汉 B 制衣有限公司(以下简称 B 公司)到 A 检验检疫局申报 13 200 条(货值 19 800 美元)男麻棉短裤出口检验。B 公司故意隐瞒了该批服装非本公司生产及其存在质量问题并由此引起经济纠纷的事实,为该批服装出具了虚假的"厂检合格单"和"检验原始记录",骗取了 A 检验检疫局签发的《出境货物通关单》。

案情分析

B 公司生产加工出口服装有较长的历史,且获准自营出口。1997 年 A 检验检疫局根据其申请和有关规定将其划分为二类企业,其出口产品 60% 的批次,A 检验检疫局可凭其认可检验员签发的"厂检合格单"及"检验原始记录"换证放行。B 公司本应模范遵守检验检疫法规,认真抓好产品质量,但其反而利用作为二类企业的检验监管条件,将非本公司生产的货物以自己公司名义报验,且其认可检验员也不如实向 A 检验检疫局反映情况,将存在质量问题的该批服装不按出口标准抽样、检验,提供的"服装检验原始记录"严重失实。B 公司这种采取不正当手段,骗取检验检疫单证的行为严重违反了检验检疫法规和规定,其性质是恶劣的。

根据《商检法实施条例》第五十一条第六款之规定,A 检验检疫局对 B 公司不如实报验,骗取检验检疫单证的违法行为罚款 24 651 元人民币,并决定取消 B 公司二类企业资格,吊销该企业相关人员的认可检验员证书。

案例 2　伪造检验检疫印章

案情介绍

2003 年 10 月,A 口岸检验检疫局工作人员在收费过程中,发现广州某公司在 10 月办理出口 3 批活鳗鱼报检手续的报检单上,所盖的"CIQ 已收费"章与该局的收费印章不相符。经仔细查对电脑记录,这 3 份报检的货物没有交费记录,而且该公司 10 月份还有另外 7 份报检出口的同样货物也没有交费。后经调查发现,以上所提及的 3 份报检单确实是该公司报检员私刻 CIQ 已收费印章并亲手盖上的。

案情分析

A 口岸检验检疫局对上述伪造该局"CIQ 已收费"印章,逃避缴交检验检疫费,骗取出口货物《检验检疫通关单》以及检验检疫证书涉案人员,除收缴所私自刻制的"CIQ 已收费"印章,悉数收回另外 7 份未交费但被其私自拿走的报检单及检验检疫记录单原稿外,并根据有关规定,对涉案人员所属公司实施了罚款人民币 2 万元的行政处罚,并追缴所欠交的检验检疫费。

案例 3　变造 CCC 证书行政处罚

案情介绍

2005 年,上海某出口加工区 Y 公司向 A 检验检疫局报检进口 3 台条码打印机,并在报检时提供了编号为 20020109040193XX 的 CCC 证书复印件,经 A 检验检疫局受理报检并验证合格放行。随后,A 检验检疫局在后续监管中发现该批条码打印机虽在铭牌处已印刷了CCC 标志,但其规格与所提供 CCC 认证证书描述不符:到货规格为 4A,而证书规格为 5A。A 检验检疫局人员随即要求 Y 公司向发货方进一步确认产品获证情况。该品牌打印机国内代理商 J 公司不久即通过收货人 Y 公司向 A 检验检疫局提供了另一份与到货打印机规格一致的同编号 CCC 认证证书复印件,从证书的字体和底纹来看没有任何问题,但前后 2 份证书矛盾的情况仍引起了 A 检验检疫局人员的警觉。

经网上执法查询,A 检验检疫局初步断定 J 公司后补的证书系变造而成。为了谨慎起见,立即向有关认证机构发出书面协查函,要求进一步确认该编号证书的产品范围。不久,认证机构复函确认该证书无法覆盖本批进口规格的条码打印机。A 检验检疫局立即对 J 公司进行立案调查,查明后一份证书系 J 公司某业务员擅自利用 photoshop 软件对证书扫描件进行涂改变造而成。当事人对违法事实供认不讳。

案情分析

据此,A 检验检疫局认定 J 公司的行为违反了《认证证书和认证标志管理办法》第五条"禁止伪造、冒用、转让和非法买卖认证证书和认证标志"的规定,并根据该《办法》第二十八条,对其处以 3 万元人民币罚款。涉案人员无视检验检疫法律法规的严肃性,使持证进境货物的不合格情况上升成为伪造变造认证证书的违法行为。虽然用电脑软件变造出的证书复印件几可乱真,但正由于检验检疫人员具有高度的责任心和敏感度,使违法者得到了应有的惩戒,维护了法律法规的尊严。

案例 4　巴西进口大豆霉变索赔

案情介绍

张家港一船从巴西进口的大豆发生霉变,经口岸 A 检验检疫局检验鉴定,进口商张家港某粮油公司成功获得 134.5 万元人民币的赔款。

2001 年 7 月 18 日,塞浦路斯籍"PASCHALISD"轮装载 36 170.9 吨进口大豆自巴西 ITACOATIARA 港抵达张家港粮油码头。当天下午,检验检疫人员在登轮作现场卫生学调查时,发现该轮 1、3、4、5、7 货舱表层货物有霉变现象。A 检验检疫局及时通知收货人对霉变受损货物实行分开卸货,分开存放,并加派人员对卸货过程进行了全程监督。检验检疫人员在卸货过程中发现:1 号舱货物表层出现霉变,霉变深度约 40 cm,有发热现象;3 号舱货物霉变情况与 1 号舱相似;4 号舱货物霉变深度较深,约 40 至 50 cm;5 号舱货物霉变较严重,舱壁四周与舱壁接触处的大豆已高度腐烂并伴有恶臭,舱底货物腐烂,有发热现象;7 号舱货物一般霉变,有发热现象。

案情分析

7 月 20 日至 26 日,A 检验检疫局人员又冒着高温酷热,对霉变大豆进行了现场残损鉴定,最终确定受损货物总量为 1 309.86 吨,并就此出具了对外索赔证书。进口商依据检验检疫证书,经多次与外商交涉,外商终于 10 月 16 日确认了受损结果,总计货物赔款 134.5 万元人民币。

案例 5　证书为企业挽回巨额经济损失

案情介绍

2001 年，广东潮安某公司斥巨资从日本引进无汞碱性锰可充电池生产设备，总价值 810 万美元。设备分批陆续到货后，先后向潮州检验检疫局报检。在组织验收、检验过程中，潮州检验检疫局发现设备有锈蚀、受损、变形等，检验人员对设备拍了照，并做了详尽的记录。

设备装在 46 个木箱中，到货时现场查验未发现异常。开箱后发现：设备机件普遍有锈蚀，其中 36 号箱内设备的铝塑膜包装有一长约 50 厘米的破口；其他设备受损情况主要有齿轮阀门保护罩变形，空气管道、搅拌器上罩（外壳）及支架变形，空气压力表和出油阀脱落。经分析，机件普遍锈蚀的原因是机件无足够的防护措施因而受潮生锈。现场见到，设备的内包装密封的铝塑膜，其上布有水珠。而设备受损的原因，是因该箱设备内无固定隔木，箱内紧固不妥。为此，潮州局检验人员在检验证书中，如实地阐述了设备致损情况，向外商提出索赔。

案情分析

经过双方协商，日商终于在事实面前表现了应有的诚意，同意重新发运相关机件。潮州检验检疫局出具的检验证书，使厂方避免了 170 多万元的直接经济损失，又不影响整条生产线的安装、调试，还保持了与日商的良好合作关系。厂方和日商对该局这种真诚为企业、为贸易各方服务的作风都大加赞赏。2002 年 5 月，设备已正常运转，投入生产。

本章小结

签证与放行是检验检疫机构检验检疫工作的最后一个环节。检验检疫机构在完成检验检疫工作之后，根据报检员（或报检单位）的要求，按照检验检疫部门的签证管理规定签发相应的证书或放行单。检验检疫证单是国际经济贸易中具有法律约束力和经济效用的重要证明文件。根据我国检验检疫法律法规的要求，对农产品、动物源性产品、废旧物品等涉及安全、卫生、健康、环保的敏感进口商品，报检人需提供出口国家或地区官方或授权机构签发的检验检疫证书，并证明其产品符合我国检验检疫法规要求。

思考题

1. 为什么检验检疫证单具有法律效用？
2. 检验检疫证书（证明）的法律效用主要表现在哪些方面？
3. 检验检疫机构签发的证书有哪几种？出入境货物通关单的作用和使用范围是什么？

4. 检验检疫证单签发程序主要有哪些环节？

5. 检验检疫的证书文字与文本主要有哪些规定？

6. 检验检疫的签证日期有哪些规定？

7. 检验检疫证单有关栏目的填写应注意哪些要求？

8. 检验检疫证书的补充、更改、重发、补发应注意哪些事项？

9. 什么是"放行"？ 国家有关"放行"的规定有哪些？

10. 一般情况下,出境货物和入境货物检验检疫通关放行的程序：

    (1) 报检和检验检疫先后程序不同

    (2) 报检和报关先后顺序不同

    (3) 签发通关单和报关先后顺序不同

    (4) 检验检疫和报关顺序不同

    以上区别,哪些是正确的,为什么？

11. 因合同条款变更,报检人对已签发的证单提出申请更改时,试问以下列举的材料：

    (1) 更改申请单；

    (2) 在指定报纸上的原证单作废声明；

    (3) 变更后的合同；

    (4) 原签发证单等；

    其中哪些是属于必须提供的？

12. 在检验检疫机构签发检验检疫证单后,报检人要求更改或补充内容的,试问在以下列举的检验检疫机构中：

    (1) 就近的检验检疫机构；

    (2) 直属检验检疫机构；

    (3) 分支检验检疫机构；

    (4) 原证书签发检验检疫机构；

    应向哪个机构提出申请？

13. 在列举有关签证表述中：

    (1) 特殊情况下,合同或信用证要求两份证书正本,且难以更改合同或信用证的,经审批同意,检验检疫机构可以签发两份证书正本；

    (2) 检验检疫机构签发的证单一般以检讫日期作为签发日期,但信用证中有特殊要求的,以信用证要求的日期为准；

    (3) 入境货物需要分销数地的,进口商应在报检时提出申请,检验检疫机构按分销批数分证,证书副本送分销地检验检疫机构；

    (4) 检验检疫机构对检验检疫不合格的出境货物出具检验检疫处理通知书；

    试问以上表述是否正确,为什么？

14 进出口商品的检验检疫电子化

学习目的

对前几章节涉及的"电子报检、电子签证、电子转单"内容,有比较系统的认识。检验检疫部门对进出口商品检验检疫实施电子化服务措施,不仅方便了企业,降低了企业外贸成本,同时提高了检验检疫部门的工作效率。

知识要点

本章内容是前几章相关内容的补充。检验检疫部门如何从"电子报检、电子转单、电子通关"的"老三电"发展为"电子申报、电子监管、电子放行"的"新三电"可作为进出口商品检验检疫电子化的重点,尤其要掌握其实质性内容的变化。

14.1 概述

进出口商品检验检疫电子化是电子检验检疫一个重要组成部分。电子检验检疫是指出入境检验检疫业务活动实现电子化。随着检验检疫事业的发展,电子检验检疫必将成为一种新的业务活动模式。电子检验检疫,从含义范围可以定义为:出入境检验检疫部门以电子方式实施出入境检验检疫报检和签证放行,收取检验检疫费用等多种形式的贸易服务和政务信息管理;从技术方面可以定义为:一种多技术的集合体,包括交换数据(如电子数据交换、电子邮件)、获得数据(共享数据库、电子公告牌)以及自动获取数据(条码)等。

电子检验检疫的业务范围可以包括:政务信息的交换和管理(如检验检疫行政办公系统,可包括人事、财务、资产管理、认证监管等方面内容),检验检疫贸易服务(如接受电子报检、出具电子证单、电子通关、检验检疫业务指南、回答意见和问题等),电子支付(如电子资金转账、信用卡、电子支票、电子现金),电子广告(如开设企业之窗)等。

2000 年,国家质检总局开发了检验检疫综合业务计算机管理系统(以下简称 CIQ2000 系统)。CIQ2000 系统包括:一个网络,即检验检疫广域网络;三个系统,即中国检验检疫信息服务系统、行政办公系统、业务管理系统,实现了报检、计收费、检验检疫、签证通关、统计汇总和系统推广等管理的计算机信息化、网络化。当年在全国范围内实现了电子报检、电子转单、电子通关的"三电工程"("老三电工程")。据统计,全国有 256 个检验检疫机构应用了电子签证系统,186 个实施了电子报检系统,33 个直属检验检疫机构及其 440 个分支机构使用了电子转单系统。

随着"快速查验""电子审单""电子收费",以及其他配套系统(进境许可证系统、决策支持系统、电子身份认证系统、集装箱管理系统等)的陆续开发与应用,检验检疫工作电子化进程不断向前推进,这在很大程度上规范了检验检疫行为,提高了检验检疫效率、加快了通关速度。同时,检验检疫信息化建设也在"老三电工程"的基础上,逐步上升发展为如图 14.1 所示的"新三电工程",即"电子申报""电子监管""电子放行",中国检验检疫电子平台的理念也日趋成熟。

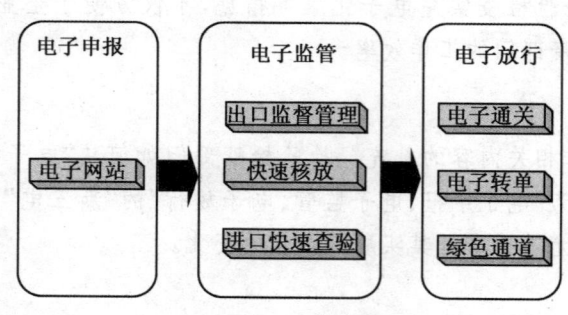

图 14.1　新三电工程

2002 年 2 月,国家质检总局与海关总署签署了《"电子通关"和"一次报检"联网项目合作协议》。国家质检总局在 CIQ2000 系统中增加"电子通关"系统,与海关形成公共数据接口实现电子数据交换,加快了出入境货物的通关放行速度。

2003 年底,根据国务院的指示,国家质检总局正式启动了中国检验检疫出境电子监管系统(简称"电子监管系统")的开发和应用工作。

如图 14.2 所示在电子监管方面,为实现对出口货物监督管理、快速核放和对进口货物快速查验,国家质检总局与 CIQ2000 系统共同组成检验检疫业务平台,国家质检总局在已

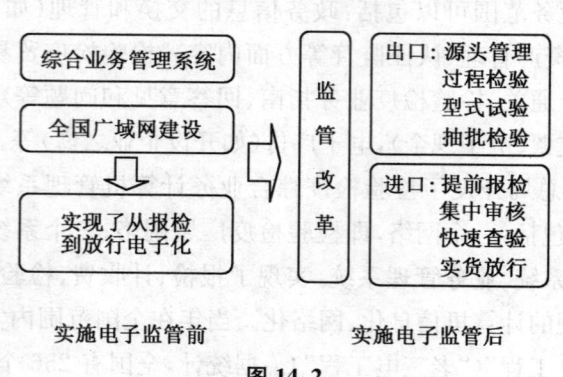

图 14.2

推广应用检验检疫综合业务管理系统的基础上,进一步推动检验检疫监管改革,将工作重点转移到涉及安全、卫生、健康、环保和反欺诈方面。国家质检总局还将对出口货物推行源头管理、过程检验、抽批检验,对进口货物实施提前报检、集中审核、快速查验、实货放行等全新的电子监管模式。

2004 年 11 月 1 日,国家质检总局启用新的中央数据库,使新取得外贸经营权的单位可在中国电子检验检疫业务网上申请注册备案。申请后的数据直接进入国家质检总局中央数据库,全国各地检验检疫机构可共享该数据。报检单位已无需在异地进行临时性备案即可办理报检手续。

与此同时,国家质检总局还开发了原产地业务电子管理系统。2006 年国家质检总局选择了北京、宁波、厦门和深圳检验检疫局作为首批试点,在试点中对系统不断进行完善。自2007 年 1 月 1 日起,北京、宁波、厦门等试点检验检疫局已陆续全面使用新系统。并于 8 月1 日起在全国范围内全面推广应用。

为提高口岸通关效率,推进无纸通关改革,有效防范和打击逃漏检行为,方便合法进出,根据相关法律法规和《国务院关于加强产品质量和食品安全工作的通知》的要求,2007年海关总署与国家质检总局在 2002 年开发的"通关单联网核查"系统软件的基础上,又开发了如图 14.3 所示的 2007 版"通关单联网核查",即海关和检验检疫机构对法定检验进出口商品,实行出入境货物通关单电子数据与进出口货物报关单电子数据的联网核查,进一步提高通关效率,实现严密监管,并为此联合发布公告决定自 2008 年 1 月 1 日起实施。

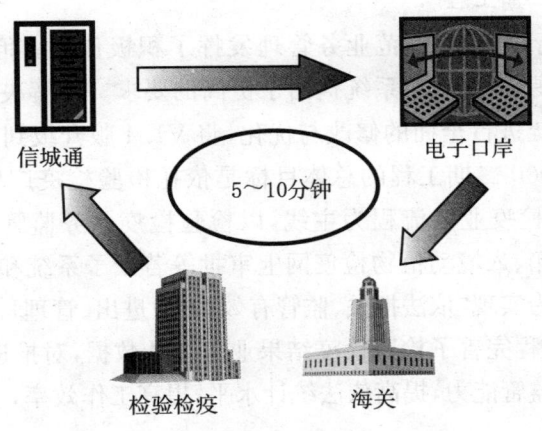

图 14.3 数据传送示意程序

2016 年 10 月 28 日,中国电子检验检疫系统(e-CIQ)实现了全国范围的全面上线。主干系统是在原有 CIQ2000 等系统的基础上,全新升级改造的新一代检验检疫业务核心管理系统。

主干系统优化了业务流程,实现了集中统一、互联互通。通过进出口商品唯一报检号的

"一号到底"设计,进出口企业可以选择在全国任意检验检疫机构办理报检、领证等通关手续,检测结果在各机构间互认。出口货物可由产地直接办理通关手续,进口货物在口岸通关后直接转至目的地接受施检,实现了业务管理由分散到集中统一、由多层管理到扁平化管理、由单一系统到应用平台的转变。质检系统的信息化建设水平得到质的提升,垂直管理体制得到明显加强,促进了一体化格局全面形成,为监管模式改革提供了支撑保障,也为贸易便利化提供了广阔平台。

14.2 CIQ2000 综合业务计算机管理系统

14.2.1 CIQ2000 系统的建设

CIQ2000 系统的建设分为一期和二期工程。

1. CIQ2000 系统一期工程

国家检验检疫机构于 1999 年下半年组织开发了 CIQ2000 综合业务管理系统一期工程,该系统以检验检疫业务流程为主线,以出入境检验检疫为重点,实现了对出入境货物的报检、检验检疫结果登记、检验检疫证单拟制、检验检疫收费、签证放行、统计、归档、查询的计算机网上运行。同时与 35 个直属局的联网,实现了业务统计数据在广域网上传输,初步显示了快捷、安全利用信息化手段获取统计数据的优势。

2. CIQ2000 系统二期工程

CIQ2000 系统运行以来,对规范业务管理发挥了积极作用。但随着数据量的日益增加和业务量的不断发展,客观上对系统提出了更高的要求。为解决这个矛盾,国家质检总局决定对 CIQ2000 系统进行全面的修改与优化,将 V1.4 版升级到 V2.0 版,并于 2003 年全面上线运行。CIQ2000 二期工程的总体目标是依托检验检疫广域网,在 CIQ2000 一期工程的基础上,以检验检疫业务流程为主线,以检验检疫业务监管为重点,建立口岸卫生监督与疾病监测、集装箱、入境动植物检疫网上审批等若干子系统和报检员数据库、卫生注册数据库等数据库群,为实现"依法把关、监管有效、方便进出、管理科学"的机制提供技术保障和技术支持。二期工程完善了检验检疫结果业务统计数据,对推进检验检疫业务执法水平,提高国家质检总局监管能力,提高依法统计水平,提高工作效率,规范数据结构起到了重要作用。

14.2.2 V2.0 版 CIQ2000 子系统及其功能

V2.0 版 CIQ2000 主要包含三个子系统,使它的电子平台具有电子申报、电子转单和电子通关三项功能。

1. CIQ2000 子系统

（1）检验检疫电子报检子系统，实现企业远程电子报检，企业与检验检疫机构联网以后，坐在办公室就能办理报检申请，从而提高了工作效率。

（2）检验检疫电子通关子系统，与海关通关系统实现网络互联、通关数据共享。

（3）检验检疫电子转单子系统，通过国家质检总局电子转单中心，实现内地局与口岸局之间的电子证单交换及电子监控，达到数据共享，避免重复录入，提高工作效率，减少通关压力，为企业报检提供了方便；同时，可有效防止假出境换证凭单和假入境通关单，还能对转单过程中可能出现的漏报行为实施有效监控。

2. CIQ2000 子系统界面

按 CIQ2000 系统操作密码，即可进入各相关的子系统界面，如图 14.4 由操作员周海进入的报检子系统界面。

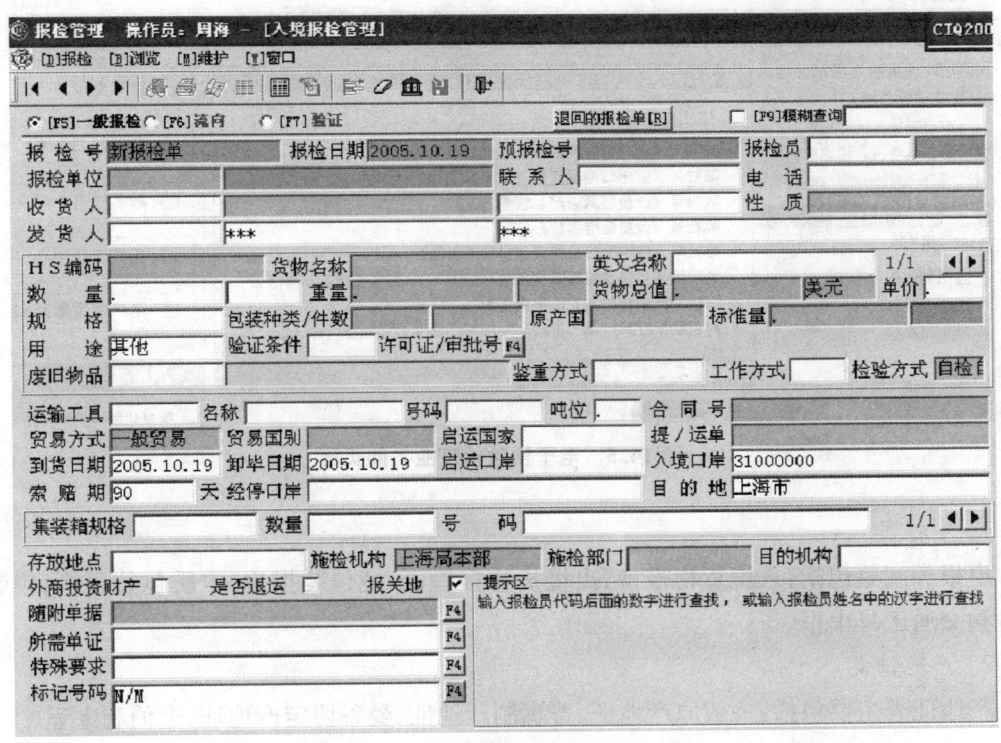

图 14.4　报检子系统界面

14.3　检验检疫业务管理系统

检验检疫业务管理系统的核心和基础是检验检疫综合业务计算机管理系统。它立足于加强业务管理,提高检验检疫工作质量。检验检疫业务管理系统主要包括:检验检疫综合业务计算机管理系统、产地证业务管理系统、进出口商品安全质量许可证管理系统、科技管理系统、实验室管理系统、入境动植物检疫许可证电子审批与核销系统、质量认证管理系统等子系统。

14.3.1　检验检疫业务管理系统的办理范围

如图 14.5 所示,系统办理范围包括:

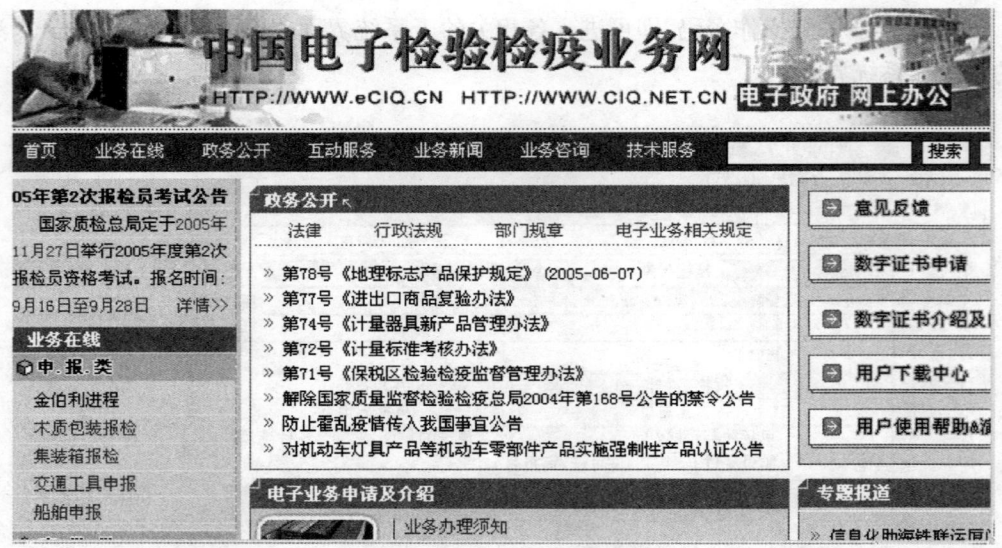

图 14.5　电子检验检疫业务网页面

1. 申报类

申报类主要包括:入境货物报检、出境货物报检、出境包装报检、木质包装报检、集装箱报检和交通工具申报。

2. 产地证类

产地证类主要包括:一般原产地证、普惠制产地证、曼谷协定产地证、金伯利进程。

3. 审批类

审批类主要包括:动植物检疫许可证、进口废物原料供货企业注册、报检单位、报检员注册管理(检验检疫机构人员)、自理报检单位备案登记、报检员注册申请(企业用户)、型式试验报告、强制性产品认证、电池汞含量备案、进口涂料登记备案、食品卫生注册登记、质量许可证申请、危险品登记、检验检疫标志申请,以及食品、化妆品标签申请和免验申请。

14.3.2 检验检疫业务管理系统的子系统

1. 报检管理子系统

报检管理子系统是出入境检验检疫综合业务管理系统中的一个重要组成部分。该子系统主要满足出入境检验检疫的报检业务，实现报检、接单、审单、受理和派单的计算机自动化处理。报检管理子系统主要以出入境的货物报检为主线，同时涉及包装、运输工具的报检，以及相应的配套管理功能。该系统包括：出境货物报检、入境货物报检、出境货物运输包装报检、运输工具（集装箱、船舶、飞机、汽车）报检等。其中，一期工程完成所涉及货物的出入境报检业务主要包括：出境货物报检、入境货物报检、出境货物运输包装报检、更改申请和相应的配套管理功能。同时，二期增设了电子远程报验、出入境转单和预录入等功能。

2. 计收费管理子系统

该子系统的主要功能是根据报验、检验检疫、签证通关等业务环节采集的有关出入境货物以及与其相关的运输工具、运输集装箱、货物包装（其中出境货物的包装材料报检可以独立受理）、植物性铺垫材料数据，依据相应的计收费标准进行自动计费，并由计费人员针对系统自动计费结果，进行自动复核、审查、调整，从而形成一票报检单正确完整的检验检疫费计费结果。此系统提高了计费工作的自动化程度，也大大提高了工作效率，强化了对检验检疫系统计收费工作的管理力度，确保检验检疫计收费工作的规范性、准确性、科学性和透明性。

3. 检验检疫管理子系统

检验检疫管理子系统针对施检部门主要实现了以下三方面业务的管理：一是对业务证单交接、分配的管理；二是对施检的最终结果的记录登记，为下一步的拟稿签证和业务统计分析提供基础数据；三是对证稿拟制管理。同时，考虑到业务工作需求、提高工作效率和为操作者提供方便，系统还设置了部分辅助功能，如：辅助施检部门和参与完成检验检疫工作的异地机构部门的指令、标准证稿的维护、业务工作的查询、品质检验费的管理等。

4. 签证通关管理子系统

该子系统包括签证管理和通关管理。签证管理工作的任务是接收施检部门送来的报检单和证稿，并对根据施检部门的施检结果而拟制的征稿进行证单复审、证单缮制、校对交接和证单发放；通关管理工作的任务是根据报检信息、施检结果信息和收费信息，制证、打印和签发通关单；辅助工作的内容包括，证书格式模板管理、归档管理和空白单证管理。

5. 统计汇总管理子系统

该子系统直接采集业务数据库数据，进行相关统计整理和检查。业务数据库记账的信息直接来源于业务操作,它所记载的数据最直接、最完整地反映了业务情况。该子系统提供了多种数据表现形式,不仅可以自采生成统计报表,还可以通过灵活的组合查核和快捷查询来加工整理所需要的统计信息,同时也可以随时切换到统计图形方式来观察统计变化趋势。对同一组数据还可以用不同的主题进行分析和整理。此外,系统对不同细别的用户也进行了严格而灵活的权限管理制。

6. 系统维护与管理子系统

该子系统的功能包括用户及权限管理工作流程管理、计收费标准管理、代码维护运行参数设置等功能。

14.4　电子申报

电子申报是指报检人使用电子报检软件通过检验检疫电子业务服务平台将报检数据以电子方式传输给检验检疫机构,经检验检疫业务管理系统和检验检疫工作人员处理后,将受理报检信息反馈报检人,实现远程办理出入境检验检疫报检业务的过程。目前已经进行电子申报的业务有:出入境货物申报、产地证申报、检疫许可证申报、旧机电产品备案申报、出境包装报检等。

14.4.1　电子报检

电子报检是指报检人使用电子报检软件通过检验检疫机构电子业务服务平台,以电子方式将出入境货物的报检数据传送给检验检疫机构,经检验检疫业务管理系统和检验检疫工作人员处理后,实现远程办理出入境检验检疫报检业务的过程。目前能够进行电子报检的业务包括:出境货物报检、入境货物报检、产地证业务报检和出境货物包装报检等。

有关电子报检的申请、电子软件、实施电子报检后的工作流程等内容在本书第 5.5 节中作了阐述,在此不再赘述。

14.4.2　电子签证

电子签证是通过网络申报完成签发证书的一种行为。其中产地证申报是目前检验检疫机构开展的主要电子签证项目。产地证电子签证是指企业与检验检疫机构电子业务平台联网后,通过产地证电子签证的企业端软件,以电子方式进行一般原产地证及普惠制产地证的申请,从而完成原产地证远程申请工作。签证机构以电子方式审核原产地证的申报,审核合格的,通知企业领证。

1．申请开通电子签证业务手续

（1）申请电子签证单位的条件。

申请电子签证单位（以下简称电子签证单位）必须具备的条件包括：已在签证机构办理注册登记手续；申办证书的产品符合有关原产标准，并且已在签证机构办理注册登记手续；具有经签证机构培训考试合格取得原产地证申领员证并经电子签证培训取得合格证书的人员；使用全国组织机构统一代码（法人代码）；在申请签证工作中没有违反法律以及其他有关规定的行为和具有开展电子签证业务所需的硬件设备。

（2）申请电子签证的资料。

电子签证单位应提供的资料包括：原产地证注册登记表；原产地证电子签证申请表；原产地证电子签证保证书和原产地证电子签证申领员授权书。

（3）对申请电子签证单位的考核。

受理申请后，须按有关规定和上述审核资格的要求对申请单位进行考核，并对申办人员进行培训考试。对符合条件的单位，准予办理电子签证业务。

2．电子软件

（1）对申请单位端软件的要求。

申请单位必须使用经国家有关部门测评合格并认可的"原产地证电子签证系统企业端软件"。

（2）对签证端软件的要求。

签证机构办理电子签证时必须统一采用经国家有关部门测评合格的"原产地证电子签证管理系统"，利用国家质检总局"中国检验检疫电子业务服务平台"进行通讯。

3．电子审核

（1）审核申请单位发送的报文是否符合国家质检总局相关规定及行业标准。

（2）核实申请单位是否已将生成的证书及相关单据的内容通过电子方式发送给签证机构。

4．电子校验

（1）收到申请单位发送的证书及相关单据后，需保证计算机系统自动校验申请单位及产品是否注册、证书是否重号等，若出现单位或产品未注册等问题，需尽快将证书通过电子通信平台退回给申请单位，要求其办理注册手续。

（2）审核结果必须在收到申请两个工作日内发送到申请单位的电子信箱里。若发现错误，则发出不受理回执，并将错误项明细反馈给申请单位。若证书正确无误，则发出正确回执。

5．证书的发放

（1）要求申请单位提供申请书、出口货物商业发票副本及其他相关的资料，凭申请单位申领员出示的《原产地证申领员证》发放证书。

（2）在领取原产地证时，须要求申请单位申领员在证书上签名并加盖中英文印章。签名、印章必须与注册档案中的相符。

14.4.3　网上出入境检验检疫行政许可审批

目前,国家质检总局对不同类型的检验检疫行政许可,如进出境动植物检疫许可证、进口废物原料供货企业注册等,已发专用许可证管理软件系统、指定网站或检验检疫机构网站三种方式进行网上许可审批。

1. 许可证管理专用软件系统

自2004年9月1日起,检验检疫机构正式使用的许可证管理专用软件系统是《进境动植物检疫许可证管理系统》。新系统启用后,申请办理进境动植物检疫许可证的企业通过互联网就可进行申请,不必手工填写和寄送书面的进境动植物检疫许可证申请表等手续,这将极大地方便企业和申请用户,缩短了审批流程和时间。

2. 应用《进境动植物检疫许可证管理系统》注意事项

(1) 人员培训。

业务人员培训网址:http://10.10.8.123/capq。

企业申报人员培训网址:http://210.82.83.198/capqweb。

(2) 应用系统。

业务人员访问总局内网址:http://10.10.101.63/。

企业申报人员访问互联网网址:http://www.itownet.cn或使用企业端软件方式。

(3) 电子密钥。

电子密钥是登录系统的必要条件。办理电子密钥的企业和申请用户可访问互联网网址:http://www.itownet.cn。

(4) 书面凭证。[①]

根据《中华人民共和国行政许可法》的要求,要及时以书面形式通知企业是否受理及受理的结果。为此,在《进境动植物检疫许可证管理系统》中增加了两大功能:行政许可申请受理决定书和行政许可申请不予受理决定书的编辑和打印以及进境动植物检疫许可证和进境动植物检疫许可证申请未获批准通知单的打印。

(5) 印章的使用。

行政许可申请受理决定书和行政许可申请不予受理决定书加盖行政许可专用章;出境动植物检疫许可证和进境动植物检疫许可证申请未获批准通知单加盖中华人民共和国动植物检疫审批专用章,并指定专人签发。

(6) 技术支持。

---

① 书面凭证:由受理检验检疫机构打印,并加盖专用印章和负责寄送。

国家质检总局信息中心电话:010-82262333;传真:010-82260605。

信城通公司电话:010-65889922(转动植检技术支持)。

九城公司电话:010-65887788(转动植检技术支持)。

3. 指定网站

根据国家质检总局33号令及质检通函[2004]第345号《关于报检单位和报检员注册及注册管理系统应用有关问题的通知》的要求,自2004年11月1日起,申请单位或报检员登记注册,必须先通过指定网站(www.eciq.cn),见图14.5申请,再持相关资料①到所在地检验检疫机构办理注册登记。

(1)代理报检单位。

申请单位通过指定网站(www.eciq.cn)申请,同时打印申请书(内容包括:申请书、保证书、企业基本情况登记表、声明),并携相关材料至受理地点办理申请手续。

(2)自理报检单位。

自理报检单位备案登记的申请必须先在网上提交申请,即先通过指定网站(www.eciq.cn)申请,同时打印《申请书》,并携相关材料至受理地点办理申请手续。

(3)报检员。

申请单位须通过指定网站(www.eciq.cn)填写并提交申请,同时打印申请书,并携相关材料至受理地点办理申请手续。

4. 其他

报检员在办理重新注册时需变更报检单位的,须先办理原报检员证注销手续或同时提交原单位的注销申请。新注册的报检员需办理报检员证的变更、注销等手续的,须先在指定网站(www.eciq.cn)上提交申请,并携相关申请材料到所在地检验检疫机构办理。

14.5 电子监管

电子监管是检验检疫监督管理电子化的简称。它是以检验检疫监督管理电子化模式("2211"模式见图14.6)为基础,以信息化为手段,构建一个从生产企业、检验检疫施检部门、实验室、检务部门到通关的全程电子化业务网络,对检验、检疫、监督管理以及通关实施电子化管理。通过对产品形成过程的原料、工艺、半成品、成品等关键控制点检测数据的及时采集和监控,实现从源头抓产品质量,过程把关,把检验检疫工作前移到产品的生产过程。

电子监管是国家质检总局实施检验检疫"大通关"战略的重要举措,是检验检疫监督管理业务模式的变革。通过实施检验检疫监督管理电子化,一是达到"提速、减负、增效、严密监管"

---

① 相关资料见本书第14章图14.6内容。

的大通关工作目标;二是通过信息化手段帮助企业提升质量管理水平,提高产品质量。

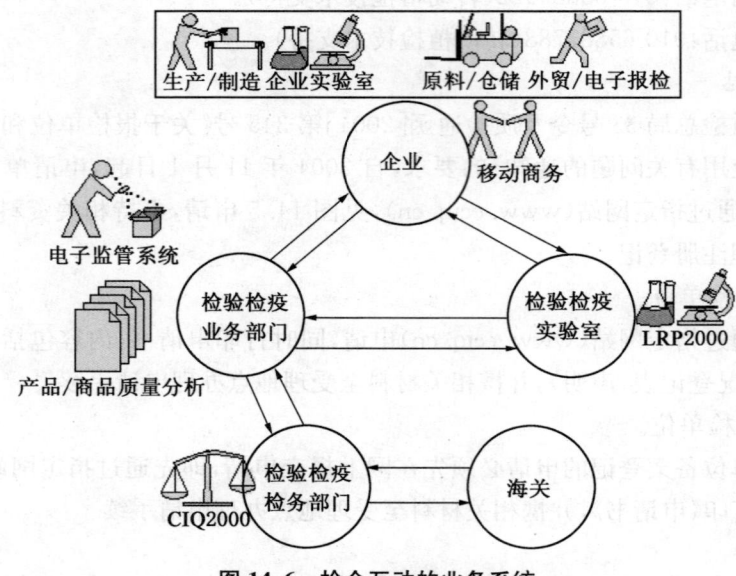

图 14.6　检企互动的业务系统

14.5.1　电子监管系统及其功能

1. 电子监管系统的定义

电子监管系统充分利用 CIQ2000 综合业务管理系统现有资源,建立了与 CIQ2000 的全面连接,适用于所有出口报检企业和商品,适用于不同经济发展水平地区和检验检疫机构。该系统与"电子申报"和"电子放行"相融合,形成完整的中国电子检验检疫系统。

目前应用的主要电子监管系统包括:出口货物电子监管系统、进口废物原料电子监管系统、进口快速查验系统和出口快速核放系统。

2. 系统功能

(1) 出口货物电子监管系统。

出口货物电子监管系统具有以下基本内容:

① 建立检验检疫法律、法规、标准和风险预警管理信息系统,为检验检疫活动提供支持,为企业提供帮助和指导。

② 建立企业及产品管理系统,实现许可、注册、备案、登记等的电子化管理。

③ 结合企业分类管理等活动,对影响出口产品质量的生产企业管理体系进行评估,帮助企业提高自身管理的水平,从而提高企业出口产品的质量。

④ 完善监督管理系统,让检验检疫监督管理工作深入到控制出口产品质量的关键环节

中去,从源头抓产品的质量,实现出口产品监管工作的前推。

⑤ 建立企业出口产品生产批的监督管理系统,合理选择过程监控项目和参数,规范企业端数据采集,通过数据监控和关键环节的监控对在线数据、实验室数据等影响出口产品质量的关键数据进行采集,通过数据关联实现对不合格产品的可追溯,并实时调用所采集的信息,完成生产批合格预评定。

⑥ 建立出口产品合格评定系统,在出口产品风险分析的基础上,综合各方面信息,完成产品合格判定工作。对于生产过程监控系统范围内的出口产品,实现报检批与生产批的综合批次管理,将企业出口报检信息与企业生产监控信息有机关联。

⑦ 建立出口产品质量分析系统,实现对出口产品质量的全面分析和快速反应机制,解决 CIQ2000 未能解决的质量分析问题,为决策部门提供决策支持。

⑧ 建立电子监管系统的抽样评定规则库(包括企业抽样规则库和 CIQ 抽样规则库),实现对企业抽样的管理、评定以及 CIQ 验证抽样的管理和自动提示;支持检验检疫工作人员的业务操作。

(2) 进口废物原料电子监管系统。

进口废物原料电子监管系统实现对进口废物原料的电子监管,包括对废物原料供货企业管理、废物原料装运前检验机构及人员管理、废物原料装运前检验、到货口岸检验和核销、后续监管、风险预警、统计分析与辅助决策等七大业务功能模块,实现进口废物原料相关信息的共享与流程监管的规范化、电子化、科学化、高效化、统一化。

(3) 进口快速查验系统。

① 适用于海港的电子验放系统。

该系统充分利用港区船舶、集装箱、货物信息流,主动监控检验检疫对象,实现电子申报核查、快速查验、电子闸口管理等三个系统目标。根据检验检疫的要求,对来自非疫区、无木质包装的《目录》外货物,实现申报核查、快速放行;对来自疫区和须查验的集装箱向港区作业部门发送查验/卫生处理指令,实现信息共享,检企协同查验/处理;对无须港区内查验的或须查验并已检验检疫完毕的,向港区作业部门发送电子放行指令,实现电子闸口管理。使检验检疫对象以"最短的时间、最少的移动、最低的成本"完成通关。

② 适用于陆运口岸的电子申报快速查验系统。

该系统是在实施检验检疫电子通关后,在没有设置通道检验检疫闸口的前提下,利用海关通道自动核放系统闸口来为检验检疫执法把关,实现快速验放和有效监管。提前受理企业报关审单,通道无人值守,车辆经过海关通道时,通过采集车辆 IC 卡(运载货物的货车可以通过 IC 卡的数据与其运载的货物信息挂上钩)和司机 IC 卡的数据,电脑自动控制闸口的开启。对于已提前报关且审单通过的货物,当车辆通过通道时,闸口自动开启,车辆自行通过;当属于布控车辆时,闸口不能开启,同时系统报警,由海关关员手工打开闸口,将车辆指引到指定地点待查。

(4) 出口快速核放系统。

快速核放是指检验检疫机构对部分质量稳定、质量管理水平高的企业的出口货物,在实施有效监管的前提下,对在监管有效期内的出口货物实施快速验放的做法。目前,实施快速核放的产品主要是质量较稳定的工业产品。

检验检疫机构根据对出口货物的监管情况,确定符合快速核放的货物的范围,并对符合快速核放条件的货物确定一定的抽查检验比例。报检人通过电子申报软件发送报检信息时,系统将对报检信息与有关条件进行比对,如果符合快速核放条件且无须抽查检验,系统将自动实行快速验放。

14.5.2 出口货物快速核放的产品条件及企业要求

1. 直接快速放行的企业产品的条件

(1) 对已获得免检资格企业的出口产品;

(2) 已实施过程检验企业的出口产品;

(3) 型式试验检验模式管理的出口产品;

(4) 分类管理被列为一类管理的企业的出口产品;

(5) 未列入上述(1)(2)(3)(4)类企业,不涉及安全卫生检验项目,质量长期稳定的出口产品。

2. 实施快速核放企业的要求

(1) 集中审单有利于优质企业的快速通关放行,应由符合上述1(1)条件的企业自愿提出书面申请,以实施快速核放的通关放行模式。

(2) 以电子报检方式批批报检,报检单据齐全、真实。

(3) 企业需授权专人为产品检验负责签字人,该签字人应在检验检疫机构备案,并负责签发厂检单,对厂检单的真实性和可靠性负责。被授权签字人若有变动应及时以书面报告形式向检验检疫机构提出更改。

(4) 由于快速核放的产品检验环节由产品出厂前的成品检验前移到生产过程中和对与质量保证体系的检验监管中,具有一定的风险性,对于纳入该类放行的产品出现的产品质量问题由生产企业负责。

(5) 自觉接受检验检疫机构的管理,对本企业在申报中的违规行为负法律责任。

3. 实施快速核放企业的监督管理

(1) 定期或不定期对纳入快速放行的出口产品企业的生产情况进行监管和抽查,抽查产品生产过程的厂方原始记录和厂检单。生产企业应配合检验监管工作的进行。

(2) 在抽查中发现产品存在质量问题,经反馈未能在指定时间内有效整改,可根据情况撤销所查商品的快速核放的优惠放行待遇。

14.5.3　实施电子监管企业的条件、申请及其便利措施

1. 实施电子监管企业应具备的条件

出口产品生产企业申请进入电子监管系统,享受本节所述电子化模式的各种便利措施,应具备以下条件:

(1) 具有完善的质量管理体系和良好的质量信誉;

(2) 通过检验检疫机构的"两个认可"评审(即对生产企业实验室的检测能力、水平及企业质量管理人员和检测技术人员的认可),并取得相应的资格;

(3) 具备实施电子监管的设备和网络环境;

(4) 安装、使用符合电子监管要求的企业质量管理系统,并提供相应的产品质量信息;

(5) 在过去两年内,未因违反检验检疫法律法规受到检验检疫机构行政处罚。

2. 对实施电子监管企业的便利措施

生产企业实施电子监管后按照检验检疫监督管理电子化的有关管理规范,可以享受以下便利措施:

(1) 实行直通式报检,即报检直接由业务部门受理,不需经检务部门审单;

(2) 实行"一单制"报检,即企业报检时只需提交《出境货物报检单》,其他随附单证如厂检单、合同、发票、装箱单及各种注册备案证书等证明文件不再每次提交,由企业建档备查或由检验检疫机构实行电子备案;

(3) 简化流程、减少抽批率,即经电子监管系统评定合格的出口货物,除验证性抽样外,企业直接到检务部门办理计收费和签证放行手续;

(4) 享受跨区域通关,即属地检验合格的出境货物,可直接异地通关放行,无须换证查验;

(5) 实施电子监管是企业申请快速核放、出口产品免验的必要条件。

3. 电子监管申请和实施流程

(1) 已通过"两个认可"的企业,可直接向所在地检验检疫机构提出申请,并提交《出口产品生产企业实施电子监管申请表》。

(2) 未申请"两个认可"的企业,向所在地检验检疫机构提出申请时,应同时提交《出口产品生产企业实验室认可申请表》和《出口产品生产企业质量管理人员和检测技术人员认可申请表》。

(3) 所在地检验检疫机构按相关要求和程序对企业的申请进行审查和批准。

(4) 获得批准企业由经过测评和许可的软件公司进行电子监管企业端软件的系统部署、培训以及与局端系统的联调。

(5) 联调和试点成功后,该企业产品按照电子化模式的管理规范进行合格评定和放行通关。

14.6　电子放行

电子放行是利用口岸电子执法系统和检验检疫广域网,实现检验检疫机构与海关之间、检验检疫产地机构与口岸机构之间、在实现检验检疫与海关之间、在通关放行信息上的互联互通,有效提高通关验放率。电子放行包括通关单联网核查、电子通关、电子转单和绿色通道制度。

14.6.1　通关单联网核查

通关单联网核查是电子放行的重要组成部分。它是根据相关法律法规和《国务院关于加强产品质量和食品安全工作的通知》的要求,依据"先报检、后报关"原则,检验检疫机构和海关对法定检验检疫进出口商品,实行出入境货物通关单电子数据与进/出口货物报关单电子数据的联网核查。其目的是为了进一步提高口岸通关效率,推进无纸通关改革,方便合法进出,有效防范和打击逃漏检行为,实现对法检商品的严密监管。如何办理出入境货物通关单联网核查详见 14.7。

14.6.2　电子通关

1. 含义

电子通关是检验检疫机构与海关通过口岸电子执法系统实现电子共享,完成检验检疫通关单电子数据的传输,为企业缩短通关时间。

2. 电子通关单联网核查系统

为确保检验检疫机构对出入境货物的监管有效、方便进出,加快进出口货物通关速度,国家质检总局和海关总署开发了电子通关单联网核查系统,已于 2003 年 1 月 1 日在主要口岸的检验检疫机构和海关推广应用。该系统采用网络信息技术,将检验检疫机构签发的出入境通关单的电子数据传输到海关计算机业务系统,海关将报检报关数据比对确认相符合,予以放行。

在目前阶段,检验检疫机构和海关联合采取的通关单联网核查系统,还需同时校验纸质的通关单据,这是将来实现无纸化报关的一个过渡阶段。这种通关方式相比原来的传统的通关方式具有信息共享、方便、快捷、准确的特点,企业可以在企业端通过电子申报进行电子报检,检验检疫机构放行的信息到达海关后,海关经核查无误即可放行,这不仅加快了通关速度,还有效控制了报检数据与报关数据不符问题的发生,同时,能有效遏制不法分子伪造、变造通关证单的不法行为。

3. 电子申报企业的开户要求

（1）对于申报企业，要不断改善自身电子信息网络的条件，具备电子申报的条件和手段，要认真遵守检验检疫机构和海关的有关管理规定，配合两个管理部门的电子信息化措施的推广和实施。

（2）《电子业务开户登记表》：用户可向当地检验检疫机构或客户端软件提供商索取，也可从国家质检总局网站：http://www. aqsiq. gov. cn 和信城通公司网站 http://www. itown. net. cn 下载。

14.6.3　电子转单

电子转单是指通过网络将出境货物经产地检验检疫机构检验检疫合格后的相关电子信息传输到出境口岸检验检疫机构，入境货物经入境口岸检验检疫机构签发《入境货物通关单》后的相关电子信息传输到目的地检验检疫机构实施检验检疫的监管模式。国家质检总局设立电子转单中心，各地检验检疫机构通过转单中心进行信息交换。

1. 出境电子转单

（1）产地检验检疫机构检验检疫合格后，应及时通过网络将相关信息传输到电子转单中心。出境货物电子转单传输的内容包括报检信息、签证信息及其他相关信息。

（2）由产地检验检疫机构向出境检验检疫关系人以书面方式提供报检单号、转单号及密码等。

（3）出境检验检疫关系人凭报检单号、转单号及密码等到出境口岸检验检疫机构申请《出境货物通关单》。

（4）出境口岸检验检疫机构应出境检验检疫关系人的申请，提取电子转单信息，签发《出境货物通关单》，并将处理信息反馈给电子转单中心。

（5）按《口岸查验管理规定》需核查货证的，出境检验检疫关系人应配合出境口岸检验检疫机构的检验检疫工作。

2. 入境电子转单

（1）对经入境口岸办理通关手续，需到目的地实施检验检疫的货物，口岸检验检疫机构通过网络相关信息传输到电子转单中心。入境货物电子转单传输的内容包括报检信息、签证信息及其他相关信息。

（2）由入境口岸检验检疫机构以书面方式向入境检验检疫关系人提供报检单号、转单号及密码等。

（3）目的地检验检疫机构应按时接收国家质检总局电子转单中心转发的相关电子信息，并反馈情况信息。

（4）入境检验检疫关系人应凭报检单号、转单号及密码等，向目的地检验检疫机构申请实施检验检疫。

(5) 目的地检验检疫机构根据电子转单信息,对入境检验检疫关系人未在规定期限内办理报检的,将有关信息通过国家质检总局电子转单中心反馈给入境口岸检验检疫机构。入境口岸检验检疫机构应按时接收电子转单中心转发的上述信息,并采取相关处理措施。

3. 暂不实施电子转单的几种情况

有下列情况之一的暂不实施电子转单。

(1) 出境货物在产地预检的;

(2) 出境货物出境口岸不明确的;

(3) 出境货物需到口岸并批的;

(4) 出境货物按规定需在口岸检验检疫并出证的;

(5) 其他按有关规定不适用电子转单的。

4. 实施电子转单后的查验

按《口岸查验管理规定》需核查货证的,报检单位应配合出境口岸检验检疫机构完成检疫工作。除出口活动物、重点检查有关名单内企业申报的货物,以及国家质检总局确定的货物等必须逐批核查货证外,其他货物的口岸查验核查货证的比例为申报查验批次的1%—3%。

5. 实施电子转单后的更改

产地检验检疫机构签发《转单凭条》后需进行更改的,按《出入境检验检疫报检规定》的有关规定办理。按报检员和产地检验检疫机构要求,在不违反有关法律法规及规章的情况下,口岸检验检疫机构可以根据下列情况对电子转单有关信息予以更改。

(1) 对运输造成包装破损或短装等原因需要减少数重量的;

(2) 需要在出境口岸更改运输工具名称、发货日期、集装箱规格及数量等有关内容的;

(3) 申报总值按有关比重换算或变更申报总值幅度不超过10%的;

(4) 经口岸检验检疫机构和产地检验检疫机构协商同意更改有关内容的;

(5) 因产地检验检疫机构操作等原因造成电子转单信息错误的,由产地检验检疫机构书面通知出境口岸检验检疫机构对错误信息进行更改。

14.6.4 绿色通道制度

绿色通道制度①,是按照分类管理原则,对安全质量风险小、诚信度高的企业的出口货物,产地机构检验后,口岸机构免于查验,直接向海关发送电子通关单签发通关单,从而形成的一项通关放行制度。

---

① 详见本书7.1。

14.7　如何办理出入境货物通关单联网核查

14.7.1　基本要点

1. 范围

按照法律法规的规定,需凭检验检疫机构出具《出/入境货物通关单》验放的法检商品。目前,对《目录》所列海关监管条件为 A(实施进境检验检疫)、B(实施出境检验检疫)的货物实施通关单联网核查。范围的调整是以国家质检总局和海关总署最终发文为准。

2. 基本流程

出入境货物通关单联网核查的基本流程如图 14.7 所示:检验检疫机构根据相关法律法规的规定对法检商品签发通关单,实时将通关单电子数据通过质检电子业务平台、经电子口岸信息平台传输给海关,海关凭以验放法检商品,办结海关手续后将通关单使用情况反馈质检总局。

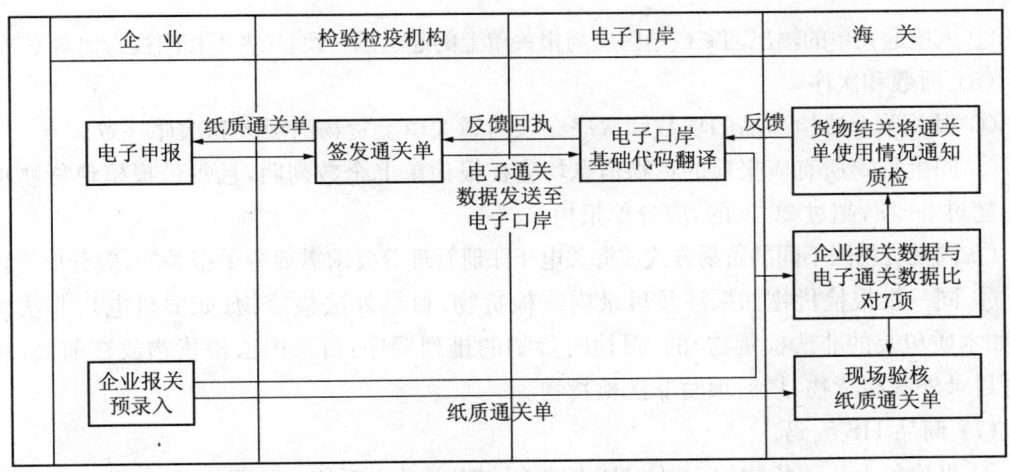

图 14.7　通关单联网核查基本流程图

14.7.2　基本要求

1. 出入境货物通关单联网核查的数据比对

出入境检验检疫机构签发的通关单纸质单证信息与通关单电子数据必须一致。企业在报检、报关时,必须如实申报,确保下述通关单联网核查的九项数据比对一致。若其中有一项不一致,海关将视为数据比对不通过,不予通关:

(1) 通关单号。

① 通关单号与报关单上填报的通关单号一致。

② 无通关单号或通关单已使用的均视为比对不通过。

（2）关区代码。

上海自动默认为：上海海关。

（3）通关单有效期。

① 出口货物报关单上的"申报日期"必须在出境货物通关单的有效期内。

② 报关单上的"申报日期"大于出境货物通关单有效期的视为比对不通过。

（4）收/发货人。

① 出/入境通关单上的发货人/收货人与报关单上的经营单位进行完全比对，二者不相同视为比对不通过。

② 入/出境货物报检时应准确填写收/发货人的检验检疫备案登记代码。

（5）国别①。

① 出境通关单的输往国家或地区应与报关单上的运抵国一致，二者不相同视为比对不通过。

② 入境通关单的输出国家或地区应与报关单上的起运国一致，二者不相同视为比对不通过。

（6）项数和次序②。

① 报关单上法检商品的项数和次序必须与通关单上货物的项数和次序一致。

② 同批货物所有应报检的货物信息均应在报检单上全数列明，且每份报检单货物项数不得超过 20 项，超过 20 项的，应分单报检。

③ 同批货物因不同的贸易方式或海关电子账册管理等要求需要分单报关的，应分单报检。

④ 同一批报检货物如果涉及目录内法检货物、目录外法检货物（如旧机电）、非法检货物（如木质包装的非法检货物）的，报检时货物的排列顺序：目录内法检货物放在前面，然后填写目录外法检货物，最后填写非法检货物。

（7）商品 HS 编码。

① 报检单上每项货物的 10 位 HS 编码须与报关单上对应法检货物的 10 位 HS 编码相一致。

② 商品归类应以海关最终归类为准，出现问题检验检疫和海关协商解决或向上反映。

③ 每年 1 月 1 日 HS 编码调整引起部分 HS 编码前后不一致的问题。

（8）第一标准计量单位。

通关单上每条货物的 HS 编码标准量单位与报关单上对应货物的 HS 编码第一计量单

---

① 国别：在没有发生中转，或在中转过程中没有发生商业贸易行为的，则指出口运离的国家或者最后运抵的国家。

② 项数和次序：报关单上法检商品的项数和次序与通关单上货物的项数和次序一致。

位进行完全比对,二者不相同视为比对不通过。

　　(9) 第一标准数/重量。

　　通关单上货物的标准数/重量逐条与报关单上对应货物的数量进行比对,报关单上每条法检货物的数量大于通关单对应货物的标准数/重量视为比对不通过。

　　2. 企业申领通关单要求

　　(1) 通关单只能有效报关使用一次,企业应确保已申领通关单项下的进出口货物可一次性报关进出口。如通关单签发后需要分成多票报关单报关的,企业应向出入境检验检疫机构申请拆分通关单。

　　(2) 每份通关单所列的货物项数不能超过 20 项(含 20 项)。

　　(3) 企业报检时提供的"报关地海关"应为报关地海关隶属的直属海关。特殊情况下,可为指定的报关地海关。

　　(4) 临时注册企业应向出入境检验检疫机构提供海关制发的临时注册编码。

　　3. 企业报关单预录入要求

　　(1) 申报法检商品必须录入通关单编号,并且一票报关单只允许填报一个通关单编号。

　　(2) 涉及加工贸易手册、电子账册、减免税证明的进出口货物,企业选择海关备案数据填制报关单,报关单上法检商品的项号应与通关单项号一致。

　　(3) 报关单涉及法检商品与非法检商品的,必须先录入法检商品,后录入非法检商品。

　　4. 通关单联网核查数据处理

　　(1) 实施通关单联网核查后,报关单和通关单电子数据不一致的,海关将做退单处理,企业根据海关退单信息办理相关手续。

　　(2) 商品归类以海关认定为准,报关单上法检商品的 HS 编码经海关确认归类有误的,企业需向出入境检验检疫机构申请修改通关单。

　　(3) 企业申领通关单后商品 HS 编码依据国家规定调整的,企业报关时通关单商品 HS 编码应以调整后的为准,如需修改,需向出入境检验检疫机构申请修改通关单。

　　(4) 因特殊情况无法正常实施通关单联网核查的,海关、出入境检验检疫机构应通过公告栏等方式及时告知企业,企业按照告知要求办理通关手续。

14.7.3　通关单联网核查申报中应注意的问题

　　1. 实施通关单联网核查后《出/入境货物报检单》的填制

　　(1) "收/发货人"。

　　入境货物报检时应准确填写收货人检验检疫备案登记代码;出境货物报检时应准确填写发货人检验检疫备案登记代码。如图 14.8 所示:一般情况下。报检单上的"收/发货人"应与报关单上的"经营单位"一致,即入境货物报检单上的收货人与进口货物报关单的经营单位一致,出境货物报检单上的发货人与出口货物报关单的经营单位一致。

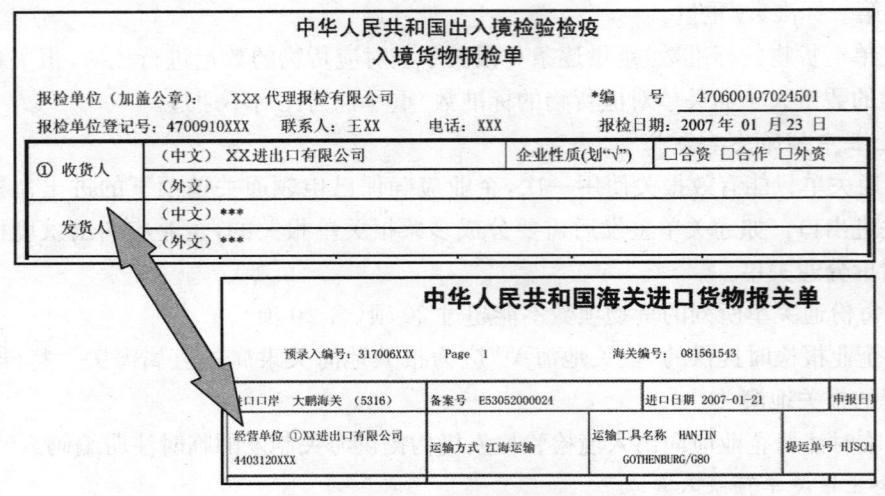

图 14.8　"收/发货人"与"经营单位"的比对

"收/发货人"与"经营单位"不一致的特殊情况及其处理方式如下所述:

① 来料加工的收/发货人与报关单的"经营单位"不一致。报检时,"收/发货人"栏目按原规定填写。同时,在报检单的"特殊要求"栏注明经营单位的海关注册号,即"海关注册号××××××××××"。

② 在海关临时注册的特殊报检单位(包括个人、临时进出口单位、使领馆等)。报检时,"收/发货人"栏目按原规定填写收/发货人。同时,在报检单的"特殊要求"栏目内注明"海关注册号×××××××××"。

③ 外商投资企业委托进出口企业办理进口投资设备、物品。报检时,"收/发货人"栏目按原规定填写。同时,在"特殊要求"栏注明"海关注册号××××××××××"。

④ 快件企业等组织机构代码与海关注册号不一一对应的"收/发货人"。报检时,在报检单的"特殊要求"栏注明"海关注册号××××××××××"。

⑤ 报检时,需要在报检单"特殊要求"栏中注明"海关注册号××××××××××"的,要求企业申报时"特殊要求"栏从起始位置输入"海关注册号××××××××××",中间不得留空,也不得含有其他字符。如:海关注册号 1234567890。CIQ2000 系统升级后,通关单的"备注栏"将自动取海关注册号。

(2)国别。

① 入境货物报检单上有启运国家(地区)、贸易国家(地区)、原产国三种,要求启运国家(地区)必须与报关单上的起运国一致。

② 出境货物报检单上的"输往国家或地区",要求最终目的国必须与报关单上的运抵国一致。

(3)货物项数与次序。

① 同批货物所有应报检的货物信息均应在报检单上全数列明,且每份报检单货物项数不得超过 20 项,超过 20 项的,应分单报检。

② 同批货物因不同的贸易方式或海关电子账册管理等要求需要分单报关的,应分单报检。

③ 报检单上的商品项数和次序须与报关单上法检商品的项数和次序保持一致。

(4) HS 编码。

① 报检单上的每项货物都应填写正确、完整、有效的 10 位数 HS 编码。

② 报检单上每项货物的 HS 编码须与报关单上对应法检货物的 HS 编码相一致。

(5) 数量/重量。

① 报检单上的货物的数量/重量计量单位须与其 HS 编码上对应法检货物数量/重量的法定第一计量单位相一致。如果出入境货物 HS 编码对有两个计量单位时,第一个计量单位为货物的法定第一计量单位,其对应的数量为法定第一数量。如酒类、饮料有"升/千克"两个计量单位,其中"升"为法定第一计量单位,对应的数量为第一数量。

② 报检单上每项货物的数量/重量应填写法定第一计量单位所对应的数量/重量。

③ 报检单上每项货物的数量/重量须大于或等于报关单上对应法检货物的法定第一数量。

(6) 同一批报检中涉及目录内法检、目录外法检、非法检的排列。

同一批报检货物如果涉及目录内法检货物、目录外法检货物(如旧机电)、非法检货物(如木质包装的非法检货物)的排列如图 14.9 所示:目录内法检货物放在前面,然后填写目录外法检货物,最后填写非法检货物。

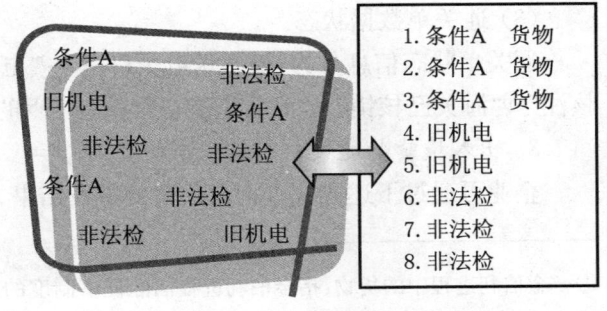

图 14.9　报检时货物的排列

(7) 出境启运地或入境口岸。

出境货物报检单中的"启运口岸"和入境货物报检单中的"入境口岸",应按货物的实际报关地口岸填写。

(8) 使用木质包装的进口货物。

进口货物使用木质包装的,在包装种类中按辅助包装报检,通关单上只显示货物的名称。

(9) 随进出口货物同时报检的集装箱。

进出口货物的集装箱随货物一起报检时,在"集装箱规格、数量及号码"栏目内填写,不另行申报。

(10) 零部件按整机归类的数量。

根据 HS 归类规则,货物零部件按整机归类的,零部件第一数量填写为 0.1。如进口 1 台电梯主机和零部件,那么电梯主机部分第一数量填写为1,电梯零部件第一数量填写为0.1。

(11) 溢装的进出口散装货物。

对进出口散装货物签发通关单后发现溢装的,可以向检验检疫机构申请办理更改手续。溢装的允许值应在申报值的3%—5%范围内。

(12) 进出保税区/加工区的货物。

对进出保税区/加工区的货物,报检时录入保税区、出口加工区代码。

(13) 列入金伯利进程中的货物①。

列入金伯利进程中的货物暂不实施通关单联网核查,但仍需办理纸质通关单。

(14) 一些暂未列入目录内的法检货物如进口旧机电等。

目前暂未列入法检目录内的货物,如属于国家质检总局和海关总署发文规定须凭出入境货物通关单验放的,应按照通关单联网核查的要求办理报检手续。

(15) 收/发货人的组织机构代码。

收/发货人在检验检疫机构办理备案登记和海关办理注册的组织机构代码必须保证正确、一致。

2. 实施通关单联网核查后通关单的变化

(1) 通关单号码与原通关单号码的变化。

实施通关单联网核查后,通关单号码由15位变为18位。

(2) 《出境货物通关单》中的有效期。

出境货物报关单上的"申报日期"必须在《出境货物通关单》有效期内。

(3) 通关单数据状态。

通关单状态信息分为"已发送电子口岸"②"电子口岸已收到"③"海关已入库"④"海关已核注"⑤"海关已核销"⑥"海关未能正常核销"⑦和"通关单已过期"⑧。

3. 出入境货物通关单数据状态的查询

企业可通过下述方式查询通关单的签发结果、内容及处理流程。

---

① 金伯利进程中的货物:指金伯利进程国际证书制度的监管范围中的货物,即归入协调编码制度7102.10、7102.21和7102.31的未经加工或经简单切割或部分抛光的毛坯钻石。金伯利进程国际证书制度是在联合国框架下旨在遏制非洲产钻国反政府武装以钻石换武器,企图颠覆当地合法政府的非法行为的国际证书制度。

② "已发送电子口岸":质检总局已将通关单电子数据发送给电子口岸。

③ "电子口岸已收到":电子口岸已收到质检总局发送的通关单电子数据。

④ "海关已入库":海关已成功接收通关单电子数据,企业可根据通关单电子数据办理报关手续。

⑤ "海关已核注":该份通关单对应的报关单已申报成功。

⑥ "海关已核销":该份通关单对应的报关单已结关。

⑦ "海关未能正常核销":海关核销通关单电子数据不成功。

⑧ "通关单已过期":该份通关单超过有效期,通关单无法使用。

（1）报检企业端回执。

检验检疫机构在签发通关单时，自动生成一条回执信息，包括通关单号（18 位）、目的海关等信息，并由报检通讯机发送给报检企业，企业可在电子报检企业端查阅该信息。例：回执信息具体格式为："企业电子通关，电子通关单号：370100207067888000，请到青岛海关办理通关。"只有在第一次签发通关单时才向企业发送回执，办理更改的不向企业发送回执。

（2）网站查询。

企业取得通关单后，可通过中国电子检验检疫业务网（www. eciq. cn）查询通关单状态信息。使用电子密钥登录的企业可以查到相关通关单的具体内容。

（3）短信通知。

报检企业可以在中国电子检验检疫业务网（www. eciq. cn）订阅通关单签发情况短信通知服务，以便掌握通关单传输状态，及时办理报关手续。该查询系统目前正在建设中。

4. 通关单的更改

通关单需要更改的，按照通关单联网核查的比对要求向通关单签发机构申请办理更改手续：

（1）通关单电子数据已被海关使用并已比对成功的，企业不能办理更改或撤销手续。

（2）通关单电子数据未被海关使用且符合更改条件的，更改时应退回原发纸质通关单，由原签发检验检疫机构对有关数据项进行相应更改后打印通关单并重新发送电子通关数据。[①]

（3）对于凭电子转单信息签发的通关单，其申请更改内容需由产地检验检疫机构确认的，企业需向签发机构提供产地检验检疫机构的更改确认书。[②]

5. 退单情况的避免

（1）确保在检验检疫机构备案登记和海关注册时组织机构代码正确、一致。

（2）依据"先报检、后报关"原则，严格按照检验检疫相关规定报检。

（3）查询确认通关单电子数据已到达目的海关后，根据通关单的内容向海关报关，并保证通关单与报关单相关内容一致。

（4）遇到报关单与通关单的货物顺序不一致造成退单情况，企业应按通关单的顺序对报关单的数据进行修改后，重新向海关申报。

6. 签发通关单后发现需分批出运的操作

（1）应持原纸质通关单到签发通关单的检验检疫机构办理通关单分单手续，一份通关单仅可以拆分一次。

---

① 海关已核注确需更改的情况的处理：海关删单、释放电子通关数据。

② 对于凭电子转单信息签发的通关单，需更改通关单的，根据《关于做好通关单联网核查有关工作的通知》（国质检通函〔2007〕）精神，原则上由口岸检验检疫局在协调产地检验检疫局的基础上进行更改。

（2）如果第一次领取通关单时已经分单的，不能再次提出拆分申请。

（3）对于电子通关单数据已被海关使用并已比对成功的，不予拆分。

7. 其他问题的处理

（1）涉及法检商品的报关单与通关单。

报关单必须与通关单确保"一单对应一单，一项对应一项"。

（2）一份报关单的通关单编号填制。

申报法检商品必须录入通关单编号，并且一票报关单只允许填报一个通关单编号。

（3）多份通关单对应一份报关单。

当出现一份报关单对应多份通关单的情况时，由海关负责处理。

（4）一份通关单对应多份报关单。

当出现一份通关单对应多份报关单的情况时，企业向签发通关单的检验检疫机构申请拆分。

（5）通关单与报关单的货物顺序对应。

通关单中没有货物的项目顺序，按照通关单中货物排列的自然顺序作为报关单中法检货物的项号进行申报。

（6）取得通关单后部分法检商品不报关。

企业应持原纸质通关单到原签发检验检疫机构办理更改或拆分手续。

14.7.4　出入境货物通关单联网核查申报

1. 入境货物报检单和进口货物报关单的填制比对

（1）说明。

① 报检单的发货人填写报关单的经营单位(以检验检疫备案登记代码录入)。

② 报检单的启运国家(地区)即是通关单的输出国家或地区，填写报关单的起运国(地区)。

③ 报检单货物的排列顺序：实施电子数据比对的法检商品排列在前(2 项)，不实施比对的商品排列在后(1 项)。报关单上的法检货物项数和次序应与此一致。

④ 报检单的货物 HS 编码按报关单对应法检商品的 HS 编码填写。

⑤ 报检单货物的计量单位按报关单上对应法检商品的第一计量单位填写。

⑥ 报检单上每项法检商品以第一计量单位计算的数/重量应大于或等于报关单上对应法检商品的法定第一数量。

⑦ 报检单的入境口岸填写报关口岸名称。

⑧ 报关单上的通关单号与纸质通关单的号码一致。

（2）入境货物报检单和进口货物报关单的填制范例。

中华人民共和国出入境检验检疫
入境货物报检单

报检单位(加盖公章)：×××代理报检有限公司 　　　*编　号　470600108000001

报检单位登记号：4700910×××　联系人：王××　电话：×××　报检日期：2008 年 01 月 01 日

① 收货人	(中文)××进出口有限公司		企业性质(划"√")	□合资□合作□外资
	(外文)			
发货人	(中文)×××			
	(外文)×××			

货物名称(中/外文)	④ H. S. 编码	原产国(地区)	⑤⑥ 数/重量	货物总值	包装种类及数量
③ 棉纤维型自动抓棉机	8445111200 M/N	法国	1 台	720 810 美元	1 木托
棉纤维型梳棉机	8445111300 M/N	法国	1 台	315 010 美元	1 木托
捻接器(七成新)	8448393000	法国	1 台	12 580 美元	1 木托

运输工具名称号码	船舶 VICTOR211		合 同 号	07671123
贸易方式	一般贸易	贸易国别(地区)　法国	提单/运单号	HJSCLE03112102
到货日期	2008.01.01	② 启运国家(地区)　法国	许可证/审批号	
卸毕日期	2008.01.01	启运口岸　法国	⑦ 入境口岸	盐田港
索赔有效期至	0000.00.00	经停口岸	目的地	深圳市龙岗区

集装箱规格、数量及号码	海运 20 呎普通×1，E76578I002	
合同订立的特殊条款以及其他要求	货物存放地点	码头
	用 途	其他

随附单据(划"√"或补填)		标记及号码	* 外商投资财产(划"√")　□是☑否

随附单据		标记及号码	* 检验检疫费
☑合同	□到货通知书	N/M 有 IPPC 标记	
☑发票	☑装箱单		总金额 (人民币元)
☑提/运单	□质保书		
□兽医卫生证书	□理货清单		
□植物检疫证书	□磅码单		计费人
□动物检疫证书	□验收报告		
□卫生证书	☑旧机电备案书		
□原产地证	□		收费人
□许可/审批文件	□		

报检人郑重声明：
1. 本人被授权报检。
2. 上列填写内容正确属实。
　　　　签名：＿＿××

领 取 证 单
日期
签名

中华人民共和国海关进口货物报关单

预录入编号：317006×××						海关编号：168561543	
进口口岸	大鹏海关（5316）	备案号	E53052000024	进口日期	2008-01-01	申报日期	2008-01-01
经营单位①	××进出口有限公司	运输方式	运输工具名称			提运单号	
4403120×××		江海运输	HANJIN GOTHENBURG/G80			HJSCLE03112102	
收货单位	深圳市××纺织有限公司	贸易方式		征免性质		征税比例	
4403940×××		一般贸易（0110）		鼓励项目（789）		0. ％	

许可证号		起运国(地区)②		装货港		境内目的地	
		法国（305）		法国（305）		深圳其他　44039	
批准文号		成交方式		运费	保费		杂费
		CIF					
合同协议号		件数		包装种类	毛重（公斤）		净重（公斤）
07671123		3		木托	35 375		30 470
集装箱号		随附单据				用途	其他
E76578I002		A：入境货物通关单					

标记唛码及备注

　　装货港 LE HAVRE　⑧ A：470600108000001000

项号	商品编号	商品名称、规格型号	数量及单位	原产国(地区)	单价	总价	币制	征免
③01)	④8445111200	棉纤维型自动抓棉机	⑥1⑤台	法国	720 810	720 810	EUR	全免
(1)		TUSL TM		（305）			欧元	
02)	8445111300	棉纤维型梳棉机	1 台	法国	315 010	315 010	EUR	全免
(2)		VER TM		（305）			欧元	
03)	8448393000	捻接器（七成新）	1 台	法国	12 580	12 580	EUR	全免
(3)				（305）			欧元	

税费征收情况

总价合计：1 048 400.00

录入员	录入单位	兹声明以上申报无讹并承担法律责任		海关审单批注及放行日期（签章）	
报关员				审单	审价
单位地址		申报单位（签章）	××进出口有限公司	征税	统计
邮　编	电话			查验	放行

2. 出境货物报检单和出口货物报关单的填制比对

（1）说明。

① 报检单的发货人填写报关单的经营单位（以检验检疫备案登记代码录入）。

② 报关单申报日期应在出境货物通关单有效期之内。

③ 报检单的输往国家（地区）即是通关单的输往国家或地区，填写报关单的运抵国（地区）。

④ 报关单上法检货物的项数（2 项，第 3 项为非法检商品）和次序与报检单一致。

⑤ 报检单上每项法检商品的 HS 编码按报关单上对应法检商品的 HS 编码填写。

⑥ 报检单货物的计量单位按报关单上对应法检商品的第一计量单位填写。

⑦ 报检单上每项法检商品以第一计量单位计算的数/重量应大于或等于报关单上对应法检商品的法定第一数量。

⑧ 报检单的启运口岸填写报关口岸名称。

⑨ 报关单上的通关单号与纸质通关单的号码一致。

（2）出境货物报检单和出口货物报关单的填制范例。

中华人民共和国出入境检验检疫
出境货物报检单

报检单位（加盖公章）：××集团股份有限公司   *编 号 <u>470100208000001</u>

报检单位登记号：4701600888   联系人：××   电话：×××   报检日期：2008 年 01 月 01 日

① 发货人	（中文）××集团股份有限公司					
	（外文）					
收货人	（中文）* * *					
	（外文）MoonRiver Import & Export Corporation, Busan					
货物名称（中/外文）	⑤ H. S. 编码	产地	⑥⑦ 数/重量	货物总值	包装种类及数量	
④ 14"彩色电视机	8528721100 L. M/N	深圳	906 台	38 849.28 美元	906 纸箱	
21"液晶电视机	8528723200 L. M/N	深圳	350 台	63 231.00 美元	350 纸箱	
运输工具名称号码	船舶		贸易方式	进料对口	货物存放地点	本公司仓库
合同号	2006-33		信用证号		用途	其他
发货日期	2008.01.06	③ 输往国家（地区）	尼泊尔	许可证/审批号	* * *	
⑧ 启运地	深圳	到达口岸	尼泊尔	生产单位注册号	4701600888	
集装箱规格、数量及号码	* * *					
合同、信用证订立的检验检疫条款或特殊要求		标记及号码		随附单据（划"√"或补填）		

续表

		☑合同	☑包装性能结果单
		☐信用证	☐许可/审批文件
＊＊＊	＊＊＊	☑发票	☐
		☐换证凭单	☐
		☑装箱单	☐
		☑厂检单	☐

需要证单名称(划"√"或补填)		＊检验检疫费	
☐品质证书 ＿正 ＿副	☐植物检疫证书 ＿正 ＿副	总金额 (人民币元)	
☐重量证书 ＿正 ＿副	☐熏蒸/消毒证书 ＿正 ＿副		
☐数量证书 ＿正 ＿副	☐出境货物换证凭单	计费人	
☐兽医卫生证书 ＿正 ＿副	☑出境货物通关单		
☐健康证书 ＿正 ＿副			
☐卫生证书 ＿正 ＿副 ☐		收费人	
☐动物卫生证书 ＿正 ＿副 ☐			

报检人郑重声明: 1. 本人被授权报检。 2. 上列填写内容正确属实,货物无伪造或冒用他人的厂名、标志、认证标志,并承担货物质量责任。 签名:＿＿××＿＿	领　取　证　单	
	日期	
	签名	

中华人民共和国海关进口货物报关单

预录入编号:185128×××					海关编号:168128×××	
出口口岸	大鹏海关(5316)	备案号	E53052000×××	出口日期 0000/00/00	申报日期②	2008/01/05
经营单位①	×××集团股份有限公司	运输方式	运输工具名称		提运单号	
	4403130×××	江海运输(2)	E000000ZIN2A/Z11		A1701120711	
发货单位	××集团股份有限公司	贸易方式	征免性质		结汇方式	
	4403130×××	进料对口(0615)	进料加工(0503)		先出后结(7)	
许可证号	＊＊＊＊＊＊＊＊＊＊＊＊＊＊	运抵国(地区)③	指运港		境内货源地	
		尼泊尔(125)	尼泊尔(0125)		深圳特区(44031)	
批准文号	069609668	成交方式	运费	保费		杂费
		FOB(3)				
合同协议号		件数	包装种类	毛重(公斤)		净重(公斤)
	2006-33	1 276	纸箱(2)	33 318		30 914
集装箱号		随附单据			生产厂家	
	MSKU8898231＊3(6)	B:出境货物通关单				
标记唛码及备注						
退税/主管海关:深关现场		⑨ B:47010020800001000				

续表

项号	商品编号	商品名称、规格型号	数量及单位	原产国(地区)	单价	总价	币制	征免
④01)	⑤8528721100	14"彩色电视机	⑦906⑥台	尼泊尔	42.88	38 849.28	USD	全免
0114		14"(美制式13")	125				美元	
02)	8528723200	21"液晶电视机	350 台	尼泊尔	180.66	63 231.00	USD	全免
0104		21"	125				美元	
03)	8529908190	21"彩色电视机机芯组件	40 千克	尼泊尔	25	500	USD	全免
0135		21"	20 套	125			美元	

***** 以下空白 *****

税费征收情况		合计总价:壹拾万零贰仟伍佰捌拾元贰角捌分(102 580.28)				
逐单申报单	集装箱号:APMU8008021, PONU7653189					
录入员	录入单位	兹声明以上申报无讹并承担法律责任			海关审单批注及放行日期(签章)	
江××	×××集团股份有限公司					
报关员	吴××				审单	审价
单位地址	深圳南山华侨城	申报单位(签章)	×××集团股份有限公司 (4403130×××)		征税	统计
邮编:518053	电话:××××××××	填制日期:	2008/01/05		查验	放行

案例评析

案例1 进口电子转单逃检[①]

案情介绍

2004 年 10 月至 11 月间,江门检验检疫局收到广州机场检验检疫局转来的 5 份入境货物电子转单,货物目的地为江门,货物收货人为江门市某经贸有限公司(以下简称甲方)。该局检务科自接收电子转单以后,按有关规定多次敦促甲方办理货物报检手续,但均无回应,进口检验检疫无从落实。

2005 年 6 月,广东检验检疫局执法稽查大队在对电子转单落实检验检疫的专项稽查行动中,发现这起逃检案,涉案货值大,而且又是旧机电产品,建议江门检验检疫局对甲方立案调查。经立案调查发现,甲方与西藏自治区某进出口公司(以下简称乙方)签订了"代理进口协议",甲方负责帮助乙方代签合同、报关、代理运输,其他事项概有乙方负责。甲方向乙方

---

① 资料来源:《中国检验检疫》2007 第 21 期。

收取货值 5‰ 的手续费。在签订协议期间,乙方共向香港丙公司购买了 5 批旧机电设备,货值共 55 191.05 美元,折合人民币为 454 063.133 元,乙方委托甲方以甲方的名义向江门检验检疫局办理报检手续。

但当甲方收到江门检验检疫局要求报检通知后,才发现货物已被转卖到南海市,货物根本未到江门口岸,甲方也未收到乙方手续费。鉴于乙方的违约行为,甲方从 2005 年 1 月 1 日起停止代理乙方的一切进口旧机电产品报关报检业务。为了证实甲方的证词,江门检验检疫局执法人员多次到江门市发展银行、中国人民银行江门分行调查,也未发现甲方收取乙方手续费的证据。

在调查中,甲方称乙方是擅自私刻甲方的公章办理报关报检业务,甲方不负有承担法律责任。为此,江门检验检疫局通过广东检验检疫局协助,从广州检验检疫局、肇庆检验检疫局等借调该公司报检的单证,把单证上盖的甲方印章与甲方的原始印章送去鉴定。经江门市公安局的鉴定,情况得以证实:即乙方使用甲方印章办理的报检单上盖的印章与甲方的原始印章不一致,而乙方又承认该印章是在甲方口头授权下私刻的甲方印章,且本案所涉及进口旧机电产品办理报关等手续时,均系使用私刻的甲方印章。至此本案可以定论,即乙方是报检义务主体,可以对乙方进行处罚。

案情评析

(1) 报检义务主体。

按照《商检法》第十一条的规定,"必须经商检机构检验的进口商品的收货人或者其代理人,应当向报关地的商检机构报检",但在调查中:甲方称乙方是擅自私刻甲方的公章办理报关报检业务,甲方不负责有承担法律的义务。乙方是报检义务主体,故江门检验检疫局依据《商检法》第五条、第十二条及《商检法实施条例》第四十五条的有关规定,对乙方处以罚款人民币 5 万元。

(2) 法律责任。

代理报检企业的法律责任不同于收发货人的法律责任。《对外贸易法》第三十四条第四项规定了对外贸易经营者不得逃避法律、行政法规规定的认证、检验、检疫义务,第六十三条则规定了应承担的法律责任。这就是说收发货人自对外贸易合同签订之日起,就有了这项法定义务,在整个贸易过程中,都必须严格履行该项义务。代理报检企业之所以没有法律责任的主要法律依据来源于以下三个方面:

① 受收发货人的委托,与收发货人之间发生的民事法律关系而产生的民事法定义务,即在代理权限和期限内,以委托人的名义实施的行为,其法律后果由委托人承担。

②《商检法》及其实施条例在设定了代理报检企业义务的同时,也赋予了相应的权利及需要承担的相应违法责任,其目的是为了规范代理报检企业的报检行为,并不是为了追究代理报检企业承担与收发货人相同的法律责任。

③ 代理报检企业的法律责任在特定情况下可以免责,即不承担法律责任,有证据证明

其履行了法律、法规及规章规定的法定义务,而无需承担法律责任,本案甲方就是例证。

案例 2　擅自变更出口商品电子转单信息

案情介绍

2005 年 9 月 29 日,上海检验检疫局稽查大队接到举报,位于闵行区纪友路上的一家韩国独资企业(以下简称 D 公司)将未经商检的节能灯出口美国,并称 30 日上午将有一个货柜的节能灯装箱出运。30 日上午,经稽查大队会同闵行检验检疫局现场突击检查证实举报属实,随即立案调查。通过调查,稽查大队查清了这是一起外商独资企业委托专业外贸公司对外签订外贸合同,将已经商检好的外地生产节能灯,改换包装打上美国 UL① 认证以及 D 公司生产的节能灯逃避法定检验擅自出口的案件。上述行为违反了《商检法》第五条有关规定,D 公司对其违法行为确认无疑议。鉴于 D 公司的涉案货物已经出口而无法追回,当事人的违法行为所造成的后果具有不可逆转性,上海检验检疫局依据《商检法》第三十三条规定,决定对 D 公司上述违法行为按处罚幅度的上限即货值金额的 20% 进行罚款处罚。

案情评析

(1) 违法主体的认定。

本案涉及单位有生产企业(即 D 公司)和上海某家外贸进出口公司(以下简称 C 公司)。在本案调查中发现,D 公司作为一家新成立的在华独资生产企业,仅在对外签订外贸合同方面委托上海 C 公司办理,其他一切事务均有 D 公司自行负责,包括委托外加工、订舱、办理异地报检、报关业务等。待一切手续办妥后,D 公司再将已经外地商检的节能灯或者自己生产的节能灯擅自打上美国 UL 认证标志装运出口。C 公司按 D 公司要求出具合同、发票、装箱单、报关单等文件。对此情况,D 公司和 C 公司均予以确认。因此,D 公司最终被确认为本案的违法主体。

至于 C 公司作为专门从事进出口贸易的单位,理应严格遵守对外贸易方面以及检验检疫法律法规的有关规定。然而 C 公司为了代理费违反相关规定,对 D 公司的违法要求有求必应,使其违法行为得以实施。虽然 C 公司未受到上海检验检疫局的行政处罚,但在调查过程中,执法人员对这种未真正尽到外贸代理职责,使当事人违法行为得以实施的做法提出了严厉批评和整改要求。

(2) 逃避法定检验的新动向。

本案中违法行为的主要做法是:D 公司通过外发加工,并在异地做好商检,获取电子转

---

① 　UL:美国安全试验所的英文缩写。详见本书 9.5 的内容。

单信息,然后将已经异地商检的节能灯和自己生产的未经商检的节能灯,擅自打上美国 UL 认证标志并重新包装,通过电子转单分批换证放行,达到擅自出口的目的。这是实施进出口商检验检疫电子化后出现的逃避法定检验的新动向,值得出口口岸和属地(出口商品生产地)检验检疫部门注意,加强联系协作把关。

案例 3 关检合作查处使用伪造《通关单》

案情介绍

2006 年 4 月 12 日,上海海关致函上海检验检疫局(以下简称 A 局),要求确认一份《出境货物通关单》的真伪。4 月 14 日 A 局驻航运交易所办事处(以下简称 B 机构)确认了该份通关单系伪造。随即 B 机构对此予以立案调查。经调查发现,该批出口货物为铅笔(HS 编码 9609101000)共 14 只纸箱,重 322 千克,数量 8 064 支,货值 967.68 美元,发货人为安徽省某县对外贸易有限公司。发货人委托上海某国际货运代理有限责任公司(以下简称 C 公司)办理出口报关事宜。

4 月 7 日,C 公司向上海海关报关时,提供了该份伪造的《出境货物通关单》。海关发现通关单有疑问便立即扣留货物,并发函 A 局联系确认。与此同时,C 公司将海关查扣的情况反馈给发货人,随后发货人又提供了浙江宁波检验检疫局于 4 月 12 日发送的一份编号为 380500206003933T 的电子转单,交由上海另一国际货运代理有限责任公司于 4 月 12 日向 B 机构报检,B 机构在不知情的情况下签发了编号为 310050206411118 的通关单,海关凭此通关单将扣留货物放行。而当 A 局于 4 月 14 日接到海关查询函展开调查时,该批货物已通关出口。根据调查结果,B 机构依据《商检法实施条例》第四十九条的规定,于 6 月 28 日对上海 C 公司使用伪造的通关单报关的行为实施了罚款 6 000 元的行政处罚,并于当日执行完毕。

案情评析

(1) 在本案的立案调查过程中,执法人员发现上海 C 公司本身并非该份假通关单的伪造者,但是在办理该批出口货物的报关业务中使用了伪造的通关单。根据《商检法实施条例》的规定,C 公司也应承担相应的法律责任。在通关单伪造者因各种原因一时无法追查清楚的情况下,先对使用者追究法律责任,既便利了检验检疫执法,也维护了检验检疫法律法规的严肃性。

(2) 本案涉及货物金额不大,其检验手续也比较简单,通过产地检验并在口岸换取通关单报关出口。后因假通关单货物被海关查扣,发货人又为使扣留货物顺利出口,凭宁波检验检疫局下属机构签发的出口电子转单凭条,向 B 机构申请换发了新的通关单报关出口。当事人仍采取伪造检验证单的严重违法行为,使案情进一步恶化,甚至可能触犯到刑法,同时也反映出目前科技进步后伪造证单行为的方便和隐蔽性。为此,检验检疫部门应加强与海关等其他执法部门的联系协作,共同打击类似违法行为,保障检验检疫工作规范有序开展。

案例4　利用通关单联网核查系统查获逃漏检[①]

案情介绍

2008年1月1日在全国口岸启用"通关单联网核查"系统后,2月25日茂名检验检疫局收到一份信宜某纺织有限公司进口毛条的报检单。在审核单证中,检验人员发现,除了目前报检的一批货物外,该公司还有一批货物于2007年10月23日运达黄埔新港口岸,重19.89吨、货值57283.2美元的进口毛条未报检。后经"通关单联网核查"核对,确认该批货物存在逃漏检情况。2月26日,检验检疫人员到该公司向负责人询问详情,并调查其保存的合同、货物调离单,提单等资料后,最终确认该批货物确实没有报检并已使用的事实。

案情评析

(1) 根据法律规定,凡列入《目录》内的进口商品,在海关放行后20日内,向出入境检验检疫机构申请检验。法定检验的进口商品未经检验的,一律不准销售和使用。因此,该公司上述事实属于违法行为。

(2) 鉴于该公司初犯,事前没有刻意逃避检验的意向,事后能诚恳地接受批评教育,且进口腈纶原料为自用,尚未造成严重后果。为此,茂名检验检疫局决定对该公司免予行政处罚,责成公司依法补办报检手续,协助检验人员做好所进口腈纶原料的检验工作,并作出深刻检讨。

本章小结

进出口商品检验检疫电子化是电子检验检疫的重要组成部分。电子检验检疫是通过应用信息化手段,实现对检验检疫对象从申报到检验检疫、签证放行全过程的电子化。电子检验检疫具有三大功能:电子申报、电子监管、电子放行,统称为国家质检总局推行的"三电工程"。这种新型的检验检疫监管模式是建立以出入境检验检疫综合业务计算机管理系统为主环,以与海关间的电子通关和与企业间的电子申报为辅环的网络运行机制,即企业与检验检疫机构间的电子申报(包括出入境货物电子报检、产地电子签证),检验检疫机构内地与口

[①]　资料来源:《中国国门时报》2008年3月28日。

岸的电子转单和检验检疫机构与海关间的电子通关。检验检疫机构的电子化业务服务措施,不仅方便了企业,降低了企业外贸成本,还提高了检验检疫报检工作效率。

2008年1月1日起实施的"通关单联网核查"通关模式,是海关总署与国家质检总局在2002版"通关单联网核查"系统基础上,为提高口岸通关效率,推进无纸通关改革,有效防范和打击逃漏检行为,方便合法进出开发的新系统,即海关和检验检疫机构对法定检验进出口商品,实行出入境货物通关单电子数据与进出口货物报关单电子数据的联网核查,进一步提高通关效率,实现严密监管。

思考题

1. 什么是进出口商品检验检疫电子化? 它的主要内容包括哪些方面?
2. 检验检疫综合业务管理系统的基础是什么? 它办理范围包括哪些?
3. 什么是电子申报? 它能办理的报检业务包括哪些?
4. 什么是电子签证? 申请电子签证单位应具备哪些条件?
5. 什么是电子监管? 电子监管有哪些内容?
6. 为什么说电子监管是中国电子检验检疫的核心环节? 电子监管有哪些作用?
7. 出口货物快速核放的产品应具备哪些条件? 对企业又有什么要求?
8. 什么是电子转单? 对出/入境电子转单各有哪些规定?
9. 实施电子转单后的查验和更改有哪些规定?
10. 举例简述电子通关作业流程。
11. 如何办理出入境货物通关单联网核查申报?
12. 关于出境货物电子转单的表述:
    (1) 报检人可同时申请实施电子转单和出具《出境货物换证凭单》;
    (2) 已由口岸检验检疫机构受理的电子转单信息,其所有内容均不得更改;
    (3) 申请口岸换证时必须提供换证凭条原件;
    (4) 申请口岸换证时必须提供电子转单号及密码。
    试问其中哪种表述是正确的?
13. 关于报检人发送电子报检信息的要求的表述:
    (1) 应保证电子报检信息的准确性;
    (2) 应符合报检时限有关要求;
    (3) 合同或信用证中的有特殊检验检疫要求的,应同时申报;
    (4) 不得重复发送同一批货物的电子报检信息。
    试问表述正确的有哪几种?
14. 某公司拟出口一批布绒玩具,该批货物经产地检验检疫机构检验合格后将有关信息通

过电子转单传输到口岸检验检疫机构。货到口岸后,该公司临时增加了出口数量,并更改了标记号码。对此的表述:

(1) 标记号码发生改变,不能换证放行;

(2) 电子转单数据不能作任何更改;

(3) 报检人应在产地检验检疫机构办理更改后才能换证放行;

(4) 应在口岸检验检疫机构重新报检。

试问哪些表述是正确的?

15 国际贸易商品分类

学习目的

　　除了解协调制度与进出口商品《目录》的关系外，着重掌握国际贸易商品分类的基本方法。

知识要点

　　着重掌握协调制度的产生、结构、编排特点、归类总规则及查阅 HS 品目号、子目号的方法和注意事项。

15.1　商品名称和编码协调制度

15.1.1　协调制度概述

　　商品名称及编码协调制度，是当今国际贸易中用途最广泛、应用国家最多、最新、最完整的国际贸易商品分类体系。在应用该分类体系之前，国际上实行不同国家、不同行业的商品分类编码体系。经调查确证，在一次国际贸易交易中，由于各国的税则编码不同，各个行业使用的商品代码不同，同一商品因订货、采购原料、生产、检验、包装、运输、保险、议付、报关、统计等需要，其商品编码竟要改动 10 余次，对发展国际贸易是个极大的障碍，客观上要求进一步统一和协调国际贸易商品分类体系。同时，自动化办公装置的大量出现，对统一和简化国际贸易证单、统一和协调商品编码的要求更为迫切。

　　1970 年，联合国欧洲经济委员会建议海关合作理事会成立一个研究小组，负责研究建立一套既可满足海关征税的要求，又可满足贸易统计要求的商品编码制度的可能性。这种商品编码制度还应适应生产、运输、保险等行业的需要。1973 年，海关合作理事会接受了研究小组的建议，成立了"协调商品名称和编码制度临时委员会"具体负责编制工作。60 多个国家以及联合国贸发会等 20 多个国际组织参与了此项工作。

　　1981 年协调商品名称和编码制度临时委员会在《海关合作理事会商品分类目录》（CCCN）和联合国《国际贸易标准目录》（STANDARD INTERNATIONAL-TRADE CLAS-SIFICATION，SITC）的基础上，协调国际上多种商品分类目录而草拟成《协调商品名称和编码制度》。

1983 年 6 月 14 日,海关合作理事长第 61/62 届会议通过了《协调商品名称和编码制度公约》及其附件——《协调商品名称和编码制度》(HARMONIZED COMMODITY DE-SCRIPPION AND CODING SYSTEM),简称《协调制度》(HS)。HS 编码于 1988 年 1 月 1 日正式生效。经过两年的过渡期于 1990 年 1 月 1 日起全面实施。

《协调制度》是由世界海关组织(WCO)开发的具有多用途的国际商品术语,大约包含 5 000 组商品,每组商品以 6 位数编码验证,以合法和逻辑结构排列,并以完善的规则辅助,以获得统一的身份证,现已被广泛应用于海关征税、国际贸易统计、原产地规则、国际贸易谈判(如 WTO 关税减让表)、运输税费及统计,贸易管制(如对废物、麻醉药物、化学武器等的管制)、风险管理等多种领域。目前,《协调制度》已被 190 多个国家和组织作为其海关税则和采集国际贸易数据的基础。国际贸易中 98% 以上货物的验证条件是《协调制度》。

1988 年,我国商检部门最早将这一编码制度应用于原产地证书的签发管理中,我国海关于 1992 年 1 月 1 日开始以 HS 编码为基础编制《中华人民共和国进出口税则》。现行的《中华人民共和国进出口税则》是从 2004 年 1 月 1 日起,国务院关税税则委员会根据中国加入世界贸易组织的承诺和对外经济贸易发展的需要,依据世界海关组织(WCO)《商品名称和编码协调制度》及国务院关税税则委员会 2004 年最新调整的进出口关税数据编制的。

15.1.2 协调制度的结构

1. 协调制度的结构

HS 分类目录正文由以下部分组成:

(1) HS 国际公约。

该公约有条文 20 条,另加序言。它对制定 HS 的目的和有关定义、缔约国的资格、权利和义务,以及有关 HS 的组织机构和程序作了详细的阐述。

(2) HS 品目和编码(又称子目)。

HS 品目和编码的组成部分包括:按系统顺序排列的商品编码表:分类的原则是按商品的原料来源,结合加工程度和最终用途以生产部门划分;类注释、章注释及子目录注释:分别在各类标题之下品目号之前,组成了 HS 不可分割的部分,与 HS 品目条文一样具有同等法律效力和归类总规则。[①]

---

① 见本书 15.2 的内容。

15.1.3　HS 编码的品目和子目

商品编码表中各章,又按产品的加工程度、产品的基本特征或用途设有品目(chapter)。2002 年版的 HS 编码有 1 244 个品目,品目号是由四位数字组成,中间有一个圆点。圆点前的两位数字表示章序号,圆点后的两位数字表示该种商品在该章内的顺序号。

在 1 244 个品目中,有部分品目按商品的规格、种类进行细分,下设一级子目,一级子目再进一步细分,下设二级子目。HS 编码有 5 264 个子目(sub-heading),子目号由六位数字组成,第四位与第五位数字间有一个圆点,圆点前四位数字表示该商品的品目号。

第六位数字为"0"的子目号是一级子目号,第六位数字不是"0"的是二级子目号,如表15.1 所示。

表 15.1

品目号	子目号	品　名
01.01		活马、驴、马骡和驴骡(表示该商品属第一章内第一大项商品)
	0101.10	马(一级子目)
	0101.11	纯种种马(一级子目下的二级子目)
	0101.19	其他(一级子目下的二级子目)
	0101.20	驴、马骡和驴骡(一级子目)

15.1.4　协调制度的编排特点

1. 按系统顺序排列的商品编码表

(1) 商品编码表由商品(描述)名称和商品编码(HS)两部分组成,一般商品编码排在左侧,商品(描述)名称排在右侧。HS 的编排结构是将成千上万种商品根据不同的生产部门(行业)分成不同的类,类下有根据商品的自然属性或用途(功能)分成不同的章,共分为二十二大类(section);在各类内,基本上按同一原料或同一类型的产品设章(chapter),共有九十七章,其中第七十七章为空章(为将来保留使用),不含任何商品,余下的九十六章含有不同的商品。另外还有两章(第九十七章、第九十九章)为特殊的国家保留以备使用。

(2) 某些章下又分成分章,如第二十八章、二十九章、三十九章、六十三章、六十九章、七十一章、七十二章。以第七十一章为例,该章下面有三个分章:

表 15.2

第一分章	天然或养殖珍珠、宝石或半宝石
第二分章	贵金属及包贵金属
第三分章	珠宝首饰、金银器及其制品

2. 品目和子目的阿拉伯数字表示法

如图 15.1 所示：

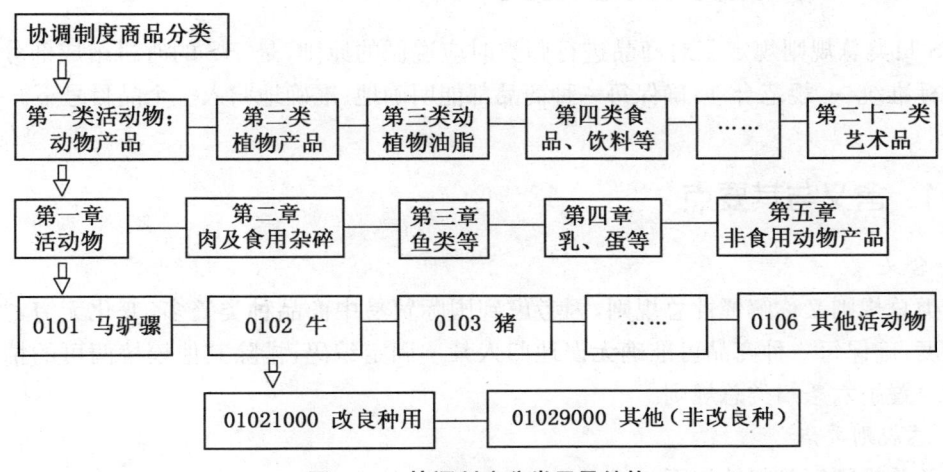

图 15.1　协调制度分类目录结构

(1) 章的序号总是用两位阿拉伯数字表示，如第一章写成"01"，第二章写成"02"，第二十五章写成"25"。

(2) 各章分为不同的品目，同样用两位阿拉伯数字表示所在章的位置。如第一章的第 1 个品目写成"0101"表示马、驴、骡；第一章的第 2 个品目写成"0102"表示牛；第八章的第 5 个品目写成"0805"表示鲜或干的柑橘属水果；第二十五章的第 24 个品目写成"2524"表示石棉。

(3) 品目下又分为不同的一杠子目（又称一级子目），用一个阿拉伯数字表示所在品目下的位置。如品目 0805 下的第一个一杠子目写成"08051"代表橙，第四个一杠子目写成"08054"代表柚。

(4) 至于兜底的一杠子目（"其他"）则尽量以数字"9"表示。如品目 0805 兜底的一杠子目（其他）写成"08059"。

(5) 当最后一个子目为"零部件"时，则兜底的一杠子目改用数字"8"表示。如品目 8438 的最后一个子目"84389"为"零件"，所以其兜底的一杠子目（其他机器）写成"84388"。

(6) 品目下或子目下若没有再细分，则用数字"0"表示。

3. 编排的优越性

一般采用上述编排方式，其优越性在于：

(1) 不改变现行子目编码（结构）情况下，加入新的子目。

(2) 同理一杠子目下分为不同的二杠子目，二杠子目的编码方式同一杠子目。

(3) 协调制度最多分为二杠子目，所以加上前面的品目号，商品编码共有六位。我国税则根据实际情况在二杠子目的基础上又细分为三杠子目和四杠子目，所以最后的商品编码由八位组成。

15.2 HS 编码的归类总规则

HS 归类总规则规定了对商品进行归类时应遵循的原则,是 HS 的有机组成部分,以保证归类标准统一、规范合理,确保每一种商品都能明确地、准确地归入一个品目号下。

15.2.1 含义与其要点

1. 含义

归类总规则又称解释性总规则,因考虑到国际贸易中商品种类繁多,变化无穷,为完善归类制度,确保每一种商品可准确无误地归入某一固定编码,排除其他模棱两可的情况,协调制度设置了六条归类总规则。

2. 总规则要点

六条总规则简单归纳如下:

(1) 规则一:归类总的指导原则。

(2) 规则二(1):不完整品、未制成品、未组装件、拆散件的归类。

(3) 规则二(2):混合物或组合物的归类。

(4) 规则三(1):具体列名。

(5) 规则三(2):基本特征。

(6) 规则三(3):从后归类。

(7) 规则四:最相似物品的归类。

(8) 规则五(1):特殊包装容器的归类。

(9) 规则五(2):包装材料及包装容器的归类。

(10) 规则六:子目的归类。

15.2.2 规则一

各类、章及分章的标题,仅供查阅方便而设。具有法律效力的归类,应按品目条文和有关的类注或章注确定,如品目、类注或章注无其他规定,按以下规则确定。

(1) 第一句话说明类、章及分章的标题不具有法律效力,仅仅是为了查找提供一种方便。例如:第十五类的标题为"贱金属及其制品",但有些贱金属制品,如铜纽扣(品目 9606)、铝制的拉链(品目 9607)等要归入第二十类,不归入第十五类;第六十二章的标题为"非针织或非钩编的服装及衣着附件",但针织的紧身胸衣、束腰带等要归入本章的品目 6212,而不按针织制品归入第六十一章。

（2）第二句话有两层含义：一是指具有法律效力的归类要按品目条文、类注释、章注释的顺序先后确定，注释的作用是用来限定品目、类、章所包括商品的范围，明确包括哪些商品，不包括哪些商品，特别是对哪些归类时容易产生混淆和错误的商品加以限制。例如：第七章的注释四规定，辣椒干不要作为蔬菜归入本章，而要按调料归入品目 0904；第十三章注释一规定，按重量计蔗糖含量占 10% 以下的甘草浸膏归入品目 1302，否则归入品目 1704。二是指当品目条文、类注或章注无其他规定的情况下，则按归类总规则的其他规则归类。

15.2.3　规则二

这一规则主要是为扩大商品范围而设的。

（1）"品目条文所列的商品，应包括该项商品的非完整品或未制成品，只要在进口或出口时，这些非完整品或未制成品具有完整品或制成品的本质特征；还应包括该项商品的完整品或制成品（或按本规则可作为完整品或制成品）在进口或出口时的未装配件或拆卸件。"

规则二（1）的主要含义是品目所列商品包括不完整品或未制成品（但必须具有完整品或制成品的基本特征）；同时还包括该项货品的完整品或制成品在进出口时的未组装件或拆散件。其中：

① "不完整品"是指具有货品的形状、特征但缺少一些非关键性零附件的货品。例如缺少车门的汽车、缺少轮胎的汽车按整车归类。

② "未制成品"是指具有货品的形状、特征但还缺少一两道工序才能制成的货品。例如已剪成形还未缝制的手套按制成品归类。①

③ "未组装件或拆散件"是指用简便紧固件（如螺丝、螺母和螺栓等）或用铆接或焊接方法可组装好的商品。许多货物以未装配或拆卸开的形式出售是因为包装、运输或管理的需要。庞大的或易碎的货物（如桥架、灯具、照明设备等）通常均是未装配或拆卸开的，只要未装配的或拆卸的商品具有完整品或制成品的基本特征，就应归于其成品的品目。只有在品目条文或类、章注释未另行规定时，才援用此规则。例如：品目"9101"，其条文规定为"具有贵金属或表面包有贵金属的金属表壳的怀表、手表"等。因此，未包装好的钟表部件（如钟表机芯）不能归入"9101"而必须归入其他品目。

（2）"品目条文述及的材料或物质，应视为包括该材料或物质与其他材料或物质的混合物或组合物。品目条文述及的由一种指定材料或物质构成的商品，应视为包括全部或部分由该材料或物质构成的商品。由两种或多种材料或物质构成的商品应按照规则三归类。"

---

① 坯件也可作为不完整品或未制成品归于其他成品的品目，除非某一特定的品目专门列出了此坯件。

规则二(2)的主要含义是：

① 品目中所列的某种材料也包括了该种材料的混合物或组合物，但加进去的材料或组合起来的东西不能失去原来商品的特征(即不存在看起来可归入两个以上品目的问题)。如：加入少量糖或维生素的牛奶仍归入牛奶的品目(0401)。软木塞(一种指定材料)即便涂有石蜡仍归入软木塞的品目。羊绒大衣在袖口上装饰点人造毛仍不影响其归类。

② 当品目条文或类、章有特殊规定时，规则二(2)款将不适用。如：第九章(咖啡，茶，调味品)中混合商品的归类，按该章注释一规定归类才有效；品目"503"不包括混合猪油，因为该品目的条文规定猪油不能与其他混合。

③ 由两种或两种以上材料或物质组成的商品，原则上可能归于两个或两个以上品目时，这种商品应按规则三归类。

15.2.4 规则三

当商品按规则二或其他原因，似乎可归入两个或两个以上的品目时，应按以下规则归类，其归类原则的应用顺序：规则三(1)→规则三(2)→规则三(3)。

(1) 具体列名的归类原则：列名比较具体的品目，优先于列名一般的品目。但是，如果两个或两个以上品目都仅述及混合或组合货品所含的某部分材料或物质，或零售的成套货品中的某些货品，即使其中某个品目对该货品描述得更为全面、详细，这些货品在有关品目的列名应视为同样具体。

规则三(1)是指当一种商品似乎在两个或更多的品目都涉及的情况下，比较这些品目，哪个品目的描述更为详细，更为接近要归类的商品，视为更具体，列名比较具体的品目优先于列名一般的品目。商品的具体名称比商品的类别名称更具体。例如：汽车用电动刮雨器既可按汽车零件归入品目"8708"(类别名称)，又可按电气设备中的风挡刮水器归入品目"8512"(具体名称)，比较这两个品目，品目"85.12"比"8708"更为具体；钟表玻璃可按玻璃制品中的钟表用玻璃归入品目"7015"(具体名称)或钟表零件归入品目"9114"(类别名称)，比较这两个品目，前者更具体。

采用规则三(1)归类例子：

① 自行车轮胎似乎可归入4011和8714，但4011其描述得很具体，称为"新的充气橡胶轮胎"，而8714只是说"摩托车、自行车的零件"，因此自行车轮胎应归入4011。

② 飞机机座：归在品目9401(坐具)，而不归在品目8714(零件、附件)。

③ 成形的但未组装的适用在飞机上的安全玻璃，不能作为品目8801(气球及飞艇；滑翔机、悬挂滑翔机及其他无动力航空器)或8802(其他航空器)的零、部件归在品目8803，而应归在对其描述得更具体的品目7007(钢化或层压玻璃制的安全玻璃)。

④ 小狗造型的卷笔刀似乎可归入"9503"(非人类生物性玩具)及"8214"(具有刃口的制

品),此时"9503"和"8214"被视为描述得同等具体。因为"有关商品若是两种或两种以上材料、物质组成的混合物,应按赋予其本质特征的材料、物质归类;若是由不同部件组成的组合物,应按赋予其本质特征的部件归类"。据此,小狗造型的卷笔刀应归入"8214"。

（2）基本特征的归类原则:混合物、不同材料构成或不同部件组成的组合物以及零售的成套货品,如果不能按照规则三(1)归类时,在本款可适用的条件下,应按构成货品基本特征的材料或部件归类。

规则三(2)适用于不能按以上规则归类的混合物①、不同材料的组合物品、不同部件的组合物品②和零售成套货品③的归类情况。对于这些货品如能确定构成其主要特征的材料或部件,应按这种材料或部件归类。但是,要确定商品的主要特征,不应只有一个标准,要根据其各种构成材料或部件的价值、重量、体积、商品的用途等来确定。例如:方便面内由一块速食面(单独报检归入品目"1902")和一小包调味料(单独报检归入品目"2103")组成,其主要特征是速食面,所以仍要按面食归入品目"1902"。

规则三(2)归类例子:

① 不符合以上条件而包装在一起的混合货品不能应用规则三(2)的原则来归类的例子:

一个塑料盒内装有一支圆珠笔(单独报检归子目 96081000)、一只电子表(单独报检归子目 91021200)、一条贱金属制的项链(单独报检归子目 171900)组成的成套货品,只是以销售为目的而不能在功能上互补或是为某种目的,此时应将它们分别归类。

② 符合以上条件,按规则三(2)的规定进行归类的成套物品的例子:

由一个夹牛肉(不论是否夹奶酪)的小圆面包构成的三明治(品目号 1602)和法式炸土豆片(品目号 2004)包装在一起的成套物品,该物品应归入品目号"1602"。配置一餐面条的成

---

① 有些品目(子目)条文或注释中已有规定的混合物,不应再用规则三(2)。如由第九章不同品目的调味料组成的混合物,根据本章注释一(二)归入品目"0910";由第十五章不同动、植物油的组成的混合物根据品目条文归入品目"1517"。

② 不同部件的组合物品:不仅包括部件相互固定组合在一起,构成了实际不可分离整体的物品,还包括其部件可相互分离的物品,但这些部件必须是相互补足、配合使用,构成一体并且通常不单独销售的。如:由一个活动烟灰盘的架子构成的烟灰盅;由一个特制的架子(通常为木制的)及几个形状、规格相配的调味料瓶子组成的家用调味架。这类组合物品的各部件一般都装于同一个包装内。

③ 零售成套货品:是指为了某种需要将可归入不同品目的两种或以上货品包装在一起无需重新包装就可直接零售的成套货品,必须同时符合以下三个条件:(1)至少由两种看起来可归入不同品目的不同物品构成的。(2)为了适应某一项活动的特别需要而将几件产品或物品包装在一起,在用途上互相补足配合使用的。(3)其包装形式适用于直接销售给用户而无需重新包装。例如:含有电动理发推子(单独报检归品目 8510)、剪子(单独报检归品目 8213)、梳子(单独报检归品目 9615)、刷子(单独报检归品目 9603)、毛巾(单独报检归品目 6302)的成套理发用具的主要特征是电动理发推子,所以将成套的理发用具按电动理发推子归入品目 8510。

套物品,由装于一纸盒内的一包未煮的面条(品目号 1902)、一小袋乳酪粉(品目号 1602)及一罐番茄酱(品目号 2103)组成,该物品应归入品目号"1902"。

③ 本规则不适用于包装在一起的混合产品的例子:

一罐小虾(品目号 1605)、一罐肝酱(品目号 1602)、一罐乳酪(品目号 0406)、一罐火腿肉片(品目号 0406)及一罐开胃香肠(品目号 1601)。这些例子所列的混合产品,应将每种不同产品分别归入各自所属的品目。

④ 不同材料构成的混合物和组合物的例子:

70%小麦(品目"1001")和 30%大麦(品目"1003")的混合酿酒料可称为混合物;带金属钩的木衣架;铸铁壳和镶在橡胶圈内的玻璃反光镜组成的汽车反光装置和外包塑料的碳化钨轮胎钉,可称为组合物。一般这些组合物的构成物品都要安装在同一个包装内。

结论提示:当规则三(1)不适用时,规则三(2)才被采用。规则三(2)仅用于混合物;不同材料的组合物品;不同部件的组合物品;零售的成套物品。

(3) 从后归类的归类原则:货品不能按照规则三(1)或(2)归类时,应按号列顺序归入其可归入的最末一个品目。

规则三(3)①的含义是从后归类的原则。如果按规则三(1)或规则三(2)都不能解决归类问题,即在"当商品不能按规则三(1)或(2)归类时,可归类于给予同等考虑的品目中的最后一个品目,即品目号最大的品目"。具体过程是将某个商品似乎可归入的编码加以比较,然后归入排列在后面的品目。但相互比较的编码或品目只能同级比较。例如:

① 冷、热两用饮水机有两种功能:制冷功能和加热功能。若按制冷功能的机器归类则归入品目"8418",若按加热功能的机器归类则归入品目"8516",现很难确定加热和制冷哪种功能更重要,根据规则三(3)归入品目"8516"。

② 25%的牛肉(0201)、25%的猪肉(0203)、25%的羊肉(0204)和 25%的鸡肉(0207)组成的肉馅归入 0207。但如果肉馅中牛肉、猪肉、羊肉各为 30%,鸡肉仅为 10%,此时应归入 0204,而不是 0207,因为在采用这一规则时必须强调"可给予同等考虑的品目中的最后一个品目。"

15.2.5 规则四

"按照上述规则不能归类的商品,应当归类于其最类似的商品所适用的品目中。"

---

① 运用本规则的前提是品目条文和类、章注释无其他规定的条件。例如,第九十七章注释 4(2)规定,根据品目条文既可归入品目 9701 至 9705 中的一个品目,又可归入品目 9706 的物品,应归入品目 9706 以前的有关品目,即物品应按第九十七章注释 4(2)的规定,不能根据本规则进行归类。

这条规则与无法按第一至第三条规则归类的商品有关。按规则四归类时,应将待归类商品和其类似商品相比较,从而确定与其最类似的商品,然后,将其归入最类似商品的品目。

一般来说,这条规则不常使用,因为确定最相似没有一定的标准。尤其在协调制度中不少品目都设有"其他"子目,不少章单独列出"未列名货品"的品目(如具有独立功能而又未具体列名的机器及器具和电气设备及装置要分别归入品目 8479 和品目 8543)来收容未考虑到的商品。因此,规则四实际上很少使用。

15.2.6　规则五

除上述规则外,规则五适用于下列货品的归类:

(1)制成特殊形状仅适用于盛装某个或某套物品并适合长期使用的,如照相机套、乐器盒、枪套、绘图仪器盒、项链盒及类似容器,如果与所装物品同时进口或出口,并通常与所装物品一同出售的,应与所装物品一并归类。但本款不适用于本身构成整个物品基本特征的容器。

规则五(1)主要适用于特制的适合供长期使用的箱、盒等非常简单包装容器的归类。这些容器必须同时符合下列条件:①制成特殊形状,专门盛装某一物品或某物品的容器,即专门按所要盛装的物品进行设计的。②适于长期使用,即容器的使用期限与所盛装物品的使用期限是相称的。在物品不使用期间,这些容器还能起到保护物品的作用。③与所装物品一起报检,不论其是否为了便于运输而分开包装。④通常情况下是与所装物品一同出售的。⑤包装容器本身并不构成整个货品的基本特征。也就是说容器本身只是物品的包装物,无论是从价值或者从作用来看,它们都是附属于物品的。例如:装有茶叶的铁制茶叶罐与茶叶一并归入品目 09.02;装有首饰的首饰盒与首饰一并归入品目 71.13;装有望远镜的望远镜盒与望远镜一并归入品目 90.05。而本身构成货品基本特征的容器不适用本款规则,例如装有茶叶的银质茶叶罐,银罐本身价值昂贵,已构成整个货品的基本特征,因此应按银制品归入品目 71.14。

(2)除规则五(1)规定的以外,与所装货品同时进口或出口的包装材料或包装容器,如果通常是用来包装这类货品的,应与所装货品一并归类。但明显可重复使用的包装材料和包装容器不受本款限制。

规则五(2)是对规则五(1)的补充,适用于明显不能重复使用的包装材料和容器的归类。这些材料和容器通常是货品的一次性包装物,在向海关报验时,它们必须是包装着货品的。当货品开拆后,包装材料和容器一般不能够再做原用途使用。例如装着玻璃器皿的纸板箱,应与所装的玻璃器皿一同归类。又如内装电视机的纸箱,应按电视机归入品目 85.28,而不是按纸箱归入品目 48.19。但对于明显可以重复使用但又不属于规则五(1)所述的包装材料或包装容器,就不能按此规则归类,例如内装液化气体的钢铁容器,就不能按液化气体而应按钢铁制品归入品目 73.11。

15.2.7 规则六

货物在某一品目项下各子目的法定归类,应按子目条文或有关的子目注释以及以上各条规则来确定,但子目的比较只能在同一数级上进行。除《协调制度》条文另有规定以外,有关的类注、章注也适用于本规则。

为了正确归类,只有属于同一级的子目才是可比的。本规则是专门为商品在协调制度中子目的归类而制定的,它包含有两层意思:

(1)第一层是子目的归类首先按子目条文和子目注释确定,在子目条文和子目注释没有规定的情况下,才按类注或章注的规定进行归类。如第七十一章注释四(二)和子目注释二所包含的"铂"的范围不同,第七十一章注释四(二)所规定的"铂"的范围比该章子目注释二所规定的"铂"的范围要大,在解释子目711011和711019的"铂"的范围时,应采用子目注释二的规定而不应考虑该章注释四(二)的规定。

(2)第二层是在比较哪个子目描述得更为具体详细时,只能在同一级子目间相互比较,不能在不同级别的子目(如一级子目与二级子目)比较。即:在一个品目中,一级子目号只能在相应的一级子目条文的基础上加以选定,同样,二级子目号,只有在参照与其相应的一级子目的分目条文(又称二级子目)之后,才能选定。如:要将女用衬衣归类于相应的子目时,首先确定四位数级品目号,然后确定其相应的一级子目号,最后再在该一级子目内确定其相应的二级子目号,对其他的一级子目则不必查看。

所以在确定子目时,一定要按所给条件先确定一级子目,若符合条件的,再确定该一级子目下的二级子目,同理确定三级子目、四级子目。这样采用"同级比较,逐级确定"的原则。

例如"中华绒毛蟹种苗",在确定品目 0306 下的子目时,应按以下步骤进行:

① 先确定一级子目,即将两个一级子目"冻的"与"未冻的"进行比较而归入"未冻的"。

② 再确定二级子目,即将二级子目:"龙虾""大螯虾""小虾及对虾""蟹""其他"进行比较而归入"蟹"。

③ 然后确定三级子目,即将两个三级子目"种苗"与"其他"进行比较而归入"种苗"。所以最后归入子目 03062410。

在此,不能将三级子目"种苗"与四级子目"中华绒毛蟹"比较而归入 03062491"中华绒毛蟹"。因为两者不是同级子目,不能比较。

总之,尽管按协调制度归类会遇到困难,但是有了归类总规则解释,所有商品肯定都会在协调制度中找到恰当的归类。

15.3 《实施检验检疫的进出境商品目录》与协调制度

依照中国商检法律制度的要求,对进出口商品应当划定一个必须进行检验的范围,对属于这个范围内的商品所实施的检验称为法定检验。原国家商检部门根据对外贸易的需要制定商检机构实施检验的进出口商品种类表,现参照国际上通行的做法,改称为《必须实施检验的进出口商品目录》,全称为《出入境检验检疫机构实施检验检疫的进出境商品目录》(简称《实施检验检疫的进出境商品目录》或《目录》,俗称《法定商检目录》)。

《实施检验检疫的进出境商品目录》是由国家质检总局制定的必须实施检验的进出口商品的范围的法律文件形式,通过对商品名称、商品编码、商品检验项目等内容的规定,明确检验对象。该《目录》系以《协调制度》为基础,依照我国海关通关业务系统《商品综合分类表》的商品编号、商品名称、商品备注和第一计量单位编制的。凡列入目录的进出口商品,属于必须实施检验的商品,由出入境检验检疫机构实施检验。国家制定、调整、公布实施的目录具有一定的时效性,根据国家对外贸易中涉及安全、卫生、健康、环保、反欺诈工作的需要,随着进出口商品品种和结构的变化,目录会定期或不定期地调整和公布实施。自 1998 年我国检验检疫机构改革以来,国家对目录已做了多次调整。

2000 年 1 月 11 日,国家质检总局与海关总署发布(2000)第 1 号公告规定,即由原"三检"分别实施的《进出口商品检验种类表》、《进出境动植物检验检疫商品与 HS 目录对照表》、《进口卫生监督检验食品与 HS 目录对照》(简称"三表")合并,调整为《检验检疫机构实施检验检疫的进出境商品目录》(简称《实施检验检疫的进出境商品目录》),自 2001 年 2 月 1 日起施行。该目录系以《协调制度》为基础,依照 2000 年海关通关业务系统《商品综合分类表》的商品编号、商品名称、商品备注和第一计量单位编制。目录内商品共涉及《协调制度》21 类,编码 4 113 个。为便于区分,表中"/"符号前项目为进境检验检疫,"/"符号后项目为出境检验检疫。凡列入《实施检验检疫的进出境商品目录》的进出境商品,必须经出入境检验检疫机构实施检验检疫,海关凭出入境检验检疫签发的《入境货物通关单》或《出境货物通关单》验放。

2001 年 12 月 30 日,国家质检总局与海关总署又发布(2001)第 49 号联合公告,根据《商品名称及编码协调制度》的调整情况,国家质检总局对《实施检验检疫的进出境商品目录》和《进口许可民用商品入境验证目录》进行了相应调整,自 2002 年 1 月 1 日起施行。对列入上述目录的进出境商品,必须经出入境检验检疫机构实施检验检疫和监管,海关凭出入境检验检疫机构签发的《入境货物通关单》和《出境货物通关单》办理进出口手续。

2004 年,根据我国《商品名称及编码协调制度》调整情况,国家质检总局又对《检验检疫法检目录》作了对应调整。《检验检疫法检目录》中的原海关监管条件"C"一律调整为"A",列入《检验检疫法检目录》的进出境商品,必须经出入境检验检疫机构实施检验检疫和监管,海关凭出入境检验检疫机构签发的《入境货物通关单》和《出境货物通关单》办理进出口手续。

2005 年,根据《商检法》《海关法》的有关规定,为保证进口纸尿布等一次性使用卫生用品的质量,保障我国人民健康和质量标准,国家质检总局、海关总署、商务部联合发布第 177 号公告,自 2006 年 1 月 1 日起,将卫生纸、面巾纸、纸手帕、餐巾纸、纸卫生巾、纸尿布、纸制衣服、纸床单等一次性使用卫生用品(见第 15.3.4 节纳入《法检商品目录》),实施进境检验检疫。公告规定,自 2006 年 1 月 1 日起,该类进境商品必须经出入境检验检疫机构实施检验检疫和监管;海关凭出入境检验检疫机构签发的《入境货物通关单》办理进口验放手续;进境商品的安全、卫生指标和外观、包装等必须符合国家标准《一次性使用卫生用品卫生标准》的规定;经检验不符合国家标准规定的,不得进口、销售和使用。

2006 年 12 月,根据 2007 年我国《进出口商品名称及编码协调制度》调整情况,国家质检总局、海关总署联合对《法检商品目录》作了相应的调整,发布了 2006 年第 214 号公告。《法检商品目录》是根据国务院税则委员会办公室 2006 年年底调整的税则税目,调整后的海关进出口税则,由国家质检总局对《法检商品目录》(2006 年版)作了相应的调整后合并而成见表 15.3。其中《法检商品目录》内商品共涉及《协调制度》21 类,编码 4 926 个。

表 15.3　2006 年版《法检商品目录》中商品检验检疫类别代码表

条　件	代码	分　类	个　数
"海关监管条件"项下	A	实施进境检验检疫	3 561
	B	实施出境检验检疫	4 206
	D	海关与检验检疫联合监管	3
"检验检疫类别"项下	M	进口商品检验	1 604
	N	出口商品检验	2 260
	P	进境动植物、动植物产品	1 928
	Q	出境动植物、动植物产品	1 918
	R	进口食品卫生监督检验	1 248
	S	出口食品卫生监督检验	1 009
	L	民用商品入境验证	310
	*	加施检验检疫标志①	155
	★	国家禁止进境商品②	10
	☆	国家禁止出境商品③	40

"成套设备"与《协调制度》对应尚有一定困难,仍暂列最后。

注:① 具体要求按照相关条约、规章执行。
②《商品综合分类表》删除检验检疫进境监管条件,但本目录仍保留检验检疫进境监管条件,共 10 个。
③《商品综合分类表》删除检验检疫出境监管条件,但本目录仍保留检验检疫出境监管条件,共 40 个。

2007年4月,国家质检总局、商务部、海关总署发布《关于对人类食品和动物饲料添加剂及原料产品实施出入境检验检疫的公告》,自5月15日起,包括凡士林、氯化钠、肌醇等涉及124种商品编码的人类食品和动物饲料添加剂及原料产品列入《出入境检验检疫机构实施检验检疫的进出境商品目录》,由出入境检验检疫机构进行监管。根据联合公告要求,对企业申报用于人类食品或动物饲料添加剂及原料的产品,由出入境检验检疫机构进行检验检疫,海关凭出入境检验检疫机构签发的《出/入境货物通关单》办理放行手续;对于企业申报仅用于工业用途,不用于人类食品和动物饲料添加剂及原料的产品,企业须提交贸易合同及非用于人类食品和动物饲料添加剂及原料产品用途的证明,经出入境检验检疫机构查验无误后,不再进行检验检疫,直接签发《出/入境货物通关单》,海关凭出入境检验检疫机构签发的《出/入境货物通关单》办理放行手续。

2009年1月1日起,国家质检总局将部分初级纺织品、矿产品、石材、工业原料、皮革制品、五金工具、小家电产品等调出《法检商品目录》,涉及10位HS编码640个;将部分烟草代用品、可用于食品添加剂的化工产品,日常生活用品,婴幼儿及儿童服务,衬衫、睡衣、泳衣,家用电器,卫生器具等调入《法检商品目录》或增补进(出)境检验检疫类别,涉及10位HS编码354个。

2009年3月10日,根据《卫生检疫法》和《动植物检疫法》的有关规定,国家质检总局将商品编码的检验检疫类别进行相应的调整。将商品编码3001909091(其他濒危动物制品①)、3002100000(抗血清、其他血分及修饰免疫制品②)、3002904010(敏感物项管制遗传物质和基因修饰生物体)、3002904090(其他遗传物质和基因修饰生物体)、3002909011(濒危动物血制品)、3002909092(苏云金杆菌)的检验检疫类别,由"进出境卫生检疫"调整为"进出口动植物检疫"。将商品编码3001909099(其他未列入名的人体或动物制品③)、3002909019(其他人血制品、动物血制品)的检验检疫类别,由"进出境卫生检疫"调整为"进出境卫生检疫或进出境动植物检疫",对于其中属于人体或人血制品的实施进出境卫生检疫监管,对于其中属于动物制品或动物血制品的实施进出境动植物检疫监管。上述商品编码检验检疫类别调整后,海关监管条件不变。

2011年《法检商品目录》调整主要内容包括:将食品级冰乙酸(海关商品编号:2915211100)新增纳入《法检商品目录》实施进出境检验检疫监管。根据环保部、国家发改委、商务部、海关总署、国家质检总局2009年第36号公告,将部分废物原料新增纳入《法检商品目录》,实施进出境检验检疫监管。取消"其他电力控制或分配装置"(海关商品编号:8537209000)、"其他磷酸及偏磷酸、焦磷酸"(海关商品编码:2809201900)的海关监管条件"A",不再实施进境检验检疫监管。

2011年《法检商品目录》调整主要内容包括:将HS编码8211910000的海关监管条件由

---

① ③　供治疗或预防疾病用。

②　不论是否通过生物工艺加工制得。

"A/"调整为"A/B"，检验检疫类别由"R/"调整为"R/S"；将 HS3101009020 经化学处理的森林凋落物（包括腐叶、腐根、树皮、树叶、树根等森林腐殖质）、3101009090 经化学处理的其他动植物肥料新增纳入《目录》，海关监管条件设为"A/B"，检验检疫类别设为"P/Q"；将 HS 编码 7117110000 贱金属制袖扣、饰口（不论是否镀贵金属）、7117190000 其他贱金属制仿首饰、7117900000 未列入名材料制仿首饰新增纳入《目录》，海关监管条件设为"A/B"，检验检疫类别设为"M/N"；将 HS 编码 8414511000 功率≤125 W 的吊扇（本身装有一个输出功率不超过 125 W 的电动机）、8450120000 装有离心甩干机的非全自动洗衣机（干衣量≤10 kg）海关监管条件由"A/B"调整为"A/"，检验检疫类别由"L. M/N"调整为"L. M/"。

　　2012 年《法检商品目录》调整主要内容包括：(1)将涉及食品添加剂的 13 个海关商品编号的监管条件由空白调整为 A/B。将涉及禁止用于食品添加的三聚氰胺、硅酸钠（水玻璃）等 9 个海关商品编号的监管条件由空白调整为 A。企业在进口上述海关商品编号项下商品时，外包装上须加印"严禁用于食品加工"警示标识。(2)将涉及危险化学品的 160 个海关商品编号的监管条件进行调整。其中，134 个海关商品编号的监管条件由空白调整为 A/B；1 个海关商品编号的监管条件由 A 调整为 A/B；4 个海关商品编号的监管条件由 B 调整为 A/B；19 个海关商品编号的监管条件由空白调整为 A；2 个海关商品编号的监管条件由空白调整为 B。(3)将涉及稀土初级产品的 70 个海关商品编号的监管条件由空白调整为 B。(4)结合 2012 年海关商品编号调整情况，国家质检总局、海关总署对《法检商品目录》进行了对应调整。①

　　依据《商检法》及其实施条例规定，国家质检总局制定、调整目录时，应当充分征求对外贸易主管部门、海关总署等部门的意见，以确保目录制定、调整的科学、合理和有效。制定、调整目录，应当根据保护人类健康和安全、保护动物或者植物的生命和健康、保护环境、防止欺诈行为、维护国家安全。这里的制定目录，就是确定必须实施检验的进出口商品的具体范围。调整目录，就是增加、减少或者修订必须检验的进出口商品范围，并在实施之日 30 日前公布；在紧急情况下，应当不迟于实施之日公布。

15.4　查阅 HS 品目号、子目号的方法和注意事项

15.4.1　HS 编码查阅方法及其注意问题

　　1. 查阅 HS 编码方法
　　(1) 直接查阅法。
　　在熟悉 HS 的结构、了解 HS 类、章分布的情况下，可直接根据商品的原料、属性、加工

---

① 详见国家质量监督检验检疫总局、海关总署《关于调整〈出入境检验检疫机构实施检验检疫的进出境商品目录（2012 年）〉的公告》（联合公告 2011 年第 203 号）的附录。

程度和用途试查 HS 正文的有关章、目。例如：纺织原料属第十一类，棉花属第五十二章，品目号为 52.01。

（2）借助"字母索引"查阅法。

如果对 HS 的结构不了解，对 HS 的分类原则也不熟悉，则先按照商品的正规英文名称查阅《字母索引》，然后按索引中所标明的品目号查阅 HS 正文，必要时，再按索引中所列页数、段落查阅"HS 解释"。

2. 查阅 HS 应注意的问题

HS 结构严谨、复杂，其分类系统科学，可以说，每一个商品都可以在 HS 中找到其相对应的品目号或子目号。但是，在查阅过程中，由于人们理解的差异，商品情况的复杂，很可能出错或难以作出正确的判断，这就需要综合考虑各种因素，尤其要注意以下几点：

（1）熟悉 HS 正文及补充出版物的结构和查阅方法。

（2）掌握 HS 归类总规则，按其规定的原则和顺序进行查找和判断。

牢记 HS 正文中各类、章的标题仅为查阅方便而设，没有法律效力，只有 HS 品目条文和各类、章注释才具有法律效力。特别要重视类、章，甚至于品目、子目项下的商品定义、类别、性能、界限都给予具体而明确的说明，表明哪些商品应包括在该类、章、品目或子目内，哪些不可包括。因此，在查阅品目号时，一定要查阅有关类与章注释，按类与章注释的规定，作出正确的判断。

（3）借助"字母索引"查阅时，应特别注意商品的英文名称的标准化。

名词复数"s"不作为决定字母顺序的因素，"bats"应排在"baths"之前。由两个或两个以上的词所组成的商品名称，应查主干词。例如：alarm clock（闹钟）、antique clock（古董钟）、electronic clock（电钟），均应查"clock"（钟）。clock case（钟盒）、clock chain（钟链）等也均查"clock"（钟）。对由两个以上的词组成的化工名称，大多数是以第一个词去查索引。例如：copper sulphate（硫酸铜），应查阅 copper（铜）一栏。无机化合物名称中表示化合价的前缀 di-、tri-等，查索引时皆略去不计。

（4）商品编码数大于六位时，表示此编码是某个国家根据 HS 编制的税目号或统计编号，其前面六位数字即是 HS 的编码。

按照《协调商品名称和编码制度国际公约》规定，在 HS 基础上编制的国家税目号或统计编号，前六位数字必须与 HS 完全相同。如果该项商品在所属的 HS 品目中未再加细分，即无子目号时，编制国家税目号或统计编号时，其第四位数字后面应加上两个"0"，然后再加上国家税目号或统计编号的细分编码，从而确保其前六位数字与 HS 完全相同，不使 HS 体系产生混乱。

15.4.2 报检品名应规范

报检品名就是国际贸易中所交易商品的具体名称。这是货物交收的基本依据之一。只有在品名确定、准确、规范的前提下,买卖双方的交易才能得以顺利进行。其次,它也是报检人向检验检疫机构申报的品名。报检品名的填制不明确、不规范甚至有误,都可能影响检验检疫机构的出证工作,甚至涉及买卖双方的索赔权益问题。因此,贸易关系人在签订贸易合同时或报检人在填写《出入境报检单》时,除按15.4的要求正确查阅或填写相关商品 HS 编码外,还应注意相关商品中文译名或中译英名、商标或牌号等规范使用。

案例评析

案例1 填报 HS 编码

案情介绍

2001 年,A 检验检疫局收到一份从德国海关发来的国外查询,对某公司申领的一份产品为不锈钢保温杯的证书第八栏提出质疑,认为不锈钢保温杯的 HS 编码应为 96.17,而非 73.23。此前,企业由于种种原因随意填写 HS 而引起改单、退单现象屡有发生,应引起重视。

案情分析

在目前的国内退税中,第七十三章退税比第九十六章高,企业为了能享受更高的退税,只要是不锈钢制品,在出口时统统申报 7323.9300(其他不锈钢家用器具及其零件),甚至在申领产地证时也是如此。其实申领产地证直接受惠的是国外客户,而且税率应是给惠国税率而非国内税率。像出口欧盟的不锈钢保温杯,正确的 HS 应为 961700(带壳的保温瓶和其他真空容器及其零件,玻璃内胆除外),而且欧盟普惠制税率中,96.17 税率为 0,比 7323 低(1.1%),客户能享受更大的好处。至于滑板车的商品达 7、8 个之多,如 87119000、87120090、87149000、87168000、95010000、95069190 等,由于商品编码填写不对而无法顺利出关的情况时有发生。

国际贸易商品分类是各个国家制定的贸易政策,是征收关税、进行贸易管理和贸易统计所需要的,而且分类制度在全球范围内的统一已成为必然趋势。对企业而言,如何正确填制、申报商品编码而顺利出口也显得尤为重要。

案例2 出口水产品申报须如实[①]

案情介绍

2004 年 7 月,舟山某水产加工企业向北仑海关申报出口一批冻鱿鱼圈,价值 32.8 万元

---

① 资料来源:http://www.cngm.org。

人民币,申报的海关编码为 16059090.90,相对应的增值税出口退税率为 13%。海关关员通过布控查验,发现货物实际为简单加工的冻鱿鱼圈,海关编码为 03074900,相对应的增值税出口退税率仅为 5%,这样出口退税率就相差 8 个百分点,退税金额相差 2.6 万元人民币。

案情分析

据北仑海关统计,仅 2004 年 1 至 5 月,宁波口岸共出口水海产品 1.5 亿美元,同比增长 27.8%。由于一些水产品加工企业对海关商品编码不了解,在出口水产品时,容易将海关编码报错,把低退税率产品报成高退税率产品。因此,海关提醒:水产品加工企业在出口水产品时,一定要向海关如实申报,必要时可提供产品的加工工艺流程供海关参考,切勿将低退税率水产品报成高退税率水产品,否则有可能触犯《中华人民共和国海关法》和《中华人民共和国刑法》的相关规定。

案例 3　伪报品名逃避法定检验

案情介绍

2004 年 9 月 15 日,上海某报关有限公司代理湖南一家进出口公司向宝山海关申报一批柴油机零件(HS 为 8409.9991)出口到孟加拉国。海关查验时发现实际货物与申报品名不符。吴淞检验检疫局及时展开了一系列的调查并采取了相应的布控措施。通过对实际货物进行检验,确定了该批货物实际为柴油机整机,属于出口法定检验检疫商品。在事实面前,湖南的进出口公司对必须作法定检验并需出口质量许可证的出口柴油机整机向海关伪报成非法定检验的柴油机零件,以逃避法定检验的违法行为供认不讳。

案情分析

本案的性质属于当事人擅自出口未经检验的法检商品的违法行为。当事人以非法检商品品名向海关报关出口的证据确凿。本案的发生并非偶然,吴淞检验检疫局在调查中发现,企业已多次向海关伪报品名出口,目的就是为了蒙混过关,逃避法定检验检疫,如海关查验时未能及时发现,或未能将有关信息及时通报检验检疫局,其逃避法定检验检疫的目的则可能达成。据此,该局作出了对湖南的进出口公司处 3 万元人民币的罚款处罚,使其得到了应有的惩处。

本章小结

协调商品名称和编码制度通常简称协调制度或 HS,它是在《海关合作理事会商品分类目录》和联合国《国际贸易标准目录》的基础上,协调国际上多种商品分类目录而制定的一部多用途的国际贸易商品分类目录。协调制度作为"国际贸易的语言",大多数国家和地区采用协调目录作为本国和本地区的海关税则和贸易统计目录。

思考题

1. 什么是 HS 编码制度？我国商检部门最早用于何种证书的签发管理？
2. 简述 HS 编码制度的产生及其编排特点。
3. HS 编码制度的归类总规则的原则是什么？归类总规则有哪几条？
4. 我国进出口商品检验检疫《目录》是如何制定的？
5. 请结合学过的内容，完成综合实务题。

某跨国公司拟到北京参加展览会，需经天津口岸进口部分物品，物品清单如表所示。

序号	商 品 名 称	HS 编码	检验检疫类别	原产地	数/重量
①	展览用鲜百合花种球	0601109190	P/Q	荷 兰	200 粒
②	展览用老式收音机	8527990000		英 国	2 台
③	宣传用印刷品	4905990000		美 国	100 册
④	宴会用红酒	2204210000	R/S	意大利	30 瓶
⑤	宴会用大米	1006309090	M. P. R/Q. S	泰 国	50 公斤
⑥	宴会用金枪鱼籽	0303800090	P. R/Q. S	加拿大	10 公斤
⑦	办公纸张	4801000000	M/	美 国	5 公斤
⑧	展览用老式家具	9403300090	P/Q	法 国	2 套

(1) 上述物品中，须事先办理检疫审批手续是：

　　A. ①　　　　　　B. ④　　　　　　C. ⑤　　　　　　D. 均无须办理

(2) 上述物品中，须办理旧机电产品备案手续是：

　　A. ②　　　　　　B. ④　　　　　　C. ⑧　　　　　　D. 均无须办理

(3) 上述物品中对应的检验检疫类别中，含有表示"进口商品检验"的代码的是：

　　A. ①⑤⑥⑧　　　B. ②　　　　　　C. ⑤⑦　　　　　D. ④⑤⑥

(4) 上述所列物品中，须由天津检验检疫机构实施检验检疫的是：

　　A. ①　　　　　　B. ④　　　　　　C. ⑦　　　　　　D. ⑧

(5) 上述物品进口时需要报检的是：

　　A. 除②外的其他物品　　　　　　B. 除③外的其他物品

　　C. 除⑦外的其他物品　　　　　　D. 所有物品

6. 查阅 HS 品目、子目的方法有哪些？在查阅时应注意哪些问题？
7. 在进行商品税则归类时，对看起来可归入两个及两个以上税号的商品，在税目条文和注

释均无规定时,其归类次序为:

(1) 基本特征、最相类似、具体列名、从后归类;

(2) 具体列名、基本特征、从后归类、最相类似;

(3) 基本特征、具体列名、从后归类、最相类似;

(4) 具体列名、最相类似、基本特征、从后归类。

试问哪种表述是正确的?

8. "零售成套货品"是指为了某种需要将可归入不同品目的两种或以上货品包装在一起无需重新包装就可直接零售的成套货品,必须同时符合条件:

(1) 至少由两种看起来可归入不同品目的不同物品构成的;

(2) 以适应某一项活动的特别需要而在用途上互相补足配合使用的;

(3) 以销售为目的而不能在功能上互补或是为某种目的;

(4) 其包装形式适用于直接销售给用户而无需重新包装的。

试问其中错误的是哪个条件?

9. 在列举的归类中:

(1) 各类、章及分章的标题;

(2) 品目条文;

(3) 有关的类、章注释;

(4) 商品名称。

试问按哪几种归类具有法律效力?

16 检验检疫法律责任

学习目的

了解进出口商品检验检疫活动中所有关系人,无论是行政管理执法者,还是行政管理对象,都受检验检疫法律的制约。谁作出了法律所禁止的行为,谁就应当承担这种违法行为引起的法律后果,国家依法予以相应的法律制裁。

知识要点

出入境检验检疫行政处罚和出入境检验检疫行政复议是构成进出口商品检验检疫法律体系的重要内容,是确保进出口商品检验检疫活动正常秩序的法律措施。

16.1 概述

法律责任是指行为人因违法行为而应当承担的法律后果。国家机关工作人员、公民、法人或者其他社会组织拒不履行法律义务,或者作出法律所禁止的行为,具备违法行为的构成要件,即应当承担这种违法行为引起的法律后果,国家依法给予相应的法律制裁。违法行为是法律责任的前提,法律制裁是法律责任的必然结果,追究法律责任,实施法律制裁只能由国家的专门机关实行,具有强制性。

按照违法行为的性质、程度的不同,法律责任可分为刑事责任、行政责任和民事责任。检验检疫部门是国家授权依据"四法四条例"①行政执法的专门机关。检验检疫法律法规涉及两部分人员:一是检验检疫部门工作人员;二是检验检疫部门行政管理对象——报检员、代理报检单位、自理报检单位、检验机构、进出口商品的收发货人及进出口有关的单位和人员等。为贯彻党中央"依法治国",推进行政机关行政权力的法制化的要求,检验检疫部门采取了许多措施,先后制定发布了《出入境检验检疫行政处罚办法》《出入境检验检疫行政复议办法》,等等,有力推动了出入境检验检疫依法行政工作的深入开展。

2002 年,为适应我国加入 WTO 的需要,结合新形势下进出口商品的检验检疫工作,对《商检法》进行了修改,尤其对有关法律责任的规定作了较大修改。这部《中华人民共和国进

---

① "四法四条例":《商检法》及其实施条例、《动植物检疫法》及其实施条例、《国境卫生法》及其实施细则和《食品安全法》及其实施条例。

出口商品检验法》经 4 月 28 日第九届全国人大常委会第二十七次会议审议通过,从 10 月 1 日起正式施行。《商检法》(修正案)中有关法律责任的规定主要有:

第一,修改后的商检法规定,国家商检部门和商检机构履行职责,必须遵守法律,维护国家利益,依照法定职守和法定程序严格执法,接受监督。国家商检机构应当根据依法履行职责的需要加强队伍建设,使商检工作人员具有良好的政治、业务素质。商检工作人员必须忠于职守,文明服务,遵守职业道德,不得滥用职权,谋取私利。

第二,修改后的商检法明确规定,国家商检部门、商检机构的工作人员违反规定,泄露所知悉的商业秘密的,依法给予行政处分,有违法所得的,没收违法所得;构成犯罪的,依法追究刑事责任。

第三,修改后的商检法规定,国家商检部门、商检机构的工作人员滥用职权、故意刁难的,徇私舞弊、伪造检验结果的,或者玩忽职守、延误检验出证的,依法给予行政处分;构成犯罪的,依法追究刑事责任。

第四,修改后的商检法规定,任何单位和个人均有权对国家商检部门、商检机构及其工作人员的违法、违纪行为进行控告、检举。收到控告、检举的机关应当依法及时查处,并为控告人、检举人保密。

第五,修改后的商检法规定,将必须经商检机构检验的进口商品未报经检验而擅自销售或使用的,或者将必须经商检机构检验的出口商品未报经检验合格而擅自出口的,由商检机构没收违法所得,并处货值金额 5％ 以上 20％ 以下的罚款;构成犯罪的,依法追究刑事责任。它还规定,未经国家商检部门许可,擅自从事进出口商品检验鉴定业务的,由商检机构责令停止非法经营,没收违法所得,并处违法所得一倍以上三倍以下的罚款。

此外,法律还规定,伪造、变造、买卖或者盗窃商检单证、印章、标志、封识、质量认证标志的,依法追究刑事责任;尚不够刑事处罚的,由商检机构责令改正,没收违法所得,并处货值金额等值以下的罚款。对原《商检法》中与其他有关法律规定不一致的条款,此次也作出了相应修改。如关于复验、复议制度,根据《行政复议法》和《行政诉讼法》的有关规定,对相应条款作出了修改;关于法律责任,根据新《刑法》《产品质量法》等有关法律的规定,对"法律责任"做了较大的修改和补充,加大了对违法行为的处罚力度。

中国商检法经过修改后得到进一步的完善,其立法之目的在于通过依法追究责任,惩处违法行为,维护进出口商品检验的法律秩序,规范执法行为,使中国的商检在社会经济发展和对外开放中发挥更为积极有效的作用。2005 年,根据修订后的商检法和其他有关法律规定,在总结进出口商品检验监督管理经验的基础上,国家对《中华人民共和国进出口商品检验法实施条例》进行了全面修订。修订的《商检法实施条例》经 8 月 10 日国务院第 101 次常务会议审议通过,温家宝总理签署国务院第 447 号令发布,自 12 月 1 日起施行。

新的《商检法实施条例》除进一步明确了检验检疫机构的职能任务外,进一步完善和规范了行政许可措施,细化了《商检法》规定的代理报检企业注册登记、进出口检验鉴定机构核准等许可项目,明确了国家质检总局和检验检疫机构对出入境快件运营企业注册登记、报检业务人员从业注册等实施行政许可项目;加强了进出口商品检验管理,强化了对代理报检企业、出入境快件运营企业、报检人员以及原产地证明申请人等的管理规定;加大了对违法行为的处罚力度,特别是对近年来出现的虚假提供进出口商品真实情况、恶意逃避进出口商品检验等违法行为等,作出了详细具体的处罚规定;加强了对检验检疫机构和工作人员的监督,进一步促进规范执法者的行为。修订后的《商检法实施条例》进一步贯彻了党和国家实施依法治国的基本方略,体现了全面推进依法行政的精神和以人为本的思想。它的实施,将进一步规范检验检疫行政行为,推动我国法治政府建设,使检验检疫依法行政工作迈上一个新台阶。

16.2　检验检疫行政处罚

16.2.1　行政处罚制度

1. 行政处罚概念

"行政"(administration),通常是指社会组织对一定范围内的事务进行组织与管理等活动。行政法上的行政,特指国家行政,是行政主体依法行使行政职权,对国家和社会事务实施管理的活动,其核心是国家的组织和管理活动。

行政处罚就是指行政机关或者其他有权机关依法对违反行政法律规范尚未构成犯罪的行政管理相对人给予法律制裁的行为。它是政府在管理社会公共事务的活动中,为了保证社会经济秩序和社会生活秩序的正常而实施的一种具体行政行为。行政处罚是我国行政法中最重要、影响最广泛的制度之一。行政处罚作为一种以国家强制力为后盾的制裁性手段,起着举足轻重的作用。

2. 行政处罚的特征

(1) 行政处罚是行政机关或者其他有权机关实施的。

(2) 行政处罚是对行政管理相对人的一种处罚。

(3) 行政处罚是针对行政管理相对人违反行政法律规范,尚未构成犯罪的行为。

(4) 行政处罚是对行政管理相对人的一种法律制裁,具有明显的惩罚性。这是行政处罚本质所在。

3. 行政处罚的原则

行政处罚的原则指对行政处罚的设定和实施应当遵循的具有普遍意义的准则。根据《中华人民共和国行政处罚法》(以下简称《行政处罚法》)的规定,我国的行政处罚,必须遵循六大原则:

(1) 行政处罚法定原则。

《行政处罚法》第三条规定:"公民、法人或者其他组织违反行政管理秩序的行为,应当给予行政处罚的,依照本法由法律、法规或者规章规定,并由行政机关依照本法规定的程序实施。没有法定依据或者不遵守法定程序的,行政处罚无效。"这就是行政处罚法定原则,是行政处罚最重要的原则,也是依法对行政处罚提出的根本要求。

（2）行政处罚公正原则。

《行政处罚法》第四条第 2 款规定:"设定和实施行政处罚必须以事实为根据,与违法行为的事实、性质、情节以及社会危害程度相当。"这就是行政处罚公正原则。

（3）行政处罚公开原则。

《行政处罚法》第四条第 3 款规定:"对违法行为给予行政处罚的规定必须公布;未经公布的不得作为行政处罚的依据。"任何法律都要遵守一定的立法程序才能发生法律效力。根据行政处罚法的规定,行政处罚的实施过程也要公开,这是公开原则的一个重要方面。

（4）行政处罚与教育相结合的原则。

《行政处罚法》第五条规定:"实施行政处罚,纠正违法行为,应当坚持处罚与教育相结合,教育公民、法人或者其他组织自觉守法。"既要发挥处罚的威慑、惩罚作用,又要发挥教育、引导作用,建立一个良性的行政管理体制。

（5）保障当事人合法权益的原则。

《行政处罚法》第六条规定:"公民、法人或者其他组织对行政机关所给予的行政处罚享有陈述权、申辩权;对行政处罚不服,可以依法申请复议或者提起行政诉讼。公民、法人或者其他组织因行政机关违法给予行政处罚受到损害的,有权依法提出赔偿要求。"行政机关依法对违法行为给予行政处罚是为了维护正常社会经济秩序和社会生活秩序,保护公民、法人和其他组织的合法权益,但是这并不意味着可以非法损害违法行为嫌疑人的合法权益。

（6）行政处罚不排除应依法承担的民事责任,不得以行政处罚代替刑事处罚的原则。

《行政处罚法》第七条规定:"公民、法人或者其他组织因违法行为受到行政处罚,其违法行为对他人造成损害的,应当依法承担民事责任。违法行为构成犯罪的,应当依法追究刑事责任,不得以行政处罚代替刑事处罚。"行政法律责任、民事法律责任和刑事法律责任构成了我国的法律责任制度,这三种法律责任的性质是不相同的,不能相互代替。

4. 行政处罚的种类

根据《行政处罚法》第八条的规定,我国的行政处罚主要分为警告、罚款、没收违法所得、没收非法财物、责令停产、暂扣或者吊销许可证以及行政法规规定的其他行政处罚等七种。相对于其他行政处罚,吊销许可证是最为严厉的一种处罚。

16.2.2 检验检疫行政处罚

检验检疫行政处罚是国家授权的检验检疫机关,对公民、法人或其他组织违反检验检疫法律、法规,尚未构成犯罪的行为依法予以追究行政法律责任的行政执法行为。《行政处罚法》对行政处罚程序做了明确规定，检验检疫机关必须严格执行法律程序，对行政处罚行为加以规范，做到依法调查取证、依法核查证据、依法决定、依法执行。

1. 检验检疫行政处罚的特点

（1）检验检疫行政处罚是检验检疫机关裁定的。非检验检疫机关的社会组织不能进行检验检疫处罚，检验检疫机关以外的其他国家机关，也不能行使检验检疫处罚权。只有代表国家行使检验检疫权的检验检疫机关，才能对违反检验检疫法律、法规的公民、法人或其他组织进行检验检疫行政处罚。

（2）检验检疫行政处罚是检验检疫机关对检验检疫行政管理相对一方的处罚，它有别于行政处分。检验检疫行政处罚的对象包括所有违反检验检疫法律、法规的负有法定义务的自然人、社会组织和法人，它不分国籍和单位，范围十分广泛。

（3）检验检疫处罚是以违反检验检疫法律、法规所规定的义务为前提的。公民、法人或社会组织不履行或违反检验检疫法律、法规所规定的义务，本身就是一种行政违法行为，只有这时检验检疫机关才可对其违法行为进行检验检疫行政处罚。

（4）检验检疫行政处罚是一种以惩戒性义务的行政处理决定。因此，它是一种法规制裁，具有法的强制性。

（5）对违反或不履行检验检疫法律、法规所规定的义务的公民、法人或其他社会组织进行检验检疫行政处罚，是《商检法》、《进出境动植物检疫法》和《国境卫生检疫法》赋予国家检验检疫机关的一种执法行为。

2. 检验检疫行政处罚的原则

检验检疫行政处罚是检验检疫机关对违反检验检疫法律、法规的当事人的一种制裁的执法行为，是口岸出入境检验检疫机关及其具体检验检疫官员对《商检法》、《进出境动植物检疫法》和《国境卫生检疫法》所赋予的检验检疫处罚权的具体运用。为保证检验检疫行政处罚的严肃性和公正、合理，达到检验检疫行政处罚的目的，在进行检验检疫行政处罚过程中应遵循下列原则。

（1）处罚法定原则。

处罚法定原则的主要含义就是必须检验检疫法律、法规明文规定的违法行为，才可以处罚；检验检疫法律、法规无明文规定的不得罚。它的主要内容包括：实施检验检疫行政处罚的口岸出入境检验检疫机关和检验检疫官员，必须在其职权权限范围内，严格根据立法规定，运用检验检疫行政处罚措施；检验检疫行政处罚的罚则种类以及检验检疫行为处罚中的罚款的具体数额，必须严格按照有关法律、法规规定实施，坚决杜绝其随意性；检验检疫行政处罚的条件，即违反检验检疫法律法规的当事人在什么情况下应该受到检验检疫行政处罚，也必须在法律、法规规定的情况下才能给予检验检疫行政处罚，实施处罚的程序必须严格按照法定的进行。

（2）一事不再罚原则。

对已受到检验检疫行政处罚的同一违法行为,不应根据同样的法律、法规再进行处罚。同一个应受检验检疫行政处罚的违法行为,不能由两个或两个以上出入境检验检疫机关分别依照同样的法律、法规规定重复进行处罚。

(3) 实事求是原则。

口岸出入境检验检疫机关对任何一个违反检验检疫法律、法规的个人、法人或社会组织进行检验检疫行政处罚时,对违法者的违法事实必须清楚,证据确凿,处罚得当,做到以事实为依据,以法律为准绳,实事求是地进行处罚。

(4) 检验检疫行政处罚不得和解的原则。

检验检疫行政处罚是检验检疫机关代表国家对违反检验检疫法律、法规行为的裁判和惩戒,检验检疫行政处罚一旦作出即具有确定力、拘束力,任何人不得随意更改。在检验检疫行政处罚过程中口岸出入境检验检疫机关必须依法认定事实,正确运用法律,不受任何人或团体的非法干涉,也不因违法人停止违法行为或承认错误,作了检查及其他法外因素而与违法人和解,从而减轻或放弃处罚。检验检疫处罚权是国家职权,不得随意放弃、变更或撤销。

(5) 处罚与教育相结合的原则(见本章第 2 节内容)。

(6) 保障当事人权利的原则(见本章第 2 节内容)。

3. 检验检疫行政处罚程序

出入境检验检疫行政处罚案件,由违法行为发生地的出入境检验检疫机关管辖。行政处罚程序包括立案调查和处罚决定。

(1) 立案调查。

立案:在发现公民、法人或者其他组织违反检验检疫法律法规的行为之日起 7 日内立案,填写《行政处罚案件立案审批表》。→调查:在决定之日起 3 日内指定案件调查人员。案件调查时所制作的《调查笔录》或《现场勘验笔录》需经当事人或者见证人签字或者盖章。→登记:登记保存证据的,签发《证据登记保存通知书》,填写《证据登记保存物品清单》,由当事人签字或者盖章确认,并对登记保存物品加贴封条。→终结:案件调查在立案之日起 30 日内终结。调查人员提交《行政处罚案件调查报告》,对违法行为提出处理意见,送法制工作部门审查。

(2) 处罚决定。

审查:法制工作部门应当对《行政处罚案件调查报告》等案件材料进行全面审查,根据不同情况,提出审查意见。→告知:法制工作部门应在作出行政处罚之前制作《行政处罚告知书》送达当事人,告知当事人作出行政处罚决定的事实、理由和依据,并告知当事人在收到《行政处罚告知书》之日起 3 日内有权陈述和申辩,符合听证条件的有权要求听证。→决定:在自案件调查终结之日起 30 日内作出《行政处罚决定书》。需要听证的,应当自听证结束之日起 30 日内作出。→执行:当事人对行政处罚决定不服,申请行政复议或者提起行政诉讼的,除法律另有规定外,行政处罚不停止执行。→归档:行政处罚案件终结后,法制工作部门应填写《行政处罚结案报告》,并将案件的全部材料立卷归档。→备案审查:出入境检验检疫行政处罚案件实行备案审查制度。法制工作部门应当在案件终结后 15 日内将《行政处罚决定书》(副本)和《行政处罚结案报告》(副本)等材料报送上一级出入境检验检疫机关备案。

4. 检验检疫行政处罚的形式

《行政处罚法》列有警告;罚款;没收违法所得、没收非法财物;责令停产停业;暂扣或者吊销许可证、暂扣或者吊销执照;行政拘留和法律、行政法规规定的其他行政处罚等七种。检验检疫行政处罚的形式在各部法中都有所不同,《商检法》列有通报批评、警告或暂停报验和罚款;《进出境动植物检疫法》主要有罚款和吊销检疫单证两种;《国境卫生检疫法》主要以罚款为主;《食品安全法》主要有罚款和吊销许可证。

5. 行政自由裁量权

通过行政手段,监督每个执法者的行政行为,使其在法律允许的范围内行使"行政自由裁量权",即指法律赋予检验检疫机关在依法施检过程中经常行使的一种行政行为。行政处罚案件审理是检验检疫机关正确行使"行政自由裁量权"的重要环节。

(1) 正确行使行政自由裁量权的措施。

在健全检验检疫行政处罚审理机制的基础上,坚持依法审理,秉公定案。审理人员必须依法秉公定案,真正做到"四不"和"四准"。"四不"即事实不清楚不定论;证据不充足不定论;政策界限不明确不定论;手续不完善不定论。"四准"即执法文书措辞要准;适用法律、法规要准;案件数字计算要准;处罚标准、处罚尺度要准,以确保案件处理的准确性和公正性。

(2) 行使"行政自由裁量权"的原则。

首先应符合《商检法》《进出境动植物检疫法》《国境卫生检疫法》和《食品卫生法》立法目的的原则。这是指检验检疫机关在行使"行政自由裁量权"时,不能违背这四部法律规定的处罚目的和超越法律规定的自由裁量范围。其次,符合合法考虑的原则。合法考虑原则是指检验检疫机关在行使"行政自由裁量权"时,应当考虑法规规定的应当考虑的因素,排除对不相关因素的考虑,应视违法的情节,选择最适当的处罚方式和处罚幅度。第三,符合最大限度地尊重违法当事人合法权利的原则,即指检验检疫机关在行使"行政自由裁量权"时应当尊重法律赋予违法当事人的合法权利,绝不能以自己的好恶随意处置、破坏这种合法权利。第四,符合公平合理的原则,即指检验检疫机关在行使"行政自由裁量权"时,必须按照法律规定办事,尽可能地实现公平、合理的要求。

16.3　检验检疫行政复议

16.3.1　行政诉讼与行政复议

1. 行政诉讼

行政诉讼法律制度是专门处理、解决行政争议的法律制度,与处理解决民事纠纷案件的民事诉讼法律制度和处理解决刑事案件的刑事诉讼法律制度共同构成三大基本诉讼制度。行政诉讼是指公民、法人或者其他组织认为行政机关的行政行为侵犯了自己的合法权益,依法向人民法院请求司法保护,并由人民法院对行政行为进行审查和裁判的一种诉讼活动。

2. 行政复议

行政复议是现代国家普遍采用的一种解决行政争议的方法。它是指行政管理相对人不服行政机关作出的具体行政行为,向作出该具体行政行为的上一级行政机关提出申请,并由受理申请的机关依法对该具体行政行为进行审查并作出裁决的活动。

行政复议是一项保护公民、法人和其他组织合法权益的重要法律制度,是维护和监督行政机关依法行政,防止和纠正违法或者不当的具体行政行为的重要手段,对于实现行政管理法制化具有十分重要的意义。它具有以下主要特征:

(1) 行政复议以行政管理相对人申请为前提。

(2) 行政管理相对人因不服行政机关的具体行政行为而提出复议申请。

(3) 复议机关为履行复议职责的行政机关。

(4) 行政复议是行政机关处理解决行政争议的活动。

(5) 行政复议的申请和裁决都应遵守法定期限。

16.3.2　行政复议的原则

行政复议的原则是指行政复议中贯穿全过程的必须遵循的基本准则,主要包括以下几方面。

1. 一级复议制原则

一级复议制是指公民、法人或者其他组织对行政机关作出的具体行政行为不服,可以向该行政机关的上一级行政机关或者法律法规规定的其他机关申请复议,对复议决定不服的,只能依法提起行政诉讼,不得再向复议机关的上一级行政机关申请复议的制度。考虑到我国的行政复议决定大多数不是终极的决定,当事人还有权得到诉讼救济。因此,我国《行政复议法》规定,除法律、行政法规另有规定外,行政复议实行一级复议制。

2. 合法性和适当性全面审查原则

在行政复议中,复议机关既要审查具体行政行为的合法性,即原行政机关作出的具体行政行为所认定的事实是否清楚、适用法律是否有错误、是否违反法定的程序、是否超越职权或者滥用职权,还要审查具体行政行为的适当性,即从合理性角度判断自由裁量权的行使是否过宽或过严。

3. 不适用调解原则

复议机关审理复议案件不适用调解,是由行政机关职权的法定性所决定的。行政权力既是一种权利,又是一种责任,行政机关必须依法行使行政权力,无权自由处分权力,否则就是失职,而调解是以争议双方均有权处分自己的权利为前提的,因此行政复议不能适用调解。

16.3.3 行政复议的管辖与机构

行政复议的管辖是指不同职能以及不同层级的行政机关之间受理行政复议案件的分工和权限,是行政复议制度的重要内容。管辖问题,就是要解决一个具体的行政争议应当由哪一类行政机关和哪一级行政机关具体进行行政复议并进行裁决的问题。

国家质检总局统一管理和指导全国出入境检验检疫系统的行政复议工作。国家质检总局和各直属出入境检验检疫局是出入境检验检疫行政复议机关,其法制工作部门具体办理行政复议事项,履行下列职责:

(1) 受理行政复议申请;

(2) 向有关单位和人员调查取证,查阅文件和资料;

(3) 审查申请行政复议的具体行政行为是否合法与适当,拟订行政复议决定;

(4) 处理或者转送有关规范性文件的审查申请;

(5) 办理因不服行政复议决定提起行政诉讼的应诉事项;

(6) 法律、法规规定的其他职责。

16.3.4 行政复议范围

(1) 公民、法人或其他组织对下列出入境检验检疫具体行政行为不服,可以申请行政复议。

① 对出入境检验检疫机关依据有关法律法规规定作出的行政处罚决定不服的;

② 对出入境检验检疫机关作出的隔离、留验等限制人身自由的行政强制措施决定不服的;

③ 对出入境检验检疫机关作出的检疫处理或者卫生处理等行政强制措施决定不服的;

④ 认为符合法定条件,申请出入境检验检疫机关准许出口放行,准许出境或者准许安装、销售、使用进口商品,准许进境,出入境检验检疫机关没有依法办理的;

⑤ 认为符合法定条件,申请出入境检验检疫机关颁发质量许可证、检疫卫生注册登记证书、卫生证书、卫生许可证、其他出入境检验检疫证书,或者申请出入境检验检疫机关授予使用认证标志资格,申请检疫审批、检疫卫生注册登记、原产地证明书申领注册登记等有关事项,出入境检验检疫机关没有依法办理的;

⑥ 对出入境检验检疫机关作出的撤销前款列明的许可、注册登记等决定不服的;

⑦ 认为符合法定条件，申请出入境检验检疫机关认可从事非法定检验检疫、鉴定或委托检验检疫、鉴定以及指定的质量许可和认证商品的检测、企业的评审工作资格，申请从事涉外资产评估和卫生检疫、动植物检疫的除害和卫生处理工作资格等有关事项，出入境检验检疫机关没有依法办理的；

⑧ 对出入境检验检疫机关作出的撤销前款列明的从业资格等决定不服的；

⑨ 认为出入境检验检疫机关违法要求其履行义务的；

⑩ 认为出入境检验检疫机关的其他具体行政行为侵犯其合法权益的。

（2）公民、法人或者其他组织认为出入境检验检疫机关的具体行政行为所依据的规范性文件不合法，在对具体行政行为申请行政复议时，可以对该规范性文件一并提出审查申请。

16.3.5　行政复议申请人、申请时间及其方式

1. 申请人

（1）申请行政复议的公民、法人或其他组织为申请人。申请人对出入境检验检疫机关具体行政行为不服申请行政复议的，作出该具体行政行为的出入境检验检疫机关是被申请人。

（2）同申请行政复议的具体行政行为有利害关系的其他公民、法人或者其他组织可以作为第三人参加行政复议。

（3）申请人、第三人可以委托一至二名代理人参加行政复议。委托代理人需向复议机关提交授权委托书，载明委托事项和权限。

2. 申请时间及其方式

（1）申请人申请行政复议，应当自知道该具体行政行为之日起 60 日内提出。因不可抗力或者其他正当理由耽误法定申请期限的，申请期限自障碍消除之日起继续计算。

（2）申请人申请行政复议，一般应当书面申请，如确有困难，也可以口头申请。书面申请的，应当在申请书中载明申请人的基本情况，行政复议请求，申请行政复议的主要事实、理由和时间，由申请人签字或者盖章。口头申请的，复议机关应当当场记录上述情况，并由申请人签字或者盖章。

（3）对出入境检验检疫机关具体行政行为不服的，向作出该具体行政行为的出入境检验检疫机关的上一级主管部门申请复议。

16.3.6　复议机关的行政复议受理

1. 复议受理的一般要求

（1）复议机关收到行政复议申请后，应当在 5 日内进行审查，对不符合规定的行政复议

申请,决定不予受理,并书面告知申请人。

(2) 申请人依法提出行政复议申请,复议机关无正当理由不予受理的,国家出入境检验检疫局可以责令其受理,必要时也可以直接受理。

2. 复议受理的停止执行情况

复议期间具体行政行为不停止执行,但有下列情形之一的,可以停止执行:

(1) 被申请人认为需要停止执行的;

(2) 复议机关认为需要停止执行的;

(3) 申请人申请停止执行,复议机关认为其请求合理,决定停止执行的;

(4) 法律规定停止执行的。

16.3.7　行政复议决定

(1) 行政复议原则上采用书面审查的办法,但是申请人提出要求或者复议机关法制工作部门认为有必要时,可以进行实地调查取证或者向有关单位和人员调查取证,听取申请人、被申请人和第三人的意见。

(2) 复议机关法制工作部门应当自复议申请受理之日起 7 日内,将复议申请书副本或者申请笔录复印件发送被申请人。被申请人应当自收到之日起 10 日内,提出书面答复,并提交作出具体行政行为的证据、依据和其他有关材料。

(3) 申请人、第三人可以查阅被申请人提交的书面答复和有关证据及材料,除涉及国家秘密、商业秘密①或个人隐私外,复议机关不得拒绝。在行政复议过程中,被申请人不得自行向申请人和其他有关单位或者个人收集证据。

16.4　违反出入境检验检疫法律责任

16.4.1　违反出入境检验检疫法律责任的概念

违反出入境检验检疫的法律责任是指违反《进出口商品检验法》《进出口商品检验法实施条例》《进出境动植物检疫法》《进出境动植物检疫法实施条例》《国境卫生检疫法》《国境卫生检疫法实施细则》等规定的法定义务而必须承担的法律后果。

---

① 商业秘密:按我国有关法律规定,指为公众所知悉,能为权利人带来经济利益,具有实用性并经权利人采取保密措施的技术信息和经营信息。权利人是指商业秘密的所有人和经商业秘密所有人许可的商业秘密使用人。权利人的商业秘密,比如商品的配料、配方、生产工艺流程、出厂价格、零售价格、经营方式、商品特性等,国家商检部门、商检机构的工作人员应当为其保密。

　　违反出入境检验检疫的法律责任人主要包括两类:一是检验检疫机构和检验检疫人员;二是检验检疫行政管理相对人,即各类从事进出口业务的生产、经营、使用单位和出入境人员。作为执法者的检验检疫机构和人员应当严格执法,依法办事;作为守法者的行政相对人应当认真遵守法律,履行法律规定的义务。如果发生了违反检验检疫法律法规的行为,则要追究违法人的法律责任,以保证检验检疫法律法规的贯彻实施。

16.4.2　检验检疫机构及其人员的法律责任

1. 行政责任

　　国家商检部门、商检机构的工作人员的行政责任包括:

　　(1)负有商业秘密的保密义务。

　　国家商检部门、商检机构的工作人员作为国家代表,依法对进出口商品实施检验,其行为受法律保护。这种国家强制力,不可抗拒,受检者必须服从。鉴于施检者与受检者之间是管理与被管理的关系,国家商检部门和商检机构的工作人员依职权很容易知悉受检者的商业秘密。为了有效保护受检者的合法权益,促进我国对外经济贸易关系的顺利发展,《商检法》规定了国家商检部门和商检机构的工作人员在履行进出口商品检验的职责中,对所知悉的商业秘密负有保密的义务。

　　(2)商检工作人员渎职行为的行政责任。

　　国家商检部门、商检机构的工作人员应当依法履行职责。国家商检部门主管全国进出口商品检验工作,国家商检部门设在各地的商检机构,即出入境检验检疫机构依法对列入必须实施检验的进出口商品目录的实施检验,管理所辖区的进出口商品检验工作,其工作人员代表国家商检部门、商检机构履行检验、监督管理职责,必须遵守法律,维护国家利益,依照法定职权和法定程序严格执法,必须忠于职守,文明服务,遵守职业道德,不得滥用职权,谋取私利。

　　国家商检部门和商检机构的工作人员若有滥用职权,故意刁难的①;徇私舞弊,伪造检验结果的②;玩忽职守,延误检验出证③的违法行为,不管是出于故意或者过失,如果情节轻微,危害性不大,根据刑事法的规定,尚不构成犯罪的,均应依法给予行政处分。行政处分是指国家机关根据法律、行政法规定,按照行政隶属关系,对犯有轻微违法行为或者违反内部

---

① 滥用职权,故意刁难的:国家商检部门、商检机构的工作人员违反法律规定的职责权限和程序,利用职权故意刁难当事人。

② 徇私舞弊,伪造检验结果的:国家商检部门、商检机构的工作人员为徇个人私利或者亲友私情,违反法律规定的职责权限和程序滥用职权、超越职权,作出与实际检验结果不符的结论。

③ 玩忽职守,延误检验出证:国家商检部门、商检机构的工作人员不履行、不正确履行或者放弃履行职责,不在国家规定的期限内出具检验证明,造成检验出证延误。

纪律人员给予行政处分。

行政处分主要有警告、记过、记大过、降级、降职、撤职、留用察看或开除等8种处分,具体适用哪种处分,应根据违法行为的情节与后果决定;有违法所得的,还应没收违法所得。此外,根据我国《国家赔偿法》的规定,检验检疫机构及其工作人员违法行使职权、侵犯行政管理相对人的合法权益的,还要负赔偿责任。

2. 刑事责任

检验检疫机构的工作人员有上述违法行为,情节严重构成犯罪的,应依法追究刑事责任。检验检疫机构指定或者认可的检验检疫机构的人员以及认可的检验检疫人员有上述违法行为,情节严重构成犯罪的,应依法追究刑事责任。

(1)国家商检部门、商检机构的工作人员故意或者过失泄露其在公务活动中所知悉的商业秘密致使权利人利益受重大损失的,即属于滥用职权,玩忽职守,徇私舞弊,对其中构成犯罪的,应当依照刑法第三百九十七条的规定:

国家商检部门、商检机构的工作人员滥用职权或者玩忽职守,致使公共财产、国家和人民利益遭受重大损失的,处3年以下有期徒刑。刑法另有规定的,依照规定,定罪处罚。

国家商检部门、商检机构的工作人员徇私舞弊,犯前款罪的,处5年以下有期徒刑或者拘役;情节特别严重的,处五年以上10年以下有期徒刑。刑法另有规定的,依照规定。

(2)国家商检部门、商检机构的工作人员渎职行为的,可能构成以下犯罪:

根据刑法第四百一十二条第一款和第四百一十三条规定,国家商检部门、商检机构的工作人员徇私舞弊,伪造检验结果,构成商检徇私舞弊罪,对犯此罪的,处5年以下有期徒刑或者拘役;造成严重后果的,处5年以上10年以下有期徒刑。

根据刑法第四百一十二条第二款规定,国家商检部门、商检机构的工作人员严重不负责任,对应当检验的物品不检验,或者延误检验出证,错误出证,致使国家利益遭受重大损失的,处3年以下有期徒刑或者拘役。

《刑法》第二百二十九条规定,承担资产评估、验资、验证等职责的中介组织的人员故意提供虚假证明文件,情节严重的,处5年以下有期徒刑或者拘役,并处罚金。

16.4.3 检验检疫行政管理相对人的法律责任

1. 行政责任

我国检验检疫法律、法规对检验检疫行政管理相对人不同的违反法律的行为规定了不同的行政法律责任:

(1)商检行政管理相对人的法律责任。

为了维护进出口商品检验的法律秩序,惩处违法行为,同时考虑了与中国刑法等其他法律的衔接,《商检法》修正案对逃避商检、非法从事商检业务、进出口商品假冒、伪造变造买卖

商检单证等行为,增补了以下追究法律责任的内容:

对逃避法定检验的行为,即将必须经商检机构检验的进出口商品未报经检验而擅自销售或者使用的,或者将必须经商检机构检验的出口商品未报经检验合格而擅自出口的,规定由商检机构没收违法所得,并处货值金额5%以上20%以下的罚款;构成犯罪的,依法追究刑事责任。

对进口或者出口属于掺杂掺假、以假充真、以次充好的商品或者以不合格进出口商品冒充合格进出口商品的行为,规定由商检机构责令停止进口或者出口,没收违法所得,并处货值金额50%以上3倍以下的罚款;构成犯罪的,依法追究刑事责任。

对伪造、变造或者盗窃商检单证、印章、标志、封识、质量认证标志的行为,规定依法追究刑事责任;尚不够刑事处罚的,由商检机构责令改正,没收违法所得,并处货值金额等值以下的罚款。

对未经国家商检部门许可,擅自从事进出口商品检验鉴定业务的行为,规定由商检机构责令停止非法经营,没收违法所得,并处违法所得1倍以上3倍以下的罚款。

(2)动植物检疫行政管理相对人的法律责任。

逃避动植物检疫的行为包括:未报检或者未依法办理检疫审批手续或者未按检疫审批的规定执行的;报检的动植物、动植产品和其他检疫物与实际不符的。对前所列举的违法行为,按《动植物检疫法》规定由口岸检验检疫机关"处5 000元以下罚款;已取得检疫单证的,予以吊销"。

违反动植物检疫指令的行为包括:未经口岸动植物检疫机关许可擅自将进境、过境动植物、动植物产品和其他检疫物卸离运输工具或者运递的;擅自调离或者处理在口岸动植物检疫机关指定的隔离场所中隔离检疫的动植物的;擅自开拆过境动植物、动植物产品和其他检疫物的包装或者擅自开拆、损毁动植物检疫封识或者标志的;擅自抛弃过境动物的尸体、排泄物、铺垫材料或者其他废弃物,或者未按规定处理运输工具上的泔水、动植物性废弃物的。对前所列举的违法行为,按《动植物检疫法》规定由口岸检验检疫机关"处3 000元以上3万元以下的罚款"。

违反动植物检疫注册登记管理的行为。按照动植物检疫法律法规规定实施注册登记的生产、加工、存放动植物、动植物产品和其他检疫物的单位,进出境动植物产品检疫不合格的,除按规定作退回,销毁或者除害处理外,情节严重的,由口岸动植物检疫机关注销其注册登记。

引起重大动植物疫情的行为和伪造、变造动植物检疫单证、印章、标志、封识的行为。按《动植物检疫法》规定对违法行为,"尚不构成犯罪或者情节显著轻微依法不需要判处刑罚的,由口岸动植物检疫机关处2万元以上3万元以下的罚款"。

从事进出境动植物检疫熏蒸、消毒处理业务的单位和人员,不按照规定进行熏蒸和消毒处理的,口岸检验检疫机关可以视情节取消其熏蒸、消毒资格。

(3) 卫生检疫行政管理相对人的法律责任。

应当受入境检疫的船舶,不悬挂检疫信号的;入境、出境的交通工具,在入境检疫之前或者在出境检疫之后,擅自上下人员,装卸行李、货物、邮包等物品的;拒绝接受检疫或者卫生监督,拒不接受卫生处理的;伪造或者涂改检疫单、证,不如实申报疫情的;瞒报携带禁止进口的微生物、人体组织、生物制品、血液及其制品或者其他可能引起传染病传播的动物和物品的:对前列举的违法行为,按法律规定"处以警告或者 100 元以上 5 000 元以下的罚款"。

未经检疫的入境、出境交通工具,擅自离开检疫地点,逃避查验的;隐瞒疫情或者伪造情节的;未经卫生检疫机关实施卫生处理,擅自排放压舱水,移下垃圾、污物等控制物品的;未经卫生检疫机关实施卫生处理,擅自移运尸体、骸骨的:对前列举的违法行为,按法律规定"处以 1 000 元以上 10 000 元以下的罚款"。

废旧物品、废旧交通工具,未向卫生检疫机关申报,未经卫生检疫机关实施卫生处理和签发卫生检疫证书而擅自入境、出境或者使用、拆卸的;未经卫生检疫机关检查,从交通工具上移下传染病病人造成传染病传播危险的:对前列举的违法行为,按法律规定"处以 5 000 元以上 50 000 元以下的罚款"。

(4) 食品安全行政管理相对人的法律责任。

有以下违法行为之一的,没收违法所得、违法生产经营的食品和用于违法生产经营的工具、设备、原料等物品;违法生产经营的食品货值金额不足 10 000 元的,并处 2 000 元以上 50 000 元以下罚款;货值金额 10 000 元以上的,并处货值金额 5 倍以上 10 倍以下罚款;情节严重的,吊销许可证:

① 进口不符合我国食品安全国家标准的食品;

② 进口尚无食品安全国家标准的食品,或者首次进口食品添加剂新品种、食品相关产品新品种,未经过安全性评估;

③ 出口商未遵守《食品安全法》的规定出口食品

2. 刑事责任

(1) 根据《刑法》第二百三十条规定,检验检疫行政管理相对人,违反进出口商品检验法的规定,逃避法定检验,情节严重的,处 3 年以下有期徒刑或者拘役,并处或单处罚金。并规定,作为单位的检验检疫行政管理相对人犯此罪,对单位判处罚金,并对其直接负责的主管人员和其他责任人员,依照该条的规定处罚。

(2)《刑法》第二百二十五条第 2 款规定,行政管理相对人买卖进出口许可证、进出口原产地证以及其他法律、行政法规规定的经营许可证或者批准文件,扰乱市场秩序,情节严重的,处 5 年以下有期徒刑或拘役,并处或单处违法所得 1 倍以上 5 倍以下罚金;情节特别严重的,处 5 年以上有期徒刑,并处违法所得 1 倍以上 5 倍以下罚金或没收财产。

(3) 各类经批准的检验、鉴定公司的业务人员,徇私舞弊,情节严重,构成犯罪的,由检验检疫机构提请司法部门依法追究刑事责任。

（4）《刑法》第三百三十七条规定，"违反进出境动植物检疫法的规定，逃避动植物检疫，引起重大动植物疫情的，处 3 年以下有期徒刑或者拘役，并处或者单处罚金。单位犯前款罪的，对单位判处罚金，并对其直接负责的主管人员和其他直接责任人员，依照《刑法》第二百三十条的规定处罚"。

（5）《刑法》第三百三十二条规定"违反国境卫生检疫规定，引起检疫传染病传播或者传播严重危险的，处 3 年以下有期徒刑或者拘役，并处或者单处罚金。单位犯前款罪的，对单位判处罚金，并对其直接负责的主管人员和其他直接责任人员，依照《刑法》第二百三十条的规定处罚"。

（6）《刑法》第二百八十条规定，伪造、变造、买卖或者盗窃、抢夺、毁灭国家机关的公文、证件、印章的，处 3 年以下有期徒刑、拘役、管制或者剥夺政治权利；情节严重的，处 3 年以上 10 年以下有期徒刑。该条规定对伪造、变造、买卖商检、动植检、卫生检验单证、证书、印章等同样适用。

（7）检验检疫机关及其工作人员以及检验检疫行政管理相对人违反《食品安全法》相关规定的，必须承担相应的法律责任。

16.4.4　检验检疫行政管理相对人的法律救济

1. 法律赋予的权利救济途径

检验检疫行政管理相对人对检验检疫机构作出的行政行为或行政处罚不服的，可以请求法律救济，即申请行政复议或提起行政诉讼。按照《商检法》第二十九条规定，"当事人对商检机构、国家商检部门作出的复议结论不服或者对商检机构作出的处罚决定不服的，可以依法申请行政复议，也可以依法向人民法院提起诉讼"。

按照国家《行政复议法》《行政诉讼法》《国家赔偿法》的规定，国家行政机关的一切行政行为、行政处罚乃至部分行政行为（主要是检验检疫部门规章）均可申请复议，提起行政诉讼。这是法律赋予行政管理相对人的权利救济途径。行政复议是运用行政系统内部的层级监督关系，由上级行政机关纠正下级行政机关的违法或不当行为，以保护行政管理相对人的合法权益，是行政系统内部对行政权的监督形式。行政诉讼是由人民法院对引起争议的具体行政行为进行审查，以保护行政管理相对人的合法权益。这是一种司法救济，是行政系统外部对行政权的监督形式。

因此，检验检疫行政管理相对人对检验检疫机构作出的一切行政行为、行政处罚，乃至部分抽象行政行为均可申请复议，直至提起行政诉讼。同时，按照《国家赔偿法》的规定，检验检疫行政管理相对人对检验检疫机构及其检验检疫人员因违法行使职权而侵犯其合法权益造成损害的，均可在申请行政复议或提起行政诉讼过程中提出行政赔偿请求，由复议机关作出复议决定或由法院作出判决。

2. 检验检疫行政复议与行政诉讼程序

(1) 检验检疫行政复议程序。

我国行政复议法规定,对实行垂直领导的行政机关的具体行政行为不服的,向上一级主管部门申请行政复议。对国务院部门的具体行政行为不服的,向作出该具体行政行为的国务院部门申请行政复议。对该行政复议决定不服的,可以向人民法院提起行政诉讼,也可以向国务院申请裁决,由国务院依法作出最终裁决。

因此,当事人对商检机构、国家商检部门作出的复验结论不服申请行政复议,如果该复验结论是由商检机构作出的,应当向作出复验结论的商检机构的上一级机关提出行政复议申请;如果该复验结论是国家商检部门作出的,则应当向国家商检部门提出行政复议申请。对商检机构作出的处罚决定不服申请行政复议,应当向作出处罚决定的商检机构的上一级机关提出。

(2) 检验检疫行政诉讼程序。

我国行政诉讼法规定,对属于人民法院受案范围的案件,公民、法人或者其他组织可以先向上级行政机关或者法律、法规规定的行政机关申请复议,对复议不服的,再向人民法院提起诉讼,也可以直接向人民法院提起诉讼。

法律、法规规定应当先向行政机关申请复议、对复议不服再向人民法院提起诉讼的,依照法律、法规的规定。根据行政诉讼法及《商检法》第二十九条规定,当事人对商检机构、国家商检部门的复验结论不服或者对商检机构作出的处罚决定不服的,可以先向有关部门申请行政复议,对该行政复议不服的,再向人民法院提起诉讼;也可以直接向人民法院提起诉讼。同时,根据行政复议法的规定,如果当事人对商检机构、国家商检部门的复验结论不服或者对商检机构作出的处罚决定不服依法申请行政复议,行政复议机关已经依法受理的,当事人在法定行政复议期限内不得向人民法院提起行政诉讼;如果当事人直接向人民法院提起诉讼,人民法院已经依法受理的,当事人不得申请行政复议。

16.4.5　复议申请人的权利与义务

1. 复议申请人权利

(1) 申请行政复议时,可以对具体行政行为所依据的规范性文件一并提出审查申请。

(2) 申请人在申请复议时可以一并提出行政赔偿请求。

(3) 申请人可以委托一至二名代理人参加行政复议。

(4) 申请人可以申请停止执行具体行政行为。

(5) 申请人可以查阅被申请人提交的书面答复和有关证据及材料(涉及国家秘密、商业秘密或个人隐私的除外)。

(6) 申请人在行政复议决定作出前,可以说明理由,要求撤回复议申请。

（7）申请人对复议决定不服的，可以在规定期限内向人民法院起诉。

2．复议申请人的义务

（1）申请人申请行政复议，应当自知道该具体行政行为之日起 60 日内提出。

（2）申请人申请行政复议，一般应当书面申请，如确有困难，也可以口头申请。书面申请的，应当在申请书中写明申请人的基本情况，行政复议请求，申请行政复议的主要事实、理由和时间，由申请人签字或者盖章。口头申请的，复议机关的工作人员当场记录上述情况，并由申请人签字或者盖章。

（3）委托代理人参加复议应向复议机关提交授权委托书，写明委托事项和权限。

（4）申请人应履行行政复议决定。

16.4.6 复议机关的权利与义务

1．复议机关的权利

（1）决定是否受理行政复议申请。

（2）要求被申请人自收到复议申请书副本或申请笔录复印件之日起 10 日内，提出书面答复，并提交作出具体行政行为的证据、依据和其他有关材料。

（3）可以向有关单位和人员调查取证，查阅文件和资料，听取申请人、被申请人和第三人的意见。

（4）审查申请行政复议的具体行政行为是否合法与适当，作出行政复议决定。

（5）决定复议期间是否停止执行该具体行政行为。

（6）对于变更具体行政行为的复议决定，申请人逾期不起诉又不履行的，复议机关可以申请人民法院强制执行。

2．复议机关的义务

（1）处理或者转送有关规范性文件的审查申请。

（2）对决定不予受理的复议申请，应在 5 个工作日内书面告知申请人。

（3）应当自复议申请受理之日起 7 个工作日内，将复议申请书副本或者申请笔录复印件发送被申请人。

（4）应当自受理申请之日起 60 日内作出复议决定，但是法律规定的复议期限少于 60 日的除外。对于情况复杂、不能在规定期限内作出复议决定的，经批准后可以适当延长，并告知申请人和被申请人，但是延长期限最多不超过 30 日。

（5）被申请人不履行或者无正当理由拖延履行复议决定的，复议机关应当责令其限期履行。

（6）行政复议活动所需的费用，列入复议机关的行政经费。

（7）行政复议期间的计算和行政复议文书的送达，依照民事诉讼法关于期间、送达的规定执行。

案例评析

案例1　行政处罚案——"名义"的代价

案情介绍

2002年10月10日,M市A进出口公司(以下简称M市A公司)与N市C工艺品有限公司(以下简称N市C公司)签订一份委托代理进口合同,拟从印度尼西亚泗水港进口一批南洋楹板材,数量为285.014立方米、货值31 351.54美元。经调查,实际上是由N市D胶合板厂(以下简称N市D厂)购买,因为N市D厂刚搬到新厂址,公章没有刻好,所以,N市D厂业务员余某通过N市C公司业务员兰某以N市C公司进口该批货物的名义与M市A公司签订了进口合同。代理费1 500元(扣除办理相关审批费用,实际收入666.75元,具体的报关报检手续委托N市F口岸报关公司)办理(代理费100元人民币)。

11月8日,N市F口岸报关公司向N市某港检验检疫局申报该批货物,经N市某港检验检疫局受理报检,并对该批货物卫生处理后,核发了《入境货物调离通知单》,货物运抵N市D厂后,于2002年11月中旬至2003年1月22日将进口的南洋楹板材加工完毕。

2002年11月13日货物指运地检验检疫局接到该批货物报检单证,为及时完成进口货物检验检疫工作,检验检疫人员先后4次电话催促相关企业,并分别向M市A公司和N市C公司下发《催检通知单》,但该批货物已被N市D厂加工而无法实施检验检疫。

案例分析

(1) 行政法律责任。

《商检法》第十二条规定:"必须经商检机构检验的进口商品的收货人或者其代理人,应当在商检机构规定的地点和期限内,接受商检机构对进口商品的检验。商检机构应当在国家商检部门统一规定的期限内检验完毕,并出具检验证单。"

M市A公司的行政违法责任:M市A公司作为该批货物的"名义"收货人,在该批货物的进口报检过程中,没有严格履行收货人的法定义务,既没有派人到N市某港口岸实地验收货物,也没有及时与指运地检验检疫机构联系检验检疫事宜,甚至代理报检单位是谁、实际买货人是谁、进口的南洋楹板材情况都不清楚,只提供了相关的外贸手续,而且提供的《报检委托书》还是盖有公章的空白合同。M市A公司的行为违反了《商检法》第十二条的规定。

N市P报关公司的行政违法责任:N市F报关公司作为该批货物的代理报检人,在办理报检手续和缴纳检验检疫费后,没有履行联系并配合检验检疫机构实施检验检疫的法定义务,既未通知收货人对该批货物检验检疫,也没与事实收货人沟通检验检疫事宜,致使该批货经检验检疫机构4次催促并下发《催检通知单》,但最后仍没有实现对进口南洋楹板材实施检验检疫而被非法加工生产。N市F报关公司没有履行法定义务,其行为也违反了《商检法》第十二条规定。

《商检法》第三十三条规定:"将必须经商检机构检验的进口商品未报经检验而擅自销售或者使用的,或者将必须经商检机构检验的出口商品未报经检验合格而擅自出口的,由商检机构没收违法所得,并处货值金额 5％以上 20％以下的罚款;构成犯罪的,依法追究刑事责任。"据此,检验检疫机关对 M 市 A 公司的违法行为,根据《商检法》第三十三条规定,依法处以没收违法所得 666.75 元,并处货值金额 5％的罚款,即 12 963.86 元,并对 N 市 F 报关公司的违法行为,根据《商检法》第三十三条规定,依法处以没收违法所得 100 元人民币,并罚款 1 000 元人民币。

(2) 检验检疫法律责任的衡量。

根据《商检法》及其实施条例规定,逃避进口商品检验的违法行为应当承担的法律责任,包括行政责任和刑事责任。行政责任是指实施违反行政规定的义务的行为所必须承担的法律后果。刑事责任是指犯罪人因实施刑法规定的犯罪行为所产生的法律后果。

其中,根据违法行为构成理论,当事人承担行政责任应当符合三项条件:一是当事人具体实施行政违法行为,独立承担行政责任;二是当事人的行为直接侵害了我国有关法律法规保护的社会和行政管理秩序,危害了社会和公共利益;三是当事人的违法行为与危害间存在因果关系。因此,当事人主观上的故意和过失不是判定当事人是否构成违法的重点因素。只要当事人客观上实施了违反国家商品检验监督管理制度的行为,除非当事人举证其本身无过错,否则行政机关均可推定其有过错,构成检验检疫违法行为,依法承担相应的法律责任。正如本案例所启示:法律责任不是用"名义"收货人或者代理报检人所得费用多少来衡量的,即使其没有得到任何好处,但只要存在行政法律关系,"名义"收货人或者代理报检人就得承担法律责任。

案例 2　行政诉讼案——企业状告检验检疫部门始末

2003 年 8 月 22 日,上海浦东出入境检验检疫局(以下简称浦东局)对 A 科技有限责任公司未经检验擅自加工装配 3.3 万台、363 万美元进口成套手机散件的行为,依据《商检法》第三十三条的规定,处以 150.46 万元人民币(货物总值的 5％)的罚款,并支付每日 3‰(每天 4.5 万元)的滞纳金,计 600 余万元。

案情介绍

2003 年 1 月 25 日—26 日,A 公司从上海浦东国际机场进口两批手机成套散件,计 3.57 万台,价值 392.7 万美元。该公司向上海国际机场检验检疫局(以下简称机场局)申报货物入境,并将"境内目的地"填制为"北京海淀区"。机场局当天依法签发了"入境货物通关单"和"入境货物调离通知单",并告知 A 公司与北京出入境检验检疫局(以下简称北京局)联系检验检疫事宜。而事实上该批手机系在上海加工装配,到货目的地应为上海,A 公司并没有如实填写。

3月19日,A公司请北京局将检验事宜转回上海。为此,北京局发函请上海出入境检验检疫局(以下简称上海局)检验。上海局下属机构——浦东局当天即电话告知企业报检并落实检验。然而A公司直到4月15日才向浦东局提出检验申请。浦东局在企业报检当天就下厂进行了检验,发现该公司已对大部分手机散件进行了加工装配,遂对其涉嫌违法的行为进行了立案调查。根据现场勘验、调查笔录、A公司及加工企业情况说明、报检资料等证据证明,2月8日,A公司未经检验擅自将货物送至加工企业上海某公司,2月28日开始组织加工生产,至4月15日已加工完毕3.3万台。

由于A公司未经检验擅自使用法定检验商品,违反了《商检法》第五条的规定,浦东局依据《商检法》第三十三条的规定,对其处以罚款人民币150.46万元的行政处罚。A公司在收到行政处罚决定后,向上海局提出行政复议,上海局成立了行政复议委员会对案件进行全面审理后作出维持浦东局行政处罚决定。A公司随即向上海浦东新区人民法院提起行政诉讼,要求撤销浦东局的行政处罚决定。

2003年12月10日,A公司向上海浦东新区人民法院提起诉讼,要求撤销浦东局作出的第2220030035号行政处罚决定。浦东新区人民法院于2004年1月19日开庭对本案进行了审理。法庭从浦东局是否具有作出行政处罚决定的法定职权、认定事实是否清楚、适用法律是否正确、执行程序是否合法以及执法是否合理等五个方面对浦东局行政处罚决定的合法性进行了全面审理。由于在这一行政处罚案件的办理过程中,浦东局在立案、调查取证、告知、送达处罚文书等各环节严格按照行政处罚法、国家质检总局行政处罚办法及上海局行政处罚操作规程办案,确保了该处罚案件事实清楚、证据确凿、程序合法、适用法律正确,使处罚的合法性无可辩驳。2月4日,法院依照《行政诉讼法》第五十四条第(一)项之规定,判决维持第2220030035号行政处罚决定。继后,A公司向上海市第一中级人民法院提起上诉,最终败诉,如数缴纳罚款。

案例分析

中电公司(以下简称原告)败诉的根本原因在于,引起本案违法行为的责任完全在于原告自身,因此,该违法行为的法律后果也完全应当由原告自行承担。

(1)原告承担的行政法律责任属实。

根据《商检法》和《国家出入境检验检疫报检规定》,进口货物的收货人或代理人应当向入境口岸或者到达站的检验检疫机构报检。原告两批货物的入境口岸和货物实际到达站均为上海,因此,对这两批货物的进口检验行政执法权均应为上海局。但是,由于原告未如实申报货物实际到达目的地,上海国际机场局根据企业申报,向原告签发了"通关单"和"入境货物调离通知单",告知企业及时与货物到达站的北京局联系进一步检验事宜,并明确书面告知企业"未经检验不得擅自使用"。企业未对此提出异议。

北京局查实这2批货物实际目的地为上海,与原告申报的目的地不一致,遂通知上海局。浦东局及时与原告联系落实检验事宜,原告直至4月15日才办理检验检疫手续。检验职责的移送,完全是因为原告不如实申报货物实际所在地所致。原告这一行为扰乱了正常的检验检疫秩序,由此造成的后果理应由原告自行承担。

(2) 被告作出的行政处罚的程序合法。[1]

《行政处罚法》第四十二条规定:"行政机关在作出较大数额罚款的行政处罚决定之前,应当告知当事人有要求举行听证的权利,当事人要求听证的,行政机关应当组织听证。"2003年8月18日,原告收到拟对其处以150.46万元人民币罚款的行政处罚告知书上明确告知"有权在3天内要求陈述、申辩或要求听证的权利。逾期未行使以上权利为放弃权利"。8月20日,原告向上海局提出书面的申辩和陈述,但未提出听证申请,应视为自动放弃听证。

浦东局在案件的立案、调查取证、告知和送达处罚文书等方面的工作上,严格按照行政处罚法和国家质检总局行政处罚办法办案,确保了该处罚案件的事实清楚、证据确凿、程序合法和依据正确,从而确保了这场官司的胜诉。

无视法律,不履行法定义务,企业应承担由此造成的法律后果。企业在明知相关法律和规定的前提下,仍然不如实向检验检疫机关办理报检手续并未经检验擅自使用法定检验货物的行为,应当受到法律的制裁。企业在检验检疫机关多次催缴罚款,并明知逾期缴纳罚款要支付每日3‰(每天4.5万元)滞纳金的情况下,仍无视法律,不履行法定义务,由此产生的600余万元的滞纳金后果应由企业自行承担。

案例3　追究刑事责任案——报检员买卖伪造通关单获刑[2]

2009年1月,宁波检验检疫系统一名行政处罚案件相对人被依法判处有期徒刑1年6个月,缓刑两年。

案情介绍

2007年10月,原宁波某国际货运有限公司报检员邬某通过网上交易,以人民币2 150元的价格从网友处购买了一份伪造的中华人民共和国出入境检验检疫出境货物通关单(编号为380000207255357),并以人民币2 300元的价格转手给温州某国际货运代理有限公司王某,用于报关出口一批未报经检验的法检商品。2007年11月底,在申报通关时,该份通关单被发现存在异常情况,通关单上所盖签发机构检验检疫专用章存在明显伪造痕迹,经比对

---

[1]　程序合法:检验检疫行政诉讼程序是,当事人对检验检疫机关根据《商检法》作出的处罚决定不服的,应当先行申请行政复议;对复议决定不服,再向人民法院提起行政诉讼。复议机关决定不予受理或者受理后超过复议期限不作答复的,申请人可以自收到不予受理决定书或者行政复议期满之日起15日内,依法向人民法院提起行政诉讼。法律另有规定的除外。正如本案所启示的行政诉讼程序:A公司对浦东局作出的处罚不服→向上海局申请复议→复议不服向浦东新区法院提出诉讼→一审判决不服再次向中级法院提出上诉→上海市第一中级人民法院判决维持原有处罚决定,二审判决即为终判。

[2]　资料来源:《中国国门时报》2009年1月23日。

鉴定其上所记载的发货人、货物名称、申报总值等有关信息与同一检验检疫机构签发的同一编号的《出境货物通关单》完全不符。事实上,这是一宗冒用真实存在的通关单编号,私刻检验检疫专用章,伪造国家机关出境货物通关单,并且非法买卖、使用通关单逃避商检的涉嫌犯罪的案件。

案例分析

案发后,查获此案的北仑检验检疫局按照宁波检验检疫局要求在第一时间将案件移送当地警方,宁波检验检疫局在不违背"先刑事后行政"原则的前提下,根据《中华人民共和国进出口商品检验法实施条例》第58条和《出入境检验检疫报检员管理规定》第23条规定,及时撤销邬某报检从业注册,吊销其"报检员证"。警方追查之后,邬某因涉嫌犯罪被检察机关提起公诉。当地法院经审理认为,邬某为获取非法利益而买卖国家机关公文,其行为已构成伪造、买卖国家机关公文罪,依法判处邬某有期徒刑1年6个月,并根据其认罪态度和悔罪表现,决定适用缓刑两年。

该案的办结对打击伪造、买卖检验检疫证单等违法行为,规范代理报检企业和人员的从业活动,维护检验检疫执法的权威性和严肃性,保障合法有序的进出境秩序起到了积极的作用。

本章小结

检验检疫法律责任在进出口商品检验检疫活动中涉及两种人,一种是守法者,即行政管理对象;另一种是执法者,即行政管理人员。法律要求守法者必须守法,执法者更应守法,严格依法办事,若有违法行为,定当追究违法者的违法责任。出入境检验检疫行政处罚是制裁手段,出入境检验检疫行政复议是解决行政争议的方法,是构成进出口商品检验检疫法律体系的重要组成部分。

思考题

1. 什么是法律责任? 按违法行为的性质和程度可分为哪几种法律责任?
2. 修改《商检法》的目的是什么? 修改后的《商检法》有关法律责任内容有何变化?
3. 什么是行政处罚制度? 行政处罚的主要原则有哪些?
4. 什么是检验检疫行政处罚? 检验检疫行政处罚有哪些特点和原则?
5. 什么是行政自由裁量权? 检验检疫机关行使行政自由裁量权的原则是什么?
6. 什么是行政诉讼? 什么是行政复议?
7. 行政复议具有哪些特点? 它的主要原则有哪些?
8. 什么是违反出入境检验检疫的法律责任? 检验检疫法律责任人包括哪些人员?

9. 简述复议人和复议机关各自的权利与义务。

10. 从本章案例中，谈谈你个人对检验检疫行政复议与行政诉讼程序的理解。

11. 有关张某在取得《入境货物通关单》并办理货物通关手续后，即将货物运至企业投入生产行为的表述：

(1) 该企业应在该批生产原料全部使用完毕之前申请检验；

(2) 该企业违反了有关法律、法规规定，检验检疫机构将对其进行处罚；

(3) 张某违反了检验检疫有关规定，检验检疫机构将对其进行处罚；

(4) 该批货物在使用前应取得《入境货物检验检疫证明》。

试问哪种表述是错误的，为什么？

12. 李某对行政复议表述为，依据《商检法》规定，当事人对商检机构作出的行政处罚决定不服的，必须先申请行政复议，对行政复议不服的才能向人民法院提起诉讼。试问他的表述是否正确，为什么？

参考文献

吴仕良主编,洪雷、傅忠良副主编:《出入境检验检疫与电子化》,中国海关出版社 2002年版。

卞耀武、葛志荣:《中华人民共和国进出口商品检验法释义》,法律出版社 2002 年版。

孙大伟:《进出境集装箱检验检疫实务》,中国标准出版社 2002 年版。

高建华、康玉燕:《原产地标记——国际贸易中产品的护照》,中国法制出版社 2002年版。

洪雷:《WTO 与最新出入境检验检疫实务全书》,中国海关出版社 2003 年版。

洪雷:《中国进出境食品检验检疫实务大全》,中国海关出版社 2004 年版。

洪雷:《新外贸企业与检验检疫》,中国海关出版社 2004 年版。

宋大涵、葛志荣、蒲长城:《中华人民共和国进出口商品检验法实施条例释义》,法律出版社 2005 年版。

温朝柱:《海关进出口商品归类基础与训练》,中国海关出版社 2004 年版。

钟昌元:《进出口商品归类教程》(第二版),格致出版社、上海人民出版社 2009 年版。

洪雷:《出入境检验检疫报检实用教程》,格致出版社、上海人民出版社 2009 年版。

洪雷、肖文清、张敏、谢洁、刘翔:《原产地证书申领实用教程》,格致出版社、上海人民出版社 2011 年版。

图书在版编目(CIP)数据

进出口商品检验检疫/洪雷编著. —3 版. —上海：
格致出版社：上海人民出版社,2018.8
外贸通关系列用书
ISBN 978-7-5432-2891-7

Ⅰ.①进… Ⅱ.①洪… Ⅲ.①进出口商品-商品检验
-中国-教材 ②国境检疫-中国-教材 Ⅳ.①F752.6
②R185.3

中国版本图书馆 CIP 数据核字(2018)第 150241 号

责任编辑 张苗凤
封面装帧 人马艺术设计·储平

外贸通关系列用书

进出口商品检验检疫(第三版)
洪　雷 编著

出　　版　格致出版社
　　　　　　上海人民出版社
　　　　　　(200001　上海福建中路 193 号)
发　　行　上海人民出版社发行中心
印　　刷　苏州望电印刷有限公司
开　　本　787×1092 毫米　1/16
印　　张　28
插　　页　1
字　　数　589,000
版　　次　2018 年 8 月第 1 版
印　　次　2018 年 8 月第 1 次印刷
ISBN 978-7-5432-2891-7/F·1135
定　　价　65.00 元